# 韓国・朝鮮史への新たな視座

## 歴史・社会・言説

須川英徳 編

# 刊行にあたって

　歴史学にかぎらず、研究というものは、それによって得られた新たな知見や見通しが、これまでの研究成果というクラウドに、新たな研究領域を提示したり、あるいは方向性を示したりすることで、研究主体を取り囲む時代的関心や研究それ自体が孕む展開可能性とも相互に関わりつつそれぞれの領域がさまざまに成長させてきたものと言えるだろう。
　そのような営みに関わる場合、既存の成果なり方向性なりを十分に理解したうえで、自分の提示する新たな知見がどのような形でその領域に連なっているのか、そしてなにをどのように書きくわえたのか、あるいは書き改めたのかをつねに理解しながら、自分の作業を進めなければならない。そのような手続きを踏むことが、より豊かな研究の展開と他領域からの理解可能性を保証してくれる唯一のものであるものと考える。
　そこで提示されるものが、もし、既存の領域と完全に隔絶し、あるいは関連性がまったく示されない「独創」や「思いつき」であるならば、そのようなものは他者からの理解可能性や検証可能性を拒絶するものであり、研究とは言い難い。さらには、研究主体自らが帯びている時代性や様々な先入観、価値判断のバイアスについて、自覚していなければならない。自身が抱えている政治的価値判断や差別被差別意識の感覚にたいして無自覚であることは、党派的なあるいは時代状況的な価値判断を、研究対象や分析視角の選択そして結果の意味づけに、無

自覚に滑り込ませることになるからだ。

　なぜこのような研究にかんする基本的手続きのことを言挙げするのかといえば、今日の韓国・朝鮮研究において、あるいは、韓国・朝鮮にかんする多くの出版物や論説・解説において、これらの手続きが共通理解になっているとは言い難い現状が存在しているからである。そして、日本で描かれる韓国・朝鮮像、そして朝鮮史像は、特定の時期や主題にかんして、共通基盤とすべき時代像、歴史像、社会像がそれなりに醸成されているのかと問うならば、その問いにただちに肯定の意を表するにはかなりの躊躇いがある。

　そこで、私の信頼する有縁の人々に書き下ろし論文をお願いし、韓国・朝鮮研究、朝鮮史研究の豊饒な世界と可能性の一端を示そうとしたのが本書の意図である。執筆者はいずれも日本で研究の最前線に携わっている人々であり、論文執筆にあたって、あらかじめ次のようなお願いをした。

　基本方針としてお願いしたいのですが、その知見が、既存の雑然たる歴史知識をどのように整理して明瞭な姿を示してくれるのか、あるいは既存の知見にたいする新たな知見を提供してくれるのか、あるいは今後も開拓すべき新領域を提示してくれるのか、ということを必ずしもその領域の専門家ではなくても理解できるような叙述をお願いしたいのです。そして、朝鮮史研究が存在する歴史学的意義を主張したいのでありますし、大袈裟ではありますが、昨今の人文科学無用論にたいして抵抗意思を示したいのです。

　これは、「すぐに役に立つ」、「誰にでも分かる」、あるいは「規格化さ

## 刊行にあたって

れた知識の注入」といったばかりが求められ、一過性の情報と継続的に蓄積される知識との区別すら忘れられつつある今日の状況にたいし、体系的な知識というものの存在と必要性を主張しようとするものである。また、隣国の現状について、大統領弾劾、ミサイル開発、日本との外交関係などが食傷気味なほどに報道されるなかで、それはそうであっても、韓国・朝鮮についてそのような情報からでは到達しえない多くの事どもがあり、それらを明らかにし理解し伝えようと真摯な努力を積み重ねている人々がいることを、知ってほしいという思いが背景にある。どの論考も、研究の最前線での努力と知見を伝えてくれるものである。

> その研究が、歴史トリビアの発掘以上に、いったいどのような意味で歴史研究に新たな見通しを提示してくれるのか、そのような意味で隔絶した「実証」もまた、私をいら立たせるからです。

これもまた、歴史研究の存在意義にかかわるものをお願いした。たしかに、これまで知られてなかった、あまり注目されてこなかった史料を用いることで、従来は知られていなかった史実を発掘し実証することは重要なのだが、その発見や知見が既存の知識に何を付け加えるのか、あるいは、何を証明したのか、という説明が同時になされねばならないということである。知識の連続性を考えるならば、孤立した実証をそのままにしておくのは、自身の怠慢に他ならない。タコ壺的研究は、人文学無用論を勢いづかせるばかりである。
　また、専門領域を細分化することで、より精密な研究が可能になるということは、理系・文系を問わない事実なのだが、そのことは隣接

領域にたいする無関心を是認するものではないし、より大きな理論的枠組み構築への知的挑戦を無用なものとするわけでもない。大きな像を描きながらも、とりあえず確実に証明できる範囲に限定しつつ議論を展開する営みこそが専門的な研究なのである。

さらには、個人的事情ではありますが、何の役にもたたないとの理由で組織上の廃絶が確定した教員養成系学部に併設されていたいわゆるゼロ免課程(教職免許を取らずに卒業できる課程)が、実は人文科学において学際的な教育研究領域を担っていたのだと言い残しておきたいという忸怩たる思いも、御海容いただければ、と存じます。

本書に原稿を寄せてくれた方々には、横浜国立大学の教育学部日本・アジア文化コース、教育人間科学部国際共生社会課程、あるいは教育学研究科、連合大学院教育学研究科などで学んだことがあり、現在は教育、研究の第一線で活躍中の人たちがいる。また、他大学にて同様な教育課程で教授された経験のある方もいる。まったくそうではない友人たちもいる。しかし、現在では廃止が決定したゼロ免の教養系コースから、言語学・歴史学を学んで言語社会学の領域を、教育学・歴史学を学んで教育社会史の領域を、というように、特定分野の専攻だけでは辿りつきがたい領域を研究する人々を生み出してきたことも事実なのである。私自身は、学部時代にはマックス ヴェーバーの著作に魅かれて西洋経済史の関口尚志先生の演習で学ばせていただいていた。研究はともかくとしても、教育する分野を初めから確定してフォーマット化された知識を授けるという方法は、法学や経済学では

刊行にあたって

有効であるとしても、人文系の教育、ことに歴史学の関わる領域の場合には必ずしも良い結果を生み出すとは限らないと思っている。

　さて、そのような注文をつけながら寄せていただいた論考であるが、私自身が朝鮮時代の社会経済史を専門としている関係上、歴史関連の論文が多い。とはいえ、社会史分野、民俗学分野、社会学分野など、歴史学に片足を置きつつも異なる領域との融合のなかで書かれた論考も含まれている。私もまた、朝鮮の近代史研究における言説空間の成立について考察してみた。異色ではあるが、言語研究の分野を扱う論考もある。
　いずれも、さまざまな史実や事実の発掘にとどまらず、それをより大きな文脈のなかでどのように新たな視座から位置づけて理解すべきかを考察していただいた。そこには、苦難を共にしてきた妻の死に打ちのめされた男や、目の前の朝鮮農民の惨状を等閑視できなかった日本知識人、内地の帝国大学で学ぼうと志を立てた植民地朝鮮の若者など、現代のわれわれと同じ等身大の人々は出てくるが、ドラマのような英雄や豪傑は出てこない。それは、ごく普通の人々が営んできたこと、そして営んでいることを研究対象とするのが人文系、なかんずく歴史学だからである。
　日本で韓国・朝鮮を研究する意味は、そこに史料と対象があるからではなく、たんなる物好きでというわけでもない。研究教育職を目指すのならば中国や日本を対象とするほうがよほど楽であろう。それでも、韓国・朝鮮に魅かれてしまったのは、日本列島とよく似た地理的・気候的な環境でありながら、そのすぐ隣で日本列島とは異なる政治体制、社会制度、言語などを独自に発展させてきた人々がいるからなの

である。そして、その営みについて知ることが、また互いにたいする視線の有り様について知ることが、とりもなおさず自らについてもより多面的に知ることにつながると考えたからである。そのような意味から、韓国・朝鮮について、こんなことが研究されているという事実を僅かでも知っていただければ幸甚と思う。

　2017年3月

須川英徳

目　次

刊行にあたって ………………………………………… 須川英徳 (1)

高麗末期　恭愍王の「王」の歴史 ………………………… 加藤裕人 1

朝鮮初期の漕運
　　——制度の整備過程と運営実態からみたその歴史的性格—— ………… 六反田豊 41

朝鮮孝宗代の望闕礼にみる朝清関係 ……………………… 桑野栄治 61

蔚山の在地士族鶴城李氏の家門形成
　　——17・18世紀を中心に—— ……………………………… 中田稔 85

海税徴収の実態と近代的「所有権」概念との矛盾 ………… 大沼巧 119
　　——慶尚道統営の海税徴収を中心に——

朝鮮民間説話の変容と壬辰倭乱（文禄・慶長の役）………… 金廣植 147
　　——論介説話を手掛かりにして——

近代朝鮮における日本語の社会史・試論 …………………… 三ツ井崇 175
　　——知、政策、言語接触——

ある朝鮮人生徒の日常生活 ………………………………… 原智弘 213
　　——日記資料（1930年）を中心に——

朝鮮人の帝国大学進学と「学徒出陣」……………… 永島広紀 233

土地調査事業をめぐる言説空間の構築と変容 …………… 須川英徳 273

中期朝鮮語形態素解析用辞書の開発 ……………… 須賀井義教 315

清渓川復元事業にたいする批判的考察 …………… 崔　誠文 335


あとがき ………………………………………………… 三ツ井　崇 369

執筆者一覧 …………………………………………………………… 372

# 高麗末期　恭愍王の「王」の歴史

加藤　裕人

はじめに

　恭愍王(在位1351～74年)は、今からおよそ650年前、高麗第31代目の国王として激動の時代を生きた人物である。通例、朝鮮史では恭愍王が即位した14世紀半ば以降を指して高麗末期と呼ぶ。それは恭愍王が元帝国からの離脱を図った国王であるとともに、積年の弊害の改革を企図した人物であり、そうした試みの中から次世代、すなわち後に朝鮮王朝の建国に至る新興儒臣が成長していった、と理解されているからに他ならない。
　ここで、かかる恭愍王の歴史的な位置づけを確認する意味で、まずは通説的理解に則って恭愍王代の史的変遷を簡単に整理しておこう。
　13世紀半ば以降、元に服属していた高麗では、元による実質的な政治的干渉が行われる一方で、元帝室や元の有力者と結び付いた高麗人が国内で権勢を振るい、王権の動揺が顕著なものとなっていた。しかし、即位以前に10年にわたって元で過ごした恭愍王は、その衰退ぶりをつぶさに見届けて帰国し、1356年にいたって一連の離元(反元)政策を展開する。この年、まず元帝室の外戚であった奇轍を中心とする奇氏一族を排除した恭愍王は、続いて元による政治干渉の拠点であった征東行省の理問所を廃止した。さらに元の至正年号の使用を停止する一方、元の直轄となっていた双城総管府地域を約1世紀ぶりに回復した。こうして高麗は事実上、元帝国の傘下からの離脱を果たしたのである。
　以降、高麗は倭寇や紅巾賊の侵攻を受けるなど多難な状況に見舞われるも、1365年に至って恭愍王は国政全般の改革を掲げて僧辛旽を抜擢する。元への臣属以来、高麗では権勢家による土地や奴婢の集積が深刻な政治問

題と化していたが、辛旽は田民弁整都監を設置して土地や奴婢の回収・解放を断行した。また1368年に中国大陸で明が成立すると、恭愍王はただちに明の冊封を受けて元との関係を断ち切った。しかし、辛旽の強引な手法は周囲の反感を買うこととなり、彼は1371年に失脚してしまう。恭愍王自身もまた、倭寇が激化の様相を呈し始めた1374年、突如として暗殺によりこの世を去った。こうして恭愍王はその23年間の治世を終え、王の企図した政治改革もまた十分な成果を上げるに至らなかった。しかしその一方で、恭愍王が抜擢した僧辛旽の執政期には成均館の体制が改編され、その中から改革政治を唱える新興儒臣が成長し、歴史は後の朝鮮王朝建国へと繋がっていく。

恭愍王代の史的変遷はおおよそ以上のように整理される。一見して、恭愍王は後の王朝交替を決定づけるもっとも根本的な役割を果たした人物であり、朝鮮半島が新たな史的展開を遂げていく起点となった王として歴史上に位置づけられていることが読み取れよう。この点に関しては筆者もとくに異論はない。

しかしその反面、上のような理解の土台となる既存の研究成果にはいくつか指摘しておくべき問題がある。とりわけ、恭愍王代の歴史を語る上で本来キーパーソンであるはずの恭愍王自身については意外なほどに関心が低く、彼が何をどう考え、いったい何に苦悩し、それがいかなる帰結をもたらしたのか、といった点については、これまでほとんど明確になっていないように思う。また、武将勢力の活動や改革政治の内容に注目が集まる反面、それらの背景に存在した思想的要素が捨象されがちなことも問題である。さらに、新興儒臣の活躍に対する関心の高さゆえか、その時代的な始点となる恭愍王代の「離元政策と改革政治」というイメージ自体を揺るがさんとする論考は皆無と言わざるを得ない。

以上のような研究現況に鑑みて、本稿では朝鮮史を形作る上での重要人物である恭愍王に焦点を当て、彼の考えや事績について明らかにしようと思う。その際、とくに当時の思想的な背景を念頭に置きつつ、即位とともに儒教的な君主者として、「天」に応ずる者としての責務を負った恭愍王が、多難な状況にあって何に苦悩し、いかに葛藤し、どのような行動をとったのか、などについてその在り方の変化や帰結をみていくことにしたい。その上で、半ば常識と化している恭愍王代の「離元政策と改革政治」という

歴史的イメージとは異なる見方を提示したいと思う。このような見地から恭愍王を扱うことは、従来の歴史理解に新たな知見を加えるのみならず、ひいては広く朝鮮史像の再構築にも寄与するものとなろう。なお、以下ではやや冒険的な記述をとるが、基本的にすべて［加藤2016］[1]にて得られた知見をもとにしている。より具体的な議論についてはそちらを参照してほしい。

## 1 「和気」・「怨気」の思想と「天譴」の思想
　　——陰陽の気を介する天人相関の世界

　周知のように、朝鮮時代には国家統治の基本方針として儒教が重視されたが、高麗時代においても儒教は仏教と並ぶ重要な思想であった。ただしそれは、単に政治外交上の規範や学識に止まるものではなく、それ自体が人々の意識構造を規定する認識体系であった。つまり、そもそも前近代における思想というのは、人がどのように物事を捉え、現象を認識し、また理解するのか、といった精神活動の本質的な部分に作用するのであり、そのまま当時の人々が世界の仕組みを把握し、世の理（ことわり）を説明するための論理として機能したのである。前近代に生きる、とは、そうした思想体系が提供する価値の世界（世界観）に生きる、ということであり、かかる世界の崩壊を指してニーチェは「神は死んだ」という言葉を残した。つまりそれは、前近代における世界が人の所作と世界の挙動とが意味を以て連関する世界であったということに他ならず、そうした神のくびきから解き放たれて初めて、人は自然科学の法則に包摂された「近代」的存在たりうるのである。あえて言うまでもなく、高麗の世界、とくに知識人層にとってのそれを形作った代表的な思想の一つが、他ならぬ儒教であった。

　儒教が高麗に提供した世界は、基本的に天地陰陽の気の巡りによって把握・説明される。そこでは天地陰陽の気の巡りが順調（調和が保たれている）であれば風雨は時節に適い、世は安寧が保たれ、万物が育まれると観念された。逆に、天地陰陽の気の巡りが滞る（調和が乱れる）とさまざまな天変地異や災いがもたらされ、世は混乱すると考えられた。このように高麗の世界は天地陰陽の理によって理解され、その論理は世の安寧や混乱と表裏一体のものであった。ただし同時に、天地陰陽の気の巡りは人為によって調整が可能である（人の営為の影響を受ける）とも考えられており、それゆえ高

麗では天地陰陽の調和を保つ、あるいは取り戻すために、ことあるごとに種々の対策が実施された。かかる営為を規定した中核とも言うべき思想が、「和気」・「怨気」の思想、および「天譴」の思想である。

　「和気」とは、民が怨嗟を持たない状態の気(「怨気」の否定概念)であり、それは天地陰陽の気の巡りを良くして調和をもたらすものと観念された。逆に「怨気」とは、文字通りに民の恨みの気であり、それは天地陰陽の気の巡りを妨げて調和を乱すものと考えられていた。つまり「和気」・「怨気」の思想とは、天地陰陽の気の巡りが世の状態を左右するという認識のもと、和気が生じている時には陰陽の調和が維持されて世の平安が保たれるが、怨気が発生している時には天変地異や災禍が発生して世に混乱がもたらされる、と捉える思想である。それぞれ、和気は刑罰の正中化と恩赦の頒布を中心に、諸政の是正、官吏による擾乱の禁止、才徳者の登用、民への賑恤・減税等の実施、遺体の埋葬、などを通して召致されると考えられた。対して怨気は、不当な刑罰の執行を中心に、国王の不徳や失政、官吏の擾乱、飢饉等による死者の発生、過重な租税の徴収、民の労苦、などに起因して発生・堆積すると考えられていた。これはすなわち、和気・怨気を生じる主体は主に民だが、その責任と調整の任は国王を中心とする為政側が負ったということであり、かかる認識のもとで為政側は種々の施策により天地陰陽の秩序化を目指したのである。以上のような「和気」・「怨気」の思想は、遅くとも11世紀半ば頃には高麗に根付いており[2]、以降は高麗・朝鮮時代を通して、たびたび不当な刑罰や民の困窮などが国王や臣僚の憂慮、あるいは批判の対象となった。

　他方、「天譴」とは、「天」の譴告(叱責)の意であり、それは国王の行いや為政が「天意」に反し、国王が儒教的な君主者たる「徳」を欠いた時にもたらされるものと観念された。この天譴の概念はそもそも董仲舒の「陰陽災異説」に由来し、本来現象としては日照りや地震などの天変地異(災異)の発生を指す。つまり「天譴」の思想というのは、諸政の大本となる国王の失政が天地陰陽の調和を乱してさまざまな災異を発生させる、という認識に立った上で、この災異の発生を天譴であると見做す思想である。このとき、自然科学的には物理現象に過ぎない災異の発生は、天譴として王の政治責任を問う為政上の不安要素としての意味を持つのである。ただし高麗の場合、特に恭愍王代には、天災の他に兵乱や災厄なども一括りに天譴である

と把握され、オリジナルの天譴よりも災異の範疇がかなり広かった。この「天譴」の思想は、史書に「災異の験れは処するにあたって小さいものといえども必ず書きとめる。天譴を謹んでのことである」とあるように3)、高麗のみならず朝鮮王朝にとってもきわめて重要な価値基準の一つであった。

　ここで、天譴にまつわる「天」や「天意」、「徳」についても簡単に触れておくと、まず「天」については、高麗ではいわゆる天帝のような擬人化された天が想起されていたようである。その天の意思を指して「天意」と言い、天譴をもたらした天意に応じることは、本質的には天命を受けて王となった国王の責務であった。また「徳」は、王が儒教的な君主者（人君、君人者、人に君たる者。以下本稿では、王に「　」を付けて「王」と表記する）として修めるべき徳目の総称・上位概念であり、この徳を修めることが、王が天譴に応えるためのもっとも基本的な方法であった4)。つまり「天譴」思想のもとでは、王の「王」としての徳が至らない時に天は災異を発生させて王を戒めるのであり、逆に王は災異が発生すると、まず自らの行いを省みて、己の「王」としての徳を高めるよう努めねばならなかったのである。もちろん、王が諸政を正して仁政を実施することも「王」としての徳を高める営為となるのであり、それは天譴をもたらした天の意思に応ずる者として王が当然に執るべき措置であった。かかる世界に生きるからこそ、国王をはじめとする為政側は、王の「王」たる在り方を問い、世の安寧を保つために徳治の実践を推し進めるのである。

　以上のように、儒教が高麗に提供した世界は、天地陰陽の気の巡りを根本とし、和気・怨気や天・天意と王の徳との相関関係を主軸として、世に安寧や混乱がもたらされるメカニズムを把握するものである。「和気」・「怨気」の思想は、国王の失政が天譴を招く仕組みについて民を仲介する形で説明したものであり、この思想が介在することで天意や王の徳とともに民心もまた世界の在りようを左右する主要なファクターとして浮上してくる。反面、和気の調整や天譴への応答といった対応のレベルでは両者は相互に密接な関連を持ち、極言すれば、いずれも国王の徳の問題に帰着する。このとき、高麗王の位置づけは、天と民との間で天地陰陽の調和を保つ責務を負う「世界の管理者」とも言うべきものとなるのである5)。このような思想的背景のもと、高麗では、広く天災や災いが発生した際には、種々の対策を通して和気を調整しつつ天譴に応えようとする努力が行われ、そ

うして天地陰陽の調和を取り戻して世に安寧をもたらすことが目指された。もちろん平時においても、怨気を生じて陰陽の調和を乱し、その結果天譴をもたらして世を混乱させかねないと位置づけうる事柄は、当然に是正すべき問題や弊害として認識されたのであった。

では、以下で具体的な議論に入っていくためにも、ここで以上のような高麗の世界の概念図を提示しておこう。

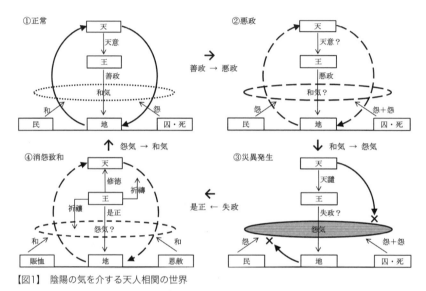

【図1】　陰陽の気を介する天人相関の世界

出典：[加藤2016]57頁(注1参照)。本書転載にあたり一部改変した。

この【図1】は天地陰陽の気の巡りと和気の位相を軸に、天、地、王、民、獄囚・死者(囚・死)の5つの要素を適宜配置し、王の行動を基準に①から④の遷移状態に分けたものである。図中の「？」は過渡的状態にあることを示し、また獄囚・死者を要素として挙げたのは、怨気の解消が企図される時には多くの場合で刑罰の正中化や罪の減免、恩赦の頒布などが実施されるからである。

簡単に図の説明をしておくと、まず「①正常」フェーズは和気が天地陰陽の気の巡りを通す正常な状態、すなわち陰陽の調和が保たれている状態である。この正常フェーズから王の施政が乱れると「②悪政」フェーズに移行する。すると民や獄囚・死者の怨気が堆積するようになり、徐々に和気が

変容して天地陰陽の気の巡りが滞り始める。次いで、そのまま悪政が改善されないと「③災異発生」フェーズに移行する。ここで和気は変容して怨気となり、天地の気の巡りを塞いで災異を発生させ、これが天譴となって王の政治を問責する。そうして最後に、天譴を受けた王が失政を是正しつつ徳の修養に努めると「④消怨致和」[6]フェーズに移行する。これにより王は恩赦や賑恤を中心とする種々の施策や災異を祓う祈禳・祈禱を実施し、その結果、和気が召致されるとともに王の徳が高められて、最終的に天地陰陽の気の巡りが調和を取り戻して「①正常」フェーズに移行する、という流れになる。なお「④消怨致和」フェーズの祈禳・祈禱は、いわゆる「消災道場」のような仏教行事を意味するが、ここでは高麗の儒仏の境界が曖昧なイメージが伝われば十分である。

　さて、【図1】をみればわかるように、かかる儒教的な天人相関の世界において、国王とは世の理を理解する上で欠かすことのできない存在であった。それは単に最高の為政者・権力者だったのではなく、本質的にはただひとり天命を受けて世界の管理者となった者であり、天意に応える資格を有する唯一の存在であった。しかしそれは同時に、天意に応えて世の秩序を保つ責務もまた王に集中することの裏返しでもあった。つまり、如上の世界に生きる王には、原則的にありとあらゆる災異・災厄を招いてしまった責任や罪咎が、すべて自らの徳の至らなさに集約されることになるのである。

　とはいえ、そうした原則が自然科学の法則に縛られたものではない以上、それは国王自身の受け止め方や「王」たる自覚といった認識の在り方に大きく左右されることになる。あるいは、たとえば上位管理者である元帝との関係が緊密な場合など、それは国王の政治的位相によっても影響を受けるものである。このような視点に立ったとき、図のような世界にあって激動の時代を生きた恭愍王は、多難な状況にどのように向き合ったのだろうか、という点が問題になってくるのである。では、以下で具体的にみていくことにしよう。

## 2　自省——応天者の自覚

　忠定王3年(1351)10月、元の承認を得て王となった恭愍王は、ほどなく高麗へと帰国し、23歳で即位した。当時高麗では忠穆王(在位4年、享年12)、忠定王(在位3年、享年15)と幼い君主が相次ぎ、奇氏一族をはじめとする有力者が国政に多大な影響力を行使していた。恭愍王が即位した高麗王位はこのような状況にあったが、彼は当初から儒教的な理想君主に対する憧憬にも似た信条を持ち、国王とはかくあるべし、という信念のもと、即位とともに親政を始めることで古代の君王の在り方に倣わんとしたようである。すなわち、恭愍王元年(1352)8月、王は、

　　　いにしえの昔、君王というのは、まつりごとの思案に精力的に励み、国家を安んじたいと願い、すべからくみずから重要な政務に親しみ、そうして聡明さを広げつつ民情にも通じたという。いま、寡人もまたこのようにしたいと思う[7]。

と述べて僉議府や監察司(中央政府の中核機構、政治の監察機関)などに5日に1度決議を報告するよう命じている。また時期は前後するものの、帰国後まもない同2月には官吏の人事権を掌っていた政房を廃止し、同8月には弁整都監を通して田土の回収と租税の追徴を図った。かく、即位当初の恭愍王は、相対化著しい高麗王位に就きながらも、やや理想主義的な姿勢を以って真正面からの正論で国王による親政の実施を企図した。もちろん、そのような王の方針に対して周囲を取り囲む人物がただ唯々諾々と従うはずもなかったが、恭愍王は「趙日新の変」や「離元政策」を経て、段階的により強固な王権と国王親政体制を手に入れていく。

　一方、一連の離元政策を前後する頃から、高麗はいよいよ多難な局面を迎えていくことになる。周知のように、14世紀半ばには地球規模での寒冷化がおこり、飢饉や天災、疫病の蔓延がユーラシア大陸各地で混乱を引き起こした。一般に「14世紀の危機」と呼ばれるこの現象を背景に、高麗は倭寇や天災、飢饉の波状的な発生に晒された上、二度にわたって紅巾賊の大規模な侵攻を被ってしまう。まさしく、こうした不穏な現象が折り重なることこそが、世の在り方を左右するもっとも本質的な因子としての恭

愍王の「王」たる徳の在り方を問うものとなるのである。そうして、紅巾賊の第一次侵攻を経てもなお不安定な情勢が続く恭愍王10年(1361)2月、王は次のように教旨を下して多難な状況に対する自らの意向を示した。

予は自らが王位を継いで以来、天を畏み民を愛し、祖宗の遺訓を正しい式と為し、心中にては常に世の平安を切実に願ってきた。しかし時は依然、多くの困難が続き、恵沢は下々に行き渡らず、兵禍が立て続けに起こっては、災異もたびたび顕わされている。予はこれを畏懼すべきものと思い、道詵の讖言を以ってここにこの源をみるに、まさしく天の大いなる大命は無限の果てまでも続くであろう。そこで臣庶を顧みるに、奔走して諸事に服し、その労苦費心の実に重いことである。予がどうして国を恤む大いなる大計を知らない筈があろうか。予もまた、何があろうとも手立てを図らないわけにはいかないのである。いままさに庶事を始めるにあたって、まずは仁恩を頒布するのが良いだろう。すなわち、死罪を除く二罪以下の罪は並びに皆減免する。北方征伐の戦亡者には追贈賑恤を加えるのがよく、よって尽くその子を官に任用する。子の無き者についてはその家を救うこととする。近く、兵乱や飢饉がために民は日々の営みすらままならず、また遼陽や瀋陽からの流民で帰化した者も多い。彼らには司るところの者をして手厚く賑恤を加えさせることとする。ああ、天に応ずるにはただ至誠を以ってし、民を愛するには実際の恵沢に勝るものはない。偏に爾ら臣僚は各々汝の心を尽くし、以って我が徳を輔けよ[8]。

すなわち、恭愍王は、まず即位以来の治世の在り方を省みつつ、度重なる兵禍や災異を畏懼すべきものと見做すことで、これまでの不安定な情勢を天譴として位置づけた。次いで、臣僚や民の苦労を顧みながら、まずもって恩赦や賑恤を通して仁恩を広く行き渡らせようとし、そうして最後に、みずからを「民を愛して天に応じる者」と位置づけた上で、臣僚に真心を尽くさせることで自身の徳に対する輔助を求めたのである。

この教旨からは、恭愍王が天に応ずる者として「王」たらんと意を新たにした威風堂々たる姿勢、また一面では理想的な君主たらんとする自らの在り方、その「王」たる姿に酔うかのような高揚感が伝わるのではないかと思

う。その精神活動の在り方は、度重なる兵禍や天災の発生を受けて即位以来の自らの在り方を省みる自省を起点とし、かかる災禍の発生を天の叱責と位置づける天譴の意識、自らは天譴をもたらした天意に応えるべき応天者であるというアイデンティティの確認、天譴を招来してしまった自らの徳の至らなさに対する自覚、等を経て最終的に、天譴を鎮めるために仁恩の頒布(徳治の実践)による徳の修養を以って「王」たらんとする意志、に帰結したと言えるだろう。つまりこのとき彼は、ただ国王親政を志すのみならず、みずから自省する形で自身の徳の在り方を問い、そうして応天者としての自覚を新たに、逃げも隠れもせず、一切の疑問や葛藤、苦悩を寄せ付けることなく、己が信念に則って真っ向から多難な状況に「王」として向き合うことを宣明したのである。これこそまさしく、天人相関の世界におけるあるべき王の姿であり、同時にそれは、多難な状況に置かれた恭愍王が「王」として果たすべき自らの責務であった。

以降、恭愍王は己が理想を体現し世に安寧をもたらさんがため、種々の営為を実行に移していった。賑恤の実施や諸政の見直しもさることながら、特にこのとき恭愍王は、李斉賢や李穡ら指導のもとで『尚書』(『書経』)の一篇である「洪範篇」や「無逸篇」の理解に励み、そうして世を治める理を会得し「王」たる在り方を修めんと志した。また同9月には元朝に使節を派遣し、聖朝の扶佑を頼みとする高麗の立場を明確にしつつ聖徳の頒布を求め、ただちに事大の誠を尽くす証左として征東行省を復設したのであった[9]。しかし、徳の修養を以って天意に応えんとした王の営為を拒絶するかのように、天はふたたび高麗に大規模な兵乱をもたらすのである。

## 3 自責──責任の所在

恭愍王10年10月、偽平章(紅巾賊宋国平章の意)潘誠らに率いられた紅巾賊およそ10万の大軍が高麗へと侵攻を開始した。侵攻が開始されるや否や、高麗側は安祐を筆頭とする三元帥を中心に抗戦を開始する。しかし、圧倒的な兵力の差は覆し難く、安州での敗戦を経て、同11月には恭愍王は開京からの退避を余儀なくされた。ほどなく紅巾賊の手によって開京が陥落する一方、南遷を開始した恭愍王は福州(現安東)に至って26日間の逃避行を終える。福州に逃れた恭愍王は、ただちに燕邸侍従(恭愍王の元滞在に付き

従った臣下）の一人である鄭世雲を自らの代理として軍を率いる摠兵官に任命し、同時に教旨を下して紅巾賊に対する反撃の開始を宣言した。年が明けて恭愍王11年(1362)正月、鄭世雲を主将とする高麗軍約20万が開京を取り囲み、高麗側は開京を奪還するとともに偽平章潘誠らを撤退・敗死に追い込んで紅巾賊の第二次侵攻を平定した。

　ところが、この戦乱による高麗の致命的な疲弊に乗じ、以前から元帝室付近で活動していた崔濡と繋がりを持つ金鏞が暗躍を開始する。金鏞もまた鄭世雲と同じ燕邸侍従の一人であり、鄭世雲に先んじて摠兵官に任命されるほど王の信任を得ていた。反面、彼はやや陰険な性格だったようで、自身に代わって開京奪還を遂げた鄭世雲を妬む一方、この戦いで大功を挙げた安祐ら三元帥が王に重用されることを恐れた。そこで金鏞は、開京奪還を機にかねて崔濡に依頼されていた高麗の将の排除を実行に移し、安祐らを謀って彼らに鄭世雲を殺害させたのである。その結果、救国の英雄たる安祐らは一転して王の代理を殺害した逆賊となり、彼らは金鏞の進言を受け入れた恭愍王によって処断、処刑された。この安祐ら三元帥の処断は、大功をもって鄭世雲殺害の罪を不問に付すつもりであった恭愍王にとって「泣いて馬謖を斬る」かのごとき形となり、このとき恭愍王は、自身の心情とは裏腹に国を預かる王としての責務を全うすることを求められたのである。恭愍王は、三元帥処断の宣旨を受けて金鏞らが慌しく動き始める中、ひとり、安祐の死によって彼の幼子が道端に取り残されていると聞き、その子を哀れんで宮中に招き入れると、帰る所を尋ねて送り届けさせる一方、驚愕に瓦解しかけていた安祐麾下の士卒を呼びよせて酒食を授け、彼らの労をねぎらった、という[10]。処断に臨んだ王の哀感ただよう遣るせない心境をよく物語っている。

　こうして、紅巾賊の第二次侵攻に端を発する一連の擾乱は、金得培が捕縛・殺害されてその首が尚州に届けられたことで終息を迎えた。同3月丁未、恭愍王は次のように教旨を下して一連の経緯を総括している。

　　不幸にして、国家は外寇の災難に遭い、予は南遷を余儀なくされたが、思うにそれは、予が取るに足らないつまらない人間であり、その否徳の召致した事態であった。また将帥について言えば、それは予の用兵に罪を罰する律が無く、外寇を防ぎえなかったがゆえにもたらさ

れた事態であった。まさに艱難辛苦を耐え忍ぶ嘗胆の苦懐は、予が敗軍の罪を罰しなかったことに始まるのである。そこで、[中略]鄭世雲を揔兵官に任命し、節鉞を授けて予の代わりに軍事を行わせた。また続けて勅書を下し、世雲に万事を委任する理由を広く知らしめたのである。[中略]四方が合わさって敵を攻め、賊を尽く殲滅しえた。そうしてまさに凱旋を待ち、手厚く褒賞を与えて功労に報いようとしていた。しかし、予期せず安祐らは功を頼みに驕り、世雲との不和を引き起こした。安祐らは天下の大法を畏まず、そうして一時の憤慨を晴らしたのである。揔兵官は予に代わって事を為した。にもかかわらず、下に居る者が敢えてほしいままにこれを殺した。するとこれは、予を亡き者としたも同然なのである。上に立つ者を陵虐し干犯するよりも罪の大きなものがあろうか。しかし翻って安祐らを顧みるに、彼らは国の爪牙となり、数年にわたって命を賭して戦い、そうして甚だしい戦功を挙げてきた。しかしながら、一瞬の誤りが前功を尽く毀棄してしまった。予は実にこれを残念に思う。しかしそうであるとはいえ、破賊の功は一時のしばしばあるところのものであり、無君の罪は万世において許容され得ないものである。その軽重は灼然であり、相掩わざる(違いがはっきりとわかる)ものがある。これを赦して誅殺しなかったならば、何を以って後世に示せようか。ゆえに有司に命じて、都元帥安祐、元帥金得培、李芳実[中略]等の処罰を以って典刑(不変の刑罰)をはっきりと正したのである。しかしそれでもなお、これまでの功労を思えば、罪はその妻子にまでは及ばない。また彼らが管理していた大小の官吏については、みな有司に功労を量らせて叙任する。そもそも悪に交わり功に背いて手ずから世雲を害した郎将鄭賛については、逃亡中につき宥恕しえないが、その他の情を知りながら申し出なかった者についても、尽くみな罪を赦し免じる。このことを全国に広く告げ、みな余すところなく聞き知らせよ。偏に爾ら士衆は、つとめて汝の心を尽くし、爾の職分を越えてはならない。以って終始を保つのである[11]。

　すなわち恭愍王は、今回の紅巾賊侵攻とその被害を自らの否徳が召致したものと位置づけるとともに、安祐らの処断に至る根本的な原因に敗軍の罪

を適正に処罰しなかった己が過ちを位置づけることで、彼らを死に至らしめた責もまた自身で背負った。そうして安祐らの処断に至る経緯と彼らの罪過、また処罰を通して典刑を正すという処断の目的を説き、その上で最後に、彼らの麾下の功に報い、鄭賛を除くすべての者の罪を赦し、また一切の事の次第を知らしめながら、臣僚に職分の遵守を求めて終始を維持、つまり王朝の徳の移り変わりを防いで世の秩序を維持せんとしたのである[12]。

　この教旨からは、兵禍を含む一連の擾乱をもたらしてしまった自らの在り方への悔恨の念、また安祐らに対するきわめて高い評価と彼らを処断せねばならない「王」たる責務への強い使命感、その私情を抑えて「王」たる務めを果たさんとする心情と責務のせめぎ合いが伝わるものと思う。その意識作用の在り方は、再び災禍を招いてしまった自らの否徳を責める自責を根底とし、救国の英雄たる安祐らを救おうとしていた心積もりと、天下の大法を守り無君の罪を罰するという「王」たる責務との相克、かかる葛藤のなかで「王」として安祐らを処断した判断、彼らを処罰した経緯や理由・目的を説明しつつ恩を頒布し功に報いて民心を慰撫し、処断による動揺・怨気の発生を抑えようとする応天者の意識、等を経て、否徳たる自らの徳の存在を曖昧にしながら臣僚に訓戒を与えて徳(秩序)を維持しようとする思慮、に帰結したなどと表しうるだろう。

　先の教旨と末部を比較すれば、ここでは自らの徳の存在が前提とされておらず、自身の徳を前面に出しつつ応天者として先陣を切らんとした王の堂々たる姿勢が一歩退いていることがわかるだろう。これはすなわち、一連の擾乱が恭愍王の「王」たる在り方に影を落としたということに他ならず、つまりそれは天譴として王の「王」としての営為を差し戻し、天意への応答を果たしえなかった恭愍王に応天者としての責任を問い、その所在を明確にする意味を持ったのである。ゆえに恭愍王は一連の事態の責をすべて自身に集約しつつ、「王」として、応天者として、世の秩序を維持せんがために典刑を正すという「王」たる責務を果たした。しかしそれは同時に、王に自らの心情とは裏腹の処断を迫ることとなり、再び天譴を招いてしまった自身の徳に対する無垢な信頼の喪失とも相まって、彼はこのとき自らに備わった「王」としての徳の輪郭を見失い始めたのである。

　恭愍王は、紅巾賊の第二次侵攻と三元帥の喪失という天譴を受けて、みずから自責する形で応天を果たせなかった自身の否徳を責め、そうしてす

べての責任を一身に背負い、自身の心情と「王」たる責務との間で葛藤を抱えながら、それでもなお一連の事態に「王」として臨むことを選んだ。しかし、多大な被害とともに王に辛い決断を強いた今回の天譴は、彼に自責の念や葛藤とともに自らの「王」としての徳に対する不信の念を芽生えさせ、その「王」たる在り方に綻びをもたらしたのである。それはまさしく、後に恭愍王の身に降りかかるアイデンティティクライシスの兆しであった。

　しかしながら、以降の高麗を取り巻く状況はよりいっそう混沌とした様相を呈した。地震や星変といった天変の発生はもちろんのこと、一方では恭愍王11年(1362)2月頃から元の納哈出や倭寇、さらには女真族が高麗へと入寇するようになる。他方、高麗から撤退した紅巾賊の残党は遼陽に至って高家奴に撃退されたものの、以降、紅巾賊の情報は高麗と半島北方、元との間で二転三転した。この間、恭愍王はそうした状況への対応に追われながら行在所を移しつつ騎乗の訓練を繰り返すなど、安定とはほど遠い生活を余儀なくされていたが、年が明けて恭愍王12年(1363)正月、王は高麗の情勢と自身の安定を求めて開京への帰還を企図する。ところが、その帰還の途上において、天はまたしても恭愍王に災禍をもたらすのである。

## 4　自咎——罪咎の所在

　恭愍王12年閏3月、開京帰還の道中で一時興王寺に滞在していた恭愍王は、夜半に突如として帝旨を掲げる金守・曹連らの襲撃を受けた。門の守兵を殺害して境内に侵入した襲撃者は、数名の障害を排除しつつ真っすぐに恭愍王の寝殿を目指した。しかし、いち早く異変を察知した宦官の献身により、恭愍王はかろうじてこの窮地を脱することに成功した。その後、襲撃者は10名ほどでもって恭愍王の外従兄であり重臣でもあった洪彦博を抹殺し、続いて逃れた王の捜索を始めつつ妙蓮寺や開京にも襲撃の手を伸ばした。しかしこの時分には、妙蓮寺に参集していた柳濯らや開京に駐在していた崔瑩らもまた事変の発生を知るところとなり、彼らの手によって事変はただちに平定された(「興王寺の変」)。

　事変が収束を迎えると、開京に帰還した恭愍王はすぐさま襲撃者の取調べを命じる。ところがこのとき、巡軍提調として取調べを任された金鏞は誰一人として虜囚を尋問しなかったという。それが彼の周囲に疑念の輪を

広げる結果となり、まもなく金鏞は恭愍王によって密城郡への流刑に処された。金鏞は訊問の最中に事変への関与を認め、そのまま流刑先で誅に付されることとなる。しかし恭愍王は、金鏞が首のみとなって開京に届けられてからも、彼を思い出さずにはいられなかった。王はいまだ忘れられない金鏞のために涙を流し、「もはや誰も頼りとすべき者がいなくなった」と嘆いて、彼の麾下に対する処罰を禁じた、という[13]。

こうして、崔濡と手を結んだ金鏞の暗躍は彼自身の死によって幕を閉じた。かく、三度もたらされた災禍は、結果的に王がもっとも信頼していた側近をすべて彼から奪い去り、とくに金鏞の死は王にとって思い出しては涙して嘆くほどに辛い経験となった。そうして同5月、紅巾賊によって蹂躙された開京にあって、民の参集もままならないなか、亡骸の埋葬風景に囲まれながら、もっとも信頼していた側近を誅殺せざるをえなかった恭愍王は、次のように教旨を下している。

　　予は、みずからが王位を襲いで以来、天を畏み民を愛し、決して一時も怠ることはなかった。しかし、天地の理と天意は乖離し、国内では困難が重ねて起こり、外寇は再びこの地に侵攻した。深く考えるに、その咎はまことにこの小さき身にある。幸いにして、天地神祇宗廟社稷の霊や聖善保祐の恩、また忠臣義士の助に助けられて、苦労の末に変乱を制し、以って今日に至ることができた。ましてや還都の初にあたり、天は禍することを悔いず、星芒は警めを示し、旱魃は災咎となった。そうした災異をもたらしてしまった咎がこの身にあることは言うまでもない。それゆえ、なによりまず己を責め、そして民を恵養するのがよいだろう。庚子年(恭愍王9)以前の諸道州県の三税雑貢のうち、いまだ官に届いていないものについては並びに追徴を免じる。近頃、朝廷の臣僚や地方の官吏は慣例のように軍律を用いて擅に人を殺している。その上、ある人が既に杖刑を科したというのに、さらに財物を以って贖わせる場合もあると聞く。予はこれを甚だ哀れに思う。今後は、重い刑罰については上申を務めとし、軽いものについては杖と贖とを併せて科してはならない。あるいはまた、京畿の民は兵乱によって流亡離散し、田野は多く荒廃している。もし恩恤を広く行き渡らせなかったならば、何を以って招来することができようか。そこで、

京畿の公私田租については、三年を限りとして三分の一を免じることとする。ああ、偏に爾ら中外の大小臣僚は、なおいっそう尽力して余を助け、つとめて実効を求めよ。虚文に事えることなく、以って中興の理に至るのである[14]。

　すなわち、金鏞の死を経て再び即位以来の治世を省みた恭愍王は、これまでの自らの「王」たる在り方それ自体は間違いではなかったと信じながら、にもかかわらず災禍がもたらされ続ける状況を、天地の理と天意とが乖離したことによるものと解釈した。その上で恭愍王は深い思惟の結果、応天者として天意を動かすことができず、天に禍をもたらすことを悔い改めさせられなかった自身に、苦難を招いてしまった罪咎の在り処を見出した。そうして彼は自らを咎めながら、なおも刑罰を正し、仁恩を頒布し、かつ臣僚に一層の助力を求めることで、三度天意に応じる「王」たらんと努めたのである。

　これまでと同じく教旨の雰囲気からみておくと、この教旨からは、自らは「王」として正しく天意に応えてきたはずなのに、一向に天譴が治まりを見せないことに対する疑問や苦悩、また、それでも世に安寧をもたらすには自身が「王」としての務めを果たすしかなく、苦難を招いてしまった自らの否徳さを咎めながら、なお「王」であろうとする世の理に縛られた悲壮な真摯さ、といった重苦しい空気感が伝わるものと思う。その思考回路を追跡してみれば、なぜこのようなことになったのか、天はなぜ自らにかかる仕打ちをもたらすのか、という疑問に始まり、自身が務めてきた「王」たる在り方は世に安寧をもたらすはずだという天地の理の再確認、理に則った自らの営為に応えようとしない天意に対する懐疑、理が正しく天意が応じないのであれば、その咎は天意を動かせなかった自身の否徳にあるという開悟、さらには、自身の否徳さをみずから咎める自咎（筆者の造語）とともに、自らが「王」たるほかない呪縛にも似た使命感、等を経て、なお徳治の実践を進めつつ臣僚に一層の助力を求める心慮、に至ったなどと整理できる。

　先に挙げた二つの教旨と比べれば、同じ文脈でありながらも、この教旨には否徳を含めて「徳」という表現がどこにもないことがわかるだろう。それはすなわち、わずか2年の間にもたらされた天譴が、恭愍王の自らの徳

に対する認識を下方修正させ続けた結果に他ならない。すでにみてきたように、恭愍王は大禍が起こるたびに自らの在り方を省み、そうして徳の至らなさを悟っては「王」たらんと努めてきた。それは、多難な状況と彼の所作とが縒り合わさって「天譴→省察→徳の下方修正→応天の努力→天譴」という無限ループを形成してきた、ということであり、つまりは、天人相関の世界にあって多難な状況が続いたとき、王が世の理に則って「王」たらんと真摯に努めれば努めるほど、そこには王が自らの徳の至らなさを自省し続ける終りの無い思考の回廊が成立することになるのである。特に恭愍王の場合、それは回を追うごとに「自省→自責→自咎」と省察の深みに向かっていった。これはすなわち、彼が自らの「王」たる努力を自ら否定し続ける自己否定のスパイラルに陥っていたこと如実に物語っている。そしてその結果、このとき彼はすでに、自らに備わった「王」としての徳の存在を認め難い境地に至っており、「王」たる徳を欠いた彼には、もはや世の理に縛られた「王」としての責務だけが残されていたのである。

　恭愍王は、興王寺の変と金鏞の死という天譴を受けて再び自らを省み、そうして天意に対する疑問を持ちながらも、多くの苦難を招いてしまった罪咎の在り処を自らの否徳に見出した。それでもなお、彼は天地の理を説き自らの在り方を規定する世界を捨てようとはせず、苦悩の中で自らを咎めながら、なおも世に安寧をもたらさんがために「王」たる責務を果たさんと努めた。しかし、ここに至るまでの数々の苦難は、天譴として確実に王の「王」たる徳を貶め、その結果恭愍王は、もはや自らの徳の存在を認め難い境地に至った。このとき、恭愍王にとっては、世の理に縛られた王の「王」たる責務だけが、彼を「王」たる在り方、そのアイデンティティに繋ぎ止めるものとなったのである。

　ところが、恭愍王がこの教旨を下すや否や、元から帰還した訳語李得春が高麗に徳興君冊立の確定情報をもたらした。詳細は省くが、この時すでに金鏞暗躍の背後にあった崔濡は、元の順帝を通して忠宣王の庶子である徳興君を正式な高麗国王とすることに成功していたのである。同7月、元使李家奴の来訪を以って恭愍王は正式に王位を剝奪され、ここに、元に冊立された正式な国王たる徳興君と高麗が独自に戴く恭愍王、という二人の高麗国王の対峙する状況が成立した。以降、元の保障を欠いた王権を行使するほかない恭愍王とともに、高麗は約半年のあいだ恐々とした試練の時

を迎える。しかし、年が明けて恭愍王13年(1364)正月、実際に侵攻を開始した崔濡の軍はあっけなく敗走し、同10月、恭愍王は約1年3カ月ぶりに自らの王位を回復した。こうして一連の騒動(筆者は「徳興君擁立騒動」と呼んでいる)は収束を迎え、事実上、高麗国王はもはや元帝の権威を以ってしても排除しえない存在となった。つまりこのとき高麗は、元の意向によって王の交代を余儀なくされていた事元期における王権の在り方から自覚的な離脱を果たしたのである。

だが、徳興君擁立騒動を経てようやく恭愍王が王位を回復した矢先、天はこの上もなく残酷な形でふたたび彼に災禍をもたらすのである。

## 5　自失——解脱する国王

魯国大長公主は恭愍王の正室であり、高麗忠定王元年(1349)、元に滞在していた即位以前の王に降嫁された人物である。王の帰還とともに高麗へと嫁いで以来、基本的には彼女は片時も王の側を離れなかった。不仲であることが珍しくない王と王妃の関係にあって、恭愍王と公主はともに乞巧祭(七夕行事)を設けるなど[15]、仲睦まじい関係を築いていた。また度重なる苦難においても、彼女は持ち前の気丈さと行動力で以って王を支えながら、王とともに幾多の困難を乗り越えてきたのであった[16]。

その一方で、彼女は王妃として、また当時の既婚女性としての影を抱えてもいた。王の即位以来、しばしば彼女は王とともに子宝を授かるよう祈願していたが、その甲斐もなく、二人は永く子宝に恵まれなかった。それが原因となって、恭愍王8年(1359)には公主の許可を得た宰相の勧めで初めて恭愍王が側室を持つ。このとき彼女は、許可を出したことを繰り返し後悔して食も進まなくなったと言い、加えて、子供を授からなかったがゆえに王の側室を認めざるをえなかった彼女は、周囲の誹謗中傷に晒されることもあった。

しかし、そんな彼女にもまた、恭愍王13年に至ってついに念願の子宝を授かる時が訪れた。もちろん記録上に明示されることはないが、同年秋冬頃には見た目にも判別できただろう。ちょうどそれは、徳興君擁立騒動を経て恭愍王が王位を回復する時期にあたり、このころ彼は賢才を正しく登用して天意に応えんと努めている[17]。かくして恭愍王は、自らの王位

を取り戻すと同時に永く懸案であった後継ぎの問題を解消する運びとなり、二人は幾多の苦難の末にようやく報われることとなるはずであった。

　明けて恭愍王14年(1365)正月、公主の臨月を間近に控えた恭愍王は、各道の巡問使を任命する一方で林樸に時政の得失を陳奏するよう命じ、民心を慰撫しつつ為政を正して禍を防止せんと努めた。同2月、いざ公主の臨月を迎えた恭愍王は、恩赦を出して二罪以下の罪を赦し、そうして公主の出産に備えた。ところが同甲辰、いよいよ出産の時を迎えた公主は難産に苦しみ、王は祈禱の実施を命じつつ恩赦を出して一罪以下すべての罪を赦すと、自らは香を焚いて端坐したまま、公主の側を離れなかった。だが、王の願いも空しく彼女は力尽き、この日、魯国大長公主はお腹の子とともに薨じた。

　公主を喪った彼は悲しみに慟哭し、何も手に着かない状態となる。次いで恭愍王は、とりもなおさず葬送の命を出し始め、公主の国葬を盛大に執り行っていった。しかし、公主の葬送に没頭するかたわら、恭愍王は手ずから彼女の真影を写すと日夜向かい合って食事を取り、日々悲しみに涙を流したという[18]。

　こうして、即位以前から王とともに在り続けた魯国大長公主は、二人の念願であった子供の出産に臨んでこの世を去った。彼女の出産を間近に控えた恭愍王は種々の施策を以って災禍を防止せんと努めたが、またしても天は王の営為に報いることはなく、四度災禍をもたらして彼から公主を奪い去ったのである。そうして、公主の逝去から約3カ月の時を経た同5月に至り、王は僧辛旽（遍照）を師傅（教え導く者）と為し、以降の国政を相談することとしたのである。次の史料は、その時の様相を伝えるものである。

> まず始めに、王は王位について月日が久しかった。宰相は多く意に適わず、［中略］儒生は惰弱で剛毅な者が少なかった。また門生や座主、同年を号して党を為す者がいても、朋党の類いはみな手前勝手な情に従った。つまり、三者はみな任用するに値しないのである。王は離世独立の人を得て、そうして古くからの弊害を革めようと思うこと、久しかったのである。そこで、<u>王は辛旽に会うと、彼は得道寡欲の人で、かつ賤民の出身で、さらに親類の類いも無く、彼に大事を任せれば必ず思う通りに実行し、しかも気にかけて大切に思うところの親類や縁</u>

<u>者はいない</u>、と思った。故に、僧侶から抜擢し国政を授けて疑わなかったのである。<u>王は辛旽に屈行して世の事を救うよう請うた。辛旽は表向き承諾せず、そうして王の意をいっそう堅固なものとした。王が彼に強いると、辛旽は「かつて国王と大臣は人の仲を裂く讒言を多く信じたと聞いています。慎んでそのようにしてはなりません。そうして初めて世間に福と利をもたらすことができるのです」と述べた。そこで王は、「師は我を救い、我は師を救う。死生はこれを以ってすることとし、人の言葉に惑わない。これを仏天に誓う」という盟約の辞を手写した。</u>そうして王は辛旽とともに国政を相談するようになり、政事に用いること一カ月にして親勲・名望家を罷免・放逐し、各冢宰（長官）や台諫の名はみな彼の口に上った［以下略］19)。

　まず簡単に史料の説明をしておくと、この史料は主に史書編纂者による説明と判断で構成されており、そこに恭愍王と辛旽の行動や発言が織り交ぜられた形となっている。下線は王と辛旽のやり取りを直接的に伝える部分を示し、傍点は王の目的や心境を端的に表す部分である。また、史料前半の下線を引いていない部分は、「恭愍王は積年の弊害を改革するために辛旽を抜擢した」といった現在の通説的理解の端的な根拠となるが、かかる見方が歴史的な連続性を全く欠くことは言うまでもないだろう20)。

　では、先と同じく王の所作を見ていくが、まず公主の喪失を経て悲しみに暮れる日々を送っていた恭愍王は、心の惑いを抱えながら世界と自身に対する救いを求めた。そこで、得道寡欲の人であると見做すことができ、かつ賤民出身で気にかけて大切に思う親類や縁者を持たない辛旽に大事を任せれば、必ず惑うことなく、近しい者が禍によって奪われるのを恐れることなく、政事を実行に移して世に安寧をもたらすことができる、と考えるに至った。そうして彼は辛旽を頼り、自身に代わって諸事を執り行ってもらうことで、自身の救済とともに世の救済もまた辛旽に託したのである。

　この史料に見られる王の様相からは、天の仕打ちに打ちのめされ、もはや何をどうしていいのかわからない惑いや苦悶、また、自身が「王」たる責務に務めるのでは今にもまた災禍がもたらされるのではないかという恐怖感、さらには公主を喪失した悲しみに打ちひしがれる中で自らにも救いを求める悲愴感、といった悲傷に満ちた王の姿が伝わるものと思う。救いを

求めて辛旽に縋り、懇願する王の姿は、自省と悲しみの果てに追い詰められ、摩耗し、そうして悲嘆に喘ぐ王の心の声をよく反映していよう。その心の声を代弁すれば、公主を喪失した慟哭に始まり、公主の逝去は自らの否徳が原因に違いなく、だとすれば天は今にもさらなる災禍をもたらすかもしれないという怯え、と同時に、いかに自らが「王」たらんと努めても天の災禍を防ぎえないと悟る解悟、および災禍を防ぎえない自らが「王」たる務めを果たす意味を見失う喪志、また、災禍をもたらし続ける天や否徳たる自身に「王」たることを強要して悩み煩わせる「王」の責務とともに、その辛さのすべてを自身に課す世界からの逃避願望、等を経て、得道の人たる辛旽に為政を委ねることで、自身に代わって世を救い、自らをも救ってもらうことを期待する願い、に辿り着いた、などと表現できるだろう[21]。

　先と同じく、これまでの教旨の続きに上の史料を位置づけてみれば、事ここに至り、ついに恭愍王は自らの「王」たる責務を手放したことがわかるだろう。それはすなわち、幾度もの自省を通して自らの徳を貶め、自身の在り方を責め、そうして己が否徳に罪咎を見出すに至った恭愍王が、四度もたらされた残酷な天譴の果てに、ついに「王」たる責務に務める意味すらも見失ったことの表れと言える。振り返れば、多難な状況下で「王」たらんと努めてきた恭愍王に、天は度重なる災禍で以って応え続けた。それは、天地の理に則って「王」たらんと努めてきた恭愍王に対し、天は王の期待と真逆の結果をもたらし続けたことを意味する。つまり、天地の理に従って「王」たらんと努力を重ねてきた恭愍王は、まさしくその天地の理によって約束されているはずの世の安寧という結果を全く得られなかったのである。それは恭愍王にとって、世の理が己を裏切り続けた、ということに他ならず、そうして彼は、幾多の「王」たらんとする努力の果てに、あまりに無慈悲な天の仕打ちを受けて、自らの徳に裏切られてもなお正しいと信じた「王」という在り方を、ついに信じられなくなったのである。このとき、悲しみや苦悶、恐怖といった心の傷とともに「王」としての絶望感を抱えて逃避を望みながら、なおも「王」たる責務が脳裏をよぎる心の惑い、そうした感情が綯い交ぜとなって恭愍王を救済へと駆り立てた。その結果、恭愍王は辛旽に為政を委ねて世界と自身の救済を願い、同時に、自らの「王」たる責務とともに、かつて自らが思い描いた世に安寧をもたらす「王」という在り方を手放したのである。

恭愍王は、四度もたらされた公主の喪失という無慈悲な天譴の果てに、ついに自らが「王」たる責務に務める意味をも喪失した。それは、世の理を説き王の在り方を規定する儒教世界が彼を裏切り続けた帰結であり、その結果、悲しみや苦悶、絶望感に喘いだ恭愍王は、自らの救いと世の安寧を願って僧辛旽に縋った。そうして彼は、為政とともに自らが果たすべき「王」たる責務もまた辛旽に託したのである。まさしくその瞬間こそが、王が王のまま「王」ではなくなる、恭愍王が自らの「王」というアイデンティティを喪失した瞬間であった。

　以降、王に救済を求められた僧辛旽は、まず王に対して一定の影響力を持つ旧来の功臣、および儒教的見地から王を諫止する文官を人事でもって放逐し、そうして王の周囲から王に「王」たることを求める諫争を排除していった。また、刑人推整都監や田民弁整都監を設置しつつ成均館の営造に着手し、王が直接かかわらずとも自動的かつ恒常的に天意に応える機構を整えた[22]。これにより辛旽は、王の「王」たる責務を外在化させ、天の災禍を防止しながら王個人にも心情的・時間的な余裕を作り出した。かくして、王に請われた辛旽の執政は、天地陰陽の理を踏まえて世を救済しつつ、王を「王」という「苦」から解放する仏教的な救いを恭愍王にもたらしたのである。

　他方、辛旽に救済を願った恭愍王は、以来「王」としての営為を行わなくなり、翌恭愍王15年(1366)4月には、大々的に公主の真影を祀る王輪寺影殿の造営を開始した。また、同7月頃に僧千禧・禅顕をそれぞれ国師・王師に迎える一方、子宝を授かる利益があるとされた文殊会を毎年開催し、あるいはしばしば正陵(魯国大長公主陵)や寺院を訪問して仏教行事を開催した。かく、辛旽に為政を委ねた恭愍王は堂々と仏教的な世界に身を置く日々を過ごし始めたのである。このうち、特に恭愍王は公主のための王輪寺影殿の造営に心をくだき、折を見てはいまだ工役の続く影殿の様子を見に行ったのであった。

　翌恭愍王16年(1367)には、亡き公主が元から魯国徽翼大長公主を追贈され、王は公主の魂殿を訪れて盛大に享宴を設ける。この宴席には宗室や宰枢も参席していたが、王は公主の真影と向かい合って生前と同じように食事を進め、その傍らには彼らを見守るように佇む辛旽の姿があったという。宴席の後、正陵を訪れた恭愍王は、公主の眠る地を巡り歩き、そうして悲

しみの思いを募らせた、という[23]。

　こうして、辛旽に為政を預けた恭愍王は、誰にも憚ることなく、生前の公主を偲んで過ごす生活を手に入れた。それは、仏教的な意味の世界で営まれた、公主と辛旽の存在が比重の大半を占める日々であり、そこには、悲傷を抱えながらも哀切の裡に穏やかさを滲ませる王の姿があったのである。それはまさしく、王が自らを苛んでやまなかった「王」というしがらみ、その「苦」をもたらす世界から解脱した姿であった。

　しかし、恭愍王が心の安寧を願う日々を過ごしていた頃、すでに王の周囲では辛旽に対する反発や王への諫争の気運が高まりを見せていた。特に、恭愍王17年(1368)に落成した王輪寺影殿に不満を持った恭愍王が代わって馬岩影殿の造営を開始すると、これまで王の周囲にあって諫争を控えていた柳濯らが一命を賭して王の諫止を試みた[24]。そして、片や恭愍王が辛旽とともに亡き公主を偲ぶ生活を続け、片や周囲では王や辛旽の在り方に対する不満が募りつつあるなか、王と辛旽の、また高麗の在り方を大きく左右する事態が発生するのである。

## 6　辛旽の失脚と国王親政の再開

　恭愍王17年8月、明軍が元の大都を包囲した、という情報が恭愍王のもとにもたらされた。一報を受けた高麗側はまず防衛体制を整えんとするも、同9月、続いて元帝らの奔走が伝えられると、王はすぐさま百官に明との通使の可否を議論させた。その後、翌18年(1369)には建国を報せる明帝の璽書が届き、さらに翌19年(1370)には恭愍王が明から正式に高麗国王として冊封を受けた。こうして高麗は「大」たる地位を失した元への事大を断ち、代わって対明事大の道を歩んでいくことになる。

　一方、明の建国とともに高麗を取り巻く状況が変わっていくなか、恭愍王は以前とまったく変わらない日々を過ごしていた。とりわけ、恭愍王は馬岩影殿の造営にもっとも心を傾け、恭愍王18年5月には、彼の実母である明徳太后が、日照りの最中に工役を続ける王を「王」であるようにと諫めた[25]。とはいえ、太后の言葉に恭愍王を諫止する力はなく、王は周囲の反対をものともせずに馬岩影殿の工役を続けた。かかる王の生活は翌19年も続き、同5月、長雨が工役の支障となることを恐れた恭愍王は宗廟や

寺院にて晴天を願う祈禱を設けた。また長雨の原因を刑獄の不平に求めつつも、みずから法官に諭告する煩雑さを嫌い、辛旽を通して刑罰の適正化に努めるよう伝えさせたのであった[26]。

しかし、そうして同5月甲寅に至り、明から高麗国王印を携えた使節が来訪する。このとき、冊封使とともに帰還した成准得は明帝の璽書を携えていた。璽書は、近く高麗の使者が帰還すると聞いた明帝が王の為政を尋ねるところから始まる。そのとき、高麗の使者が明帝に告げた第一声は、「王はただ釈氏の教えに務めております」というものであった[27]。続けて、城郭や軍事、王宮について尋ねた明帝に、高麗の使者は「民はおりますが城はございません」、「いまだ厳粛ではございません」、「王宮はございますが、王が政務を行う場所はございません」と答えたという。璽書は続いて、王道をもって国政に励むよう説諭する明帝の言葉を伝えており、これにより恭愍王は、日々仏教の世界に身を置く自らの在り方を明帝にまで咎められる形となったのである。

もっとも、かかる明帝の璽書を受けても、恭愍王は馬岩影殿の工役を止めようとはしなかった。ところがその翌月、ふたたび影殿の工役を止めるよう願った太后に続き、ついに辛旽が馬岩影殿の工役を中止するよう王に求めた。すると、これまで度重なる諫争を退けて馬岩影殿の工役を続けてきた恭愍王は、あたかも表情を無くすかのように、スッと、額面通りに馬岩影殿の工役を中止し、代わって王輪寺影殿の修復を始めた、という[28]。つまりこのとき、他ならぬ辛旽までもが、馬岩影殿の工役を止めるよう王を諫止してしまったのである。それは、王が最も触れられたくない部分、まさしくその逆鱗に辛旽が触れた瞬間であった。

ほどなく、公の場における礼の意識を再浮上させた恭愍王は、同10月、天道や否徳、治道といった表現を用いながら儒教的な為政者として親政の再開を宣言する。次いで同12月丙寅の日、約5年半の時を経て恭愍王は親政を再開し、まず職分の遵守を命じて臣下に礼分の秩序を取り戻させつつ、諫議大夫呉中陸に民間の利害と自身の得失を隠さず報告するよう命を下した[29]。

その一方で、辛旽との間に壁を感じた恭愍王は、以後急速に彼との距離を取り始める。以前の王は月に一度の頻度で辛旽のもとに通ったこともあったが[30]、同9月、広明寺に行幸した恭愍王は、辛旽ではなく僧恵勤

に命じて功夫選(僧科)を設けた。また同12月、王は辛旽の病を見舞いに赴いたものの、それが辛旽のもとを訪れる王の最後の姿となる。さらに翌恭愍王20年(1371)閏3月、辛旽の従者が宴を設けると、侍中以下およそ200人が参席する一方で王は涼庁に出てその様子を眺めていたといい、つづく同4月、権適が辛旽に宴を催して火山雑戯を設けるも王は参加せず、穏やかでいられなかった辛旽は王に観覧を求めたという[31]。そうして同7月、ついに辛旽は水原への流刑に処され、まもなく彼は礼の秩序を乱した大罪人として誅に付されたのであった。

こうして恭愍王は再び儒教的な為政者として親政を開始し、およそ5年のあいだ王に代わって国政を執り仕切ってきた辛旽は失脚した。それは、辛旽処刑の6日後に縊殺された柳濯と同じく[32]、彼が馬岩影殿の工役中止を求めてしまった帰結であった。もっとも、辛旽は辛旽で、明帝に咎められた王の在り方に責任や危機感を感じた部分があったのだろうが、結果的にそうした危惧が彼自身を「王を諫止する側」に立たせ、それが自らの失脚へと繋がったのである。もちろんその背景には、日々仏教の世界に住まう王の姿を明帝に告げるに至った周囲の反発があった。

だが、明帝の璽書に起因する辛旽の裏切りを受けて半ば強制的に親政を再開した恭愍王は、この時すでにみずから「王」たらんとする心積もりなど毛頭なかったのである。

## 7　自壊——悖逆の国王

恭愍王19年12月庚午、王が親政を再開した4日後にあたるこの日、天に黒子と太白(太陽の黒点と日中の金星)が観測される。日官(天文・暦、五行を司った官吏)がこれらの星変を禳うよう恭愍王に求めると、王は「黒子の禍咎は寡人にある。禳ってはならない」と答えた[33]。禳う対象であるがゆえに、黒子は凶兆のはずである。それを、禳ってはならない、と、むしろ自らへの禍咎を望んだ恭愍王は、この時もはや眼前の現し世を見てはいなかった。

王の見据えていたものには、まず公主の存在があった。恭愍王20年正月、年明けとともにまず公主の魂殿で享祭を設けた恭愍王は、同己丑に影殿で飯僧を実施すると、同庚寅に再び魂殿を訪問した。続く同2月己未

も王は魂殿で飯僧を行い、公主の命日となる同己巳には王輪寺で飯僧を実施する。その翌月もまた、恭愍王は正陵雲岩寺で飯僧を設け、正陵で享祭を開催し、同閏3月、同4月にも影殿を訪れた[34]。かく、親政再開後の恭愍王は、自らの言葉を裏付けるかのように、今は亡き公主のもとに足繁く通ったのであった。

　次いで、恭愍王は影殿をはじめとする壮麗な寺院建築を思い描いていた。馬岩影殿に代わって修復が始められた王輪寺影殿は、約3カ月後となる19年9月にひとまずの修復を終える。しかし、やはりその狭小さに不満を持った王は影殿の改営を命じ、翌20年4月に至って王輪寺影殿は上梁を迎えた。また、その翌年となる21年(1372)2月、魂殿を訪れた恭愍王は観音殿(影殿境内)の改創を命じ、同5月には影殿の正門が壮麗でないとして撤去を命じる。さらに同7月にもまた、王は一旦完成した影殿鐘楼をより高く作り直すよう改営を命じた[35]。すなわち王は、影殿の工役を止めるどころか、むしろ造営の幅を広げながらより荘厳な影殿を求めて工役を続けたのであった。

　最後にいま一つ、彼の心象風景には、亡き公主とともにある王自身の姿があった。恭愍王21年に至る頃にはいよいよ彼我の境界が曖昧な世界に住み始め、同2月、公主の生辰(誕生日)を以って魂殿で享宴を設けた恭愍王は、翌年には公主の忌日を以って二罪以下に恩赦を出した[36]。また同6月、恭愍王は公主の眠る正陵の側に寿陵(生前に作っておく陵墓)の造成を命じ、自らの死を念頭に置いた造営に着手し始めた[37]。さらに同10月、このころ恭愍王は、日夜公主の死を思い悲しむあまり、いつも自ら化粧をして婦人の格好をしていたといい[38]、それは亡き公主との一体化願望や彼岸への思慕を抑えられなくなった王が自身に公主の姿を重ねていた姿であったのだろう。そうして翌22年(1373)3月、牟尼奴(後の辛禑王)を後継ぎにと考えて明徳太后に相談を持ちかけた恭愍王は、「私は今しばしば苦しいのです。きっと死ぬに違いない。いま後継ぎを立てなければ社稷を預かるのは誰なのでしょうか」と述べ[39]、ついに自らの死それ自体を強く意識し始めたのであった。

　かかる王の在り方から、恭愍王の見据えていた世界を思い描くのは容易であろう。公主の面影を追い求める王の瞳は在りし日の公主の姿を捉えて離さなかったのだろうし、彼女の周囲には王輪寺の壮麗な建物がありあり

と映し出されていた。そこには、亡き公主の傍らに佇む自身の姿もまた映っていたに相違なく、王は遥々たる世界で公主とともにある日々を思い描いていたのである。すなわち、自らが死後に住まう世界、公主の待つ彼岸での日々こそが、幾多の苦難の末に公主を亡くし、辛旽に裏切られる形で親政を再開した王の見据える世界であった。そうしたなか、彼に残された唯一の気がかりとなったのが、影殿の工役を受け継ぐ者の存在、すなわち後継ぎの問題であった[40]。

遡ること恭愍王21年10月甲戌、この日、恭愍王は子弟衛を設置していた。それは容姿端麗な青年を使って四人の側室に強制的に子供を産ませ、生まれた子を自分の子にするための機関であった[41]。金興慶を責任者に据え、洪倫・韓安を禁中に常駐させた恭愍王は、まず彼らを連れて定・恵・慎の三妃に協力を強要する。しかしこのとき、定・恵・慎の三妃は死を賭して王命を拒否し、かろうじて事なきを得た。次いで翌22年2月、王は彼らを連れて残る益妃のもとを訪れた。王が洪倫らに命じると、益妃もまた三妃と同じく王の命を拒む。しかし、怒れる恭愍王が剣を抜いて切りかかろうとすると、恐れた益妃は王命に従った、という[42]。

以降、子弟衛の洪倫らは教旨を偽ってしばしば往来し、益妃もまた、偽りであると知りながら彼らを拒まなかった。また彼らは必ずしも王妃だけを相手にしたのではなく、年若い婢を相手とすることもあった。その一方で、金興慶は王の領域たる禁中で私的な振る舞いをすることもあり、かかる状況を明徳太后が諌めたものの、すでに恭愍王は聞く耳を持たなかった。史書に曰く、「なぜ側室のもとに行かないのか」と尋ねる太后に、王は「公主に及ぶ者はいない」と答えて涙したという[43]。そうして幾許かの時が経ち、恭愍王23年9月に至る。

恭愍王23年(1374)9月癸未、この日、王輪寺影殿を訪れた恭愍王は近隣に作らせた花園にて酒宴を設けた[44]。翌日、宦官崔万生が厠に向かう王に「益妃が身籠りました。すでに5カ月になります」と密かに報告をする。これを聞いた恭愍王は大いに喜び、「予はいつも影殿のことを言いつけて頼む者がいないことを危惧していた。益妃が身籠ったのであれば、吾には何の憂いもない」と応じた。ほどなく、王が相手を問うと、崔万生は「益妃が言うには洪倫とのことでございます」と答える。これに恭愍王は、「予は明日、昌陵に拝謁するつもりである。そのとき偽って酒を飲ませ、洪

倫らを殺して口を封じることにする。お前もこの話を知っているのだから、免れられないのが道理である」と応じたという。そしてこの日の夜、酒に酔った恭愍王は、王の言葉を恐れた崔万生・洪倫らの手にかかり、その人生を終えたのである[45]。

　こうして恭愍王は23年の長きにわたる治世に幕を下ろした。その結末は弑虐によるものであったとはいえ、最後まで影殿を案じ続けた王は、死の直前に託すべき後継ぎを得て長年の憂いから解放され、彼我の境界が曖昧な酩酊状態のまま、苦難と悲哀に満ちた此岸から公主の待つ彼岸に旅立ったのである。死の前日に影殿を訪れ、花園にて酒宴を設けた恭愍王は、ようやく待ち望んだ先で壮麗な建物と美しい花々に囲まれながら、公主とともに穏やかな時を過ごせるようになったことだろう。そしてそれこそが、王が彼方に仰ぎ見ていた、彼にとって最も尊ぶべき世界であったのだと思う。

　しかし、以上のような王の在り方を儒教的な視点に立って見たとき、まず大規模な工役の実施は当然に民を使役し、したがってそれは怨気を召致して和気を致傷する苛政（悪政）となる。同時にそれは、民を愛する儒教的な君主者としての道に敢えて悖り続ける営為となり、結果、天地陰陽の気の巡りを乱しつつ君道から外れた王には天譴（災禍）がもたらされ、かつ調和を失した世は混乱に見舞われることになる。つまり、王が私事を以って大規模営繕を繰り返すとき、それはただちに「王」としてあるまじき行為と化すのである。

　その一方で、親政再開にあたって周囲に職分の遵守を求めた恭愍王は、儒教的な為政者として礼の秩序を掲げた形となる。ところが、礼の秩序という観点で一連の経緯をみたとき、何よりも公主の存在を優先した王の在り方は、夫が妻に仕えるかのごとき形になる。また、王命を以って洪倫らを側室のもとに通わせた行為は、人臣に君主の領域たる禁中を犯させる営為となる。さらに、崔万世らによる王の殺害は、言うまでもなく君臣関係における「叛逆」、礼の喪失の究極の顕現である。つまり、儒教的な礼の秩序を掲げて親政を再開した王ではあったが、彼自身がそれを規範とすることはなかったのである。すなわちそれは、王が「王」たらんとすることを否定し、「王」としてのアイデンティティをみずから切り崩していく自壊の過程であった。

しかしそれは、儒者にとっては決して容認することのできないものである。王が自覚的に「王」たることを否定するなどあってはならないし、ましてや儒教の唱える天地の理が王を裏切ることなどあるはずもないのである。史臣は、恭愍王の最期を「王の悖乱（礼義を失して正しい道理から外れること[46]）はこのようである。禍（死）を免れようと欲しても得られるはずがない」と締めくくる[47]。かかる言説こそが、天人相関の世界を前提としつつ、天の秩序化をもたらす正道であるか否かを基準に正邪を弁別する「儒教的な論理」の典型であることは、もはや言うまでもないだろう。そして、こうした見方に則ったとき、解脱の道を選んだ恭愍王は「王」たる在り方に悖り続ける反「王」となり、ここに、倒されてしかるべき「麗末」を象徴する悖逆の国王が誕生するのである。

## おわりに

　以上本稿では、「高麗末期　恭愍王の「王」の歴史」と題して、即位とともに儒教的な君主者、すなわち「王」としての責務を負った恭愍王が、多難な状況にあって何に苦悩し、いかに葛藤し、どのような行動を取ったのか、などについてその在り方の変化や帰結を見てきた。それは恭愍王が「王」として天を秩序化せんと繰り返し努めるなかで、自省とともに自らの徳を否定し、「王」たるアイデンティティを崩壊させていく過程として描かれるのであり、その帰結が、公主を喪失し、辛旽に救済を求めた王の解脱、また、彼方の世界を見据えて君道に外れ、礼の秩序を無みする王の悖逆であった。これを以って、先に述べた「恭愍王代の「離元政策と改革政治」という歴史的イメージ」は十分に揺るがすことができるものと思う。いわゆる「離元政策」については本稿では詳述を避けたが、王の営為の本質は混迷きわまる天を秩序化することにあったのであり、積年の弊害の改革、などというものは儒教の説く天地の理に則った天意に応えるための手段のひとつに過ぎないのである。では、王の事績が「離元政策と改革政治」で括れないとすれば、歴史的にみて、彼はいったい何を為したと言えるのだろうか。最後にこの点に言及して本稿のむすびとしたい。

　まず、即位後まもなく古の君王に倣って国王親政の開始を宣言した恭愍王は、以降、「趙日新の変」や「離元政策」などを通して段階的に王権の安定

と強度を手にしていった。同時にそれは、元の傘下にあった高麗が内的・外的困難を克服していくことで、「事元」から対元事大、対明事大へと新たな外交関係を構築していく過程でもあった。もちろんそこには、明の一地方となることを免れて存続を果たした高麗の姿があり、ゆえにまず、恭愍王は元の影響によって動揺著しかった高麗王位に再び安定と強度をもたらすとともに、不安定な国際情勢下において朝鮮半島の独立王朝国家という枠組みを再確立した、ということができると思う。

とはいえ、すでにみてきたように、恭愍王の辿った道のりは決して平淡なものではなかった。それは多くの苦難や代償と背中合わせの道であり、その過程で恭愍王は自らの「王」としての徳を信じられなくなっていったのである。その帰結こそが、公主の喪失を経て解脱・悖逆の道を歩む反「王」の歴史であり、かかる王の事跡を歴史上に位置づけることが、既存の理解に代わる新たな恭愍王代の歴史を語る上でもっとも重要な点になる。

恭愍王の辿った反「王」としての歴史は、主として彼が仏教の世界に住まい続ける日々であり、辛旽への失望以降は、王が敢えて礼の秩序を失して正道から外れていく歴史となる。それは当初から儒者をはじめとする周囲の諫争の対象となるものであり、ゆえに辛旽は王の周囲から旧来の功臣や文官を放逐していったのである。これはすなわち、王が自らの否徳を自認するばかりでなく、周囲にも否徳の王であると認識される行動を取り続けた、ということであり、すでに辛旽の執政期には李存吾という年若い諫官が王に対する諫争を試みている。そのとき李存吾は痛烈な形で辛旽の無礼を王に訴えたが、それは王の在り方に異を唱えることと同義であった[48]。

ここで、恭愍王が仏教の世界に住まい、反「王」たる歴史を辿る最中にあって、儒教的立地から王の在り方を不服に思う者は李存吾だけだったのか、王の心中を察する以上に否徳の王であると認識する者は他にいなかったのか、と考えると、この時期にはむしろそうした経験の浅い若き賢才を輩出するための機関が整備されているのである。言うまでもなく、その機関とは成均館のことである。

周知のように、成均館は儒教的な素養を備えた文官を育てるための教育機関である。そこでは国の主導によって儒教に則った教育が施され、次代を担っていくこととなる儒教エリートが養成された。つまり、恭愍王が彼方の世界を見据えて公主のもとに足繁く通い、より壮麗な影殿を求めて工

役に腐心し、子弟衛の洪倫らを連れて禁中を練り歩くかたわらでは、正道とは何か、王道とは何か、君子とは何か、礼とは何か、といった儒教的素養を修得すべく、日々若き賢才が育てられていたのである。

　かれら若き儒教エリートにとって、当時の恭愍王の在り方はどのように見えたのだろうか。それが解脱した王による死後の世界を見据えた営為であることなど理解の範疇に収まるはずもなく、彼らにとって恭愍王は、まさしく悖逆の国王以外の何者でもなかったことは想像に難くない。「王の悖乱はこのようである」と述べた史臣の見解こそが、当時の若き儒教エリートの言葉を代弁しているのであり、彼らの目には恭愍王こそが、まさに「天命を喪失した否徳の王」と映ったと思われる。それはすなわち、恭愍王が反「王」たる歴史を歩むすぐ側で悖逆の国王を全的に否定する次世代が育成されていた、ということに他ならず、しかも彼らは、むしろ外在化された「王」の責務の一端として順次登用されていくのである。

　しかし、登用されること自体に意味があるがゆえに登用されはしても、いまだ経験の浅い儒教エリートは、周囲の配慮もあって王に対する影響力を持たなかった[49]。また登用された彼ら、特に言官に該当する者などは、職務を果たす機会にも恵まれなかっただろう。儒教的な教育を受け、科挙に及第し、そうして登用されても王に対する影響力は無く、職分を全うする機会も与えられず、しかも目の前には悖逆の国王であり続ける恭愍王の姿がある。恭愍王が反「王」としての歴史を辿るその傍らでは、かかる境遇に置かれた若き儒教エリートが常に燻っていたのであり[50]、恭愍王の死後、彼らを主導する人物として台頭していったのが、いわゆる新興儒臣であったのだと考えられる[51]。そうして、王の死からおよそ18年の後、かれら新興儒臣によって推戴された李成桂が王位に就き、同時に半島の歴史は天命を喪失した王氏に代わって李氏が王となる易姓革命の時を迎えるのである。

　さて、上でみてきたように、恭愍王の辿った反「王」としての歴史は、きわめて逆説的な形で後に朝鮮王朝の建国に至る新興儒臣らの台頭をもたらした、と高麗の歴史上に位置づけることができると思う。つまりそれは、成均館の存在と相まって、悖逆の国王への反動として儒教理念に対するより強固な信念を持つ者たちの登場を促すのである。すなわち、恭愍王が悖逆の国王たる行動を取り続けたことが最終的に高麗の滅亡を招いたのであ

り、それが、朝鮮王朝にとっての倒されてしかるべき前朝の季(「麗末」)の本質であった。以上が、歴史的にみて、恭愍王はいったい何を為したといえるのだろうか、という問いに対する現時点での筆者の回答である。

　恭愍王は、元の傘下で動揺著しかった高麗王位に再び安定をもたらすとともに、不安定な国際情勢下において朝鮮半島の独立王朝国家という枠組みを再確立した。しかしその過程は多くの苦難や代償をともない、そうしたなかで恭愍王は自らの儒教的な君主者(「王」)としての徳を否定していった。その帰結として、公主の逝去を経て「王」たる在り方に悖り続ける道を選んだ恭愍王は、他ならぬ自らの姿を以って、後の新興儒臣らをしてより儒教的な理念に傾倒せしめ、高麗を滅亡に至らしむる根本的な原因を醸成したのであった。


　　注
1)　加藤裕人『高麗末期から朝鮮初期における仏教の歴史的位相』(2015年度東京学芸大学大学院博士学位論文、2016年)。
2)　「門下省奏、郡県比年不登、民常艱食。実由、方岳官吏政、不合民心、刑不順天意、致傷和気、以至於此。請下令、恤刑勧農、以救民瘼。従之」(『高麗史節要』巻4、靖宗7年2月)。
3)　「災異之験、於事者、雖小必書。謹天譴也」(『高麗史節要』、高麗史節要凡例)。
4)　端的には以下のような記述がある。「人君所以上答天譴者、非勉強以実応之、則不可也。伝曰、応天以実、不以文。所謂実者、徳也。所謂文者、若今之道場斎醮之類是也。人君修徳以応天、不与福期而福自至焉。若不修徳而徒事虚文、則非徒無益、適足以黷天而已」(『高麗史』巻98、林完伝。『高麗史節要』巻10、仁宗12年5月)。
5)　端的には以下のような記述がある。「詔曰、朕謬以眇躬、紹御三韓。万機至広、不能視聴。刑政不中、節候不調。三四年間、田穀凶荒、人民飢病。宵旰憂労、未嘗暫已。況又、乾文変怪、無日不見。夏月以来、凄風雨雹。此乃、涼徳所致。恐懼増深。意、欲推恩、上答天譴、下慰民心、召集和気、以保平安。赦」(『高麗史節要』巻7、睿宗5年6月)。なお、『高麗史』巻13、睿宗世家・5年6月丙子は「赦」に代えて具体的な罪の除免措置を記載する。
6)　「④消怨致和(怨を消し和を致す)」の命名には史料用語を用いた。以下に典拠を挙げておく。「典儀副令李穀在元、言於御史台、請罷求童女、

為代作疏曰、[中略]伏望、渙発徳恩、[中略]以彰聖朝同仁之化、以慰外国慕義之心。消怨致和、万物育焉、不勝幸甚。帝納之」(『高麗史節要』巻25、忠粛王後4年閏12月)。

7)「教曰、古昔君王、励精図治、欲保邦家、須躬親機務、以広聡明、以達下情。今寡人亦欲如是。僉議・監察・典法司・開城府・選軍都監、凡所決、五日一啓」(『高麗史』巻38、恭愍王世家・元年8月庚戌)。

8)「教曰、予自践位以来、畏天愛民、祖訓是式、願治之心、常切于衷。属時多艱、沢罔下究、干戈迭興、災異屢見。予為此懼、用道諉言、于胥斯原、蓋将続大命于無窮也。載惟臣庶、奔走服事、労費実重。豈不知恤国之大計。(予亦)不敢不図。庶事伊始、宜布仁恩。其二罪以下、並皆原免。北征戦亡者、宜加贈恤、仍令悉官其子。無後者、瞻恤其家。近因兵荒、民不聊生。又遼瀋流民帰化者衆。並令攸司優加賑恤。於戯、応天者惟以至誠、愛民者莫如実恵。惟爾臣僚、各尽乃心、以輔台徳」(『高麗史』巻39、恭愍王世家・10年2月辛卯)。なお、史料中の( )は『高麗史節要』または『高麗史』からの補塡を示す。以下同じ。

9) なお、筆者はいわゆる「離元(反元)政策」を経て、高麗は恒常的かつ実質的な政治干渉を伴う「事元」から、旧来の冊封的な事大に近い形に麗元関係を転換した(筆者は「事大転換」と呼んでいる)、と考えている。

10)「王聞、祐死其幼子裸立道旁。哀之、召留禁中、問其所帰、遣之。麾下士驚潰、王召賜酒食、労之」(『高麗史』巻113、安祐伝)。

11)「下教曰、国家不幸、遭罹寇難、播遷南土、惟予小子否徳所召。亦惟将師、用軍無律、不克禦侮故也。方懐嘗胆之憂、始寝敗軍之罰。乃命[中略]鄭世雲為惣兵官、賜之節鉞、代予行事。継降勅書、宣示所以委任之意。[中略]四面合攻、尽殲其衆。方俟凱旋、疇賞報功。不期祐等、恃功驕恣、構釁世雲。不畏大法、以快一朝之憤。惣兵官、代予行事。而居下者、敢擅殺之。是不有我也。陵上干犯、罪孰大焉。顧惟祐等、為国爪牙、血戦数年、頗著労効。而一念之謬、前功尽棄。予実悼焉。雖然、破賊之功、一時之所或有、無君之罪、万世之所不容。軽重灼然、有不相掩者。釈此不誅、何以示後。故命有司、将都元帥安祐・元帥得培・芳実[中略]等、明正典刑。尚念旧労、罪不及孥。所管大小官吏、具令有司量功叙用。其党悪背功、手害世雲、郎将鄭賛、在逃不宥外、其余知情不首者、悉皆原免。布告中外、咸使聴知。惟爾士衆、務尽乃心、無越爾職。以保終始」(『高麗史』巻40、恭愍王世家・11年3月丁未)。

12) こうした考え方には鄒衍の「五徳終始説」や荀子の「礼論篇」が思想的背景として機能していると考えられる。詳細は省くが、「五徳終始説」については中村璋八「陰陽五行と中国文化」(『月刊しにか』10-13、1999年)

が、朝鮮半島の陰陽五行については野崎充彦「朝鮮文化と陰陽五行」（同）が簡略にまとめている。

13) 「鏞既誅。（王尚未忘鏞、）王追念不已。為之泣下。再嘆曰、誰可恃者。命巡軍、勿復問鏞党」（『高麗史』巻131、金鏞伝。『高麗史節要』巻27、恭愍王12年4月）。

14) 「教曰、予自襲位以来、畏天愛民、罔敢或怠。理与意乖、内難屢作、外寇再侵。深惟、厥咎実在眇躬。幸頼天地神祇宗廟社稷之霊、聖善保佑之恩、忠臣義士之助、用克制変、以至今日。矧当還都之初、天不悔禍、星芒示警、旱魃為災。宜先責己、以恵于民。（其庚子年以前、諸道州県三税雑貢、未到官者、並免追徵。比来、奉使之臣、字民之官、例用軍法、敢擅殺人。又一人既杖、且贖。予甚憫焉。今後、重刑申聞、軽者杖贖、毋得併行。畿甸之民、因乱流離、田野多荒。若非寬恤、何以招来。其京畿公私田租、限三年三分減一。）於戯、惟爾中外大小臣僚、尚克相余、務求実効。毋事虚文、用底中興之理」（『高麗史』巻40、恭愍王世家・12年5月庚午。『高麗史節要』巻27、恭愍王12年5月）。

15) 「七夕。王与公主、祭牽牛・織姫于内庭」（『高麗史』巻38、恭愍王世家・2年7月壬申）。

16) 「日新、劫王開印、自除為右政丞。其党鄭天起等、有差。［中略］王与公主、移御別宮。衛士希少、導従皆賊党」（『高麗史』巻38、恭愍王世家・元年9月庚子）。「王、素不喜騎。怯於跨馬。与公主、夜出後苑、習騎馬」（『高麗史節要』巻27、恭愍王9年正月）。「王及公主、奉太后、将南幸。［中略］公主、去輦而馬、次妃李氏。所騎馬、羸弱。見者皆泣」（『高麗史節要』巻27、恭愍王10年11月）。「興王之変、王入太后密室、蒙毯而匿。公主坐当其戸」（『高麗史』巻89、魯国大長公主伝）。それぞれ趙日新の変、紅巾賊の第一次侵攻、第二次侵攻時の南遷、興王寺の変、に対応する。

17) 「召侍中柳濯・慶千興、賛成事崔瑩曰、呉仁沢・金達祥、典銓注、遺棄賢良、進用親姻、不記功労、惟視賄賂。傷和召災、罔不由此。当屏諸遠方、以答天意」（『高麗史節要』巻28、恭愍王13年8月）。

18) 「王悲慟。不知所為」（『高麗史』巻89、魯国大長公主伝）。「王手写公主真、日夜対食悲泣、三年不御肉膳」（『高麗史節要』巻28、恭愍王14年4月）。

19) 「（初）王、在位日久。宰相多不称意、［中略］儒生懦而少剛。又有門生・座主・同年之号、党比徇情。三者皆不足用也。思得離世独立之人、以革因循之弊者、久矣。<u>及見旽、以為得道寡欲、且出於賤微、更無親比、任之大事、則必径行、而無所顧藉</u>。故抜於髠緇、授以国政、而不疑也。<u>王、請旽屈行、以救世事。旽陽不肯、以堅王意。王強之。旽曰、嘗聞</u>、

国王大臣、多信讒間。慎母如此。乃可福利世間也。王乃手写盟辞曰、師救我、我救師。死生以之、無惑人言。仏天証明。於是、吨与議国政、用事三旬、罷逐親勲名望。冢宰台諫、皆出其口。[以下略]」(『高麗史節要』巻28、恭愍王14年12月。『高麗史』巻132、辛吨伝)。

20) 参考までに、先に述べた辛吨起用の直前の経緯を付してみると、〈ようやく授かった子供が生まれるまさにその瞬間に、子供もろとも公主を亡くして約3カ月が経つ。公主の葬送を執り行うかたわら日々公主の真影を眺めては涙して過ごしていた恭愍王は、長く懸案であった積年の弊害の改革に臨むために僧辛吨を抜擢した〉、などとなる。あえて説明するまでもなく、この文章は二つめの文の文脈がきわめて不自然である。これにより、現在の通説的理解は歴史的な連続性から相当な隔たりがあることがわかる。なお筆者の所感では、史料冒頭の説明は、儒教の裏切りと辛吨による救済を記述しえない史書編纂者(儒者)が読者を誘導するために用意した意図的な方便であると思う。

21) なお、辛吨が「得道」の人であることが重要なのは、「道を修めて背かなければ、すなわち天も禍することはできない(修道而不弐、則天不能禍)」と観念されたからに他ならない。また、恭愍王は「王」たる務めの中でも特に儒教的な仁愛の政治としての「愛民」に対する意識が強いが、それは王が「君道」を修めるための営為であり、すなわち高麗の君たる恭愍王が自らの「道」を修めて天がもたらす災禍を防止する意味を持った。いずれも荀子を祖とする思想に強く規定された考え方である(『荀子』、「天論篇」・「君道篇」)。

22) 田制を正すことは「養民」(『論語』由来の用語)のための営為であり、恭愍王の「愛民」(『荀子』に由来する「君道」を修めるための営為)と理念的に通じる。つまり田民弁整都監は、田民を均等にすることで民怨を抑えて和気を召致し、天意に応えて災禍を防ぐための機構、という意味を持つ(「大司憲趙浚等上書曰、正田制[中略]国祚之長短、出於民生之苦楽。而民生之苦楽、在於田制之均否。文武周公、井田以養民。故、周有天下八百余年」『高麗史節要』巻33、禑王14年(昌王即位年、1388)7月)。なお、刑人推整都監については本文を、成均館については前掲注17を参照のこと。

23) 「王坐対公主真、侑食礼如平生。宗室宰枢侍宴。辛吨与王並坐殿上」(『高麗史』巻41、恭愍王世家・16年正月丙午)。「王坐対公主真、侑食如平生。後、又幸正陵。巡視塋域、徘徊悲思」(『高麗史』巻89、魯国大長公主伝)。

24) 「王以王輪影殿仏宇狭小、不能容僧三千。欲改営幸福源宮、相之」(『高

麗史』巻41、恭愍王世家・17年5月壬辰)。「幸馬岩、相影殿基」(同甲午)。「撤王輪影殿、改営于馬岩。怨咨大興」(同乙未)。「僉議侍中柳濯、謂同知密直安克仁・簽書密直鄭思道曰、今馬岩之役、非止労民傷財。術家有言、作室此地、異姓王矣。臣、濫摠百揆、不憂社稷、可乎。寧死当極諫。克仁等、従濯上書、極言不可。王大怒、下濯・思道獄。[中略]王遂感悟、命皆釈之」(『高麗史節要』巻28、恭愍王17年8月)。

25)「王謁太后語及旱甚。太后曰、王知天之所以旱歟。去年不雨、百姓飢死。今又大旱、民不聊生。王孰与為君。奈何委政臣下、多殺有功無罪之人、大興土木、致傷和気耶。王為元子時、百姓属望。惟恐王不為君、怨忠恵無道。我亦以為然」(『高麗史節要』巻28、恭愍王18年5月)。

26)「雨。王恐防影殿之役。祈晴于仏宇・神祠」(『高麗史』巻42、恭愍王世家・19年5月己丑)。「祈晴于宗廟社稷山川仏宇神祠。王謂辛旽曰、今年恒雨。深思厥咎、必刑獄不平、使陰陽失和。予若親諭法官、恐其煩也。卿以予意諭之、自今其務平允」(同己酉)。

27)「帝賜璽書曰、近者使帰、問国王之政。言、王惟務釈氏之教」(『高麗史』巻42、恭愍王世家・19年5月甲寅)。

28)「辛旽・李春富等、再請罷馬岩影殿。王従之。復修王輪影殿」(『高麗史』巻42、恭愍王世家・19年6月辛巳)。

29)「全羅道体覆使崔龍蘇、還京。先見辛旽、後謁王。命有司杖之」(『高麗史』巻42、恭愍王世家・19年7月癸巳)。「王謂侍中李春富等曰、冬雷木稼、天道不順。是雖否徳所召、亦由獄多冤滞。推整都監之設、本欲糾〈糺〉察諸司。卿等為判書、不治其職、於治道如何。上古先王、皆親聴政。白今、其令台諫六部、口仕本官、各称啓事」(同10月乙卯)。「王始御報平庁、視事。史官二人侍左右。司憲府・理部奏奴婢事。王曰、憲司弾糺百官、理部専任刑獄。何奏奴婢事乎。自今、各供其職、勿侵官。又謂諫議大夫呉中陸曰、民間利病、寡人得失、悉陳無隠」(同12月丙寅)。

30)『高麗史』巻41、恭愍王世家・17年正月丙戌、同2月乙丑、同3月乙未、同4月庚戌、同5月辛巳。

31)「幸広明寺。大会僧徒。命僧恵勤、試功夫選」(『高麗史』巻42、恭愍王世家・19年9月辛丑)。「幸辛旽問疾」(同12月戊寅)。「旽儻人享旽于穿坂。王出涼庁、望之。自侍中以下有爵者、皆与凡二百余人」(『高麗史』巻132、辛旽伝。『高麗史節要』巻29、恭愍王20年閏3月)。「権適大宴辛旽、設火山台。旽不敢自安。乃移涼庁、請王観之」(同20年4月)。

32)「王、以前侍中柳濯、党於旽、将殺之。太后使宦者沙顔不花、請宥之。王怒囚沙顔不花、遂縊殺濯。時、議謂、王嘗憾濯諫止影殿之役」(『高麗史節要』巻29、恭愍王20年7月。『高麗史』巻43、恭愍王世家・20年7月

丁卯)。また、前掲注24参照。

33)「日有黒子、太白昼見。日官請禳之。王曰、日黒子、咎在寡人。勿禳。太白、応在卿相。其禳之」(『高麗史』巻42、恭愍王世家・19年12月庚午)。

34)「王親祭公主魂殿」(『高麗史』巻43、恭愍王世家・20年正月乙酉朔)。「又幸影殿飯僧八百」(同己丑)。「幸魂殿」(同庚寅)。「幸魂殿飯僧」(同2月己未)。「王以公主忌日、幸王輪寺飯僧千余」(同己巳)。「幸雲岩寺飯僧、祭正陵」(同3月丁亥)。「幸演福寺。又幸影殿」(同閏3月己未)。「幸影殿、観上梁。仍幸慈恩寺」(同4月庚戌)。

35)「朔。王以影殿規模狭隘、撤而更営。民甚苦之」(『高麗史』巻42、恭愍王世家・19年9月丙戌)。「幸魂殿。以観音殿制度卑隘、命改創」(『高麗史』巻43、恭愍王世家・21年2月癸卯)。「影殿正門成。王以不壮麗、命撤之」(同5月辛酉)。「影殿鐘楼成。王以為尚未高大、即命改営」(同7月戊申)。影殿の上梁については前注参照。また観音殿(影殿境内)については「作観音殿於影殿、凡九楹。制甚高広」(『高麗史』巻42、恭愍王世家・19年4月)とあることによる。

36)「以公主生辰、命設宴于魂殿」(『高麗史』巻43、恭愍王世家・21年2月己亥)。「以公主忌辰、幸王輪寺、飯僧三百、赦二罪以下」(『高麗史』巻44、恭愍王22年2月丁亥)。

37)「命起寿陵于正陵之側。百官以秩出、役夫輸石」(『高麗史』巻43、恭愍王世家・21年6月辛巳)。ただし、『高麗史節要』では22年4月に「作寿陵於正陵之西」とある。

38)「王、[中略]日夜悲思公主、遂成心疾。常自粉黛、為婦人状」(『高麗史』巻43、恭愍王世家・21年10月甲戌)。

39)「王、朝太后、欲以牟尼奴為嗣、請就学、以成均直講李崇仁授書。太后不欲乃托辞曰、児尚幼。稍長就学、未為晩也。王曰、臣今数窮。当死。今不立嗣、社稷誰托」(『高麗史節要』巻29、恭愍王22年3月)。

40)「今不立嗣、社稷誰托。且、影殿之役、孰継吾志」(『高麗史節要』巻29、恭愍王22年3月)。

41)「置子弟衛。選年少貌美者、属焉。以金興慶、摠之。於是、洪倫・韓安・權瑨・洪寬・盧瑄等、以淫穢得幸、常侍臥内。王慮無嗣、使倫・安輩、強辱諸妃、冀其生男、以為己子。定・恵・慎三妃、死拒不従」(『高麗史節要』巻29、恭愍王21年10月。『高麗史』巻43、恭愍王世家・21年10月甲戌)。

42)「幸益妃宮。使洪倫・韓安・金興慶等通(妃)。妃拒之。王(怒)抜剣、欲撃。妃懼従之」(『高麗史節要』巻29、恭愍王22年2月。『高麗史』巻89、

益妃韓氏伝)。

43)「自是、倫等矯旨、数往来。妃亦知其詐。然不拒」(『高麗史』巻89、益妃韓氏伝)。「先納内婢少者房中、取袂、掩其面。召興慶及倫輩、乱之。王従旁室穴隙、視之。及心歆動、即引倫輩、入臥内」(『高麗史』巻43、恭愍王世家・21年10月甲戌)。「金興慶、与安師琦等、張楽私宴禁中」(『高麗史節要』巻29、恭愍王23年3月)。「又問曰、何不御妃嬪。王曰、無如公主者。因涙下」(同22年3月)。

44)「是月、作花園二層八角殿於泥峴。周植花木、以備宴遊」(『高麗史』巻44、恭愍王世家・22年6月丙申)。「幸王輪寺影殿、宴于花園」(同23年9月癸未)。

45)「甲申。宦者崔万生・幸臣洪倫等、弑王。前一日、万生従王如厠、密啓曰、益妃有身。已五月矣。王喜曰、予嘗慮、影殿無所付嘱。妃既有身、吾何憂乎。少選、問与誰合。万生曰、妃言洪倫也。王曰、予明日、謁昌陵。佯使酒、殺倫輩、以滅口。汝知此謀、亦当不免。万生懼、是日夜、与洪倫・権瑨・洪寛・韓安・盧瑄等謀、乗王大酔、手刃之」(『高麗史節要』巻29、恭愍王23年9月。『高麗史』巻44、恭愍王世家・23年9月甲申)。

46)「無礼義、則悖乱而不治」、「人無礼義、則乱、不知礼義、則悖」、「凡、古今天下之所謂善者、正理平治也。所謂悪者、偏険悖乱也」(『荀子』、「性悪篇」)。

47)「史臣賛曰、王之未立也、聡明仁厚、民望咸帰焉。及即位、励精図治、中外大悦、想望太平。自魯国薨逝、過哀喪志、委政辛旽、逐殺勲賢。大興土木、以斂民怨。狎昵頑童、以逞淫穢。使酒無時、殴撃左右。又患無嗣、既取他人子、為大君。而慮外人不信、密令嬖臣、汚辱後宮。及其有身、欲殺其人、以滅其口。悖乱如此。欲免得乎」(『高麗史』巻44、恭愍王世家・23年9月)。

48)「左司議鄭枢・右正言李存吾上疏曰、臣等伏値三月十八日於殿内設文殊会。都僉議辛旽、不坐宰臣之列、敢与殿下並坐、間不数尺。国人驚駭、罔不洶洶。夫礼所以弁上下・定民志、苟無礼焉。何以為君臣、何以為父子、何以為国家乎。聖人制礼、厳上下之分、謀深而慮遠也。窃見旽、過蒙上恩、専国政而有無君之心。[中略]王大怒、覧未半、遽命焚之」(『高麗史節要』巻28、恭愍王15年4月)。なお、このとき李存吾は弱冠25歳であったとされ、まったく一人前としては扱われていなかった(「問存吾曰、爾尚乳臭童子。[中略]時、存吾年二十五」同15年4月)。彼のような若輩者が王の諫争に及ぶことは、辛旽にとっては想定外の事態だったものと思われる。

49) 例えば、以下のような例がある。「左正言尹紹宗、以金興慶等群小在王側乱政、宦者金師幸迎合王意大興影殿之役、草疏、請去興慶、斬師幸、罷影殿役。左献納金允升知之、与諫議禹玄宝謀、託以紹宗累月在告曠職、劾去之」(『高麗史節要』巻29、恭愍王22年5月)。記録としては金允升らが尹紹宗を陥れたかに描かれているが、もし尹紹宗が影殿の工役を中止するよう王に上疏していれば、少なくとも尹紹宗は死を免れえなかっただろう。なお、尹紹宗が及第したのは恭愍王14年閏10月(辛旽執政期)のことである。

50) 例えば、以下のような例がある。「影殿、因暴雨、有漏処。王大怒、下董役官賛成事韓方信・評理盧積獄、杖之。時、影殿役、久労費、不資役夫。死者相望於道。宰執言官、莫敢論奏」(『高麗史』巻44、恭愍王世家・23年6月丁酉)。

51) その一人である趙浚は、子弟衛を設置した恭愍王について「人道は滅んだ。他に言い表す言葉は無い」、「今日の様相は危険であり、危うい」というコメントを残している(「趙浚嘆曰、人道滅矣。復奚言哉。且、王以威福与奪、常与群小謀、而不及君子。今日之勢、岌岌乎、殆哉」、『高麗史節要』巻29、恭愍王21年10月)。なお、趙浚は後の辛昌王～恭譲王代に活躍した代表的な新興儒臣の一人である(前掲注22参照)。

# 朝鮮初期の漕運
―― 制度の整備過程と運営実態からみた
　　その歴史的性格 ――

六反田　豊

## 1　朝鮮時代の税穀運送と漕運

　朝鮮時代(1392〜1910)の国家財政を主として支えたのは、その前半期(建国〜16世紀末)においては田税[1]と貢物[2]であり、後半期(17世紀以降)においては田税と大同米[3]であった。これらの税物を国用経費に充当するためには、まず何を措いてもそれらを王都である漢城所在の京倉[4]まで輸送しなければならなかった。
　しかし現物の形で上納された貢物の場合、当然ながらその品目は多岐にわたり、しかも各邑によって上納を義務づけられた品目もまちまちであったので、それらを漢城に輸送するための方法・手段も必ずしも一様ではなかったと考えられる。そのこともあってか、貢物の輸送においてはそれ独自の制度が整備されることはなかった。
　一方、地税である田税は原則として水田の場合が米、旱田の場合が大豆その他の雑穀類を徴収することとされており、また大同米もその名のとおり米を徴収するのが基本であった。そしてこうした税穀の漢城への輸送は、おもに朝鮮半島南部・西部沿岸の海路もしくは漢江およびその水系の河川水路を主として利用した水運によっておこなわれることが制度化されていた。
　本稿が主題とする漕運とは、このような税穀輸送のために政府が整備した水運のための組織およびそれに依拠した水運活動のことである[5]。
　前近代の朝鮮における漕運制は高麗時代(918〜1392)になって整備され始め[6]、いくたびかの変遷を経て朝鮮時代に受け継がれた。朝鮮時代の漕運は、むろん時期によって多少の変動はみられるものの、いずれの場合も

税穀の船積みに便利な地方各地の沿海・沿江部に漕倉(もしくは「漕税倉」とも表記)とよばれる倉庫施設を設け、それを拠点として運営されていた点で共通する。

漕倉は収税・保管・漕運の3つの機能を果たした[7]。すなわち各漕倉にはそれぞれ収税管轄区域が設定されており、区域内の諸邑から運ばれてきた税穀の徴収・集積とその一時的な保管、そして漕運に従事する船舶への積み込み作業などはすべて各漕倉を拠点としておこなわれた。その意味で、漕倉は漕運運営においてかなめの役割を果たす存在であったといってよい。

漕倉に集積・保管された税穀を積み込んで漢城に輸送するための船舶もまた、漕倉とともに漕運における必須の要素である。朝鮮時代、漕運に従事した船舶は、文献上に「漕運船」「漕転船」「漕船」等と表記された。しかし注意すべきなのは、それらは必ずしも漕倉に配備された漕運のための専用船ではないことである。水軍が保有する軍用の船舶(「軍船」「兵船」「戦艦」等と表記)を使用する場合もあれば、こうした官有の「官船」ではなく民間所有の「私船」を賃借する場合もあった[8]。

ところで漕運は、その作業段階に注目すれば、①各邑から漕倉までの税穀輸送と漕倉への納入、②漕倉に集積・保管された税穀の漕運船への積み込み、③漕運船団の運航、④漢城城外の漢江沿岸に設けられた税穀の陸揚げ地である龍山江と西江での税穀陸揚げと京倉への納入、の4段階に区分することができる。

朝鮮前半期の場合、それらのうち①と②の労働はおもに徭役として一般民戸に賦課された。漕運における中心的な作業である③には、身役として水軍の兵士である船軍もしくは漕運役専従集団である漕軍が動員された。私船を賃借して輸送する場合には、その乗組員がこの作業に従事したことはいうまでもない。④については龍山江・西江附近の住民が使役ないし雇用されたものとみなされる。

またこれら漕運作業の諸段階にはそれぞれ監督官が設定されており、彼らは漕倉での収税、漕運船への税穀積み込み、漕運船団の運航などを指揮・監督した。これまた朝鮮前半期の場合には、そうした監督官は文献上に「監載差使員」「押領差使員」「漕転敬差官」「海運判官」「水站転運判官」などの名称で現れる。

さらにこうした漕運の運営や漕運政策の立案には、財政担当官府である

戸曹や船舶管理を職掌とする典艦司のほか兵曹や工曹など複数の中央官府が関与し、また朝鮮後半期における大同米の輸送・上納に関してはその主管官府である宣恵庁も重要な位置を占めた。

このようにごく大雑把にみただけでも、朝鮮時代の漕運はその各作業段階において多様な労働力が多様な形態で動員され、また複数の監督官や国家機関が漕運政策の立案および実際の漕運運営にかかわっていたことが窺知される。

だがそれだけではない。漕運は毎年定期的に広範囲にわたって実施されるものであり、しかもその際には1度に大量の船舶と労働力が動員された。つまり漕運は大規模な国家的事業としての性格も有していたわけである。それゆえ朝鮮時代の漕運は、たんに国家財政や穀物流通などの面において重要な制度であっただけではなく、広くこの時代の社会や国政運営にも一定の影響を及ぼしうる存在でもあったとみなければならない。

筆者はこの間、このような朝鮮時代の漕運制が王朝建国後いかなる過程を経て整備されていったのか、あるいはその期間における漕運の運営実態はいかなるものであったのか、といった点について、おもに朝鮮初期を対象としてさまざまな角度から研究を進めてきた[9]。本稿では、そうした筆者のこれまでの研究成果に基づきながら、朝鮮初期における漕運の歴史的性格について論じることにしたい。

## 2 朝鮮時代漕運研究の現状と課題

本題に入る前に、筆者のこれまでの研究が研究史上に占める位置を明確にするために、朝鮮時代漕運研究の現状と課題について概括的に述べておこう。

朝鮮時代の漕運についての研究は、経済史の諸領域においてはもちろん、当時の朝鮮社会の特質や国家権力の性格などを明らかにするうえでも重要な課題のひとつである。なんとなれば、前述のように漕運は毎年定期的かつ広範囲で実施される国家的事業であり、そこには当時の社会や国家権力の歴史的性格が多分に反映されていたとみなされるからである。

しかしながらこれまで朝鮮時代の漕運に対する研究者の関心は決して高くなかった。朝鮮時代を対象とした経済史においては、漕運に限らず、そ

もそも海運・江運をあわせた水運史に関する研究自体が全般的に低調であり、土地制度史や農業史・商工業史などと比較すると研究は大幅に立ち後れている。そうしたなか朝鮮時代の漕運を主題とする研究もその数は決して多いとはいえない。

　数少ない既往の研究の大半は、①法典・法制書類に記載された漕運関係法令・規則の条文解釈を中心とした静態的制度史的研究[10]、②漕運の制度・実態を通時的あるいは動態的に把握することをめざしたいくつかの研究[11]、③そこから一歩前進して、漕運における賃運活動を土台に船運業が成長していくことを論証しようとした崔完基による研究[12]、④具体的な事例分析や定量情報の統計処理を通じて漕運船を含めた税穀運搬船の運航実態を解明し、当時の沿岸海運の実像に迫ろうとした吉田光男による研究[13]、⑤各地に設けられた漕運拠点である個々の漕倉の設置経緯や立地条件、漕倉と地域社会との関係などを解明しようとした研究[14]、の大きく5つの範疇のいずれかに分類できる。

　これら朝鮮時代の漕運に関するこれまでの研究史をごく簡略に整理すれば、おおよそ次のとおりである。

　すなわち、戦前の1930年代に①を出発点として研究が開始され、その後30年ほどの断絶はあったが、それが戦後にも継承された。60年代後半から70年代にかけて徐々に②も現れるようになり、70年代後半から80年代にかけては③が他に突出した形で進められた一方で、80年代には①のほか②や④もみられた。90年代以降はおもに⑤の成果がいくつか出されているが、一部に③の成果を否定する研究もみられる。

　ところでこのうちの①は、朝鮮時代における漕運の制度的枠組みを明らかにしたという意味では評価すべきであるが、漕運制の時期的変容や漕運の運営実態についてはほとんど関心が払われておらず、その点で課題を残している。また③の場合、主眼はあくまで船運業の成長を論証することにあり、漕運は克服されるべき「中世秩序」に基づく制度として否定的な側面ばかりが強調される傾向が強い。

　にもかかわらず漕運制そのものについて十分な分析・考察がなされているとはいいがたい点が問題である。かりに漕運が早晩克服されていく制度だとしても、そのことは漕運制それ自体に即して論じられる必要がある。そしてそのためには、漕運制に対する基礎的な事項をひとつひとつ丹念に

明らかにしていく作業が先行されなければならない。
　要するに①と③はいずれも漕運制をそれぞれの時代の文脈のなかで構造的かつ動態的に把握しようとする視点に欠けるといわざるをえない。この点、②は①の課題克服をめざし、漕運そのものを対象として動態的な研究に踏み出しているが、全体としては散発的であり、質・量ともにさらに深められるべき余地が少なくない。
　またこれら①〜③はいずれも『経国大典』(成宗16／1485)成立以後を主たる対象としており、朝鮮時代漕運制の確立途上期にあたる初期についてはほとんど言及がないか、あってもごく簡略なものにすぎないという点でも共通の課題を残している。
　一方④は実際の税穀水運活動の分析に基づいた動態的把握の試みであるという点で意義ある成果といえようが、史料的制約のため対象時期が朝鮮末期に限定されざるをえない。また⑤は漕運拠点としての個別の漕倉や地域社会と漕運・漕運との関係に注目した点は重要であり、今後さまざまな形で研究の拡がりが期待できる分野ではあるが、現時点では対象とされる漕倉や地域および接近方法などが限られている。
　既往の研究の到達点と問題点がこのように整理されるとすると、朝鮮時代漕運研究において取り組むべき課題もおのずと明らかになってくる。つまりそれは、制度それ自体が十分に解明されているとはいえない朝鮮時代の漕運制の整備ないし変容の過程を、実態も踏まえつつ、その時代に即して多様な角度から構造的かつ動態的に把握することであり、そうした作業を通じて、そこに投影された当時の社会・国家の姿を読み取ることである。
　筆者のこれまでの研究は、まさにこうした課題解明に向けての、ささやかな取り組みであったということができる。その際、筆者が着目したのは朝鮮時代のなかでもとくに初期であった。
　朝鮮時代における初期とは、通説的には王朝が建国された14世紀末から15世紀末に至る約100年間に相当する時期をさす。周知のようにこの朝鮮初期は、朝鮮時代の統治体制や各種制度が確立していく時期として位置づけられる。そのことは漕運制についても例外ではない。漕運においても朝鮮初期はその制度的確立途上期ないし朝鮮時代の漕運制の基礎が形成される時期にあたる。
　したがって初期における漕運の制度・実態について把握することは、中

期以降の漕運をめぐる諸問題を考察するうえでの前提となる。さらには、高麗時代の漕運と朝鮮時代のそれとの関係について考える際にも朝鮮初期の漕運に関する理解が必須である。

このように朝鮮初期における漕運の制度・実態の解明は朝鮮時代漕運研究にとって重要な課題であると考えられる。しかしそれにもかかわらず、前述のようにこれまでこの時期の漕運を正面から取り上げた研究はほとんど存在しない。既往の研究では、朝鮮初期についてはせいぜい簡略な言及がなされる程度にとどまっているのが現状である。

そこで筆者は、朝鮮時代の漕運制が王朝建国後いかなる過程を経て整備されていったのか、あるいはその期間における漕運の運営実態はいかなるものであったのか、といった点などについてさまざまな角度から研究を進めてきた。以下、それらの成果に依拠しつつ朝鮮初期における漕運の歴史的性格を、田税輸送体制の整備過程と、その中核をなす漕運制それ自体の整備過程および運営実態というふたつの側面から論じることにする。

## 3 田税輸送体制の整備過程からみた朝鮮初期漕運の歴史的性格

朝鮮時代の漕運は、全国各地で徴収した税穀を王都漢城所在の京倉まで輸送するために整備された。そして朝鮮初期においてそのような漕運が担ったのは、もっぱら田税の輸送であった。いうなれば、朝鮮時代の漕運制は国家による田税輸送体制の一環として設けられ、整備されたものである。したがって朝鮮初期における漕運制の整備過程は、そのまま田税輸送体制の整備過程と重なる。

朝鮮時代の漕運経路は、時期によって多少の変動はあるものの、おおむね①朝鮮半島南西部の沿岸海路を北上して漢江の河口に達し、そこから漢城まで漢江を遡航する経路、②漢江を中上流から下流へと下って漢城に至る経路、③礼成江を下って漢江の河口に入り、そのまま漢江を遡航する経路、の3つに大別できる。田税上納が義務づけられていなかった平安道・咸鏡道(朝鮮初期には永吉道→咸吉道→永安道)を除き、朝鮮初期には慶尚道・全羅道・忠清道・黄海道の4道と江原道の一部の邑が漕運に依拠した田税輸送をおこなっていた。

『経国大典』戸典漕転条の規定[15]によれば(【表1】・【図1】参照)、全羅道全

域と忠清道沿海地域では右の①の経路を利用し、慶尚道全域と忠清道内陸地域および江原道の一部の邑では②、黄海道全域では③の経路をそれぞれ利用した。このように田税上納が義務づけられた大半の道の田税が漕運によって輸送されたのに対し、江原道の一部の邑と京畿の田税は、漕運によらず直接漢城所在の京倉に田税を輸納することが規定されていた(京倉直納)。

しかし『経国大典』戸典漕転条にみえるこのような田税輸送体制は、必ずしも朝鮮建国当初からのものではない。朝鮮半島における穀倉地帯であり、当時の田税輸送にとってとりわけ重要な地域であった慶尚道・忠清道・全羅道のいわゆる下三道(もしくは三南)地方の場合、『経国大典』戸典漕転条所載の田税輸送体制が朝鮮建国後にすんなりと確立したわけではなく、その間に紆余曲折がみられた[16]。

朝鮮建国当初から『経国大典』成立に至るまでの間にもっとも大きな変化をみせたのは慶尚道の田税輸送体制である。すなわち朝鮮建国当初の慶尚道では、南部沿海地域が①、北部内陸地域が②と、それぞれ異なる経路の漕運を利用していた。しかし前者の南部沿海地域の場合、海難多発のために海路での漕運に依拠した田税輸送体制は必ずしも安定せず、太宗3年(1403)に発生した海難[17]を契機として後者同様②の経路での輸送に転換してしまった。慶尚道内全域の田税が漢江での漕運によって漢城へ輸送されることになったわけである。それはまた朝鮮半島南岸の海路を利用する漕運がいったん消滅したことを意味する。

一方、全羅道と忠清道の場合、輸送経路の面では朝鮮建国当初から『経国大典』成立に至るまでほとんど変化はみられない。しかしこの両道においても漕運拠点である漕倉ないし収税・載船地の位置や数などが時期により変動しており、とくに忠清道の場合がそうした変動の規模が大きかった。また全羅道については、15世紀初めから相次ぐ海難を憂慮して漕運距離を短縮するために田税の一部陸運化が朝議にのぼり、また航海上の難所である朝鮮半島西岸の安興梁[18]を回避するために漕渠開鑿が試みられるなど、海路での漕運運営をめぐり試行錯誤が繰り返されていた事実も確認できる。

このほか、『経国大典』戸典漕転条では江原道の田税輸送体制を一部は②の経路の漕運、一部は京倉直納と規定していたが、このふたつの輸送方式

【表1】 『経国大典』戸典漕転条所載の漕倉と各道の田税輸送体制

| 道 | 漕倉(所在邑) | 備考 |
|---|---|---|
| 慶尚道 | 可興倉(忠清道忠州) | 各漕倉にて11月1日から翌年正月まで収税をおこない、その後漕運を実施。 |
| 全羅道 | 徳城倉(咸悦)<br>法聖浦倉(霊光)<br>栄山倉(羅州) | |
| 忠清道 | 貢税串倉(牙山)<br>可興倉(忠州) | |
| 黄海道 | 金谷浦倉(白川)<br>助邑浦倉(江陰) | |
| 江原道 | 興原倉(原州)<br>昭陽江倉(春川) | 同上。ただし淮陽・金城・金化・平康・伊川・安峡・鉄原の田税は京倉直納。 |
| 京畿 | なし | 全邑が京倉直納。 |

※典拠:『経国大典』巻2、戸典漕転条

【図1】 『経国大典』戸典漕転条所載の漕倉所在地

のいずれをとるかについては時期によりしばしば変動がみられた。江原道から王都漢城までの距離が比較的近かったことと、南北に太白山脈が縦貫し、全体的に山地が多く、気候条件も厳しいという江原道特有の状況がその背景にある。江原道の場合、田税を中央に上納せず自邑内に留置する邑も少なからず存在し、時期によってその数にも変動がみられるが、これもまた江原道の地理的・気候的条件に規定されたものである。

　要するに朝鮮建国以後『経国大典』成立までの間、朝鮮王朝の田税輸送体制は、とくに漕運に大きく依存していた朝鮮半島中部以南地域において、①の漕運経路の一部である朝鮮半島南岸の海路が消滅するという変化を生じ、そうした輸送経路の大きな変化がみられなかった場合でも漕運拠点としての漕倉の位置や数の変動がみられたほか、漕運の一部陸運化論議や漕渠開鑿など輸送方式の変動にかかわる動きがあった。また江原道の場合にはその地域的な特殊性から、漕運か京倉直納か、あるいは上納か留置かで道内諸邑の田税輸送方式にしばしば変動がみられた。

　『経国大典』戸典漕転条に規定された田税輸送体制は、こうした朝鮮建国当初からの紆余曲折ないし試行錯誤の産物である。しかもこれをもって朝鮮時代の漕運制は確立したとひとまずそのようにいうことは可能であるとしても、その体制がその後も変化なく維持され続けたわけでもなかった。

　以上のことから、朝鮮初期における漕運の歴史的性格として、まずは次の2点が指摘できるであろう。すなわち第1に、漕運のなかでも朝鮮半島南西沿岸の海路による漕運は大枠において当時の田税輸送の中核をなしていたとえるが、それは朝鮮建国当初から必ずしも安定した輸送経路ないし輸送形態ではありえず、しかしそれにもかかわらず全羅道を中心とする穀倉地帯の田税輸送はそうした漕運に依存せざるをえなかった。そして第2に、漢江の中上流部の河川水路を利用した漕運が海路での漕運を補うものとして重要な機能を果たしており、輸送規模の面では海路での漕運におよばないとしても、比較的安定した田税輸送経路として存在していた。

　朝鮮半島の南部および西部沿岸の海路を主経路とする漕運は、高麗時代においても田税輸送のための中心的な経路であった。それは、高麗漕倉制[19]下における13漕倉のうち実に10箇所の漕倉がこの経路上に設置されていたことからも窺い知れる。朝鮮時代の田税輸送は基本的にこうした体制を継承したが、朝鮮半島南岸の海路は早々に放棄され、また全面的に海路での漕運

に依拠して田税を輸送していた全羅道においても海路での漕運は必ずしも安定的に維持されたわけではなかった。

　海路での漕運が安定的におこなわれえなかった最大の理由は、いささか陳腐な結論ではあるが、やはり漕運船の海難多発という事実に求めざるをえない。朝鮮初期の場合、漕運船の海難に関する情報を統計的に処理してそこから何らかの傾向を読み取ることは史料的制約から困難といわざるをえないが、比較的大規模な海難がいくつか発生したことは現存する記録からも確認できる。

　なによりも、海難が当時における漕運の安定的運営を阻害する大きな要因となっていたことは、それを理由にして漕運の一部陸運化が論議されたり、安興梁回避策として漕渠開鑿が試みられたりした事実が如実に物語るところであろう。しかしこのような状況にもかかわらず、当時最大の穀倉地帯であり、大量の田税を上納しなければならなかった全羅道の田税輸送は全面的に海路での漕運に依存せざるをえなかった。

　一方、漢江の中上流部分の水路を利用した漕運も高麗時代から田税輸送に利用されていたもので、漕倉制下の13漕倉のうち2箇所の漕倉が漢江中上流部沿岸に設置されていた。朝鮮建国当初、忠清道の内陸部と江原道の一部の邑、それに慶尚道の北部内陸地域の田税がこの経路によって漢城へ輸送されたが、これも基本的には高麗以来の体制を継承したものとみてよい。ところが15世紀初めになると、従来朝鮮半島南岸の海路を利用していた慶尚道南部沿海地域の田税もこの経路での輸送に転換され、その結果、漢江の中上流部の水路を利用して運ばれる田税の額は一気に増加したと考えられる。

　慶尚道南部沿海地域の田税のなかには倭人への供応や各種経費の財源として東萊へ下納されるものもあったと推測される。また慶尚道南部沿海地域から漢江漕運の拠点である忠清道忠州までは距離が遠く、間に鳥嶺・竹嶺等の急峻な峠も存在したため、その間の輸送は決して容易ではなかったとみなされる。それゆえ慶尚道南部沿海地域の田税のうち実際にどの程度の額が新たに漢江の水路によって漢城まで運ばれることになったのか、正確なところは不明とせざるをえない。とはいえ洛東江中下流部に拡がる平野地帯を擁していたこの地域の田税が漢江の水路によって輸送されるようになった事実は決して無視できない。

慶尚道南部沿海地域の田税輸送の転換という事実はまた、当時の為政者が海難の危険を冒して海路での漕運を続けるよりは内陸部の河川水路を利用する方式を選択するほうがよいと判断したことを意味する。
　前述のように慶尚道南部沿海地域から漢江の漕運拠点である忠州までは相当な距離があり、しかもその間に鳥嶺をはじめとする急峻な峠が存在するため、忠州までの田税輸送は各邑にとって大きな負担となったはずである。しかもその際に重要な機能を果たすはずの洛東江の水運は時期が下るにつれて利用されなくなる趨勢にあり、15世紀末までには消滅してしまうので、基本的に各邑から忠州までの輸送は陸路中心になされたと考えざるをえない。
　にもかかわらず、こうした輸送方式はその後長く維持された。それは、漢江中上流の水路による漕運が、輸送規模の面では海路での漕運にはおよばなかったかもしれないものの、海難多発という不安定要素を抱えた海路での漕運に比べると安定した輸送経路として機能しえたからであったとみなすことができよう。

## 4　漕運制の整備過程および運営実態からみた朝鮮初期漕運の歴史的性格

　次に、漕運制の整備過程および運営実態からみた朝鮮初期漕運の歴史的性格としては、次の5点をあげることができる。
　第1に、朝鮮初期の漕運制はそれが整備され始めた初期段階から水軍制度に大きく依存しており、そうした体質は朝鮮初期を通じて持続した。第2に、一時期の例外はあるが朝鮮初期の漕運制は基本的に当初から官船中心の体制として整備されていった。第3に、その一方でとくに15世紀後半には私船の漕運動員が政府内でしばしば論議されたが、それは漕運制の基本的な枠組みを完全に否定するものではなく、軍船と船軍が漕運に動員されることによって生じる弊害の解消をめざしたものであった。第4に、漕運制の整備過程においては国家権力が強力な統制をもって漕運を運営しようと試みたこともあったが、一部に海運判官などのやや特殊な監督官の制度を含みながらも、朝鮮初期の漕運は観察使と各邑の守令を中核とする地方制度の枠組みのなかで運営される体制として整備された。以上はおもに海路での漕運に関するものであったが、第5に、漢江での漕運に固有の事

柄として、漢江では独自の水運機構である水站の制度が朝鮮建国当初から整備され、漕運もそうした水站によって担われた[20]。

このうち朝鮮初期の漕運制の歴史的性格としてもっとも重要なのは第1点目である。それはまた、朝鮮初期の漕運制(そのなかでも海路での漕運)における最大の問題点ともいってよい。第2点目と第3点目も、いわばそうした漕運制における水軍制度への依存度の高さという事実を背景とするものである。

朝鮮初期の漕運制の直接的な淵源は、高麗末期恭譲王代(1389～92)の漕運制に求めることができる。14世紀後半以降倭寇が激化するなかで漕運は倭寇の恰好の襲撃目標とされ、ついに辛禑2年(1376)にはほぼ停止状態に陥った[21]。それが再建されたのが恭譲王代である。注目すべきなのは、恭譲王代に再建された漕運制が倭寇対策の必要から水軍と密接に結びついた形で整備された点である。たとえば漕運全般を監督するのは水軍都体察使であり、漕運に動員される労働力は水軍であった。さらにかつての漕倉にかわって各地に設置された漕運拠点は、防禦のための城壁を備えた漕転城であった[22]。

朝鮮時代の漕運制はそうした恭譲王代の漕運制を母体として整備されていった。朝鮮初期においても漕運に使用された船舶の大半は軍船であり、船卒は水軍の兵士である船軍であった。これは、ひとつには朝鮮時代になっても倭寇の脅威が完全には払拭されなかったからでもあるが、それと同時に、当時において大量の船舶と船卒を集中的に保有している組織・機構としては水軍以外に存在しなかったことが大きな理由としてあげられる。こうした体制は15世紀後半にもそのまま維持されたが、それは倭寇の鎮静化にともなう長期の平和の実現により、軍船の漕運転用や船軍の他役への動員が容易になったという事情が大きく関係している。

朝鮮初期において漕運制の本格的な整備が最初に試みられたのは太宗代(1400～18)である。太宗は強力な王権を背景にして漕運船を大量に建造し、また漕運に動員するための船卒確保にも尽力した。しかしこのとき建造された船舶は構造的に軍船と大差なく、配備先も漕倉ではなく各地の水軍の営鎮であったと考えられる。また船卒の確保は所期の目的を達しえず、結果として太宗代にも船軍の動員が続いた。しかし相次ぐ海難の発生を受けて太宗末年になるとこうした官船中心の漕運体制は動揺し、やがて漕運運

営は私船を漕運に動員するものへと転換していった。

　世祖代(1455〜68)になると、世祖による中央集権体制強化の一環として私船漕運を廃し、再度官船中心の漕運体制の整備が開始され始める。漕運専用の漕船が大量に建造され、それらが初めて全羅道内の三漕倉に配備されることになったほか、兵漕船の開発により軍船の漕運転用がよりいっそう容易となった。また成宗代(1469〜94)初期には漕運に専従する船卒の集団として漕軍が新設された。そしてそれら新設の漕船や漕軍を管理するための監督官として海運判官が設置された[23]。

　こうして朝鮮初期の漕運制が確立していくことになるのだが、しかし水軍依存の体質から完全に脱することはできなかった。この時期においても忠清道内の漕倉には漕運専用の漕船は配備されず、基本的には軍船と船軍が漕運に動員されていたし、全羅道においても漕船と漕軍による漕運以外に軍船と船軍の漕運動員もおこなわれた。兵漕船の開発も水軍依存を前提としたものである[24]。

　成宗代に入って私船を漕運に動員すべきとの主張(私船漕運論)が政府内でしばしば論議されるようになるのも、当時の官船漕運体制が水軍に大きく依存していたことに由来する。私船漕運論は既往の研究が指摘するような漕運への私船賃運の導入を第1義的な目的としたものでは必ずしもない。それは漕運に軍船と船軍を動員することによって生じる「敗船之患」(漕運船の海難)と「辺圉虚疎」(船軍の漕運使役にともない朝鮮半島南部沿海地域の辺境防備が手薄になること)という2大弊害を解消し、辺境防衛の充実をはかろうとするものであった[25]。

　結局のところ、当初から水軍制度に大きく依存した形で整備され、『経国大典』成立期に至ってもそうした体質を完全には払拭できなかったところに朝鮮初期における漕運の制度としての特質を見出すことができる。それは大きな矛盾を孕むものでもあり、だからこそその解消に向けて政府内でもさまざまな論議がなされたのだが、しかし抜本的な改善はなされえなかった。とはいえ、朝鮮初期のそうした漕運制はこうした問題点を抱えながらも、田税輸送の重要な手段として存続し続けたことも事実である。朝鮮初期に確立したこのような漕運制が大きく変容し始めるのは、既往の研究が指摘するように16世紀以降のことであった。

## 5　残された課題

　本稿を締め括るにあたり、残された重要な課題を2点だけ指摘しておきたい。そのひとつは、漕運船の運航実態や航路の詳細などについての解明である。朝鮮初期については史料的制約のため、こうした課題の解明にはかなりの困難がともなうが、それでも歴代の実録などには漕運船の運航実態に関する断片的な記録がないわけではない。それら当時の記録をもとに可能な限りで運航実態や航路の詳細などを復元する作業がやはり必要であろう。

　次に、16世紀以降の漕運制の変容についての研究は今後に残された大きな課題である。前述のように、16世紀以降の漕運制や税穀水運についてはすでにいくつかの研究がなされているが、いずれも限られた視点からの接近であり、漕運制の変容を丹念に跡づけ、そこから当時の社会・国家の姿を読み取っていくような研究はあまりみられない。これまでの研究成果を土台にして、時代を下りながら考察の範囲を拡げてくことが是非とも必要であると考える。

　　注
1) 田税は田地に課税してその収穫物である米(水田を対象)ないし大豆や各種の雑穀(旱田を対象)、あるいはそれらの代替物としての布物などを徴収する地税である。朝鮮時代の田税制度に関しては多くの研究蓄積があるが、ここではさしあたり金玉根『朝鮮王朝財政史研究』(一潮閣、1984年)、李載龑「第3編第2章　朝鮮初期　田税制度　研究」(『朝鮮初期社会構造研究』一潮閣、1984年)、李章雨『朝鮮初期田税制度와　国家財政』(一潮閣、1998年)、姜制勲『朝鮮初期田税制度研究——踏驗法에서　貢法税制로의　転換』(高麗大学校民族文化研究院、2002年)、이철성『17・18세기　전정　운영론과　전세제도　연구』(선인、2003年)などを参照。
2) 貢物は政府・王室諸機関の必需品を各邑に分定して収取するもので、地方土産の品を現物の形で上納させた。朝鮮時代の現物上納制度としては貢物のほかに進上があった。進上は観察使や兵馬節度使・水軍節度使などの奉命使臣が国王や王室・宗廟等に献上する礼物をさす。貢物と進上は本来それぞれ別個の税目であるが、両者ともに現物納であ

る点と、貢物であれ進上であれ、大半の物資の調達が定期的・恒常的に民戸の負担とされた点では共通しており、両者を一括して貢納制として把握するのが通説的な理解である。貢納制の概要については田川孝三『李朝貢納制の研究』(東洋文庫、1964年)および朴道植『朝鮮前期貢納制研究』(慧眼、2011年)を参照。

3) 大同米は貢物のほか進上や戸役である徭役の一部などを地税化したもので、17世紀初頭以降100年の歳月をかけて全国各地に段階的に実施された大同法に基づく税物である。大同法の概要については金玉根『朝鮮後期経済史研究』(瑞文堂、1977年)、同『朝鮮王朝財政史研究』III(一潮閣、1988年)、李廷喆『대동법、조선최고의 개혁』(歴史批評社、2010年)などを参照。また朝鮮時代の徭役の概要については有井智徳「三 李朝初期の徭役」(『高麗李朝史の研究』国書刊行会、1985年)および尹用出『조선후기의 용역제와 고용노동』(서울大學校出版部、1998年)を参照。

4) 京倉とは、広義には王都である漢城所在の官倉をいう。本論文の主題である漕運にかかわるものとしては、田税穀および大同米の納入先官府の倉庫をあげることができる。まず田税穀の主要な納入先としては戸曹管下の軍資監・豊儲倉・広興倉の3官府がある。軍資監は軍糧穀、豊儲倉は国用経費をそれぞれ管掌し、広興倉は官僚への禄俸頒給業務を担当した(『経国大典』巻1、吏典京官職条)。これら3官府には本庁舎に倉庫を併設(本倉、または狭義の京倉)するほか、漕運穀の陸揚げ地である龍山江(軍資監)と西江(豊儲倉・広興倉)に江倉(分倉)を置いた。軍資監と豊儲倉には、さらに漢城内の松峴に別倉も設けられていた(『太宗実録』巻25、十三年四月乙丑〔17日〕条。『世祖実録』巻21、六年八月丁卯〔24日〕条、同書巻32、十年正月乙丑〔12日〕条)。広興倉の本倉(狭義の京倉)はその後、西江の江倉と統合され、成宗元年(1470)には豊儲倉の江倉もこれに統合された(『成宗実録』巻4、元年三月丙午〔27日〕条)。一方、大同米の納入先はおもにこれを管掌した宣恵庁の倉庫である。田川孝三「李朝後半期における倉庫労務者の一例――宣恵庁募民の場合」(『アジア史研究』3号、白東史学会、1979年)によれば、本庁敷地内に設けられた内庁庫のほか、龍山江に置かれた江倉庫をはじめ全部で9箇所の倉庫が存在した(11-13頁)。なお朝鮮中期以降、宣祖29年(1596)に別営、仁祖18年(1640)に別庫がいずれも龍山江に新設されるなど、戸曹管下の京倉も増設されていった(『万機要覧』財用編6、諸倉条)。

5) 「漕運」の語は前近代の中国で作られた漢語であり、「船で物をはこぶ」

(諸橋轍次『大漢和辞典修訂版』巻7、大修館書店、1995年、218頁)と いうのが本来の語義である。中国のみならず前近代の朝鮮においても、 そうした本来の語義での用例が文献上には少なからず散見される。し かしその一方で、前近代の中国において官営の税穀水運をとくに「漕」 「漕運」「漕転」と称したように、朝鮮においても地方各地で徴収された 税穀を王都へ輸送するための官営の水運をさして「漕」「漕運」「漕転」と 表記した。以下、本稿ではこうした官営の税穀水運という意味で「漕 運」の語を用い、とくにその制度としての側面に注目する場合には「漕 運制」と記す。

6) 朝鮮時代の漕運研究とは対照的に、高麗時代のそれは近年急速に活発 化しつつある。その詳細については韓禎訓「I. 서론」(『고려시대　교통 운수사연구』慧眼、2013年)を参照。また高麗時代の漕運の概略は、北 村秀人「高麗初期の漕運についての一考察──『高麗史』食貨志漕運の 条所収成宗十一年の輸京価判定記事を中心に」(末松保和博士古稀記念 会編『古代東アジア論集』上、吉川弘文館、1978年)、同「高麗時代の漕 倉制について」(旗田巍先生古稀記念会編『朝鮮歴史論集』上、龍渓書舍、 1979年)、吉田光男「高麗時代の水運機構「江」について」(『社会経済史 学』46巻4号、1980年)、前掲韓『고려시대　교통운수사연구』などを参照。

7) 金玉根「朝鮮時代　漕運制　研究」(『釜山産業大学論文集』2輯、1981年) 67頁。

8) 本稿では便宜上、漕運に従事する船舶の総称として「漕運船」を用いる。 またその実体を区別して述べる必要がある場合には、漕倉配備の漕運 専用船を「漕船」、軍用船を「軍船」、そして漢江に特設されていた水運 機構である水站所属の物資運搬船を「站船」と指称する。

9) 六反田豊「李朝初期の田税輸送体制──各道単位にみたその整備・変遷 過程」(『朝鮮学報』123輯、1987年)、同「海運判官小考──李朝初期にお けるその職掌と創設背景」(『年報朝鮮学』創刊号、1990年)、同「李朝初 期漢江の水站制度について」(『史淵』128輯、1991年)、同「高麗末期の漕 運運営」(『久留米大学文学部紀要(国際文化学科編)』2号、1992年)、同 「李朝初期の漕運運営機構」(『朝鮮学報』151輯、1994年)、同「朝鮮初期 漕運制における船舶・船卒の動員体制」(『朝鮮文化研究』4号、1997年)、 同「朝鮮成宗代の漕運政策論議──私船漕運論を中心として」(上)・ (下)(『史淵』136輯・137輯、1999年・2000年)、同「朝鮮初期における 田税穀の輸送・上納期限──漕運穀を中心として」(『東洋史研究』64巻2 号、2005年)、同「興原倉小考──その所在地と移転問題」(高倉洋彰編 『東アジア古文化論攷』1、中国書店、2014年)。

10) 代表的なものとしては、今村鞆『船の朝鮮』(螺炎書屋、1930年)、李大熙「李朝時代の漕運制について」(『朝鮮学報』23輯、1962年)、前掲注7金論文などがある。
11) 代表的なものとしては、安秉珆「李朝時代の海運業――その実態と日本海運業の侵入」(堀江保蔵編『海事経済史研究』海文堂、1966年)、李鍾英「安興梁対策으로서의 泰安漕渠 및 安民倉問題」(『東方学志』7輯、一九六三年)、同「蟻項考」(『史学会誌』2輯、1963年)、崔権黙「朝鮮時代의 漕運에 관한 考察」(『忠南大学校人文科学研究所論文集』3巻2号、1976年)などがある。
12) 崔完基「朝鮮前期 漕運試考――그 運営形態의 変遷過程을 중심으로」(『白山学報』20輯、1976年)、同「官漕에서의 私船活動――특히 16世紀를 중심으로」(『史学研究』28号、1978年)、同「朝鮮前期 穀物賃運考」(『史叢』23輯、1979年)、同「朝鮮中期 貿穀船商――穀物의 買集活動을 中心으로」(『韓国学報』30輯、1983年)、同「17世紀 税穀賃運活動의 一面」(『明知史論』創刊号、1983年)、同「朝鮮後期 訓錬都監의 賃運活動」(『史学研究』38号、1984年)、同「18세기의 税穀運送動向――英祖朝의 税穀賃運変通論을 중심으로」(辺太燮博士華甲紀念論叢刊行委員会編『辺太燮博士華甲紀念史学論叢』三英社、1985年)、同「朝鮮後期 漕役의 変通과 船人의 雇立」(李元淳教授華甲紀念論叢刊行委員会編『李元淳教授華甲紀念史学論叢』教学社、1986年)、同「朝鮮後期 地土船의 類型과 그 性能」(崔永禧先生華甲紀念論叢刊行委員会編『韓国史学論叢』探求堂、1987年)、同「朝鮮後期 地土船의 税穀賃運」(『韓国史研究』57、1987年)、同「朝鮮後期 税穀運送用役에서의 作隊法의 施行과 舟橋船」(孫宝基博士停年紀念論叢刊行委員会編『孫宝基博士停年紀念韓国史学論叢』知識産業社、1988年)、同「朝鮮後期 京江船의 機能과 力量」(『郷土서울』45号、1988年)、同『朝鮮後期船運業史研究』(一潮閣、1989年)。
13) 吉田光男「李朝末期の漕倉構造と漕運作業の一例――『漕行日録』にみる一八七五年の聖堂倉」(『朝鮮学報』113輯、1984年)、同「一九世紀忠清道の海難――漕運船の遭難一九〇事例を通して」(『朝鮮学報』121輯、1986年)、同「朝鮮後期 税穀輸送船의 航様相에 대한 定量分析 試図――19世紀 三南地方의 경우」(碧史李佑成教授定年退職紀念論叢刊行委員会編『民族史의 展開와 그 文化』上(創作과批評社、1990年)、同「一九世紀朝鮮における税穀輸送船の運航様相に関する定量分析の試み――慶尚・全羅・忠清道の場合」(『海事史研究』48号、1991年)。
14) たとえば、崔壹聖「徳原倉과 慶原倉 考察」(『忠州工業大學校論文集』

25輯、1991年)、同「可興倉　考察」(『忠州産業大學校論文集』29輯1号、1994年)、同「興原倉　고찰」(『祥明史學』3・4合輯、1995年)、金興燮『韓国　伝統倉庫의　建築特性에　関한　研究——官営　및　宗教建築의　倉庫를　中心으로』(弘益大学校大学院建築学科博士学位位論文、2003年)、임초롱「조선시대　아산　공세곶창지의　특성에　관한　연구——성곽　현황　및　내부　시설을　중심으로」(忠南大学校大学院建築工学科碩士学位論文、2007年)、卞光錫「18・19세기　경상도　남부지역의　상품유통구조」(『지역과 역사』5、1999年)、정진호・전봉희「南漢江　流域의　寺刹의　立地와　配置에　대한　研究——高麗時代와　朝鮮時代의　漕運과의　関係를　中心으로」(『大韓建築学会学術発表論文集』19巻2号、1999年)、이인화「내포지역의　조창분포」(『洞窟』74、2006年)、同「내포지역의　조운로의　형성과　변화」(『洞窟』75、2006年)、同「충남 내포지역　漕運路상의　해변마을제당에　관한 연구」(『島嶼文化』30輯、2007年)などがある。

15) 『経国大典』巻2、戸典漕転条。「諸道漕税倉[京畿諸邑、江原道淮陽・金城・金化・平康・伊川・安峡・鉄原等邑田税、直納京倉。牙山貢税串倉、収忠清道田税、忠州可興倉、収忠清・慶尚田税、咸悦徳城倉・霊光法聖浦倉・羅州栄山倉、並収全羅道田税、原州興原倉・春川昭陽江倉、並収江原道田税、白川金谷浦倉・江陰助邑浦倉、並収黄海道田税○監納官、斛斗升、依法校正、烙印行用《随毀随改》]、十一月初一日始開、翌年正月畢収税、当該官先期点検船隻、漕転[……]」([ ]内は細註、《 》内は細註内の細註、……は省略を意味する)。

16) 以下の叙述は、前掲注9拙稿「李朝初期の田税輸送体制」による。

17) 太宗3年(1403)5月、慶尚道の漕運船34隻が沈没した(『太宗実録』巻5、三年五月辛巳〔5日〕条)。

18) 安興梁は、現在の忠清南道泰安郡近興面程竹里安興集落沿岸海域一帯をさす。朝鮮半島中部西岸から西へ突き出た泰安半島の南西海域に相当し、李鍾英によれば、①典型的な沈降海岸地帯で改訂の起伏が大きく随所に岩礁があり、②潮流が速く、③干満の差が激しいなどの地理的条件に加え、季節による天候の変化が当時の船舶の運航をいっそう困難にしたという(前掲注11李「安興梁対策으로서의　泰安漕渠　및　安民倉問題」100-102頁)。

19) 高麗時代の漕運は、高麗独自の地方行政制度である郡県制を基盤として整備されたもので、朝鮮半島中部・南部地域に設けられた13箇所の漕倉を基本単位とする。北村秀人はこれを漕倉制として把握した。詳しくは前掲注6北村「高麗時代の漕倉制について」を参照。

20) 朝鮮初期漢江の水站制度については、前掲注9拙稿「李朝初期漢江の水站制度について」を参照。
21) 前掲注12崔「朝鮮前期　漕運試考」396-397頁。辛禑2年(1376)から恭譲王2年(1391)の間、高麗の漕運は完全に停止状態に陥ったとするのが通説的理解であるが、最近、この期間も漕運がおこなわれていたとする見解が示された(韓禎訓「Ⅴ. 고려후기　교통과　조운시스템의　변동」前掲注6同書、281-282頁、註174)。この期間中、漕運が完全に停止したかどうかについては再検討の余地があるが、それは今後の課題としたい。
22) 漕転城には、漪城(楊広道新昌)・龍安城(全羅道龍安)・栄山城(全羅道羅州)・仏巌倉(慶尚道金海)のように恭譲王代になってまったく新たに設置されたものと、海龍倉(全羅道順天)・通洋倉城(慶尚道泗川)・馬山倉(慶尚道昌原)のように、高麗13漕倉制下における漕倉故地を再利用したものとがあった。新設の場合も、漪城を除けばすべてかつての漕倉故地に近接した地点に設けられていた。この点も含め、高麗末期恭譲王代(1389〜92)の漕運再建に関する以上の叙述は、前掲注9拙稿「高麗末期の漕運運営」による。
23) 海運判官の創設に関する叙述は、前掲注9拙稿「海運判官小考」および前掲注9拙稿「李朝初期の漕運運営機構」による。
24) 以上、朝鮮建国直後から成宗代(1469〜94)に至る間における漕運への船卒・船舶の動員体制に関する叙述は、前掲注9拙稿「朝鮮初期漕運制における船卒・船舶の動員体制」による。
25) 以上、成宗代(1469〜94)の漕運政策論議に関する叙述は、前掲注9拙稿「朝鮮成宗代の漕運政策論議」(上)・(下)による。

# 朝鮮孝宗代の望闕礼にみる朝清関係

桑野栄治

はじめに

　西安で大順政権を樹立した李自成が1644年3月に帝都北京を占拠すると、明の毅宗崇禎帝(1627〜44年)は紫禁城の裏山で自刎に追いやられた。5月には清軍が北京に入城し、9月に大清国の世祖順治帝(1643〜61年)があらためて即位儀礼に臨んだ。明清交替(いわゆる「華夷変態」)のニュースは中国本土のみならず、朝鮮・日本にも衝撃をもって伝わった[1]。清と朝鮮とのあらたな「宗属」関係が形式的・儀礼的なものではなく、以後1894年まで政治的・経済的に相当な負担となることもすでに指摘されている[2]。

　朝鮮王朝は2度にわたる後金(のち清)の朝鮮侵攻(丁卯・丙子胡乱。1627・36〜37年)のすえに「華夷変態」を迎え、名節の宮中儀礼にも変化が生じた。かつて高麗第31代国王恭愍王(1351〜74年)は1372年冬至に王都開京(開城)の宮殿にて百官を率い、明の太祖洪武帝(1368〜98年)を遥拝して萬歳三唱した。高麗を滅して朝鮮王朝を建国した太祖李成桂(1392〜98年)も正朝と冬至にこの対明遥拝儀礼(望闕礼)を実践した。のち成宗5年(1474)に成立した基本礼典『国朝五礼儀』は望闕礼の儀註(式次第)を嘉礼の筆頭に収録し、同16年施行の基本法典『経国大典』は「正・至・聖節・千秋節に殿下は王世子以下を率いて望闕礼を行う」と明記する[3]。朝鮮国王は名節のたびに王都漢城(ソウル)の景福宮勤政殿にて大明皇帝に忠誠を誓うとともに、文武百官にみずからの王権を可視化する舞台装置として望闕礼を実施していたのである[4]。とりわけ宣祖(1567〜1608年)は壬辰倭乱(文禄・慶長の役。1592〜98年)の最中にあっても望闕礼を実施し、朝鮮に援軍を派遣した明の恩義(「再造の恩」という)に感謝した[5]。後金の台頭後に明・後金との二重外交

を展開した光海君(1608〜23年)も明との君臣関係を確認する望闕礼を執り行ったが、軍事クーデター(癸亥政変。仁祖反正ともいう)によって王位を簒奪した仁祖(1623〜49年)が丁卯・丙子胡乱を迎えると、この儀礼は変容を余儀なくされた。本来は大明皇帝と朝鮮国王の君臣関係を確認する宮中儀礼が、朝鮮の王世子(仁祖嫡男の昭顕世子死後は次男の鳳林大君。のちの孝宗)と文武百官が漢城滞在中の清使とともに大清皇帝に忠誠を誓う儀礼に変質したのである[6]。

　では仁祖の死後、王位を継承した第17代朝鮮国王孝宗(1649〜59年)は名節の宮中儀礼をいかに実施したのであろうか。当該期における軍備拡張を緻密に考証した車文燮氏は、孝宗は「崇明排清の重い使命を帯びて即位し」、「積極的な政策の一環として講じられたのが北伐という巨大な課題であった」と指摘した[7]。同じく軍制史の立場から李泰鎮氏は、孝宗が即位後に在野の学識者である山林勢力を重用したのは、人質となって「瀋陽で経験した痛切な苦難」があり、「彼らの確固たる反清崇明思想が孝宗の並々ならぬ反清感情に和合した」からだという[8]。その一方で、孝宗は「北伐」とそのための軍備拡張を王権強化の梃子として活用しようとしていたとの主張もある[9]。しかし、孝宗が増強した軍事力は1654年と58年に発生した清とロシアの国境をめぐる戦闘(「羅禅征伐」という。羅禅はRussianの音訳)で発揮され、実現性に乏しい対清復讐計画は逆効果をもたらす結果となった[10]。孝宗は清の派兵要求に対してその場で出兵を決定し、臣僚も何ら反論を唱えなかったという[11]。ひるがえって、孝宗の「北伐」の意志や「反清感情」は宮中儀礼という王権を可視化する場でも確認できるのであろうか。ユンソッコ氏によれば、孝宗代以降に望闕礼が実施されたのは英祖元年(1725)冬至の「親行」1件にすぎず、清の「使節にみせてやるための試演的儀礼に退色した」と独自の見解を示す[12]。

　そこで本稿では、基本史料の『朝鮮王朝実録』『承政院日記』のほか、議政府官員の動静を記録した『議政府謄録』、議政府をしのぐ最高議決機関となった備辺司による『備辺司謄録』[13]、礼曹で作成された『勅使謄録』[14]など官撰史料を活用しつつ孝宗代における望闕礼の実施状況を復元し、当該期における朝清関係を宮中儀礼の側面から照射することにしたい。

## 1 孝宗即位直後の望闕礼

　1649年5月13日、孝宗は昌徳宮の仁政門にて即位儀礼に臨み、全国に即位宣言の教書を頒布した[15]。孝宗は「北伐」の意志に同調する階層として山林に注目し、まもなく礼学者金長生の門人金集(金長生の息子)を筆頭に宋浚吉・宋時烈らがあいついで朝廷に召し出されている。8月になると、かつて2度にわたって瀋陽に拘留された経験をもつ領敦寧府事(外戚と外孫の礼遇機関である敦寧府の正1品)金尚憲が弘文館応教(正4品)趙贇(のち『仁祖実録』編纂に参与)の上疏にしたがい、仁祖の玉冊(頌徳文)と誌石(墓誌銘)には清の年号を刻まないよう献議し、宰相の領議政(正1品)李景奭らも同意した[16]。李景奭もまた瀋陽に囚われた経験があり、当時の大臣は清に対して拒否反応を抱いていた。『仁祖実録』末尾の行状と誌文には清の順治帝から仁祖に贈られた諡号「荘穆」も記されていない[17]。とはいえ、10月には宗室の仁興君瑛(宣祖の第12庶子)を謝恩兼冬至正朝聖節使に任命して北京に派遣しており[18]、清の名節を祝う使節の派遣は避けることができない外交政策であった。

　では、孝宗は即位後はじめて迎えた冬至をいかに過ごしたのであろうか。孝宗即位年11月12日に王命を取り次ぐ承政院の同副承旨(正3品)金慶餘は、翌13日が冬至に実施予定の望闕礼の習儀(予行演習)と重なるため、定例の常参(重臣による毎朝の政務報告)と経筵(御前講義)の停止を要請して許された[19]。百官は法に則って事前に習儀を行い、冬至の望闕礼に備えていたと思われる[20]。ところが、当日の11月18日に孝宗が文武百官を率いて望闕礼を実施した記録はみあたらない。『承政院日記』によれば、前日に冬至祭の開始時刻が報告され、冬至の親祭後には承政院が王室最年長の仁祖継妃(荘烈王后張氏)をはじめ孝宗・中宮(仁宣王后張氏)・東宮(のちの顕宗。1659～74年)に安否を問う問安の記録が残る[21]。一方、『孝宗実録』は「上、冬至祭を永思殿に行う」と簡潔に記す[22]。それゆえ、孝宗即位年11月冬至には早朝から仁祖の魂殿(国喪3年間、位牌を奉安する宮殿)である永思殿(昌徳宮の文政殿)にて冬至祭が執り行われたと判断してよかろう。『議政府謄録』の当該年月日条には「議政府舎人印」が捺されて判読しづらいが、

　　A冬至の望闕礼は臨機の処置として停止した。2品以上は単子を捧げ

て問安した。　　　　　　　　　　　　　　（『議政府謄録』己丑11月18日条）[23]

とあるから、望闕礼は「権に停む」ことになり、政府高官が国王に単子(礼物の目録)を献じて冬至の祝賀に代えた。停止されたとはいえ、名節の望闕礼に関する初見である。

　明けて孝宗元年(1650)正朝の実録記事にも「上、朔祭を永思殿に行う」とあり[24]、国喪3年内は名節の望闕礼を停止したと予測できよう。正月末日は順治帝の聖節である[25]が、事前の習儀はもちろん、当日に望闕礼を実施したとの記録はない。かつて孝宗は1年前の仁祖27年聖節に漢城南部会賢坊の南別宮(明・清使節の留館所。現、ソウル市中区小公洞のウェスティン朝鮮ホテル)にて清使とともに望闕礼を実施した[26]が、今回は清使の入京はなく、聖節を祝う必要もなかったであろう。

　もっとも、日本情勢に仮託して城壁を修理・改築しようとする孝宗を譴責すべく、3月上旬に清使の内翰林弘文院大学士祈充格らが朝鮮人通訳の鄭命寿(満洲名はグルマフン)とともに入京して摂政王ドルゴン(順治帝の叔父)の勅書を届けると、朝鮮政府に緊張が走った[27]。77歳の吏曹判書(正2品)金集は清使入京との急報に接するや、老齢と病気を理由に帰郷した[28]。清使が責任者の処分を求めたこの問題は、前領議政李景奭・前礼曹判書趙絅を平安道義州の白馬山城に軟禁することで決着している[29]。また、この清使一行がドルゴンと朝鮮王族との婚姻を要請すると、孝宗は快諾して錦林君愷胤(成宗の八男益陽君懐の後孫)の娘を義順公主に封じ、工曹判書元斗杓を護送使として山海関まで送り届けさせた[30]。6月には成婚を感謝するドルゴンの勅書にこたえて麟坪大君(仁祖の三男)が謝恩使として北京に赴き、以後、麟坪大君は宗室を代表する使臣として毎年のように漢城・北京間を往復することになる[31]。

　11月半ばには前年と同様、常参と経筵を中止して習儀が2度執り行われたが、28日冬至に孝宗が望闕礼を実施したとの記録は残っていない。清使の入京がないのであれば、望闕礼を催す必要はあるまい。1週間前に左承旨尹得説は、来たる28日に宗廟・永思殿のほか仁祖と仁祖妃(仁烈王后韓氏)の亡骸を葬った京畿坡州北方の長陵などで冬至祭を行う予定であるが、祭官が不足しているとの吏曹の上奏を孝宗に取り次いでいる[32]。それゆえ、11月28日には祖宗のために冬至祭が執り行われたと判断すべきであ

ろう。

## 2　清使の入京と朝鮮政府の対応

　孝宗2年正朝も前年と同様、孝宗は昌徳宮の永思殿にて朔祭を実施し[33]、正月末日に清の聖節を祝うこともなかった。前年12月に義州府尹(従2品)より「摂政王、11月初9日病死す」との急報が入ると、順治帝の親政を通達すべく来朝した清使一行を正月24日に孝宗はまず漢城郊外の慕華館で出迎え、翌日には漢城内の南別宮で接見した[34]。清使は2月6日に漢城を離れて帰国の途につくが、その間、彼らが漢城滞在中に聖節の望闕礼の実施を要望したとの記録はみいだせない。正月末日に孝宗は領議政金堉をはじめとする政府高官を召し出し、あいつぐ清使の入京と財政難を憂慮している[35]。3月上旬に皇太后(孝荘文皇后)の尊号加上を通達する清使が鄭命寿とともに入京した際には、服喪中の孝宗が礼服の着用を拒むと清使は怒り、孝宗は深紅の袞龍袍に玉帯を締めて涙ながらに清使を出迎えるという憂き目をみた[36]。

　10月中旬にも皇太后の再度の尊号加上と皇后(翌年、静妃に降格)冊立の勅書をもたらす清使の吏部侍郎屠頼(トゥライ)一行が入京し、孝宗は仁政殿にて接見した。清使は10月27日に漢城を去り、餞別の宴は病に伏す孝宗にかわって麟坪大君が主催した[37]。その2日後、礼曹は次のような対応策を講じている。

> B 礼曹が申しあげた。「今回のこの清使一行が国境の鴨緑江を越える前に冬至の節日を迎えた場合、清使に奏上してともに望闕礼を行うよう、伴送使のもとに諭旨を下してはいかがでしょうか」と。殿下は允許した。　　(『承政院日記』第122冊、孝宗2年10月29日癸酉条)[38]

　今回の清使は漢城滞在中に冬至を迎えることはなかったが、帰国途中に朝鮮領域内で冬至を迎えた場合、清使を国境の義州まで送り届ける伴送使の判義禁府事(従1品)元斗杓に清使とともに望闕礼を実施するよう、指示することとなった。去る仁祖17年冬至に朝鮮の文武百官は南別宮にて清使の戸部承政馬福塔(マフタ)一行とともに望闕礼を行っただけでなく、仁祖24年

聖節には帰国途中の清使が平壌(監営所在地)にて平安監司・兵馬節度使(いずれも従2品)のほか守令(地方官)と望闕礼を実施した前例がある[39]。のち、朝鮮後期の外交便覧である『通文館志』(高宗25年〔1888〕最終重刊本)に「使、路上に於いて若し聖節・冬至・正朝に遇わば、則ち站上の闕室の庭に於いて望闕礼を行い、遠接使・該道監司・差使員・差備官等は班に随い行礼す」とあるほか、「留館時は則ち闕牌を西宴庁に移設して都監堂上以下、行礼す」と記録された[40]のは、仁祖代の対応が先例となったことを示す。

伴送使の報告によれば、この清使一行は11月6日に平壌、10日冬至に安州(兵営所在地)に止宿し、15日に義州に到着したという[41]から、孝宗の指示どおり安州の客舎(賓客接待施設)では清使が平安監司のほか守令とともに望闕礼を行った可能性がある。一方、漢城では6日に左議政李時白が冬至の望闕礼の習儀を実施したと報告しており、事前の習儀は百官の義務であった。しかし、10日冬至に昌徳宮では承政院をはじめ玉堂(弘文館)・六曹の高官が仁祖継妃・孝宗・中宮の三殿と東宮に問安したとの記録はある[42]ものの、望闕礼を実施した形跡はない。その後、孝宗は昌徳宮と昌慶宮の改修工事のため12月下旬に離宮の慶徳宮(のち慶熙宮)に移御し、孝宗4年2月下旬まで慶徳宮にて過ごすことになる[43]。

孝宗3年正朝の宮中儀礼に関して『議政府謄録』は簡略ながら以下のとおり記録する。

 C①(望闕礼は)臨機の処置として停止した。そのため2品以上は王大妃・殿下・中宮・東宮に単子を捧げて問安した。
 C②我が国の陳賀の礼は臨機の処置として停止した。[後略]
(順に『議政府謄録』壬辰正月初1日・初3日条)[44]

望闕礼と朝賀礼は「権に停む」措置がとられた。正朝当日の天候は雨であった[45]から、雨に濡れた慶徳宮崇政殿の殿庭で望闕礼を執り行うことは不可能である。そもそも大明帝国はすでに滅亡しており、朝鮮国王が名節のたびに望闕礼を実施して大明皇帝に忠誠を誓う意義は喪失されていた。祖宗の法とはいえ、孝宗が文武百官を率いて望闕礼を行い、百官の朝賀を受けることは躊躇されたであろう。

同年11月16日に都承旨李一相が左承旨李時楷とともに2度目の習儀の

ため退出を請うているが、『議政府謄録』によれば、21日冬至には2品以上の高官が問安したと記録するのみである[46]。この年6月、孝宗は国王護衛の御営庁を3倍の2万1000名に増強するなど軍備拡張を本格化させた[47]。では、孝宗主導の「北伐政策」が清使を前にしても発揮されたのか否か、以下に探っていくこととする。

## 3 清使の入京と望闕礼

　清に不法越境して人蔘を採取する朝鮮人を問罪すべく、孝宗3年12月中旬に内翰林弘文院学士蘇納海(スナハイ)が鄭命寿とともに入京すると、孝宗は崇政殿にて接見し、南別宮では下馬宴を催すなど対応に追われた[48]。朝清間のこの問題は戸曹参判(従2品)許積を査問使としてまず安州に派遣し、不法採取者を逮捕のうえ清に連行、さらに麟坪大君を派遣して順治帝に謝罪することで決着した[49]。

　われわれの関心は、孝宗と清使が正朝をいかに迎えたかにある。『備辺司謄録』によれば、年の瀬の12月27日に孝宗に召し出された戸曹判書李時昉が正朝の望闕礼について大臣と議論するよう進言して裁可を得た[50]ものの、実際の議論の様子は記録に残っていない。ただ、『議政府謄録』は3日後の正朝の動静を次のように記す。

　　D 正朝の望闕礼を行い、その後、我が国の陳賀の礼は臨機の処置として停止した。[後略]　　　　　　　　　(『議政府謄録』癸巳正月初1日条)[51]

　この史料Dは孝宗代における望闕礼の実施を伝える初見である。議政府の官員は正朝の望闕礼を執り行い、おそらく孝宗が崇政殿に出御しなかったため朝賀礼を取りやめたのであろう。同じく孝宗4年正朝の記録を『承政院日記』にみてみよう。

　　E 迎接都監が申しあげた。「夜明けに清使がまず留館所の東庭に整列して望闕礼を行い、私どもは都庁以下の官員を率いて西庭にて儀礼を行い、退出しました。殿下の書簡は正朝の儀礼終了後、ただちに差し出しましたことを敢えて申しあげます」と。殿下は「相判った」

と仰せられた。　　　(『承政院日記』第126冊、孝宗4年正月初1日戊辰条)[52]

　清使の接待儀礼を担当する迎接都監の報告によれば、清使がまず南別宮の東庭にて望闕礼を執り行い、つづいて迎接都監の責任者は官員とともに西庭にて行礼したという。仁祖22年聖節と同27年聖節の前例から推して、儀礼の舞台となったのは南別宮のほぼ中央に位置する西宴庁であろう[53]。臨時機構の迎接都監は館伴(判書・判尹・参贊など正2品官が兼任)と提調(戸曹判書が兼任)が全般的な業務を監督し、都庁が軍色(使節の護衛)・応弁色(進物の準備)・宴享色(宴会の準備)などの実務担当部署を統制した[54]から、少なくとも吏曹判書沈之源(館伴)・戸曹判書李時昉(提調)らの高官が望闕礼に参席したに相違ない。のち純祖(1800～34年)代に編纂された『儐礼総覧』は望闕礼の儀註を収録しており、清使につづいて迎接都監が望闕礼を行い、萬歳三唱することになっている[55]。孝宗は清使とともに望闕礼を実施することはなかったが、その事情を語る史料はない。清使一行は正月4日に漢城を離れ、24日には鴨緑江を越えた[56]ため、正月末日に孝宗が清の聖節を祝うこともなかった。

　この年10月19日にも同副承旨曺漢英の申し出により、事前に冬至の望闕礼の習儀を執り行うことが確認された。また、この日は礼曹が清使に対する接待儀礼に関して2件の要請をしている。まず第一に、清使が漢城へ向かう途次に冬至を迎えるようであれば、遠接使として義州に派遣した大司憲(従2品)呉竣と現地長官の平安監司に宴を催すよう伝達すべきことを上奏し、孝宗の裁可を得た[57]。そして第二に、冬至の望闕礼についても裁可を仰いでいる。

　F (礼曹が)また申しあげた。「いま朝鮮に向かうこの清使が、来たる11月初2日の冬至節日にもし我が国の境域に到着すれば、冬至の望闕礼は到着したその地方の官衙で実施すべきです。遠接使に命じてまず清使にその旨を伝達し、先例によって儀礼を執り行うよう、諭書を送ってはいかがでしょうか」と。殿下は允許した。
　　　　　　　　　(『承政院日記』第129冊、孝宗4年10月19日辛巳条)[58]

　遠接使の報告によれば、礼部尚書覚羅郎球(ギョロランキオ)を正使とするこの清使一行は

10月23日に鴨緑江を渡って11月1日に順安に到着したという[59]。孝宗2年冬至の前例(史料B)から推せば、順安では翌2日冬至に清使が平安監司・守令とともに望闕礼を実施した可能性がある。清使一行は11月10日に入京して皇后を静妃に降格したとの勅書をもたらし、翌日、孝宗は南別宮で宴席を設けた。清使は11月20日に漢城を離れている[60]から、結果的に清使が漢城で望闕礼を行うことはなかった。

問題となるのは、冬至を控えた孝宗と百官がいかに対応したかである。まず、10月21日に右承旨金振が初回の習儀のため退出を願い出て許された。ところが、その日のうちに文武百官の不正を糾弾する司憲府の掌令(正4品)沈儒行は、「東班は尤も甚だ稀疎にして、3品以上に至りては則ち一員として進参するもの無し」と告発し、孝宗に関係者の取り調べを要請した[61]。28日の2度目の習儀には朝賀・朝参を専掌する通礼院の仮通礼(臨時職)が来参しなかったため、翌日に承政院は当該仮通礼の取り調べを要請している[62]。こうして官僚の士気があがらないまま、漢城では冬至を迎えようとしていた。

　　G承政院が申しあげた。「来たる初2日の冬至の望闕礼はいかがなさる
　　のでしょうか。敢えて申しあげます」と。殿下は「近時の例のように
　　せよ」と仰せられた。
　　　　　　　　　　　　(『承政院日記』第129冊、孝宗4年11月初1日癸巳条)[63]

孝宗の回答から明確な意思表示は読み取れない。孝宗は即位後、国事行為である名節の望闕礼を主宰していないからである。仁祖の死去により3年間の国喪期間に入り、孝宗は永思殿での朝望祭と冬至祭を優先してきた。孝宗即位年冬至に望闕礼は「権に停む」措置がとられ、孝宗3年正朝もやはり「権に停む」結果となっていた(史料AC)。唯一の例外として、この年孝宗4年正朝に迎接都監が漢城滞在中の清使とともに南別宮にて望闕礼を実施したものの孝宗は臨席せず、慶徳宮では議政府が国王不在のまま望闕礼を行った(史料DE)。しかし、『孝宗実録』は孝宗4年冬至の記録自体を欠き、『承政院日記』『議政府謄録』はともに2品以上の高官が仁祖継妃・孝宗・中宮の三殿と王世子夫妻に順次問安したと記録するにとどまる[64]。となれば、孝宗も百官も従来どおり王宮にて冬至の望闕礼を実施することはな

かったであろう。

## 4　虚礼化する習儀

　文武百官は孝宗5年正朝の望闕礼を想定して準備していた。前年暮れの12月21日に実施された習儀の際に司諫院正言(正6品)羅以俊が相会礼(初対面の挨拶)を行わなかったとして、長官の大司諫(正3品)李行進が引責辞任を願い出たが、孝宗が慰留した記録が残るからである[65]。しかし、孝宗5年正朝はやはり三殿と王世子夫妻に対する問安の記録を残すにとどまり、孝宗が望闕礼を主宰したとは考えられない[66]。この年冬至の場合は事前の習儀に関する記録もなく、11月13日の冬至にはやはり政府高官による問安の記録が残るにすぎない[67]。

　以後、孝宗6年の正朝と冬至のみならず、翌年の正朝と冬至も問安の記録を残すのみである[68]。しかし、百官による望闕礼の習儀は虚礼化しながらも実施された。たとえば、孝宗6年11月に正言成後高が前日に冬至の望闕礼の習儀を終えて戻る途中に都承旨洪命夏に出会い、失礼な振る舞いをしたとして辞職を請うた。また、12月に孝宗の裁可を得た礼曹は正朝の望闕礼の習儀を22日と26日の2度にわたって実施する予定であったが、いずれも殺人事件の検屍日程と重なり、承政院が習儀の日程調整を願い出ている[69]。ただ、12月下旬にあらためて習儀の日程を組むことはできなかったとみえ、正朝の望闕礼も従来どおり停止されたと考えてよかろう。孝宗7年正朝には孝宗の叔父の綾原大君が急逝したため、翌2日から政務と市場を3日間停止し、3日に予定していた朝賀礼も中止となった[70]。

　孝宗7年暮れには兵曹参判尹順之・左承旨金素らが習儀に参加したが、『承政院日記』は翌8年正朝の記録を欠き、実録記事には「太白(＝金星)昼に見わる」とあるにすぎない[71]。年末に清使が入京した事実はなく、孝宗が率先して正朝の望闕礼を挙行する必要はあるまい。むしろ注目すべきは、聖節を1週間後に控えた正月下旬に望闕礼の習儀が実施されている[72]。これまで聖節に関しては事前の習儀はもちろん、望闕礼の実施をめぐる議論もなかった。『承政院日記』は聖節前日に以下のとおり記録する。

　　H 洪処亮が申しあげた。「明日聖節の望闕礼は近時の例のようになさ

るのでしょうか。敢えて申しあげます」と。殿下は「上奏どおりにせよ」と仰せられた。　（『承政院日記』第144冊、孝宗8年正月29日壬申条）[73]

　右承旨洪処亮と孝宗のこの対話は孝宗4年冬至前日の記録（史料G）を想起させる。さしあたり百官は習儀を執り行ったが、実施の心づもりがない孝宗は明言を避け、今回も承政院に判断を一任したとみるほかない。翌30日は宣祖の忌辰祭（2月1日）のため斎戒に入っており[74]、孝宗が文武百官を率いて聖節を祝ったとは考えられない。この年11月も百官は2度の習儀を済ませておきながら、17日冬至に孝宗は望闕礼を実施することなく、例によって承政院と政府高官が三殿と王世子夫妻に冬至の挨拶をしている[75]。

## 5　清使の入京と二度目の望闕礼

　孝宗8年12月27日、孝宗は慕華館へ行幸して清使の理藩院尚書明安達礼（ミンガンダリ）一行を出迎えた[76]。清使の目的は去る10月7日の皇子誕生（栄親王。翌年正月24日に夭逝）を朝鮮に通達することにあった[77]。清使出来との報告に接した世子侍講院賛善（正3品）宋浚吉が帰郷を願い出ると、孝宗は右賛成（従1品）宋時烈の同調を憂慮して慰留させた[78]。年末のこの時期に清使が入京したとなれば、孝宗は清使とともに漢城で正朝を迎えることになる。果たして翌日、右承旨李後山が迎接都監からの報告を取り次いだ。

> Ⅰ（李後山が）また迎接都監の報告を申しあげた。「正朝の望闕礼は、殿下が百官を率いて王宮の殿庭にて行礼し、清使はただ迎接都監の官員を率いて留館所にて行礼するのが前例である旨を、臨時職の訳官を介して清使に判断を委ねたところ、清使随行の通訳官は『前例により行礼すべきである』と回答したといいます。この清使一行の意向を敢えて［以下、原文欠］
>
> （『承政院日記』第147冊、孝宗8年12月28日丙申条）[79]

　清使が漢城滞在中に名節を迎えた場合、留館所の南別宮で迎接都監の官員とともに望闕礼を実施したことは、孝宗4年正朝の事例で確認済みであ

る(史料E)。孝宗が正朝当日に昌徳宮にて望闕礼を行うかどうかは今後議論を詰めるとして、清使は従来どおり王宮から離れた南別宮にて望闕礼を実施してくれれば構わない、というのが迎接都監の本音であろう。朝清両国の通訳を介したこの外交折衝の結果、清使は前例にならって南別宮で行礼するという。右承旨は恐縮しつつこの件を報告したのであるが、『承政院日記』は孝宗の回答に関する記録を欠く。おそらく孝宗は「伝して曰く、知道せり」、つまり「相判った」と承諾したものと推測される。

　『孝宗実録』は孝宗9年正朝の政務について、老臣を優遇する恩典として94歳になる判敦寧府事(従1品)閔馨男をはじめ、91歳の知敦寧府事(正2品)尹綱らに米肉を下賜するよう命じた1件の記録を残すにすぎない[80]。実録編纂の際に、清使に関する記録の存在を知りつつも採録しなかったのではあるまいか[81]。『承政院日記』は正朝の政務に関する記録を18件残しており、そのうち1件は以下のように記すからである。

> J (迎接都監が)また申しあげた。「ただいま清使3名が従者の護衛を率いてまず望闕礼を行ったのち、私どもも都監の官員を率いて前例どおりに行礼しました。敢えて申しあげます」と。殿下は「相判った」と仰せられた。　　　(『承政院日記』第148冊、孝宗9年正月初1日戊戌条)[82]

　政府高官が兼任する迎接都監は前例を踏襲し、清使とともに大清皇帝を遥拝したことになる。しかし、この史料Jから昌徳宮に住まう孝宗の動静をうかがうことは困難である。そこで次に、礼曹で作成された『勅使謄録』をみてみよう。

> K正朝の望闕礼については皇子生誕の詔諭を頒布する3名の清使が留館所に滞在中であり、迎接都監の上奏により、<u>癸巳年の前例にならって夜明けに清使がまず行礼したのち</u>、都監の堂上官以下が礼曹の実務担当堂下官および香を焚く執事とともに礼典に則って行礼した。闕牌を王宮から留館所に移動させる際には、儀仗隊が先導して楽隊・輿輦がつづき、会場では宮廷雑務係が香炉を運び入れ、燭台は都監が担当して設営した。行礼の際には宮廷雅楽を演奏した。<u>また承政院の上奏により、仁政殿ではただ百官が望闕礼を行い、当日</u>

は国忌の斎戒ゆえ雅楽は演奏することなく行礼した。

(『勅使謄録』第3、戊戌正月初1日条)[83]

　この史料Kには南別宮にて実施された望闕礼が癸巳年(孝宗4年正朝)の前例(史料E)にならったと明記する。かつては大明皇帝の象徴であった闕牌が厳かに王宮から南別宮へと運び出される様子、会場設営の手順も事細かに記録され、南別宮では宮廷オーケストラによる雅楽の演奏も披露された。一方、仁政殿では孝宗が正朝の望闕礼を主宰することなく、ただ文武百官が行礼した。その事情について、『勅使謄録』はつづけて承政院の上奏内容をいくぶん詳しく記録する。

　L承政院が申しあげた。「昨日に迎接都監が、正朝の望闕礼に殿下が出御なさる意向を留館所に伝えました。しかし、殿下の病状が思わしくない日に早朝から儀礼に臨めば、恐らくお体に障るでしょうから、権停例により実施するのが適切かと存じます。敢えてここに謹んで申しあげます」と。殿下は「上奏どおりにせよ。百官は例によって集合し、行礼するがよい」と仰せられた。

(『勅使謄録』第3、戊戌正月初1日条)[84]

　迎接都監は孝宗が正朝の望闕礼を主宰する意向を清使に伝えていたが、承政院は孝宗の病状を気遣って反対した。孝宗は正月3日に清使との翌日宴のために南別宮へ行幸し、5日には仁政門に出御して朝参を行っている[85]から、重篤であったようではない。孝宗みずから文武百官を率いて大清皇帝を遥拝することは避けたいと判断した承政院は、国王が正殿に出御しないまま百官が略式で執り行う権停礼(権停例ともいう)を提案したのであろう。かつて清使が漢城滞在中であった孝宗4年正朝に、議政府が望闕礼を行ったことは既述のとおりである(史料D)。そして9日、孝宗は慕華館で餞別の宴を催し、清使は漢城を離れた[86]。のち英祖元年冬至に王世子(敬義君。3年後に10歳で夭逝。真宗と追尊)を冊封する清使を迎えた際、礼曹はこの「順治戊戌(=孝宗9年)正朝」の前例を持ち出し、望闕礼を略式の権停礼で行うよう上奏して裁可を得ることになる[87]。

　この年正月27日には聖節を控えて2度目の習儀を実施する予定であっ

たが、仲春上戌(2月最初の戌の日)に行う社稷祭の肄儀(習儀)と重なったため、望闕礼の習儀は取りやめとなった[88]。漢城から義州路を北上する清使明安達礼一行は23日に義州に到着し、26日に鴨緑江を越えたとの報告が伴送使の京畿監司金佐明より届いている[89]。となれば、清使が聖節を迎えるのは朝鮮出国後となり、平安監司が清使とともに望闕礼を行う必要はない。正月30日は宣祖忌辰の前日であり、漢城では朝鮮の国忌を優先して聖節の望闕礼を停止したと考えられる。11月27日冬至の場合も事前に習儀が2度実施されたが、前日になって同副承旨李天基が望闕礼を「近時の例」により停止してよいものか、孝宗に裁可を仰いで許されたと思しき記録が残る[90]。その間、5月中旬に実弟の麟坪大君が36歳で病死し、政務と市場を3日間停止した[91]。

## 6　孝宗代最後の聖節

　孝宗10年正朝の政務について『孝宗実録』は人事移動、漢城内の鰥寡孤独に対して救済措置を要請する礼曹の上奏、弘文館副提学(正3品)金寿恒による年頭の上疏など計3件を記録するが、宮中儀礼に関する記録はない[92]。一方、『承政院日記』は正月三箇日の記録自体を欠くものの、年始の朝参に関する兵曹の上奏によれば、孝宗は養生中であったという[93]。したがって、早朝より孝宗が百官を率いて望闕礼を実施したとは考えがたい。清使の入京がない以上、朝鮮政府内で正朝の望闕礼をめぐって議論する必要もあるまい。こうして孝宗最後の正朝は無難に過ぎた。
　ところが、正月20日に清使の内大臣馬爾済哈(マルジハ)一行が慕華館に到着し、22日には南別宮に入った[94]。翌23日に清使は漢城東部建徳坊の麟坪大君宅(のち長生殿)に弔問し、2月4日に迎接都監は漢城郊外の迎恩門にて清使を見送った[95]。孝宗8年暮れの先例(史料I)から推せば、その間、聖節の望闕礼の実施を朝鮮側から清使に提案したものと予測される。外交折衝にあたった迎接都監の報告を最後にみてみよう。

　　M(迎接都監が)また申しあげた。「私どもは臨時職の訳官を介して清使
　　随行の通訳官に、『これまで正朝・聖節に殿下は百官を率いて望闕
　　礼を殿庭にて行い、清使が在京中であれば(清使が)ただ迎接都監の

官員を率いて留館所にて行礼してきました。今月29日は聖節にあたります。前例により行礼の意向を清使にご判断願います』と申し入れたところ、『我々は着用すべき冠帯を準備していないため、行礼は勢い困難である』との回答がありました。敢えて申しあげます」と。殿下は「相判った」と仰せられた。

(『承政院日記』第154冊、孝宗10年正月26日戊午条)[96]

亡き麟坪大君の吊祭のために入京した清使は聖節の儀礼にふさわしい礼服を持参しておらず、南別宮で望闕礼を行うことに難色を示した。翌27日、清使が29日に出立の予定であると知ると、孝宗は迎接都監に滞留を指示している。果たして聖節当日の正月29日、清使が迎接都監とともに南別宮にて望闕礼を行ったとの記録はない。迎接都監の報告によれば、当日夜に南別宮西方の集落で火災が発生して草葺きの家屋6、7軒に延焼したが、さいわい清使は無事で南別宮にも被害はなかったという[97]。

孝宗は5月4日に昌徳宮の大造殿にて急死し、亡骸は10月に寧陵(京畿楊州の太祖健元陵の西岡。のち顕宗14年に驪州の世宗英陵の東方に遷葬)に葬られた[98]。孝宗の死後、王位を継承した顕宗が完南府院君李厚源(世宗の五男広平大君の7代孫)を告訃兼請諡承襲使として清に派遣すると、11月に清使の工部尚書郭科一行が入京し[99]、順治帝より諡を「忠宣」と賜った[100]。亡き父王孝宗のために嫡男の顕宗が諡号の下賜を請うたのであるから、順治帝が「臣下」の孝宗に諡するのは当然の計らいであろう。しかし、先代の仁祖と同様、『璿源系譜紀略』はもちろん、『孝宗実録』末尾の行状と誌文に清から贈られた諡号「忠宣」が記されることはなかった。

## おわりに

以上、官撰史料に残る断片的な記録を突きあわせつつ、孝宗代における望闕礼の実施状況を整理したのが【表】である。本稿での考察の結果を要約し、結論に代えたい。

『孝宗実録』には正朝・冬至・聖節の名節に孝宗が文武百官を率いて望闕礼を実施したとの記録は1件も残ってない。王世子も名節の望闕礼に臨席することはなかった。ところが、文武百官が事前に習儀を行った記録は

【表】 孝宗代における望闕礼の実施状況

| | 年月日 | 望闕礼 | 朝賀礼 | 特記事項 |
|---|---|---|---|---|
| 1 | 即位・11・18 | 停止 | | 永思殿冬至祭。事前に望闕礼の習儀(11.13) |
| 2 | 元・正・1 | 停止 | | 永思殿朔祭 |
| 3 | 元・正・29 | 停止 | ― | 聖節(世祖順治帝)。本来は正月30日 |
| 4 | 元・11・28 | 停止 | | 宗廟・永思殿などで冬至祭。習儀(11.19・11.22) |
| 5 | 2・正・1 | 停止 | | 永思殿朔祭 |
| 6 | 2・11・10 | 停止 | | 清使入京(10.15〜27)。清使帰国途次に冬至を迎えた場合、伴送使に行礼を指示(10.29)。習儀(11.6)。清使は平安道安州で望闕礼を実施か |
| 7 | 3・正・1 | 停止 | 停止 | 雨<br>※昌徳宮から慶徳宮に移御(2.12.27〜4.2.27.) |
| 8 | 3・11・21 | 停止 | | 冬至。習儀(11.16) |
| 9 | 4・正・1 | ○ | 停止 | 清使入京(3.12.18〜4.1.4)。南別宮で迎接都監が清使につづいて望闕礼を実施。慶徳宮では議政府が行礼 |
| 10 | 4・11・2 | 停止 | | 冬至。清使入国後に冬至を迎えた場合、遠接使に行礼を指示(10.19)。習儀(10.21)、文官3品以上の出席者無し(10.28)。清使は平安道順安で望闕礼を実施か。清使入京(11.10〜20) |
| 11 | 5・正・1 | 停止 | ○ | 習儀(4.12.21)。朝賀礼は3日<br>※4〜6月第1次ロシア遠征 |
| 12 | 5・11・13 | 停止 | 停止 | 冬至。3日の朝賀礼は前日に停止の命 |
| 13 | 6・正・1 | 停止 | ○ | |
| 14 | 6・11・25 | 停止 | | 冬至。習儀(11.22) |
| 15 | 7・正・1 | 停止 | 停止 | 綾原大君死去(正.1) |
| 16 | 7・11・6 | 停止 | | 冬至 |
| 17 | 8・正・1 | 停止 | | 習儀(7.12.22・12.27) |
| 18 | 8・正・30 | 停止 | ― | 聖節。習儀(正.24)。当日は宣祖忌辰祭の斎戒 |
| 19 | 8・11・17 | 停止 | | 冬至。習儀(11.10・11.12) |
| 20 | 9・正・1 | ○ | ○ | 清使入京(8.12.27〜9.1.9)。南別宮で迎接都監が清使とともに実施。昌徳宮では百官が行礼 |
| 21 | 9・正・30 | 停止 | ― | 2度目の習儀を前日に停止(正.26)。社稷祭(2.1)<br>※5〜8月第2次ロシア遠征 |
| 22 | 9・11・27 | 停止 | | 冬至。習儀(11.19・11.23) |
| 23 | 10・正・1 | 停止 | ○ | 孝宗は養生中 |
| 24 | 10・正・29 | 停止 | ― | 聖節。清使入京(正.22〜2.4)。冠帯の準備がないため清使は望闕礼を辞退 |

\*『孝宗実録』『承政院日記』『議政府謄録』『勅使謄録』『顕宗東宮日記』より作成。聖節に朝賀礼は実施されないため、「―」と表記した。

『承政院日記』に頻出する。紫禁城の主が大清国の皇帝になったとはいえ、百官は朝鮮の礼と法に則って習儀を済ませ、朝鮮国王の臣下として名節の望闕礼に備えざるをえなかった。ただ、孝宗4年冬至の習儀には3品以上の文官がみな欠席しており、政府高官の「反清感情」も垣間みえる(【表】10)。

『議政府謄録』『勅使謄録』によれば、清使入京の際に朝鮮政府が現実的な

対応を迫られていたことが判明する。孝宗4年正朝に議政府は国王不在のまま慶徳宮崇政殿にて望闕礼を執り行い、迎賓館の南別宮では迎接都監が清使とともに望闕礼を実施した(【表】9)。孝宗9年正朝にも昌徳宮仁政殿では孝宗の指示により百官が略式で望闕礼を行い、南別宮では迎接都監が清使につづいて望闕礼を行った(【表】20)。漢城では迎賓館のみならず王宮でも名節を祝う望闕礼が少なくとも2度実施されたとなれば、清使にみせるための「試演的儀礼に退色した」とはいえまい。そのうえ、孝宗2年と同4年の冬至には王命により、清使が止宿する平安道の安州と順安では平安監司と守令が清使とともに望闕礼を実施した可能性がある(【表】6・10)。孝宗10年正月下旬に順治帝の聖節を控え、迎接都監が漢城滞在中の清使に望闕礼の実施を申し入れたところは示唆的である(【表】24)。冠帯の準備がないとして清使は辞退したものの、孝宗はこの外交折衝の結果も承知しており、当時の朝清「宗属」関係の実相をよく伝えている。

　孝宗は「北伐」のために軍備を拡張したとはいえ、ひとたび清使が漢城を訪問すれば、対清外交儀礼に変容した望闕礼を黙認するほかなかった。正史の『孝宗実録』に望闕礼の痕跡を残さないことが総裁官李景奭以下、政府高官による「反清感情」の表明であった。


注
1) たとえば、岸本美緒「東アジア・東南アジア伝統社会の形成」(岸本美緒他『岩波講座 世界歴史』13、岩波書店、1998年)33-34頁。
2) 全海宗『韓中関係史研究』(一潮閣、1970年)77-100頁。糟谷憲一「近代的外交体制の創出——朝鮮の場合を中心に」(荒野泰典・石井正敏・村井章介編『アジアのなかの日本史』II、東京大学出版会、1992年)227-228頁。原田環『朝鮮の開国と近代化』(溪水社、1997年)38-40頁。
3) 『国朝五礼儀』巻3、嘉礼、正至及望闕行礼儀および皇太子千秋節望宮行礼儀条。『経国大典』巻3、礼典、朝儀条。
4) 桑野栄治『高麗末期から李朝初期における対明外交儀礼の基礎的研究』(2001〜2003年度科学研究費補助金〔基盤研究(C)(2)〕研究成果報告書、2004年)。
5) 桑野栄治「東アジア世界と文禄・慶長の役——朝鮮・琉球・日本における対明外交儀礼の観点から」(日韓歴史共同研究委員会編『第2期日韓歴史共同研究報告書(第2分科会篇)』同委員会、2010年)。

6) 桑野栄治「朝鮮光海君代の儀礼と王権――対明遥拝儀礼を中心に」(『久留米大学文学部紀要(国際文化学科編)』29、2012年)。同「朝鮮仁祖代における対明遥拝儀礼の変容――明清交替期の朝鮮」(『お茶の水女子大学比較日本学教育研究センター研究年報』12、2016年)。
7) 車文燮『朝鮮時代軍制研究』(檀国大学校出版部、1973年)254-255頁。
8) 李泰鎮『朝鮮後期의 政治와 軍営制変遷』(韓国研究院、1985年)154-155頁。
9) 韓明基「조청관계(朝清関係)의 추이」(韓国歴史研究会17世紀政治史研究班編『조선중기 정치와 정책――인조～현종 시기』아카넷、2003年)297頁。
10) 崔韶子『清과 朝鮮――근세 동아시아의 상호인식』(慧眼、2005年)161頁。
11) 桂勝範『조선시대 해외파병과 한중관계――조선지배층의 중국인식』(푸른역사、2009年)255-259頁。
12) 윤석호「조선조 望闕礼의 중층적 의례구조와 성격」(『韓国思想史学』34、2013年)168-169頁。しかし、英祖元年冬至の望闕礼は朝鮮国王による「親行」ではなく、文武百官による略式の「権停礼」である(後述)。
13) ただし、『議政府謄録』(保景文化社、1989年)は孝宗5～10年の記録を欠き、『備辺司謄録』(国史編纂委員会、1982年)も孝宗2・6・9・10年の記録を欠く。
14) 『勅使謄録1(各司謄録90)』(国史編纂委員会、1997年)。
15) 『孝宗実録』巻1、即位年夏5月辛未(13日)条。
16) 以上、『孝宗実録』巻1、即位年6月丙申(8日)・8月庚戌(23日)条。禹仁秀『朝鮮後期山林勢力研究』(一潮閣、1999年)114-115・148-149頁。
17) 李迎春「『通文館志』의 편찬과 조선후기 韓中関係의 성격」(『歴史와 実学』33、2007年)144-145頁。前掲注6拙稿「朝鮮仁祖代における対明遥拝儀礼の変容――明清交替期の朝鮮」185頁。
18) 『孝宗実録』巻2、即位年冬10月庚子(15日)・11月丙辰(1日)条。このとき、日本情勢は測りがたいという理由で城壁の修理と軍兵の訓練を清に陳情したため、後日、物議を醸すこととなる。中村栄孝「清太宗の南漢山詔諭に見える日本関係の条件――17世紀における東アジア国際秩序の変革と日本」(『朝鮮学報』47、1968年)79頁。
19) 「又啓日、明日冬至望闕礼習儀相値、常参・経筵、頉稟、伝日、知道」(『承政院日記』第109冊、孝宗即位年11月12日丁卯条)。以下、紙幅の都合により習儀の実施に関する典拠(『承政院日記』)の提示は原則として省略する。
20) 『経国大典』巻3、礼典、朝儀条に「詔勅を迎うるとき及び正・至・聖節・誕日の賀礼に、百官は期に先んじて儀を習う」とある。

21) 『承政院日記』第110冊、孝宗即位年11月17日壬申・18日癸酉条。
22) 「上行冬至祭于永思殿」(『孝宗実録』巻2、即位年11月癸酉〔18日〕条)。
23) 「冬至望闕礼 權停、二 品以上単子問安為之」(四角囲みは押印箇所)。
24) 『孝宗実録』巻3、元年春正月乙卯(1日)条。
25) 順治帝の聖節は正月30日であるが、この年正月末日は29日となり、北京でも「萬寿節祭」は1日繰りあげられた。『清世祖実録』巻47、順治7年正月癸未(29日)条。
26) 『仁祖実録』巻50、27年正月己丑(30日)条。『孝宗東宮日記』己丑正月30日己丑条。前掲注6拙稿「朝鮮仁祖代における対明遥拝儀礼の変容」184-185頁。
27) 前掲注9韓論文、286-287頁。清使の職名・姓名については丘凡真「清의 朝鮮使行 人選과 '大清帝国体制'」(『人文論叢(서울대학교 인문학연구원)』59、2008年)を参照した。のち1653年4月に失脚する平安道殷山出身の鄭命寿については김선민「朝鮮通事 굴마훈、清訳 鄭命寿」(『明清史研究』41、2014年)に詳しい。
28) 『孝宗実録』巻3、元年2月辛卯(8日)条。前掲注9韓論文、299-300頁。
29) 『孝宗実録』巻3、元年3月丙寅(13日)条。前掲注10崔書、153頁。
30) 崔韶子『명청시대 중・한관계사 연구』(梨花女子大学校出版部、1997年)257-263頁。
31) 『孝宗実録』巻4、元年6月辛卯(9日)条。李迎春「麟坪大君의 燕行録:『燕途紀行』」(『史学研究』82、2006年)54-58頁。
32) 『承政院日記』第117冊、孝宗元年11月21日辛未条。
33) 『孝宗実録』巻6、2年春正月己卯(1日)条。『議政府謄録』辛卯正月初1日条。
34) 『孝宗実録』巻5、元年12月丁巳(9日)条。『承政院日記』第118冊、孝宗2年正月24日壬寅条。『孝宗実録』巻6、2年春正月癸卯(25日)条。
35) 以上、『孝宗実録』巻6、2年春正月丁未(29日)・2月癸丑(6日)条。
36) 『孝宗実録』巻6、2年3月辛巳(4日)条。朝鮮国王が詔勅を迎える際には翼善冠と袞龍袍を着用する(『国朝五礼儀』巻3、嘉礼、迎詔書儀・迎勅書儀条)。
37) 以上、『孝宗実録』巻7、2年冬10月己未(15日)・辛未(27日)条。
38) 「礼曹啓曰、今此勅使之行、未越江之前、冬至節日、若値我境、則望闕礼、似當稟知勅使前、同庭行礼、此意伴送使処、下諭何如、伝曰、允」
39) 『勅使謄録』第1、己卯11月28日条。同書第3、丙戌正月29日条。前掲注6拙稿「朝鮮仁祖代における対明遥拝儀礼の変容」179-180・184頁。
40) 「使於路上、若遇聖節・冬至・正朝、則於站上闕室之庭行望闕礼、而遠

接使・該道監司・差使員・差備官等随班行礼、留館時、則移設闕牌於西宴庁、而都監堂上以下行礼、如右〔崇徳己卯(=仁祖17年)、馬将之来、適値冬至日、因上候未寧、大君・大臣率百官来会館所、使一時行礼、出備局謄録〕(『通文館志』巻4、事大下、望闕礼条)。

41)『承政院日記』第122冊、孝宗2年11月初9日癸未・13日丁亥・19日癸巳条。

42)『承政院日記』第122冊、孝宗2年11月初10日甲申条。『議政府謄録』辛卯11月初10日条。

43) 宮闕改修工事の直接的原因は貴人趙氏(仁祖後宮)による仁祖継妃呪詛事件である。営建儀軌研究会編『영건의궤——의궤에 기록된 조선시대 건축』(동녘、2010年)1061-1063頁の『昌徳宮昌慶宮修理都監儀軌』(1652年)解題。張永起『조선시대 궁궐 운영 연구』(歴史文化、2014年)67-68頁。

44)「権停、故二品以上、大妃殿・大殿・中殿・世子宮単子問安為之」「本朝陳賀、権停、[後略]」。正月2日は仁順王后沈氏(明宗妃)の忌辰(忌晨)にあたるため、朝賀礼を3日に順延することはすでに宣祖14年(1581)正月に決定していた。前掲注5拙稿、70頁。

45)『承政院日記』第123冊、孝宗3年正月初1日甲戌条。

46)『議政府謄録』壬辰11月21日条。

47) 前掲注7車書、272-273頁。前掲注8李書、163-166頁。

48)『孝宗実録』巻9、3年12月丙辰(18日)・丁巳(19日)条。

49)『孝宗実録』巻10、4年春正月戊辰(1日)・乙未(28日)条。『清世祖実録』巻73、順治10年3月庚寅(24日)条。この事件に関しては前掲注9韓論文、288頁の脚注87、前掲注27 김論文、48-49頁に言及がある。

50)「引見時、戸曹判書李時昉榻前所啓、望闕礼事問于大臣、定奪何如、上曰、依為之」(『備辺司謄録』第15冊、孝宗3年壬辰12月27日条)。

51)「行正朝望闕礼後、本朝陳賀権停、[後略]」。

52)「迎接都監啓曰、平明、勅使先行望闕礼、序立於東庭、臣等率都庁以下、行礼於西庭、礼畢罷出、御帖(納)呈後、正朝礼畢後、即為入給之意、敢啓、伝曰、知道」。

53)『昭顕瀋陽日記』甲申正月30日己未条。『孝宗東宮日記』己丑正月30日己丑条。前掲注6拙稿「朝鮮仁祖代における対明遥拝儀礼の変容」182-183・185頁。南別宮の空間構成については鄭貞男「壬辰倭乱 이후 南別宮의 公廨的 역할과 그 공간 활용」(『건축역사연구』18-4、2009年)58頁、参照。

54)『通文館志』巻4、事大下、都監堂上以下各務差備官条。金暻緑「朝鮮時代 使臣接待와 迎接都監」(『韓国学報』117、2004年)97頁。

55) 『儐礼総覧』(東京大学附属図書館阿川文庫蔵。請求番号はG23-209)原編巻2、儀註、勅使望闕礼条。
56) 『孝宗実録』巻10、4年春正月辛未(4日)条。『承政院日記』第126冊、孝宗4年正月28日乙未条。
57) 『承政院日記』第129冊、孝宗4年10月19日辛巳条。
58) 「又啓曰、今此出来勅使、来十一月初二日冬至節日、若到我境、則冬至望闕礼、當行所到官矣、令遠接使先告於勅使前、依例行礼事、撥上下諭何如、伝曰、允」。
59) 『承政院日記』第129冊、孝宗4年10月27日己丑・11月初3日乙未条。
60) 以上、『孝宗実録』巻11、4年11月壬寅(10日)・癸卯(11日)・壬子(20日)条。
61) 「掌令沈儒行啓曰、凡大小挙動時、各司怠慢不進、已成弊習、今日冬至望闕礼初度習儀、東班尤甚稀疏、至於三品以上、則無一員進参、不成貌様、事甚未安、除分明老病人外、請並命推考、答曰、依啓」(『承政院日記』第129冊、孝宗4年10月21日癸未条)。
62) 『承政院日記』第129冊、孝宗4年10月29日辛卯条。
63) 「政院啓曰、来初二日冬至望闕礼、何以為之、敢稟、伝曰、依近例為之」。
64) 『承政院日記』第129冊、孝宗4年11月初2日甲午条。『議政府謄録』癸巳11月初2日条。
65) 『承政院日記』第129冊、孝宗4年12月22日甲申条。
66) 『承政院日記』第130冊、孝宗5年正月初1日壬辰条。ただ、『顕宗東宮日記』甲午正月初3日甲午条には「仁政殿陳賀挙動、本院全数進参」とあり、3日には仁政殿にて朝賀礼が行われた。
67) 『承政院日記』第133冊、孝宗5年11月13日己亥条。冬至前日の『顕宗東宮日記』甲午11月12日戊戌条には「冬至三殿、表裏白綿紬各三匹・白綿布各三匹入入〔陳賀、有権停之教、故内入〕」とあり、朝賀礼は事前に停止の命が下った。
68) 『承政院日記』第134冊、孝宗6年正月初1日丙戌条。同書第137冊、孝宗6年11月25日乙巳条。同書第138冊、孝宗7年正月初1日庚辰条。同書第143冊、孝宗7年11月初6日庚戌条。
69) 以上、『承政院日記』第137冊、孝宗6年11月23日癸卯・12月18日戊辰条。
70) 『承政院日記』第138冊、孝宗7年正月初1日庚辰・初2日辛巳条。
71) 『孝宗実録』巻18、8年春正月甲辰(1日)条。
72) 「金素啓曰、明日聖節望闕礼初度習儀、相値視事、頎稟、伝曰、知道」(『承政院日記』第144冊、孝宗8年正月23日丙寅条)。

73)「洪処亮啓曰、明日聖節望闕礼、依近例為之乎、敢稟、伝曰、依啓」。
74)『承政院日記』第144冊、孝宗8年正月30日癸酉条。
75)『承政院日記』第147冊、孝宗8年11月17日乙卯条。
76)『孝宗実録』巻19、8年12月乙未(27日)条。『承政院日記』第147冊、孝宗8年12月27日乙未条。
77)『通文館志』巻9、紀年、孝宗大王8年丁酉条。
78)『孝宗実録』巻19、8年12月癸酉(5日)条。前掲注9韓論文、299-300頁。
79)「又以迎接都監言啓曰、正朝望闕礼、自上率百官行礼於闕庭、故勅使則只率都監官員行礼於館所、乃是前例之意、令差備訳官措辞言及、使之定奪於勅使、則大通官言、當依前例為之云、以此行之意、敢[以下缺]」。
80)『孝宗実録』巻20、9年春正月戊戌(1日)条。
81)顕宗2年(1661)2月に編修を終えた『孝宗実録』の総裁官は領敦寧府事李景奭である(同書巻末の纂修官、参照)。
82)「又啓曰、即刻勅使三員、率家丁先行望闕礼後、臣等率都監官員、亦為依例行礼之意、敢啓、伝曰、知道」。
83)「正朝望闕礼、生太子頒詔、三勅使在館、因都監啓辞、依癸巳年前例、平明以彼之礼、先行礼畢、都監堂上以下、以礼曹郎庁・司香、依礼文行礼、闕牌自闕内詣館所時、前導黄儀仗・鼓吹・香龍亭、排設、香則司鑰持来、燭則都監次知進排、行礼時亦動楽、且政院啓辞、仁政殿、只百官行望闕礼、而以国忌斎戒、不為動楽行礼」。
84)「政院啓曰、昨日迎接都監、以正朝望闕礼挙動之意、言于館所矣、當此上候未寧之日、侵晨行礼、恐致添傷、権停例為之、似合便宜、敢此仰稟、伝曰、依啓、百官則依例聚会為之可也」。
85)『承政院日記』第148冊、孝宗9年正月初3日庚子条。『孝宗実録』巻20、9年春正月壬寅(5日)条。
86)『承政院日記』第148冊、孝宗9年正月初9日丙午条。
87)『英祖実録』巻8、元年11月壬子(18日)条。『承政院日記』第604冊、英祖元年11月14日戊申条。『勅使謄録』第10、乙巳11月13日条。
88)『勅使謄録』第3、戊戌正月26日条。
89)『承政院日記』第148冊、孝宗9年正月27日甲子・29日丙寅条。
90)「李天基啓曰、明日冬至望闕礼、依[数字缺]為之乎、敢稟、伝曰、允」(『承政院日記』第153冊、孝宗9年11月26日己未条)。欠字はおそらく「近例」であろう。
91)『孝宗実録』巻20、9年5月己酉(13日)条。『承政院日記』第150冊、孝宗9年5月13日己酉条。
92)『孝宗実録』巻21、10年春正月癸巳(1日)条。

93)『承政院日記』第154冊、孝宗10年正月初4日丙申条。
94)『承政院日記』第154冊、孝宗10年正月20日壬子・22日甲寅条。
95)『孝宗実録』巻21、10年春正月乙卯(23日)条。『承政院日記』第154冊、孝宗10年正月23日乙卯・2月初4日乙丑条。
96)「又啓曰、臣等使差備訳官言于大通官曰、自前正朝・聖節、自上率百官行望闕礼於闕庭、勅使在官時、則只率都監官員行礼於館中、今二十九日即聖節也、依例行礼之意、使之停當於勅使、則答以俺等所着冠帯不為持来、勢難行礼云、敢啓、伝曰、知道」。
97) 以上、『承政院日記』第154冊、孝宗10年正月27日己未・29日辛酉条。
98)『孝宗実録』巻21、10年5月甲子(4日)条。『顕宗実録』巻1、即位年10月丙辰(29日)条。『璿源系譜紀略』璿源世系、孝宗。
99)『顕宗改修実録』巻1、即位年5月庚午(10日)条。『顕宗実録』巻1、即位年11月乙丑(8日)条。
100)『清世祖実録』巻128、順治16年9月戊寅(20日)条。『通文館志』巻9、紀年、孝宗大王10年己亥条。

# 蔚山の在地士族鶴城李氏の家門形成
―― 17・18世紀を中心に ――

中田　稔

## はじめに

　韓国人は、祖先の系譜である族譜をとても大切にする民族である。最も古い族譜は15世紀に公にされ、そこに載る祖先は新羅時代以前にまで遡る。しかし族譜の学問的な究明が始まったのは戦後のことである。近年の朝鮮社会史研究においては、高麗～朝鮮時代の郷村社会に関する究明とともに、郷村社会を基盤とした父系血縁集団である家門で編修される族譜に対する新たな知見がもたらされている。
　とくに宮嶋博史氏は現存最古の族譜を持つ安東権氏の族譜を長い時系列で追い、後代の族譜編纂時に、かなり上位の代にさかのぼってそれまで存在しなかった「派」が現れる(それまで系譜的なつながりがないとされた系統に対する系譜的つながりが承認される)ことを示唆し[1]、その過程を「両班志向社会」という視角から論じた[2]。吉田光男氏は多くの戸籍台帳が残存する丹城県に土着した安東権氏の編纂年代の異なる族譜を比較し、新たに系譜的なつながりが承認され門中が結合する有様を丹念に跡づけ[3]、丹城県の郷村社会と関連づけて検討した[4]。人類学においては、嶋陸奥彦氏が仮称「栄州徐氏」の族譜4種を比較して宮嶋・吉田両氏と同様の現象を指摘し、それは後孫たちが自己の系譜をより古くたどろうとする努力の中で上位の系譜関係が追認される過程であるとした[5]。また岡田浩樹氏は慶尚北道阿房郡の斐山高氏(郡・姓貫ともに仮称)を対象に、変貌する現代韓国における在地士族の変化を追った[6]。
　ところで嶋氏は、族譜への収録に際して「相当に複雑な事情」が存在することを書きそえる[7]。板垣竜太氏による、尚州の代表的士族豊壌趙氏

が18世紀から19世紀にかけての族譜の増補にあたり常民と庶子を「警戒の対象」としていたという指摘8)もこれに含まれよう。岡田氏も、門中に関する歴史の解釈は現地の人々にとってナイーブな問題であるという。いずれも、族譜の改訂増補、すなわち家門の形成と拡大の際の緊張を示唆する。それゆえ人類学では、邑や姓貫の実名を伏せ、仮称を用いたり記号で表記することが多い。

　本稿は蔚山の在地士族である鶴城李氏の家門を構成する「派」がどのように形成され、結びつき、族譜がいつどのようにつくられるのかについて、蔚山の郷村社会を視野に入れながら可能な限り具体的に追う。派の結合に伴う家門内の緊張や、派の拡大と始祖や派祖・門中祖に対する顕彰の関係に焦点をあて、官衙や地域社会で編纂された史料と鶴城李氏家門内の史料とを相互に参照しながら家門形成の特徴を明らかにすることが、本稿の主題である。なお、「派」と「門中」という用語については、本稿では便宜的に9)、鶴城李氏家門の共通認識である(②─③世を派祖とする)5つの父系血縁集団を「派」、各派の内部で後発の顕祖を顕彰するなどの活動を行う父系血縁集団を「門中」とよぶことにする。

　鶴城李氏(鶴城は蔚山の雅名)は、15世紀朝鮮王朝の官人李藝(1373-1445年)を始祖と仰ぐ家門である。李藝は、現在では高麗末〜朝鮮初期の対日外交活動が評価されるが、それに止まらずこの時期の日朝関係を一身に体現する人物という評価が可能な人物である10)。一方李藝は、蔚州郡(のちの蔚山郡。17世紀には蔚山都護府)の郷吏の出自である。郷吏とは、地方の官衙に勤務する行政事務担当者をいう。郷吏は高麗王朝時代以来在地豪族が務め、朝鮮王朝時代の士族は、高麗時代以来の郷吏層を母胎として形成された。現在鶴城李氏は、蔚山とソウルを中心に約2万人が暮らしている。鶴城李氏の族譜は17世紀後半(1668)の創始譜『鶴城李氏族譜』(以下、刊行年の干支から『戊申譜』)とその修正譜で18世紀後半(1770)の『官前考籍後改正新譜』(以下、同じく『庚寅譜』)にはじまるが、族譜編纂に先だち、家門を構成する5派が形成された。5派とは、越津派・農所派・青良派・西面派・曲江派(曲江は興海邑の雅名で。蔚山の約70km北方に位置する現在の浦項市に相当)で、派名には邑内の面・里の名称を用いることが多い11)。この5派で家門が構成されるという認識は現在も変わらない(【表1】)。

　【表1】では、『戊申譜』と『庚寅譜』で兄弟序次が入れ替わっているが、こ

の序次がそれぞれの時期の家門全体の認識であった。19世紀後半からは、新旧どちらの認識が正当かをめぐり家門を二分する争論となったが、現在では双方の認識を相互に認め合う合意が成立しており、争論から合意に至る過程は『鶴城李氏譜源文献』(鶴城李氏大門会、1994年。以下、『譜源文献』)に、各々の認識の根拠となる史料を挙げながら跡づけられている。

【表1】 鶴城李氏の派祖および②―③世の兄弟序次(ゴシックが派祖)

| 『鶴城李氏族譜』(『戊申譜』)1668 | | | 『官前考籍後改正新譜』(『庚寅譜』)1770 | | |
|---|---|---|---|---|---|
| ①世 | ②世 | ③世 | ①世 | ②世 | ③世 |
| 藝 | 宗実 | 直剛〔西面派祖〕 | 藝 | 宗根〔青良派祖〕 | 楊希枝(楊熙止) |
| | | 直俊〔越津派祖〕 | | | 直武 |
| | | 直謙〔曲江派祖〕 | | 宗実 | 直俊〔越津派祖〕 |
| | | 直柔〔農所派祖〕 | | | 直剛〔西面派祖〕 |
| | 宗謹〔青良派祖〕 | 楊希枝(楊熙止) | | | 直柔〔農所派祖〕 |
| | | 直武 | | | 直謙〔曲江派祖〕 |

※宗実の子は7名おり、表には子を持つ4名のみを記載した。

　この家門をめぐる史料は多彩である。まず、邑が編纂した課役台帳である戸籍台帳がある(邑は朝鮮時代における地方行政の基本単位で、県・郡・都護府等に格付けされた。邑には中央政府から守令が派遣された)。蔚山邑は、300以上存在した朝鮮王朝の邑の中では目立って多くの戸籍台帳が残存する。次に、蔚山の郷村社会で編修された多彩な史料である。郷村社会で承認された士族の名単である郷案、在地士族の自治組織である留郷所で活動していた主要な士族・郷吏を年代順に追える『蔚山府治績』(以下、『治績』[12])、邑の名所名産・輩出した人物等を記した官撰私撰の邑誌[13]、そして賜額書院である鷗江書院関連史料がある。さらに家門には族譜や実記(顕祖を顕彰する文集)[14]、前述の『譜源文献』等が伝わる。1次史料である「戸籍台帳」が他邑に比して目立って多く残り、地域の多彩な史料が伝播していることは、家門形成を地域社会の動向と関連づけて考察する上では好条件といえる。

　1970年代以降の交通・通信の発達により人と人との結びつきが大きく変わりつつある韓国社会においても、伝統的な士族家門がどう変化しているか、あるいはしていないかを探究することは、今日の韓国社会をみる上で不可欠な視角である。郷村社会とのかかわりを視野に入れて在地士族の家門形成を検討することは、伝統的な士族家門の変化を探るうえで、ひいては現代の韓国社会を理解する上で欠かすことのできない基礎作業である。

## 1　17世紀前半の蔚山の郷村社会と「蔚山李氏」5派の形成

　蔚山邑は高麗末には蔚州郡と称し、朝鮮初期の太宗13年(1413)に蔚山郡となり、壬辰丁酉倭乱直後の宣祖32年(1599)に蔚山都護府となった。邑の中心部を太和江がほぼ東に流れ、その河口近くで慶州方面から南流する東川江(旧称：語連川)が合流する。郷校等が分布する邑の中心部である府内面は、太和江下流の左岸である。『己酉蔚山戸籍』(光海君元年・1609年)では、邑は邑内(のちの府内面)と東西南北4つの面に区切られ、面の下位区分である里が、17世紀後半には面となる。周知のように蔚山は壬辰丁酉倭乱の激戦地であり、このことは郷村社会の形成に決定的な影響を与えた。蔚山邑では、丁酉倭乱直後の西生浦倭城に蒼表堂が建てられ、壬辰倡義の人物を「死節十員」「生節二十八員」「晩到義勇十五員」に分けて顕彰したという(以下、「蒼表堂顕彰者」とする)[15]。

　『己酉蔚山戸籍』は丁酉倭乱後のもっとも古い戸籍台帳である。邑内の約3分の2を欠くが、他の面里はほぼ完全に残る。試算したところ邑全体で概ね4000人弱が把握されていたと考えられる[16]。戸籍台帳は課役のための台帳で年少者の記載が少ないことを考慮に入れても、このような人口の少なさは、壬辰丁酉倭乱の激戦から10年しか経ていない蔚山邑の荒廃を物語る[17]。全戸に対する士族戸の割合は約4％と低く[18]、このうち蔚山の「二大土姓」[19]とされる蔚山朴氏(5戸)と蔚山李氏(8戸)で約3割を占める。土姓とは高麗時代以来の在地豪族で、15世紀半ばに編纂された『世宗実録』「地理志」には蔚山の土姓として「朴・金・李・睦・全・呉・尹・文・林」の9姓が記される。しかし17世紀初頭の『己酉蔚山戸籍』に、蔚山を本貫とする朴・李以外の姓はみあたらない。

　家門形成の検討は、『己酉蔚山戸籍』に載る「蔚山を本貫とする李姓の戸主」37名が最初の手がかりとなる。37名の戸主全てが「蔚山」を本貫とし[20]、雅称「鶴城」は用いないので、まだこの時点で「鶴城李氏」という名称の家門は存在せず、「蔚山李氏」と表記するのが妥当である。37戸の中には、士族でも郷吏でもない、常民や白丁[21]の李氏も存在する。37の戸主のうち、『戊申譜』に載るのは11名である[22]。まず、この11名の戸主について『戊申譜』と『己酉蔚山戸籍』とを照合し、蔚山に居住していない曲江派をのぞく4派——農所派・越津派・西面派・青良派——の形成を推測する。

### (1) 4派の形成

**農所派**

　農所派は、始祖李藝の孫で③世直柔を派祖とする。『己酉蔚山戸籍』では、農所里に2戸、柳等浦里に3戸が確認できる。【史料1】は、直柔の曾孫――⑥世孫の戸籍である。戸籍上は、景洋が農所里に、景黙と景淵が柳等浦里にみえ、このうち景淵は蒼表堂顕彰者の一人であった。

【史料1】　『己酉蔚山戸籍』〔1609・光海君元〕より
〔東面農所里08-011〕23)守門将李景洋年肆拾柒癸亥本蔚山、父義盈庫奉事鳳、祖内禁衛世衡、曾祖折衝将軍薺浦僉使宗実、〔後略〕
〔東面柳等浦里27-053〕幼学李景黙年陸拾伍乙巳本蔚山、父義盈庫奉事鶴、祖内禁衛世衡、曾祖折衝将軍薺浦僉使宗実、外祖前参奉蔣守仁本牙山、〔後略〕
〔東面柳等浦里27-058〕宣武原従功臣禦侮将軍前万戸李景淵年肆拾伍乙丑本蔚山、父義盈庫奉事鶴、祖内禁衛世衡、曾祖折衝将軍薺浦僉使宗実、外祖前参奉蔣守仁本牙山、妻朴氏年肆拾参丁卯籍蔚山、〔中略〕外祖前参奉李賢弼本蔚山、子幼学得垓年弐拾壱己丑〔後略〕

　3人は祖父の④世世衡を共通の祖とし、農所里の景洋は世衡の子で⑤世鳳の、柳等浦里の景黙・景淵は同じく⑤世鶴の子である。注目すべきは、④世世衡の父がどの戸も②世の宗実と記載され、派祖で③世の直柔が確認できないことである。『宣祖実録』に丁酉倭乱時の義兵活動の記録が残る24)〔27-058〕の戸主景淵は、1909年頃に刊行された顕彰文集『霽月堂先生実紀』25)によれば明宗20年(1565)の生まれとされる。一方『世祖実録』によれば、宗実の没年は世祖5年(1459)である26)。景淵は末子なので、父である鶴の生年は16世紀前半(中宗20年(1525)前後か)と考えられるから、祖父世衡の生年は1500年前後であろう。仮にもう少し遡っても、宗実の没年(1459)との間には空白が生じるので、世衡の父を宗実とするのは不自然である。少なくとも『己酉蔚山戸籍』作成時には、世衡以前の記憶が宗実まで途切れていたと考えざるを得ない27)。

　先行研究によれば、祖先の記憶が失われた原因は婚姻形態の変化である。嫁入り婚がはじまる朝鮮後期以降の父系を後世からたどることは容易であ

るが、朝鮮中期まではいわゆる男帰女家婚が一般的で、夫が妻側に留まったり、妻家に男子がいない場合は女婿が家を継ぐこともあった[28]。士族と吏族が未分化であった在地士族の場合、父系血族を記録してゆく意識はまだ弱かったとみるのが妥当であろう。李藝と子宗実は対日外交にかかわり、王朝の「実録」に登場するような人物であったから、後孫の記憶に残っていたのである。〔27-058〕の戸主景淵の生地は柳等浦里珠簾の第(邸)で、「おそらく公の外家(蓋公外家)」[29]であったという記憶も、男帰女家婚を裏付ける。【史料1】によれば、「外家」は蔣守仁(本牙山)の邸である[30]。農所派は、牙山蔣氏の他にも蔚山居住の士族と次々に婚姻関係を結んだ。特に蔚山朴氏とはかかわりが深く、景淵も蔚山朴氏を娶っている。李樹健氏は、この他農所派と婚姻関係を結んだ士族として高霊金氏はじめ9氏族を挙げる[31]。

さらに【史料1】では、李景淵の妻朴氏の外祖父李賢弼も「本蔚山」とある。官職を持っていたようなので士族の可能性があるが、賢弼は『戊申譜』に見あたらない。士族の蔚山李氏すべてが族譜に載った訳ではなく、後述するように族譜登載には明確な基準があった。

『己酉蔚山戸籍』では景黙・景淵は柳等浦里に籍があるが、17世紀後半の戸籍では彼らの子孫は農所面(旧北面農所里)に住む。家門内の記憶では「1600年に柳等浦珠簾から景黙(嘉義公)ハラボジと景淵(霽月堂)ハラボジが、松亭と院旨にそれぞれ移住して(『霽月堂実紀』)住みはじめた。昔日の松亭は、松亭・華山・院旨・射庁でひとつのマウルの概念であった」[32]とある。『己酉蔚山戸籍』(1609)とはやや年代が前後するが[33]、景黙と景淵は母の実家からそれぞれ松亭と院旨に入郷したのであろう。松亭も院旨も、太和江に向けて南流する東川江の左岸(東側)の田園地帯であった[34]。現在の蔚山広域市北区にある東華山の山腹には、農所派⑤世鶴・④世世衡・⑥世景黙・景淵の墳墓があり、その様態は『戊申譜』の記述と一致し[35]、松亭・院旨からほど近い。すでに農所里に居住していた景洋ら鳳の子孫に加え、17世紀初めには世衡の子孫がすべて農所里に集まった。派名を農所派とする所以であろう。

## 西面派

　西面派の派祖は、③世直剛である。『己酉蔚山戸籍』西面熊村里には、その4代孫(⑦世)を3戸確認できる。謙受・謙福・謙益であるが、謙受と謙福はすでに故人であった。

　【史料2】　『己酉蔚山戸籍』〔1609〕より
　　〔西面熊村里77-036〕校生李謙福年伍拾壱己未本蔚山己酉六月故、父幼学遇春、祖忠順衛変林、曾祖忠順衛植、〔後略〕
　　〔西面熊村里77-038〕幼学李謙益年肆拾壱己巳本蔚山、父幼学遇春、祖忠順衛変林、曾祖忠順衛植、〔後略〕
　　〔西面熊村里77-039〕故奉直郎行機張県監謙受妻安氏年伍拾弐戊午本基豊、〔中略〕、率子校生駿発年弐拾捌〔後略〕

　謙受は前述の景淵同様『宣祖実録』に記録が残る。義兵僧として著名な惟政(松雲大師または四溟堂)の軍官としての加藤清正との接触もあり、蒼表堂顕彰者でもあった[36]。西面派(熊村派ともいう)は、〔77-039〕の駿発と〔77-038〕の謙益それぞれの子孫で構成される。西面熊村里への入郷時期を判断できる史料は残っていないが、入郷祖は3名の父である⑥世遇春であろうか。

## 越津派

　越津派の派祖は、③世直倹である。『己酉蔚山戸籍』は邑内の約3分の2を欠くがそのほかはほぼ残り、そこに越津派の戸主はみあたらない。しかし、⑧世の翰南と子の天機が郷案と後述『治績』双方に登場する。蔚山邑の郷案入録は、『己酉蔚山戸籍』の前年である宣祖41年(光海君即位年・1608)にはじまった。初回(1608年3月)から3回目(1614年)までの入録者40名のうち、翰南のように『己酉蔚山戸籍』(光海君元年・1609)で居住地が確認できない人物が16名存在する[37]。『己酉蔚山戸籍』は一部の判読不能・刀削部分を除きほぼ完全に残るので、翰南等16名は、1609年当時邑内に居住していたことになる。翰南も壬辰丁酉倭乱の義兵として宣武原従功臣(3等)の称号を賜わり、蒼表堂顕彰者でもあった。

　ところが、天機夫妻とその3男之英の墓地は邑内にはなく、現在の鶴城

高校付近——太和江の右岸にある。1969年の発掘調査で、当時の蔚山市新亭洞板橋(現：鶴城高校付近)から天機夫妻と之英の遺品である服飾品が出土した[38]。翰南が17世紀初頭に住んだ考えられる邑内は左岸である。越津派は17世紀前半のある時期、太和江を左岸から右岸へ南渡していた。南面への入郷祖は⑨世の天機であろう。後孫によれば、現在の太和津のあたりを南渡したという。この動きが越津派または津南派の派名の由来である。

## 青良派と邑内

　青良派の派祖は、李藝の2人の子のうちの宗根である。『己酉蔚山戸籍』では、青良派の戸は青良里2戸と邑内1戸、合わせて3戸が確認できる。

　　【史料3】　『己酉蔚山戸籍』〔1609〕より
　　〔南面青良里48-029〕出身禦侮将軍軍資監正李英白年伍拾庚申本蔚山、父贈通政大夫工曹参議守恭、祖将士郎軍資監参奉明弼、曾祖将士郎軍資監参奉允孫、〔後略〕
　　〔南面青良里48-030〕出身訓練僉正李賁白年肆拾参丁卯本蔚山、父安逸戸長守信、祖将士郎軍資監参奉明弼、曾祖将士郎軍資監参奉允孫、〔後略〕
　　〔邑内02-023〕[39]免郷李春白年伍拾玖辛亥本蔚山、父贈通政大夫工曹参議守恭、祖奉事□□、曾祖参奉允孫〔後略〕

　　【史料4】　『橡曹亀鑑』続編巻一「観感録」より
　　李新白蔚山吏、故同樞李藝之七世孫也。萬暦壬寅道伯李公用淳、以殺肆功、啓聞免郷、特除守門将、再従英白亦以軍功、因左兵使、啓免郷。

　南面青良里の英白と賁白の冒頭にある「出身」とは、「一、武科に及第して未だ就職せざる者。二、始めて任官すること」である[40]。両人とも妻を「籍○○氏」として届け出ており、これは郷案に載る他の士族と同様の表記であることから、士族と考えてよい。2人の曾祖父允孫と祖父明弼は従9品の京官職(「軍資監参奉」)であるのに対し、英白の父守恭は「通政大夫工曹参

議」(正三品堂上)を贈職されている。さらに英白は【史料4】の『掾曹亀鑑』[41]によれば軍功により免郷となり、その時期は「萬暦壬寅」＝宣祖35年(1602)以降とわかる。質白の父守信は郷吏である安逸戸長で、質白自身が宣祖32年(1509)から宣祖34年(1601)まで郷吏の詔文として『治績』に登場する。父の代に邑内にあった質白は、自身も郷吏を務めたのち、己酉年(光海君元年・1609)よりそう遠くない過去に青良面に移住し、士族となったのである。英白も、質白とほぼ同時期に移住したのであろう。軍功とはいうまでもなく壬辰丁酉倭乱におけるものであり、両者ともに青良面への士族としての入郷は丁酉倭乱後である。青良派を称する所以である。

　さらに邑内には、蔚山李氏が2戸確認できる。このうち冒頭に「免郷」とある李春白も青良派である。一方、後述のように弘靖・弘溥の2名が、仁祖20年(1642)以降、郷吏の戸長や詔文として『治績』に登場し続ける。『戊申譜』によれば、2名の父は新白である。新白は「邑内」の残存部分で確認できないので、邑内の欠損部分に居住していたのだろう。邑内の新白は青良里の英白とともに『掾曹亀鑑』「観感録」に記載があり、それによれば新白も「萬暦壬寅」＝宣祖35年(1602)に吏役を免ぜられているが、子孫の中には邑内で郷吏となる者もいた。青良派は、派全体が郷吏の職役から完全には脱しておらず、郷案登載者・蒼表堂顕彰者ともに出していない。

　もうひとり、邑内には、李仁祥という蔚山李氏([01-011])も確認できる。

【史料5】　『己酉蔚山戸籍』〔1609〕より
　　〔邑内01-011〕展力副尉羽林衛李仁祥年参拾陸甲戌本蔚山[中略]、父(以下、祖まで判読不能)、曾祖内禁衛李直挨、外祖(判読不能)本蔚山、妻良女召史、年参拾肆丙子、本慶州[後略]

　後述のように李仁祥は『戊申譜』での系譜関係が不明瞭で、のちの『庚寅譜』(英祖46年・1770)では農所派で⑤世の鵰[42]の子とされる。鵰は『治績』には留郷所の別監として宣祖35年(1602)に登場するが、『戊申譜』には載らない。留郷所の別監であった李鵰は、宣祖35年(1602)に邑内に居住していたことは間違いなく、己酉年(光海君元年・1609)の時点でも邑内(戸籍台帳の欠損部分)に居住していた可能性はある。李仁祥の曾祖直挨は『戊申譜』で確認できず、妻は「良女召史」と記され、常民の扱いである。『己酉蔚山戸籍』の

李仁祥と、『戊申譜』の李仁祥が同一人物という確証はないが、同姓同名の人物が数千人の中に存在する確率もそう高くはないだろう。この人物は慎重に検討しなければならない。

### (2) 壬辰倡義の家門形成

　以上、『己酉蔚山戸籍』(光海君元年・1609)にある蔚山李氏の戸主から、のちに家門を構成する4派の居住・入郷の状況を追った。それぞれ、入郷先の面里において数戸が居住するだけで、それらの戸主は壬辰倡義の人物とその子孫であった。壬辰倡義がこの家門のアイデンティティーとなるのだが、この時点ではまだ家門形成の具体的な動きは起こっていない。

　蔚山邑の郷村社会再興は、『己酉蔚山戸籍』前年(宣祖41／光海君即位年・1608)の郷案入録から始まった。【表2】は、郷案に登載される「蔚山李氏」の人数を派別・入録時期ごとに、同じく蔚山の土姓である「蔚山朴氏」と比較したものである。初回の入録(1608年3月)では蔚山朴氏が入録者9名中4名と半数近くを占めるが、3度目の入録(光海君6年・1614)から蔚山李氏が増え(入録者13名中6名)、以後17世紀のあいだ入録者の半数ちかくを占め続ける。派別にみると、2度目まで(1608年)の入録者3名はいずれも農所派の(入録順に)景黙・景洋・景淵である[43]。3度目の入録(1614年)では越津派の翰南(府内里に居住と推測。後述)と西面派の謙益・駿発が加わり、地域の士族の中で蔚山李氏の存在感は高まる。

【表2】　郷案における蔚山朴氏と蔚山李氏

| 入録年〔西暦〕月日 | 入録数 | 蔚山朴氏<br>(興麗朴氏)<br>(%) | 蔚山李氏<br>(鶴城李氏)<br>(%) | 農所派 | 越津派 | 西面派 |
|---|---|---|---|---|---|---|
| 戊申〔1608〕0303 | 9 | 4(44.4) | 1(11.1) | 1 | | |
| 戊申〔1608〕0815 | 18 | 3(16.7) | 2(11.1) | 2 | | |
| 甲寅〔1614〕0213 | 13 | 1( 7.7) | 6(46.2) | 3 | 1 | 2 |
| 乙卯〔1675〕0215 | 23 | 3(13.0) | 11(47.8) | 7 | 3 | 1 |
| 丙辰〔1676〕0119 | 7 | 0( 0.0) | 3(42.9) | 3 | | |
| 癸亥〔1683〕閏618 | 8 | 1(12.5) | 3(37.5) | 1 | | 2 |
| 丁卯〔1687〕1120 | 15 | 1( 7.1) | 6(40.0) | 3 | 2 | 1 |
| 癸酉〔1693〕0427 | 21 | 2( 9.5) | 9(42.9) | 6 | 1 | 2 |
| 庚辰〔1700〕0513 | 2 | 0( 0.0) | 1(50.0) | 1 | | |
| 甲申〔1704〕0513/1017 | 2 | 1(50.0) | 1(50.0) | 0 | 1 | |
| 合計 | 118 | 16(13.6) | 43(36.4) | 27 | 8 | 8 |

『治績』によれば、留郷所の留郷座首・別監に関しても16世紀末から17世紀はじめにかけては蔚山朴氏が蔚山李氏を上回り、郷案入録開始後の1610年ごろを境に蔚山李氏が優勢になる。蔚山李氏内部では農所派が先行し、越津派と西面派が続く。越津派の翰南は仁祖元年(1623)から、西面派の謙益と駿発は仁祖2年(1624)から登場する。一方で郷吏の「戸長」「詔文」には質白・新白・吉といった青良派の人々が載る。

　さて、壬辰倡義で高い評価を得たのは蔚山李氏のみではない。このことは丁酉倭乱の10年後に行われた初回・第2回の郷案入録者のかなりの部分が蒼表堂顕彰者であることからも明らかである。蒼表堂顕彰者と郷案入録者のうち第2回まで(1608まで)の25名を照合すると、25名のうち15名は蒼表堂の「生節二十八員」または「晩到義勇十五員」に載り、残り10名の半数以上は(二大土姓である)蔚山朴氏と蔚山李氏である。また『己酉蔚山戸籍』には宣武原従功臣の称号を得ている者を多数確認できる。日本軍の侵攻に対しては、蔚山邑の総力を挙げて抵抗したのである。

　つまり、壬辰倡義の士族の中で蔚山李氏が抜きんでた理由を考えねばならない。蔚山李氏を、同じ「二大土姓」の蔚山朴氏と比較検討すると、武官官職者を輩出しながら郷吏の職役を負担している者がいる点で両氏族は相似形だが、金俊亨論文[44]付録の系図から、郷吏職役負担者の厚さで蔚山朴氏が蔚山李氏を圧することは明らかである[45]。『治績』では、この後19世紀まで、郷吏の「戸長」「詔文」のほとんどを朴姓が占め続ける。宮嶋博史氏によれば、16世紀前半の郷案では、吏族も士族も同列に扱われる安東のような事例が存在した[46]。16世紀後半以降郷吏職役負担者が次第に不利な扱いを受けるようになると、その層が厚い蔚山朴氏に比して蔚山李氏は相対的に浮上する。加えて、農所派が多くの士族と姻戚関係を結んだことで、蔚山李氏の相対的な地位はより向上した。蔚山邑には、有力な家門が比較的少なかったことも影響しただろう。さらに、『己酉蔚山戸籍』で人口の減少を推測できる蔚山邑の中でも、農所里に「召募[47]」の戸を募っていたことから憶測すれば、長い戦乱で他邑へ逃れた士族もあったかもしれない。

(3)　曲江派の還郷

　前述のように5派のうち曲江派だけは興海邑(現：浦項市。曲江とは興海の

雅名)を世居地とする。曲江派後孫によれば、曲江派の派祖直謙は、おそらく15世紀後半に興海邑徳城里に入郷したという。直謙の墳墓は徳城里の山中にあり、現在も後孫により守られている。蔚山李氏の地位が上昇しつつある17世紀前半、興海邑から蔚山邑に戻る人物が複数現れた。『戊申譜』には、曲江派の時薫と時苾の箇所に「還郷」とあり、この2名が戊申年(顕宗9年・1668)までに蔚山に戻っていたことがわかる。時薫と時苾の「還郷」時期を絞る。

『戊申譜』公刊4年後に作られた『壬子蔚山戸籍』(顕宗13年・1672)によれば、農所面の蔚山李氏は17世紀初頭に比べてかなり増加し、31戸(仏堂里1戸・池内里13戸・次一里6戸・松亭里12戸)を確認できる。このうち仏堂里に時苾・池内里に時薫が、それぞれ戸主の尊属として登場する(【史料6】の下線部)。

【史料6】 『壬子蔚山戸籍』〔顕宗13年・1672〕より。(下線は引用者)
〔農所面「第二仏堂里」第28戸[48])〕戸今故幼学李賛夏代同生幼学賛商年参拾癸未本蔚山、父学生時苾、祖学生士鷹、曾祖通政大夫僉知中枢府事説、外祖宣武原従功臣禦侮将軍行訓練正朴陽春本蜜陽[以下略]
〔農所面「第四池内里」第50戸〕陛戸幼学李後栢年拾玖甲午本蔚山、父学生浩、祖学生時薫、曾祖嘉善大夫同知中枢府事士鸄、外祖宣武原従功臣秉節校尉所龍驤衛副司果鄭希賢本慶州[以下略]

顕宗13年(1672)時点で農所面仏堂里に住む曲江派の⑩世賛商は、このとき兄賛夏が没して戸主となったようだ。賛商は時苾の子で、この時点の年齢30歳から、生年は仁祖21年(1643)となる。賛商は時苾の長子ではないので、時苾は1630年代後半あるいはそれ以前に結婚したと考えられる。曾祖父・説の顕彰文集『愛日堂実紀』「年譜」によれば、祖父・士鷹は説の3男で宣祖23年(1590)の生まれである。その次男である時苾は1610年代以降の生まれと考えられるので、結婚の時期が1630年代後半以前とはいっても、大きくさかのぼることはない。そこで、仮に時苾が結婚後に「還郷」したとすれば、その時期は、おおよそ1630年代以降と見積もることができる。次に農所面池内里に住む⑪世の後栢は時薫の孫で、戸主となって間もない。年齢は19歳で、生年は孝宗5年(1654)である。彼は長男のような

ので、父である浩を、1630年前後から1630年代前半の生まれと仮定する。浩は次男なので、その父である時薫は1620年代末から1630年代はじめにかけて結婚したと推測できる。結婚後に「還郷」したと仮定すれば、その時期は1620年代末以降となる。『愛日堂実紀』によれば、士礜は高祖父説の次男で宣祖19年(1586)生まれであり、時薫はその長男なので1610年前後の生まれと推定されるから、こちらの推測も穏当である。

すなわち、曲江派の時薫は1620年代末以降に池内里に、時苾は1630年代以降に仏堂里に「還郷」した。「還郷」は丁卯胡乱(1627)・丙子胡乱(1636)と同時期の可能性も出てきたが、史料を欠くのでこれらの戦乱との因果関係は、その有無も含めて不明である。しかし、遅くとも17世紀半ばには5派の人物が蔚山に揃っていたと思われる。

## 2　17世紀半ば以降の蔚山郷村社会と『戊申譜』編纂

蔚山邑では、17世紀後半は郷村社会の本格的な再興——郷校移建と書院の創建がおこなわれる。郷校の移建は孝宗2年(1651)に建議された[49]。また、蔚山邑初の書院である鴎江書院は顕宗7年(1666)に設立され、中断を経て粛宗2年(1676)に開基、同5年(1679)に奉安が成り、同20年(1694)に賜額を受けた、蔚山邑で最も由緒ある書院である。一方で鶴城李氏は戊申年＝顕宗9年(1668)に創始譜を公にしており、両者の年代は近接している。「鶴城李氏」としての家門形成は、書院創建と並行してはじまったようである。

鴎江書院の成立過程については、李樹煥氏の先行研究がある[50]。『鴎江書院考往録』[51]によれば、蔚山儒林11名が書院創建を発議したのは孝宗10年(1659)であった。この中には蔚山李氏4名(夒・苽〔農所派〕、廷義〔西面派〕、東英〔越津派〕)とその姻戚4名が含まれる。姻戚は皆農所派の人物の娘婿で、合わせて8名は11名の過半である。蔚山の士族は、その後顕宗7年(1666)にかけて3次にわたる「出物」(私財提供)を行った。「出物」者合計55名のうち、過半の31名が蔚山李氏とその姻戚であった。蔚山李氏の内訳は郷案登載者をもつ農所・越津・西面3派で、農所派の比率の高さが特筆される。一方で蔚山朴氏も確認できるが、数は少ない[52]。書院設立に向けた、蔚山李氏の影響力の大きさが垣間見られる。このような蔚山李氏と蔚山朴氏

の格差は、やはり蔚山朴氏の郷吏系統の厚さが原因であった[53]。鷗江書院建設は、顕宗8年(1667)から顕宗9年(1668)にかけての3度にわたる火災により中断する。

### (1) 族譜編纂の動きと曲江派

1610年代以降、留郷所の「座首」や「別監」には、蔚山李氏では農所・越津・西面3派のみから選任されていたが、『治績』によれば顕宗元年(1660)に曲江派の⑨世時苾を別監として確認できる。17世紀を通じて『治績』に登場する曲江派の人物は時苾のみである。時苾は代々蔚山に居住していないにもかかわらず、地域の主要な士族として活動していた。その理由は、高祖父の説・同じ曲江派の鳳寿の壬辰倡義であった。

現在の浦項市北区興海邑には、鷗江書院と同じく李彦迪を祭享する曲江書院が存在した。曲江書院は宣祖40年(1607)に創建され、高宗5年(1868)に興宣大院君により毀撤された[54]。鷗江書院より半世紀早い曲江書院創建に、早くから興海邑に入郷した蔚山李氏曲江派が無関係とは考えにくい。おそらく曲江書院創建にかかわった曲江派から蔚山邑に2名が相次ぎ還郷したことで、曲江派と蔚山の各派のつながりは強化された。『戊申譜』にある4本の序文は曲江派の⑨世時萬のものを含み、族譜の編修が曲江派を含む5派の合意によって成されたことを示す。

一方、もう一人の還郷者時薫の還郷先は池内里であった。『壬子蔚山戸籍』(顕宗13年・1672)によると、池内里には農所派の⑥世景淵の系統(霽月堂公門中)が集住している。霽月堂公門中は景淵が入郷したとされる院旨からやや北方の池内(のち堤内。池と堤は音が近い)に移住していた。景淵は丁卯丙子胡乱後の仁祖21年(1643)に没しており、その顕彰文集『霽月堂先生実紀』「年譜」には院旨から池内への移住は記されず、また景淵の墓は院旨からほど近い山腹にある。池内里への移住は景淵の没後のようである。

李景淵の子で池内里に居住する⑦世得塢は、丁卯丙子胡乱に参陣している。池内里に集住する景淵―得塢の子孫は比較的固い結束があったようで、『己卯蔚山戸籍』(粛宗25年・1699)によれば17世紀末も堤内里に集住する。現在、得塢は同枢公とよばれ、得塢の子孫は同枢公門中を形成する。農所派の中で後発の門中が2重に形成されているのだ。得塢の子には蘷と苾がいて、鷗江書院の創建に大きな役割を果たす。

一方、農所派のうち景淵以外の系統は、農所面次日里、同松亭里、柳浦面達洞里に分布する。とくに景淵の兄景黙が入郷したのは松亭里で、その子で⑦世得埈は丁卯丙子胡乱の際、兵を率いて鳥嶺に達したところで戦の終結を知り、戦に遅れたことを恥じて隠棲したという故事が伝わる。家門では大明隠士公と呼ばれ、池内里に隣接する次日里には古びた祠堂も残る。得埈は松亭里から次日里に移住しているが、この移住も丁卯丙子胡乱で得た評価と関わりがあるのだろうか。得埈の子荚は孝宗2年(1651)に蔚山郷校の移建を建議し、荚は鷗江書院賜額の際に大きな役割を果たす朴世衛(本密陽)の岳父である。
　重要なことは、壬辰丁酉倭乱に加え丁卯丙子胡乱中の行為が評価され、農所派内に複数の後発門中(農所派＞霽月堂公門中＞同枢公門中、農所派＞大明隠士公門中)が入れ子型に形成されている[55]こと、そして曲江派の時薫が「還郷」した池内里には霽月堂公門中が集住していたことである。景淵は宣武原従功臣(2等)で、農所面に還郷した曲江派2名の祖父である説も壬辰倡義の人物「愛日堂公」として後年顕彰[56]され、鳳寿は宣武原従功臣(1等)である。池内里で曲江派と接触した農所派霽月堂公門中は、興海邑と蔚山邑の蔚山李氏を結ぶ要の役割を果たした。
　その後族譜編纂は、李天機(越津派)らの没を契機に小休止した。顕宗7年(1666)のことであった。

## (2)　青良派の郷吏職役離脱と李藝の「功牌」

　『治績』からは、さらに注目すべき事実を読み取ることができる。顕宗6年(1665)の弘靖を最後に、李姓で青良派の郷吏——「戸長」や「詔文」が姿を消すのである。弘靖は新白の子孫で、この系統は青良派の中でも最後まで郷吏職役負担者を含んでいた。青良派は、族譜編纂の最中にすべての系統が郷吏から離脱し、純然たる士族となった。顕宗6年(1665)は、『戊申譜』編纂が李天機の死去で中断した前年である。郷吏離脱の誘因は何か。
　前述のように、青良派では17世紀初頭に英白と質白が「出身」(『己酉蔚山戸籍』)、春白と新白が「免郷」(『掾曹亀鑑』)により士族となった。いずれも壬辰倡義によるものであった。『戊申譜』によれば青良派の宣武原従功臣は他派より多く、吉・守仁・春白・新白・希白の5名を数える。壬辰倡義により郷吏職役からのがれる者が相次ぐ一方で上級の郷吏(戸長や詔文)が散見

されることは、「出身」や「免郷」は壬辰倡義の武功をあげた個人が対象で、子孫や近親者までは含まれていなかったことを物語る。

ここで注目されるのは、『戊申譜』4本の前文に続く、始祖李藝の己亥東征(応永の外寇)時の功をもって子孫に至るまでの免役を命じた永楽19年(世宗3年・1421)の「功牌」[57]である。子孫に至るまでの免役を定めた功牌を青良派全体で認識していれば、壬辰丁酉倭乱以前に郷吏の職役を負担した者は皆無のはずである。つまり、功牌は他派のうちいずれかに伝承されており、青良派はその存在を認識していなかったと考えざるを得ない。

青良派全体が郷吏を離脱できた誘因は、子孫に至るまでの免役を定めた功牌を、族譜編纂の過程で5派が共有するようになったことにある、というのが筆者の推測である。郷吏職に対する差別意識が次第に強まる社会的な趨勢のもと、功牌が『戊申譜』に載ることで、家門全体がもともと免郷された純然たる士族であることが明示された。かつて李勛相氏が挙げた居昌慎氏の事例では、郷吏派の世系は『戊申草譜』(1548年)『壬戌譜』(1682年)では収録対象外だったのに対し、『丁巳譜』(1737年)ではじめて収録されたが別譜としてであって「両班世系」とは切り離され、両者が合譜されたのは『後丁巳譜』(1797年)で、その後も郷吏派世系は削除され(1851年)再登載された(1901年)という。居昌慎氏では郷吏系統を区別する意識が長きにわたり継続し、その葛藤が吏族に対する態度を右顧左眄させる要因となった[58]。鶴城李氏の『戊申譜』は、顕宗9年(1668)という比較的早い時期ながら、子孫までの郷吏の役を免ずることを記した「功牌」を冒頭に配することで、家門内の郷吏職役負担者を抹消したのである。

『戊申譜』で、蔚山李氏は蔚山の雅名のひとつ「鶴城」を用いて「鶴城李氏」を名乗った。4本にわたる前文の撰者は、李蓋(農所派霽月堂公門中＞同枢公門中)・李時萬(曲江派)・李廷義(西面派梅軒公門中)・李蔓(農所派大明隠士公門中)で、壬辰倡義の李景淵・李說・李謙益の後孫と、丁卯丙子胡乱で評価を上げた李得培の後孫であった点に、家門の特徴が表れている。

『治績』によれば、実はその後も李姓の郷吏が存在した。顕宗6年(1664)から同10年(1669)にかけて郷吏の詔文として登場する汝松である。汝松の祖先は、『戊申譜』で不可解な扱いをされており、このことは次節冒頭でふれるように18世紀の門中活動の端緒となる。さらにもうひとり、『治績』に詔文として載るが『戊申譜』に載らない李起雲[59]である。起雲の後孫は、

粛宗31年(1705)の戸籍台帳(『乙酉蔚山戸籍』)では府内面に居住する[60]。起雲の父は『己酉蔚山戸籍』(1609年)の蔚山李氏37名のひとりで、北面凡西里に居住していた李夢希[61]である[62]。

汝松の父は起秋で、起生・起漢の弟である。一方起雲は「通政大夫」(正三品堂上)という高い官職を得ている(または贈られた)。起生・起漢・起秋の3兄弟と同じ「起」字を用い、生存年代も3兄弟と重なるようだが『戊申譜』には載らず、その後しばらく郷吏職役を負担していた。このように、族譜には載ったが系譜関係が不明瞭な人物がいる一方、族譜に載らない蔚山李氏の郷吏が存在したことは、族譜編纂時の何らかの緊張を憶測させる。

### (3) 62年ぶりの郷案入録と、鷗江書院の賜額請求

「書院考往録」によれば、鷗江書院建設の動きは粛宗元年(1675)8月に再開された[63]。建設再開に先立ち、この年2月には実に62年ぶり(光海君6年〔1614〕2月以来)の郷案入録がおこなわれた。およそ2世代以上にわたる空白の理由はわからないが、前年(顕宗15／粛宗即位年・1674)に中央で起こった甲寅礼訟により西人が没落して政権が南人に移ったことが契機だったのかもしれない。このときの入録者は23名で、うち鶴城李氏は11名と半数近くを占めた。『治績』によれば、孝宗元年(1650)からこの年まで留郷所の座首・別監から蔚山李氏の人物が途切れたことはない。孝宗2年(1651)の、李䓊(農所派大明隠士公門中)ら蔚山儒林による(壬辰丁酉倭乱で灰燼に帰した)郷校移建請願文の上程[64]以来、蔚山李氏は蔚山儒林の中核であり続けた。62年ぶりの郷案入録は、留郷所に集う蔚山儒林の結束につながったであろう。

鄭夢周と李彦迪を祀る南人系書院である鷗江書院の開基は翌粛宗2年(1676)で、奉安は粛宗5年(1679)であった。火災以来奉安までを主導したのは都監李夔(農所派霽月堂公門中)、有司李東英(越津派)・李廷信(西面派)・李善道(農所派)らであるという[65]が、このうち李東英は顕宗7年(1666)の生員試合格の翌年に亡くなっているので、何かの誤記であろう。

鷗江書院は奉安翌年の粛宗8年(1682)から国王に請額を行う。国王直筆の「扁額」を賜ることは、郷村社会にとってこの上ない名誉であった。請額は4次にわたった。

第1次である粛宗8年(1682)の請額時に上京した蔚山の士族は、朴世䈴・

李東英(越津派)等5名であるというが、李東英については誤記であろう。朴世衛はその後も漢城にとどまって活動した。第2次は粛宗13年(1687)。このときは朴世衛に加え、李爾馥(農所派霽月堂公門中)等3名が上京した。李爾馥は、鷗江書院開基の中心人物李蘷(農所派霽月堂公門中)の長男である。しかし2度の請額は、粛宗8年(1682)の庚申換局で南人が粛清され、書院賜額を司る礼曹判書南龍翼が西人であったことも災いして成就しない。朴世衛はさらに漢城にとどまった。上京儒林の中心である朴世衛は農所派の大明隠士公得埈の子・蘷の娘婿で、顕宗13年(1672)時点では岳父・蘷と同じ農所次一里に居住している66)。

　第3次は粛宗19年(1693)であった。長期にわたり漢城にとどまる朴世衛からの書面に呼応し、蔚山から17名の儒林が漢城に派遣された。このときも賜額はならなかったが、このうち15名は漢城にそのままとどまったという。第4次は粛宗20年(1694)で、この前年に留京儒林15名から「議政府六曹」が皆賜額に応じそうだという書面が届いたことが契機であった。同年2月23日に国王に上書した中心人物は柳澄輝(本安東)・李徳玄(本慶州)・権瓚(本安東)といった在京士族であった。李樹煥氏のいうように「嶺南儒林の積極的な参与」67)によるものであった。

　蔚山からの上京儒生が第3次請額から一気に増えた背景は、粛宗15年(1689)の己巳換局すなわち南人の政権掌握であろう。『鷗江書院考往録』によれば、第3次請願時の上京儒生17名のうち第4次請額時まで漢城にとどまった15名は鶴城李氏4名(李時續〔越津派〕、李文佑〔西面派〕、李廷厳〔農所派〕68)、李泰章〔農所派〕)を含む。一方で直接疏請した3名は、いずれも文科及第者を多数輩出した在京士族である。上疏は3月3日に行われ、6日後の3月9日に「特に賜額と為す」旨が下達され69)、院号は「鷗江」と決まった。南人が再び排除され、少論が政権を握る甲戌換局の直前であった。

　このように、国王からの賜額という次元になると、中央政界の朋党政治との密接な連関、すなわち南人に属する在京士族の果たす役割の大きさを指摘せざるを得ない。一方その下支えとなった上京儒林や地元の書院において、鶴城李氏は依然として蔚山の在地士族の中核であり続けていた。

## 3 18世紀鶴城李氏の門中活動——族譜の修正と李藝顕彰のはじまり

18世紀の門中活動は、17世紀後半に編纂された創始譜『戊申譜』中「系譜関係が不明瞭」な人物の再検討から始まったが、蔚山の郷村社会復興との強い連関がみられる17世紀とは様相を異にする。

### (1) 農所派達川門中と青良派

『戊申譜』で系譜関係が不明瞭な人物とは、農所派の注章—恋中—仁祥の3代である。『戊申譜』は4本の前文と功牌に続き、天字(1-2頁)[70]に「始祖中枢公李藝」から③世までの系図を乗せ、③世直柔の子孫とされる農所派は来字(35-36頁)から記載される。

次ページ【表3】の上表では、④世世衡の子に注章、その子に恋中、孫に仁祥がいる。これに対し、⑥世景洋の系統を記した下表では、仁祥は(農所面への入郷祖3人のうち)景洋の子とされ、さらに下表は注章と恋中を欠く。同一族譜の中でページによって系譜が異なるこの事例は、嶋陸奥彦氏のいう「系譜関係が不明瞭」なケースに該当すると考えてよいだろう。

家門内ではやがてこの矛盾を正す動きが起こるが、それに先立ち顕祖李藝の本格的な顕彰活動がはじまる。その契機は、権相一(本安東)の蔚山都護府使着任である。権相一の在任期間中、李元冊(農所派)と光熹(越津派)は家乗を持参して李藝の顕彰を依頼し、権相一は李藝の「行状」を撰した。英祖12年(1736)のことであった。ここまでの家門形成と祖先顕彰は壬辰倡義の顕祖の後孫を主体としたが、『戊申譜』冒頭に「功牌」が載る李藝を始祖として祀る努力が、派を横断して始まったのである。蔚山邑では粛宗31年(1705)に蔚山朴氏が初の族譜を刊行しているという[71]。始祖李藝顕彰は、他の在地士族の門中活動を意識しつつ、少なくとも郷村社会での家門の地位を高めようとする意図のあらわれであった。

権相一はまた、初の邑誌『鶴城誌』を撰した。その草稿本が現在残るが、邑誌の撰修は蔚山邑にとって郷校の移建、書院設立と賜額に続く意義深い事業である。書院設立の時期に『戊申譜』が編纂され、初の邑誌編纂と李藝顕彰開始が重なることは、鶴城李氏の家門形成と蔚山邑の郷村社会復興との強い連関を示すものである。しかし、ここからは、家門形成と郷村社会復興の連関は弱くなる(少なくとも史料からは読みとれなくなる)。

【表3】上表:『戊申譜』来字(35-36頁)＝農所派冒頭部分(上表二重線枠内)
※二重線枠外は37頁以降より
下表:『戊申譜』歳字(55-56頁)＝農所派の景洋系部分

| ③ | ④ | ⑤ | ⑥ | ⑦(カッコ内は⑧) |
|---|---|---|---|---|
| 直柔 | 世權 | 鷺 | 景淡 | 發、敷 |
| | | 女朴元信 | | [略] |
| | 世衡 | 鶴 | 景沈 | × |
| | | | 景敏 | 得㻿、得坤(英、憲、胤高、茂、蕞、瀿) |
| | | | 景黙 | 得埈 大明隠士公(蓂、茭、葵)、得塤(莘) |
| | | | 景淵 | 得垓(蘐、荃)、 |
| | | | 霽月堂公 | 得塢 同枢公(蘷、菁、荃、賚、蓁、葭) |
| | | | 女裵夢錫 | [略] |
| | | 鳳 | 景溶 | 得培(廷嚴) |
| | | | 景洋 | 得壕(廷相、廷佐、廷) |
| | | | 女任四維 | [略] |
| | | 注章 | 戀中 | 仁祥 |

| | ⑥ | ⑦ | ⑧ | ⑨ |
|---|---|---|---|---|
| | 景洋 | 得壕 | 廷相 | |
| | | | 廷佐 | |
| | | | 廷 | |
| | | 仁祥 | 起生 | 汝昌、汝栢 |
| | | | 起漢 | 汝侃、汝信 |
| | | 起秋 | | 汝松、汝桂、汝柱、汝栻、汝檜、汝梅、汝梓 |

　邑誌撰修と始祖李藝顕彰が始まると、『戊申譜』で系譜関係が不明瞭であった李仁祥の子孫が、族譜を見直すよう要望した。『譜源文献』に載る「達川族宗旧譜誤謬 諱時栄時春時夏所志文証」(英祖19年・1743)において彼らは、『治績』に載る⑤世李鶍が『戊申譜』に抜け落ちていることと、『戊申譜』における「注章〜恋中」の扱いが誤っていることを指摘し、「各派門老」(元冊〈農所派〉、泰基〈農所派霽月堂公門中〉、文翁〈西面派〉、光烈〈越津派〉)も「後日大族譜修正之時」を待つとした。この文書には「時栄時春時夏」に加え、文末に時興ほか26名の名が連なる。すべて⑩世で、李仁祥の子孫であった。
　その中には、先述のように『戊申譜』編纂後も郷吏を務める者もいたが、一方で府内を離れ農所面達川里に入郷して士族となった者もいた。李時興は英祖5年(1729)には達川里に入郷し、その子萬煦は英祖29年(1753)には加大里に入郷している[72]。達川里も加大里も、蔚山邑内を慶州方面から南流する東川江の右岸(西側)で、同じ農所面でも院旨・次日・池内といった里の対岸にある山里である。李仁祥の系統は、仁祥を農所派⑤世鶍(鶍

104

は戊申譜に載らないが、『治績』には宣祖35年(1602)に別監として載る人物)の子孫とすることでそれまでの農所派との血縁を認証し、その一翼となる(以下、本稿では「農所派達川門中」とよぶ)。農所面への入郷時期は、史料から17世紀末から18世紀初頭(1720年前後)までと推定できる。族譜修正の要求は、『戊申譜』編纂後も郷吏を含んだ農所派達川門中より発し、17世紀以来蔚山郷案登載者を輩出し続ける農所・越津・西面3派の重鎮により認められた。

『譜源文献』によれば、農所派達川門中につづき、『戊申譜』編纂まで郷吏を含んだ青良派が李仁全の旌閭を請願する(「海東處士諱仁全旌閭郷中士林請願上書證」)。旌閭とは、忠臣・孝子・烈女といった性理学的価値観にかなう人物に対し、その村里に旌門という門をたてて顕彰することをいう。請願は英祖33年(1757)・同34年(1758)・同35年(1759)・正祖7年(1783)の4次にわたった。『譜源文献』には4通の請願の影印が載り、冒頭及び末尾には多くの儒林人士の名が記される。『譜源文献』はこのうち鶴城李氏の人士20名を別ページに書き抜く。すべて農所派(霽月堂公門中ほか。達川門中は含まない)・西面派(すべて謙益の子孫である梅軒公門中)・越津派の人物である。仁全は『己酉蔚山戸籍』で士族と判断できる質白の孫であった。

ふたつの請願(「達川族宗旧譜誤謬 諱時栄時春時夏所志文証」、「海東處士諱仁全旌閭郷中士林請願上書證」)の相違点は明らかである。前者は族譜の修正を求めるもので請願の主体が達川門中の人士のみであるのに対し、後者は壬辰倡義により士族となった青良派の人物の顕彰事業なので、請願の主体は家門の3派を含む蔚山邑「郷中」儒林——すなわち郷村社会をも巻き込んだ動きであった。一方、両者の共通点は、鶴城李氏における郷吏職役負担者に派門中に関する身分差別解消にあった。

(2) 族譜の修正と李藝の諡号請求

18世紀後半になると、郷吏職役負担者に対する差別解消の動きは、顕祖李藝の顕彰事業とともに進行する。具体的には族譜の修正と顕祖李藝の諡号請求で、いずれも新たに台頭した農所派達川門中が主導した。族譜の修正とは、『庚寅譜』(英祖46年・1770)を公にしたことである。『庚寅譜』は正式名称を『官前考籍後改正新譜』という。官前において族籍を検討した結果の「改正」という名称は、族譜の修正を官前において主導した人物の存在を暗示する。後に刊行される李藝の顕彰文集『鶴坡先生実紀』中の2通ある

「謚状」のうち1通目を撰した[73]金漢耆は、英祖35年(1759)に娘を英祖の后(貞純王后)として「鰲興府院君」に封ぜられていた。没年は1769年なので、李漢耆はこの10年間のどこかで「謚状」を撰したことになる。

『譜源文献』の影印を見るかぎり、『庚寅譜』は「世譜」(家門全体を収録した族譜)ではなく、『戊申譜』の追加部分として、李藝の⑤世孫李鵬の後孫—農所派達川門中のみを収録する。また、【表1】のように、顕祖李藝から⑤世李鵬に至る記載の中で②世③世の兄弟序次が『戊申譜』とは異なる。『譜源文献』には、家門の重鎮4名(「鶴城李哥門長」龍聃〈農所派〉・汝堂〈越津派〉・冝貞〈西面派〉・炫〈農所派〉)の名が載った『庚寅譜』前文の影印が載る。龍聃は権相一に李藝の「行状」撰修を請うた元聃の弟で、汝堂は同じく光熹の子である。炫は元聃の実子で龍聃の養子である。冝貞は『戊申譜』の識文(あとがき)を撰した廷義の曾孫であるという[74]。4人のうち3人は、権相一が協力した始祖李藝顕彰の関係者であった。

『庚寅譜』前文は、舜民等が『戊申譜』の「誤り」を切々と訴えたことで旧譜が直され、新譜が刊行されたとする[75]。

【史料7】 『辛酉蔚山戸籍』〔1801・純祖1〕「農所面」より
〔第24達川里第1統第4戸〕李舜民故代子幼学奭彪年参拾壬辰本蔚山、父成均進士舜民、祖学生冝龍、曾祖学生時夏、外祖学生金兌甲本慶州[中略]、妻鄭氏年参拾肆戊子籍延日[以下略]

【史料8】 『司馬榜目』より
幼学李俊民心郷丙辰、本鶴城、居蔚山、詩二、父幼学冝龍[以下略]
(崇禎三年辛卯式年司馬榜目「進士試」)

【史料7】は、俊民(俊と舜は音通)没直後の戸籍台帳である。俊民は科挙の進士科に合格して漢城の成均館で学んでおり、子の奭彪は英祖46年(1770)の生まれで、農所面達川里に居住している。前述のように農所派達川門中では、18世紀前半に時興が府内から達川里、さらに子の萬煦が加大里に入郷していた。時興の祖父は基漢(起漢。基と起は音通)、父は汝侃である。俊民の曾祖父は基枢(起秋。枢と秋は音が近い)、祖父は汝檜、父は時夏である。達川門中内で、時興〜萬煦とは異なる系統が台頭していたのである。

また、『治績』によれば俊民の父亘龍は英祖45年(1769)時点で留郷所の別監、英祖50年(1774)時点で座首をつとめ、蔚山儒林の中心的存在であった。現在残る戸籍台帳から亘龍―俊民親子の達川面への入郷時期はわからないが、英祖46年(1769)から英祖50年(1774)にかけて座首や別監を務めていることを考慮すれば、それ以前であろう。

　【史料8】『司馬榜目』によれば亘龍の子俊民が進士に合格したのは辛卯年(1771)で、生年は「丙辰年」(英祖12年・1736)であった。『庚寅譜』が公にされた英祖46年(1770)に俊民は35歳である。金漢耉が李藝の謚状を撰した1759-69年には、俊民は20代後半から30代前半である。『庚寅譜』前文によれば、『戊申譜』の「誤り」を訴えたのは「舜民等」(傍点筆者)である。俊民は金漢耉に単独で謚状を依頼するには若く、一緒に依頼していた人物がおり、その人物は留郷所で主要な士族として活動する父・亘龍とするのが妥当である。

　不明なのは李亘龍・俊民父子と英祖の岳父金漢耉をつなぐ伝手であるが、ここまでの経緯に加え、『庚寅譜』影印に李藝「行状」を撰した権相一と接触した元珊・光熹ら関係者の名があることから、権相一をはじめとする安東権氏が思い浮かぶ。しかし、これ以上の史料を欠くため憶測の域を出ない。

(3) 「第一次鶴坡先生実紀」編纂と西面派

　鶴城李氏家門の始祖李藝の顕彰は、18世紀末に新たな局面を迎える。18世紀の『治績』を通覧すると、特に18世紀半ばまでは西面派の留郷座首または別監があまり途切れないことがわかる。紙幅の関係で詳細は略すが、戸籍台帳によれば、西面派は粛宗28年(1702)段階では熊村面注南里(のちに周南里。注と周は音通)に多くが居住する一方、謙益の孫で⑨世の文白が同面椒井里に入郷している。『治績』によれば、文白は粛宗25年(1699)を皮切りに英祖7年(1731)にかけて、別監として5回・留郷座首として6回登場するなど、30年余りにわたり蔚山邑の儒林の中心的存在であった。⑨世文白は⑦世謙益の孫で、謙益の号を用いた「梅軒公門中」に属する。

　熊村面(旧・西面熊村里)では18世紀後半になると、周南里には(謙益の兄、謙受の子)⑧世駿発の後孫が増加する一方、文白の子孫は椒井里に次第に集住する。さらに18世紀末(正祖19年〔1795〕)には椒井里から石川里にかけて文白の後孫が増加する。増加は特に石川里に顕著で[76]、石川里には正祖

14年(1790)の文科及第者で文白の曾孫觀吾が居住している。

　このように18世紀をとおして熊村面内を椒井里から石川里にかけて移住しながら力を蓄えた西面派梅軒公門中は、おそらく家門全体の合意を取りつけて始祖李藝を祀る祠を熊村面に移した(石渓祠という)。正祖6年(1782)のことで、その際觀吾の弟養吾が「開基祝文」を撰している。石渓祠は正祖22年(1798)に講堂が上梁され、翌年には郷祠に昇格、やがて19世紀高宗代に石渓書院となる(『鶴坡先生実紀』)。

　さらにこのころには丁範祖から『鶴坡先生実紀』の序文・李家煥から同じく識文を得ており、前述権相一の李藝「行状」などと合わせ『鶴坡先生実紀』が李藝の顕彰文集としての体裁を整えたことを意味する。「第一次鶴坡先生実紀」編纂ともいうべき動きであった[77]。

　一方、周南里には⑦世謙受の後孫が住み、正祖7年(1783)に謙受を祀る南岡祠が建った。族譜の修正が行われ、李藝の祠の移建や顕彰文集編纂が行われたこの時期、周南里では壬辰倡義の門中李謙受を顕彰する活動がはじまった。とくに始祖の祠堂が熊村面に移転したタイミングで、門中としての自己主張がはじまっていることは興味深い。

　18世紀の鶴城李氏家門における祖先顕彰の主体は、もともと邑内に住み、郷吏を出していた農所派達川門中から17世紀以来の士族である西面派梅軒公門中へと替わった。18世紀の門中活動は17世紀とは異なり、壬辰倡義だけではなく、儒者としてふさわしい行為――ここでは顕祖李藝の顕彰を行い得た人士、とくに進士や文科の及第者を出した門中が中心となった。蔚山には、18世紀以降に建立された他士族の書院や祠堂が多く存在する。一方で『鶴坡先生実紀』「序文」「識文」を寄せたのは在京の他士族であり、その支援を得た在地士族の緊密な結びつきの中で李藝顕彰が行われていた点は、鷗江書院の賜額以来変わらない。


おわりに

　17・18世紀を通し、鶴城李氏は創始譜『戊申譜』(1668)とその修正譜『庚寅譜』(1770)を刊行した。『庚寅譜』は『戊申譜』を補うものであったから、鶴城李氏の家門形成は、冒頭述べた兄弟序次をめぐる争論の種は残ったものの、このふたつの族譜をもってひとつの形を成したといえよう。最後に、

族譜編纂を軸とした両世紀にわたる家門形成の特徴を述べ、結びとしたい。

壬辰丁酉倭乱の激戦地蔚山の士族である鶴城李氏家門は、邑の他士族と同様壬辰倡義の家門として産声を上げた。家門の活動は、郷案入録にはじまり書院の設立から賜額にいたるまでの、蔚山邑の郷村社会復興と連動していた。李景淵・李翰南・李謙益ら各派顕祖の壬辰倡義による地位上昇は壬辰丁酉倭乱後初の郷案入録が端緒であり、創始譜『戊申譜』編纂は、のちに賜額書院となる鷗江書院設立と並行して行われた。18世紀に入っても、郷村社会と家門の活動の関係は継続する。家門有力者の依頼によって李藝「行状」を撰したのは蔚山都護府使権相一であり、修正譜『庚寅譜』を主導した李舜(俊)民を後押しした父宜龍は留郷座首であり、李藝を祀る祠の移転は留郷座首や別監を何度もつとめた李文白の後孫が主導した。

17世紀後半から18世紀にかけて、朝鮮社会では郷吏職役負担者に対する差別解消の動きが起こるが、この点に関し、鶴城李氏の動きはきわめて特徴的であった。すなわち、創始譜『戊申譜』編纂にあたり、始祖李藝の「功牌」を利用して郷吏職役を負担していたことを抹消し、登載者すべてを士族とした。それでも『戊申譜』には頁によって系譜が異なる部分があったが、18世紀に入り、もともと郷吏職役負担者を含む門中から要求が出たことで、族譜の修正を行った[78]。

族譜の修正や始祖李藝の祠の移建・実記編纂といった活動を主導するようになったのは、進士試合格者や文科及第者を出した門中であったことは、18世紀の門中活動の特徴でもある。儒者として生活しつつ始祖を顕彰することで地域社会における声望・威信を高めること——宮嶋氏のいう「両班志向」が一族の行動原理となっていた。18世紀以降の鶴城李氏は、西面派の周南門中祖李謙受の顕彰が始まったことにもあらわれるように、祖先顕彰に関しては2種類の方向性——族譜編纂に続いて始祖李藝の顕彰を行い、郷村社会のなかで士族家門としての地位を確立・維持しようとする大きなベクトルと、門中祖の顕彰をはじめとした門中活動によって家門内での門中の自己主張を行おうとする小さなベクトル——が目立つようになる。後者は派や門中相互の緊張を孕む可能性を含んでいた。

派や門中相互の緊張の要因は、各派や門中が「壬辰倡義の顕祖を持つか否か」「郷吏職役負担者を含むか否か」「科挙(文科・生員試・進士試)及第者を出したか否か」等による温度差である。壬辰倡義によって早くから郷案に

載った3派と、17世紀半ばまで郷吏職役負担者を含んだ派の、地域での扱いは異なったであろう[79]。生員・進士合格者や文科及第者を出した17世紀後半以降も、及第者が出た派・門中とそうでない派・門中では温度差があったろう。そのような温度差ゆえ、家門全体で合意できる始祖李藝の顕彰が盛んになる。始祖の顕彰は郷村社会での声望や威信を高める行為でもある。このように始祖李藝顕彰は派や門中相互の温度差や緊張関係を和らげる側面を持つが、顕彰活動をどの派・門中が主導するかという、互いの自己主張や微妙な緊張を促す側面もあわせ持つ。18世紀以降の鶴城李氏内部では、郷村社会とのつながりと並行し、始祖の宣揚だけでなく門中祖の宣揚にも関心が高まる。儒学の先賢を祀った書院から門中書院への変化がしばしば指摘されるが、その背景は鶴城李氏のような変化が多くの家門で起こっていたことの証左なのではなかろうか。

　鶴城李氏の家門形成は、同姓同本の一族が展開する中で、蔚山邑という郷村社会における諸事業と関わりつつ、始祖李藝あるいは派祖・門中祖の顕彰を行いながら、家門全体として郷村社会のなかでの地位上昇をはかる力動的な過程として把握できる。その過程で鶴城李氏は、家門内においては派や門中相互の緊張を孕みつつも、家門外に対しては同郷他姓との血縁や地縁・在京士族との人脈を利用し、郷村社会におけるヘゲモニーを維持したのである。

　宮嶋博史氏は近年、15～16世紀の政権中枢にあった在京士族の族譜から朝鮮族譜のもつ相反する側面(排除・統合)と、その政治的性格に言及している[80]。まず相反する側面として、氏は現存最古の族譜である安東権氏『成化譜』(1476年)での副正公派・庶派の「排除」と、以後の安東権氏の世譜における派の編入(=「統合」)を挙げる。在地士族である鶴城李氏の場合も、『戊申譜』(1668年)への編入にあたって何らかの緊張場面を憶測できた一方、郷吏職役負担者を含む新たな門中を編入した『庚寅譜』(1770年)に至る経緯は、門中相互の緊張の可能性を孕んだ統合の過程ともいえる。次に族譜の政治的性格は、『成化譜』で排除された副正公派が癸酉靖難における世祖の政敵を含み、『成化譜』と同年に全義李氏など4家門が族譜を刊行したこと等から導き出された(族譜編纂の目的は安東権氏を含む世祖政権の核心家門相互の結束誇示にあったという)。一方で、蔚山邑における鶴城李氏の主導的地位確立と『戊申譜』編纂には共時性があった。次元は異なるが、在地士

族の族譜編纂の場合もその政治性は否定できない。

　在地士族の家門形成・族譜編纂の意味をさらに探究するには、同時期・同地域の他の在地士族家門の追究が不可欠で、筆者の今後の課題である。


　付記

　　　本稿で利用した蔚山府戸籍台帳の大部分は、平成21年度科学研究費(奨励研究。題目は「鶴城李氏に見る地域エリート家門の形成過程研究」)の成果の一部である。また、家門の史料に関しては、李秉稷氏・李明勲氏・李俊洛氏をはじめ家門各派の方々に多大な協力をいただき、主要なマウルの踏査もさせていただいた。この場を借りて感謝申し上げる。


　注
1)　宮嶋博史『両班──朝鮮社会の特権階層』(中央公論社(中公新書)、1995年)192-195頁。
2)　宮嶋博史「朝鮮の族譜と〈創られる伝統〉──安東権氏の族譜編纂史」(久留島浩・趙景達編『国民国家の比較史』有志舎、2010年)59-87頁。
3)　吉田光男「朝鮮の身分と社会集団」(『岩波講座世界歴史13(東アジア・東南アジア伝統社会の形成)』1998年)215-234頁。
　　吉田光男「近世朝鮮の氏族と系譜の構築──安東権氏の族譜編纂をとおして」(歴史学研究会『系図が語る世界史』青木書店、2002年)149-180頁。
4)　吉田光男「朝鮮近世氏族の族的結合と〈邑〉空間」(『東洋史研究』58巻4号、2000年)89-120頁。
5)　嶋陸奥彦「第四章 族譜のコンストラクション」(『韓国社会の歴史人類学』風響社、2010年)83-120頁。
6)　岡田浩樹『両班 変容する韓国社会の文化人類学的研究』(風響社、2001年)。
7)　嶋陸奥彦氏によれば、族譜に収録されていた人物が後代の族譜で漏落するケースとして、次の6つが考えられるという。以下、前掲注5嶋陸奥彦書「第一章　族譜と門中組織──朝鮮社会史における親族組織研究ノート」34-37頁による。
　　　a. 庶子の子孫
　　　b. 族譜編纂の費用を分担しなかった場合の漏落
　　　c. 各分派間で何らかの意見の対立や不一致が生じ、一部の派が全体の編纂事業に参加しない場合

d. 何らかの事情でそれまでの居住地から移住したために族譜編纂の担当者と連絡が取れず、やむを得ず漏落した場合
　　　e. 後孫がいないと思われていたが後に系譜を携えて現れ、「その系譜の真偽を検討した結果属員と認められ」て認定される場合
　　　f. (きわめて少ないが)系譜関係が不明瞭な場合
8) 板垣竜太『朝鮮近代の歴史民俗誌——慶北尚州の植民地経験』(明石書店、2008年)81-83頁。
9) 宮嶋博史氏は、安東権氏の現状の15派を基準に、派祖を起点として編まれた族譜を派譜、各派の内部でさらに小さな単位で編まれた族譜を門中譜とした(前掲注2宮嶋論文、68頁)。
10) 中田稔「朝鮮初期における朝鮮人官人の対日活動——世宗代までの李藝を中心に」(東京学芸大学大学院学校教育学研究科『学校教育学研究論集』17号、2008年)65-77頁。
11) 派によっては、他士族のように派祖の官職名を派名に用いることもある。青良派＝県令公派、西面派＝奉事公派、曲江派＝判事公派、農所派＝副正公派ともいう。
12) 『蔚山府治績』には、留郷所に赴任した歴代都護府事の着任年・業績・離任の事情が記され、各都護府事の記事の末尾に在任時の留郷座首(上段)・上級郷吏の戸長と詔文記官(下段)を記す。宣祖32年(1599)から光武7年(1903)までを網羅するが、筆写本で、大韓帝国期に何かの事情で残っていた史料をもとに壬辰丁酉倭乱直後にまでさかのぼって編修されたものと思われる。冒頭に『蔚山府治績』とあるので筆者はこれを史料名とするが、歴代の留郷座首・別監・戸長・詔文記官を順に追える点を重視した李鍾書氏は、蔚山邑の吏族を論じるにあたり『蔚山府先生案』と名付けた(李鍾書「高麗～朝鮮前期 鶴城李氏の地域内位相と役割」『韓日関係史研究』28、2007年)。しかし、編修の趣旨は歴代都護府事の業績を整理することであるから、筆者はやはり『蔚山府治績』が妥当と考える。
13) 初の刊行は、英祖25年(1749)の私撰邑誌『鶴城誌』で、撰者は権相一である。
14) 鶴城李氏の場合、始祖李藝の顕彰文集『鶴坡先生実紀』(1907年刊行)、農所派⑥世李景淵の顕彰文集『霽月堂先生実紀』(1909年刊行)、曲江派⑦世李説の顕彰文集『愛日堂実記』(1924年刊行)がある。いずれも大韓帝国期から日本の植民地時代にかけて刊行された。
15) 「第4章 西生浦倭城の歴史的性格」(禹仁秀『朝鮮時代蔚山地域史研究』ソウル、国学資料院、2007年)133頁、表1「蒼表堂書板案」。

16) 中田稔「一七世紀蔚山における鶴城李氏の家門形成」(『年報朝鮮學』16號、2013年) 10-11頁。
17) 『慶尚道地理志』(1425年・世宗7。朝鮮総督府中枢院刊行の活字本、1938年による)において、「蔚山郡」は「戸1058。内男4160口。女4182口。8343口。」とある。単純にこれと比較すると、蔚山邑の人口は朝鮮初期から約半減である。ただ、戸数は『己酉蔚山戸籍』とあまり変わらず、朝鮮初期には1戸あたりの人数が多かったようである。『慶尚道地理志』は、蔚山以外の邑も同様の傾向を示す。
18) 士族か否かの最も明確な線引きは郷案に載るか否かであるが、その次の段階として、郷案入録の可能性のある層が存在するはずで、筆者はそれらも士族と考えた。具体的には記載される職役が幼学および文武の官職を持つ者のうち、妻の本貫の記載方式が郷案に載る者と同じ「籍○○氏」とされるものを全て士族とした。
19) 蔚山府の複数の「邑誌」からは、朴と李を蔚山邑の「二大土姓」とする意識が成立するのは18世紀後半以降と考えられる(前掲注16拙稿、11-13頁)。
20) 前掲注16拙稿、14頁、表3。
21) 青良里に「李彦山」という、「白丁」で60歳の、私婢を妻とする「本蔚山」の戸主が存在する。
22) 前掲注20に同じ。
23) 現存する『己酉蔚山戸籍』第8頁目に記される、農所里冒頭から11戸目をこのように表記した。以下、『己酉蔚山戸籍』(1609年・光海君元)についてはこのように表記する。
24) 加藤清正軍が蔚山・毛利秀元軍が梁山においてそれぞれ築城していた時、「要路埋伏」してこれを挾撃したという(『宣祖実録』巻94、30年〔1597〕11月乙卯条)。
25) 霽月堂は李景淵の号である。『霽月堂先生実紀』は李景淵の実記(年譜、「行状」および顕彰文集)で、収録される顕彰文を見る限り1909年頃の刊行である。李藝の顕彰文集『鶴坡先生実紀』の刊行は1907年なので、このことを機に派祖で壬辰倡義の人物の顕彰事業が始まったようだ。1924年には、曲江派⑦世李説の顕彰文集『愛日堂実紀』が刊行された。
26) 『世祖実録』巻19、6〔1460〕正月辛巳条、同癸未条。
27) 当然、この戸籍台帳の約60年後に刊行された『戊申譜』で③世で派祖の直柔の存在を否認するものではない。
28) 李海濬、井上和枝訳『朝鮮村落社会史の研究』(法政大学出版局、2006年)。

原著は李海濬『朝鮮時代の村落社会史』(ソウル、民族文化出版社、1996年)362頁、訳注65。

29)『霽月堂公増補実紀』巻之三、十代孫錫先述「家状」(李錫先は顕祖李藝の⑯世孫で、1964年刊『鶴城李氏霽月堂公派譜』によれば生年「哲宗己未」・没年「高宗丁未」(1859〜1907年)である。

30)『牙山蔣氏世譜』(牙山蔣氏世譜編纂委員会、大邱、青瓦商社、1979年)によれば、景淵の外家・蔣守仁の系統は16世紀後半には蔚山に居住したが、17世紀に入り子の文献の代には慶州に居を移す。一方『己酉蔚山戸籍』では、李景淵の隣家〔27-059〕の戸主が同じ蔣姓の蔣希春である。蔣希春は、壬辰丁酉倭乱で西面派の李謙受(後述)とともに義兵僧四溟堂のもと加藤清正軍と対峙している。〔27-059〕で蔣希春の父はかろうじて「薫」と判読でき、蔣守仁ではない。『牙山蔣氏世譜』では、蔣希春の父・薫と李景淵の外祖父・守仁は、ともに牙山蔣氏⑮世で6寸の関係にある。『己酉蔚山戸籍』に載る牙山蔣氏の戸主は蔣希春ひとりで、『牙山蔣氏世譜』によれば希春の父である薫が蔚山に入郷したようだ。18世紀前半の『鶴城誌』以降の蔚山邑誌では、在地士族として認められている。

31) 高霊金氏・広州安氏・密陽朴氏・坡平尹氏・金海裵氏・文化柳氏・慶山全氏・英陽南氏・密陽孫氏の9氏族である(李樹健「鷗江書院の設立過程と賜額および毀撤」鷗江書院復元推進会『鷗江書院誌』蔚山、図書出版デザインウォーク、2004年)。

32)「集姓村を訪ねて 蔚山広域市北区華峰洞華山マウル」(李春洛氏稿。『鶴城会報』7号、2004年)。地形図を見る限り、現在の松亭・華山・院旨・射庁は近接する。調査できた戸籍台帳のうち18世紀農所面のものを順に閲すると、松亭里は顕宗13年(1672)にはすでに存在し、射庁里が少なくとも粛宗40年(1714)、同じく院旨里は英祖31年(1765)、「化山里」(化と華は音通)は純宗元年(1801)から登場する。さらに「射庁」という地名からは、郷射礼が行われた郷庁(留郷所)が付近にあったことを想像させる。

33) 壬辰丁酉倭乱後の荒廃した状況を考えると、『霽月堂先生実紀』にもあるように、本籍地を柳等浦里のままにして、1600年から農所里松亭・院旨の開発を行っていた可能性も考えられる。

34) 2016年春に訪れた際には、この一帯の再開発で大胆に整地されていた。

35) 墳墓は山腹に縦1列で並ぶ。上から⑤世鶴・④世世衡・⑥世世黙及び夫人の双墳・⑥世世淵の順で、3番目の墳墓が双墳である点は『鶴城李氏族譜』の記載(鶴は「東華山最上墳」、世衡は「墓在府東農所東華山第二墳

也」、景黙は「東華山第三双墳也」、景淵は「東華山第四墳也」)と一致する。⑤世鶴の墳墓が最上段であることについて後孫の李秉稷氏によれば、亡くなった順に上から並ぶという。4基の墳墓の下方左手には、③世の派祖直柔の壇が設けられている。

36)『宣祖実録』巻49、27年〔1594〕3月壬午条、同巻50、27年4月癸酉条、同巻52、同年5月癸未条ほか。北島万次『加藤清正　朝鮮侵略の実像』(吉川弘文館、2007年)より「清正・松雲第一回会談」(89-103頁)、「清正・松雲第二・三回会談」(104-120頁)参照。

37) 次の16名である。沈渙・朴應一・朴慶昌(以上1608年3月の第1回入録)、金演・朴弘椿・李承金・金有聲・朴慶殷・安信命(以上1608年8月の第2回入録)、朴鳳壽・全應忠・金弘潤・<u>李翰南</u>・全玠・朴而昕・金敵(以上1614年2月の第3回入録)。他24名の居住地は以下の通り。
　　農所里…朴應禎・朴夢得・徐夢虎(第1回)、金徳龍・<u>李景洋</u>・朴千齡・
　　　　　　高崑・高處謙(第2回)、<u>李得培</u>(第3回)。小計9名。
　　柳等浦里…<u>李景黙</u>・朴慶雲・(第1回)、蔣希春・高敬倫・<u>李景淵</u>・朴慶
　　　　　　説・徐仁忠(第2回)、朴継叔・<u>李得坤</u>・<u>李得垓</u>(第3回)。小計
　　　　　　10名。
　　熊村里…金洽(第1回)、朴弘楠・金汲(第2回)、<u>李謙益</u>・<u>李駿發</u>(第3回)
　　　　　　小計5名。
　　下線を付した人物は蔚山李氏である。

38) 李恩珠・朴聖実「重要民俗資料 史跡名称及び遺物名称の変更事例研究——第三七号蔚山二休亭所蔵出土服飾を中心として」(韓国服飾学会『服飾』55巻6号増補版、2005年)107-120頁。出土遺物は、現在は蔚山博物館に寄贈されている。

39) 邑内は冒頭から3分の2程度が欠けており、その続きの23戸目である。

40) 朝鮮総督府編『朝鮮語辞典』、1920年3月刊(1976年に韓国学研究所より韓国学古辞典叢書として刊行された影印本)839頁。

41)『掾曹亀鑑』は、李震興がその父で上級郷吏の李慶蕃の意を受けて編纂した新羅・高麗以降の郷吏たちの事蹟。編纂時期は英祖52年／正祖即位年(1776)あるいは正祖元年(1777)年頃で、約70年後の憲宗14年(1848)頃、震興の曾孫李明九によって刊行された(李勛相／宮嶋博史訳『朝鮮後期の郷吏』、法政大学出版局、2007年、179頁よりまとめた)。なお、『朝鮮学報』に武田幸男氏による改題がある(「『掾曹亀鑑』改題 或る李朝吏族の世界」『朝鮮学報』97、1980年、177-188頁)。

42) 李鶤は『鶴城李氏族譜』では登場せず、『官前考籍後改正新譜』では、農所派の⑤世孫鸞・鳳・鶴の末弟とされる。

43) この点について、家門内の記憶(『霽月堂先生実紀』)どおりであれば、入録の時点で景黙は松亭・景淵は院旨に入郷していることになる。いずれも郷庁(留郷所)付近と推定される。
44) 金俊亨「朝鮮後期蔚山地域の郷吏層変動」(『韓国史研究』56、1987年)。
45) 前掲注44金論文、57-87頁。
46) 宮嶋博史『両班　朝鮮社会の特権階層』(中公新書、1995年)132-133頁。
47) 宣祖33年(1600)に完平府院君李元翼は、壬辰丁酉倭乱後の流民を定着させる意図から農所里に「招募陣」を置き、移住者には職役軽減と食糧支給をおこない、別将にこれを管理させた。別将は宣祖38年(1605)に廃止された(『宣祖実録』巻200、39年〔1606〕6月甲子〔27日〕条)。厳正鎔『己酉式蔚山府戸籍大帳』(大田、五月企画、2002年)所収の厳氏による「解題」参照。
48) 『壬子蔚山戸籍』(1672)は面の表示が東西南北ではなくなり、『己酉蔚山戸籍』(1609)の里が面に昇格している。まだ五家作統はされていないが、戸ごとに改行を施したことは書式上の大きな変化であり、ほぼ10戸ごとに「統戸」がおかれている。
49) 『蔚山郷校誌』(蔚山郷校校誌編纂委員会、1999年)138頁。
50) 李樹煥「蔚山鷗江書院の設立と賜額過程」(『大丘史学』49号、1995年)。のち同『朝鮮後期書院研究』(ソウル、一潮閣、2001年)に所収。
51) 鷗江書院の創建〜賜額過程、粛宗22年(1696)までの経済関係を記述した史料で2冊に分かれる。18世紀末以降のある時期に、それまでの関係資料をまとめて筆記したようなので誤記が目立つ。近年の再建時に刊行された『鷗江書院誌』に影印がある(前掲注31『鷗江書院誌』)。
52) 「鷗江書院録」(前掲注31鷗江書院復元推進会書)329-332頁に影印。
53) 李樹健「鷗江書院の設立過程と賜額経緯及び毀撤」(『鷗江書院誌』2006年)91頁。
54) 李相海『書院』(ソウル、悦話堂、1998年)375頁。曲江書院は、毀撤以降現在まで再建されていない。
55) 入れ子型に門中が形成されるモデルについては、前掲注5嶋書、52頁、図1を参照。嶋氏はこのモデル図に仮称「栄州徐氏」を事例として検討を加えている。
56) 『愛日堂実紀』所収の年表や顕彰文から愛日堂と号した時期を読み取ることはできない。
57) 「功牌」に記された始祖李藝の業績への検証は、前掲注16拙稿、4-6頁を参照。
58) 前掲注41宮嶋訳李書、第5章「郷吏集団と両班の家系における身分差別

的宗族秩序の確立と身分上昇に対する制約——『居昌慎氏世譜』の刊行と郷吏派の編入」を参照。

59) この他、『治績』には『戊申譜』に載らない李姓の人物として「得義」「孝善」が登場する。このうち「李孝善」は顕宗13年(1672)から翌年(1673)にかけて2度登場するが、この前後の郷吏に「朴孝善」が数度登場するので、誤記の可能性も考えられる。顕宗元年(1660)から4年(1663)にかけて2回登場する「李得義」は『戊申譜』に見あたらない。実在したが、入録されなかったのであろう。

60) 越津派の⑧世に「起雲」の名がみえるが「東萊居」とあるので、『治績』の起雲とは別人物と考える(『戊申譜』洪字〔13-14頁〕。『戊申譜』の頁表記については、後掲注70を参照)。

61)〔第6統第1戸〕「武学李泰雄年貳拾陸庚申本蔚山、父正兵友碧、祖通政大夫起雲、曾祖軍功守門将夢希、[以下略]…」〔第6統第2戸〕「記官李友赫年伍拾参戊巳本蔚山、父通政大夫起雲、祖軍功守門将夢希、曾祖(判読不能)□仁、[以下略]…」(『乙酉蔚山戸籍』粛宗31〔1705〕、ソウル大学校奎章閣蔵、奎14998)。『乙酉蔚山戸籍』(1705年)は、この2戸の直前までを欠くので、里の名称は不明である。この戸籍台帳では、この2戸の所属する里の次が「第四 長生里」なので、この2戸は府内面「第三」里の第6統である。一方、後年(1771・1774)の蔚山府戸籍台帳で、府内面は「第一 長生里」にはじまるので、この戸籍台帳の長生里の直前の里名が推測できない。面の区切りが変更になっている可能性が考えられる。

62)〔北面凡西里37-43〕「守門将李夢希年肆拾捌壬戌本蔚山、父禦侮将軍國仁、祖禦侮不喩老戝折衝将軍茂汀、曾祖老戝折衝将軍碩文、(以下略)…」(『己酉蔚山戸籍』)

63) 前掲注50李書、49頁。論議を再開したのは、裵斗元・李東英(越津派)・金瑞章・李廷信(西面派)・安世卿の5名である。

64) 前掲注49に同じ。

65)「書院考往録」所収の「鷗江書院剏建誌」丙辰条(粛宗2年・1676)。

66)「幼学朴世箭年弐拾弐辛卯本密陽、[中略]妻李氏年弐拾陸丁亥籍蔚山、父嘉善大夫同知中枢府事蕢、) 祖通政大夫掌隷隠判決事得埈、曾祖嘉善大夫同知中枢府事景黙[後略]」(『壬子蔚山戸籍』農所面第六次一里第7戸)。

67) 前掲注50李書、61頁。

68) 李廷厳は仁祖20年(1642)から仁祖26年(1648)にかけて『治績』に登場するが、『戊申譜』(顕宗9年・1668)の李時萬撰「序文」には李天機同様その

完成を見ることなく没したとある。また、顕宗13年(1672)の戸籍台帳には3人の子(弘道・善道・敏道)が登場して廷厳が見あたらず、子供たちの戸籍中「父廷厳」の職役に「贈通政」とあることから、『戊申譜』刊行前に没したと考えられる。よってこの部分も何らかの誤記である。

69)「甲戌条」(『鷗江書院考往録』)。
70)『戊申譜』は木版本で、頁数を表示する文字は、版木に『千字文』の文字の順序で付される(天字が1-2頁、地字が3-4頁、……のようになる)。文字は版木に刻まれ、袋とじをした場合には1文字で2頁分となる。
71) 李樹健「鷗江書院の設立過程と賜額経緯および毀撤」(前掲注31『鷗江書院誌』2004年)98頁。
72) 〔第13加大坊第1統第3戸〕「幼学李萬耆年伍拾捌丙子本鶴城、父秉節校尉副司果時奥興、祖折衝将軍僉知中枢府事汝杉、曾祖学生起漢、〔以下略〕…」(『癸酉蔚山戸籍』〔英祖29・1753〕、ソウル大学校奎章閣、奎14992)。
73) もう1通は、19世紀後半に大司憲や判書を歴任したの金炳学(本安東)によるものである。
74) 筆者が入手した『戊申譜』は近年に製本されたもので、表紙は後から付けられたものである。版木から印刷された部分は致字(69-70頁)で終わり、後年記された前文4本の国訳(韓国語訳)が続き、識文を欠く。
75)『官前考籍後改正新譜』(『庚寅譜』)前文影印。『譜源文献』123頁。
76)『壬午蔚山戸籍』(1702年、奎14999-4)、『乙酉蔚山戸籍』(1765年、奎15005)、『甲午蔚山戸籍』(1774年、奎14978)、『乙卯蔚山戸籍』(1795年、奎14979)の熊村面を順に追った。
77) 中田稔「丁未年(一九〇七)刊『鶴坡先生実紀』の検討——鶴城李氏家門における始祖李藝像の形成」(『朝鮮学報』202輯、2007年)54頁。
78) その後別の部分(②世と③世の兄弟序次)をめぐり争論となったことは冒頭にふれたとおりである。
79) 郷案登載者の有無・留郷座首・別監輩出の有無は、有意な差とせざるを得ない。
80) 宮嶋博史「朝鮮の族譜について」(朝鮮史研究会第53回大会記念講演、2016年10月)。関連文献として宮嶋博史「安東権氏成化譜を通して見た韓国族譜の構造的特性」(韓国語、成均館大学校大東文化研究院『大東文化研究』62集、2008年)201-242頁。

# 海税徴収の実態と近代的「所有権」概念との矛盾
―― 慶尚道統営の海税徴収を中心に ――

大沼　巧

## はじめに

　19世紀末から20世紀初頭、慶尚南道沿海地域[1]では、海税徴収に関連する訴状や記事、あるいは調査報告が多く残された(同地の海税は後述するように統営[2]が管轄していたが、1894年にこれが廃止されて以後は内蔵院、経理院など他機関に管轄権が移行していた)。こうした訴訟の原因は、官有・民有の二分法的な理解のもと、民の私有でありながらも所有の証明が困難な漁基[3]が、官の所有に移管される過程で起きた問題であるとされている[4]。確かに、漁基という呼称は漁条・漁場・防簾[5]の総称として用いられ、定置網たる防簾は別としても[6]、海面の特定箇所を指し示す漁条や漁場の「所有権」は、海面という性格上、特定の個人や官衙に帰するような今日的「所有権」の対象とするには違和感がある。それでは、当時の「所有権」とは、何だったのだろうか。また、官有・民有のような二分法的な区分は当時の利用や所有の実態からみて果たして妥当だろうか。そして、官有とされたものは、所有主体や管轄主体によって徴税のあり方がさまざまであり、そのことが「紊乱」ともみなされたのだが、果たしてそうだったのだろうか。まずは、ほぼ同時期の3つの史料に即して問題を提示したい。

　A(1906年、漁民の請願書)：以前、民私条が金鳳洙に奪われた事ですでに二度の訴訟を経まして指令も受けましたが、各郡漁基に四つの名目があります。一つは営条や進上条というものであり、二つめが官条であり、三つめが面洞条であり、本は公に係わるものであり、四つめが民条であり、これは民の私有であり伝子伝孫し、互いに売買するもの

です7)

B(1907年、宮内府の裁決書)：進上条はもともと定まった賭税を、派員を定めて徴収し、毎年進上する正規に定められた税のことをいう。民私条は沿海人民が官令をうけたまわって基を設け、その賭税は官で収納していたが、甲午(1894年)以後からは派員を定めて徴収し、上納するものをいう。民有条は前から文券があり、人民間で私に互いに転売するものをいう。8)

C(1907年、統監府財政監査庁の調査)：三道統制使ヲ統営ニ左師営ヲ蔚山ニ設置セラレタル当時ニアリテハ慶尚忠清全羅三道ノ漁業ニ関スル権力ハ挙ツテ統制使ニ於テ之ヲ掌リ随テ築場使用料ノ如キモ統制使並ニ左師営ニ於テ之ヲ徴収シテ統制使左師営ノ経常臨時百般ノ経費ニ充用シタリ[中略]統制使時代官条(内皇室ニ納付スル進上条ナル最上ノ漁区アリテ熊川巨済二郡ヲ合シ十三条アリト云フ)民有条民私条(村有トモ云フヘキモノニシテ統制使視察使郡守等送迎ノ費用ニ充当スヘキ財源)ナル三ケノ築場アリタルヲ概子之ヲ官有ニ組入レ漁業者ニ之ヲ貸与シテ使用料ヲ徴シ来レリ9)

これらの史料を見ると、史料Aには営条(進上条)・官条・面洞条・民条、史料Bには進上条・民私条・民有条、史料Cには、官条(進上条を含む)・民有条・民私条があり、設置目的・収税権者・所有主体などさまざまな基準で分類がなされていたため、史料間で名目が相違していたことが分かる。それらを便宜的に4つに分けてみたいと思う。

①進上条：進上10)のために設けられていた漁区。統営が管理しており、最良の漁場であった。
②官条(営条)：統営が管理していた漁区で、地方官もしくは統営の役人が徴収していたものと考えられる。
③面洞条(民私条)：村有ともいい、村もしくは複数の漁民による共同所有だったと考えられる。
④民有条(民条)：民の私有とされ、文券を有していることでその所有権が証明された。

これらを再度、引用したA～Cの史料と照らし合わせると、①進上条は魚物を王室(皇室)に納めるために設けられた漁基、④民有条は民に私有されていた漁基、という意味で名称の相違こそあれ、いずれの史料にもその性格に類するものがあらわれる。一方で、②官条と③面洞条については、同時期の史料にもかかわらず、その史料の記述には違いがみられる。

　②では、官条・営条などというように、地方官による管轄なのか統営による管轄なのか、その管轄主体がどこにあったのかが曖昧である。③については、官有や民有とは区別される村有なるものの性格がひとつの土地にひとりの所有者という近代的「所有権」の概念ではとらえがたい。

　このように、大韓帝国期には同時期の史料であってもその史料の作成者によって管轄主体・「所有権」の理解に少なからずずれがあった。これは、20世紀初頭には管轄機関・所有主体の統一が志向されており、それを背景とした当時の人々の認識[11]と現実の管轄主体・「所有権」の在り方の間に乖離が生じていたためである。それでは、現実の管轄主体・「所有権」の在り方とはどのようなものだったのだろうか。

　以上の問いに答えるためには、20世紀初頭の事例のみを見ていては無理がある。なぜなら、前掲の3つの史料を見てもわかるように、それぞれの文書作成者の利害や立場に影響を受けて理解が統一されていないからである。そのため、本稿では20世紀初頭の徴税構造が形成され始めた時期、すなわち18世紀後半を主な対象として取り上げたい。この時期は、後述するように1750年の均役法制定により海税の管轄が均役庁に統一される一方で、地方官衙などの実情を考慮したうえで実際の収取体系には変化が加えられた時期であった。そして、均役法が19世紀末に廃止されるまで続いたこともあり、この時期に形成された海税徴収体系は20世紀初頭のそれにも大きな影響を与えている。そこで、本稿では18世紀後半の慶尚南道沿海地域を追うことで、20世紀初頭へと続く管轄機関・所有主体の在り方を明らかにする土台を提供したい。

　朝鮮時代における海税の研究は、これまでも少なからずなされてきた。例えば、李旭は朝鮮後期の塩鉄使制や宮房・官衙の折受、均役法などに対する政府の政策や施行過程を検討した[12]。李永鶴は、海面折受の廃止、均役法制定の過程を検討した[13]。また、商業史的な観点からは須川英徳が均役法制定前後の時期に関して分析しており興味深い[14]。このほかに

も、財政史として海税の制度的な概要を扱ったものとして金玉根の研究がある[15]。

しかし、以上の研究は、均役法制定直後の時期までに限定されている場合がほとんどで、その後の徴収実態などは十分に明らかにされてこなかった。そのような中で、近年、趙映俊が『賦役実総』などの統計資料を用いて、海税徴収額の推移などをマクロ的に明らかにし、比総制(各道の上納数をあらかじめ定め、収税すること)を基本路線とした当時の海税徴収の実態を統計的に明らかにした[16]。

その一方で、そのような比総制を軸とした海税徴収が、地域レベルで実際にどのように行われていたのか、という点に関しては、いまだに十分に明らかにされていないというのが実情であろう。

そのような中で、統営の事例に関しては、統営における海税徴収で大きな割合を占めていた巨済地域を扱った金鉉丘の研究がある。この研究は、海税に関する管見の限りでは唯一の地域研究ということができ、貴重な成果である。均役法制定以前からその後の議論を『日省録』などを用いて明らかにするだけでなく、邑誌などを用いた統計的な研究成果も注目に値する。しかし、管理主体が複雑に入り乱れている当時の巨済の状況を適切に整理しているとはいいがたく、史料紹介・当時の政策論の紹介の域にとどまっている感も否めない[17]。

また、近年では、大韓帝国期の「雑税」徴収体系の改編を、皇帝主導の自主的な近代政策、もしくは外国からの産業保護政策の一環として評価する傾向がある[18]。こうした研究は、朝鮮後期の「雑税」徴収に批判的な立場から、大韓帝国期の「雑税」政策を肯定的に評価したものといえる。そして、「停滞論」的な歴史観を批判しようとしたと思われるが、大韓帝国期以前の「雑税」の在り方に対する理解は、その複雑な体系を批判した「停滞論」と大きく異なることがないと思われる。このような「停滞論」的な歴史観を批判するためには、そのような社会や経済が形成されることとなった背景や変化過程を丹念に見て、その原理を明らかにしていかなければならない。

そこで、本研究では均役法制定直前の統営における状況から説き起こし、18世紀後半における管轄主体の問題を考えたい。また、曖昧な管轄主体や「所有権」の在り方について明らかにし、19世紀末へと続く徴税構造の原型を探りたい。そうすることで、朝鮮王朝の財政運営の特徴の一端を示

したい。

## 1　均役法制定前後の統営における海税徴収

『経国大典』(1485年施行)の戸典魚塩条には、漁箭・塩盆を等級分類して戸曹・監営・邑治に登録すべきことが記されているが、収税に関する規定はなく、漁箭は貧民に3年間ずつ貸与されるものとされ、塩業は官営事業として扱われた[19]。これは、『経国大典』が作成されたころには、中央の財源を補塡するほど大きな利益があると考えられていなかったためだろう。しかし、16世紀末の壬辰倭乱により国土が荒廃すると、16世紀半ば以降から行われていた漁場や塩盆の官衙や宮房への折受(劃給)が盛んになった[20]。このような状況の中で、漁箭を分け与えられた機関のひとつに統営がある。

統営は、三道水軍統制営と称することからもわかるように、三道(慶尚道、全羅道、忠清道)の水軍を統括する軍事機関であり、慶尚道を拠点としていた[21]。『均役庁事目』に「統営は海路における第一の関防である。そのため、設立当初からもっぱら海税が[統営に]属していたことは偶然のことではない」[22]とあるように、海防の重要な拠点として設立当初から海税の管轄を任されていた。

もっとも、漁税を重要な財源のひとつとしていたのは、統営に限ったことではなかった。そのひとつが耆老所[23]である。そして、耆老所と統営は漁税の帰属問題をめぐって、1744年から対立していた。

耆老所の主張によると、争いの焦点となっている漁箭(内鯨徳・外鯨徳・頂接(黄嶼))はもともと耆老所が管理していた。それを断りもなく統営に移属し、さらにはそれが統営の軍需に用いられるわけではなく、「幕属輩」が私的な蓄えとしているだけであると非難している[24]。しかし、このときの耆老所の主張は認められることはなかった。そして、領議政金在魯は国王に以下のように啓した。

> [前略]本所(耆老所)の事は甚だ重要で、日常の費用は非常に乏しく、一処の折受はもとより当然許されるべきでしょう。しかし、統営については、海防設置の大きさ、将士の生計費の多さは、八道の最たるものであり、当初専属していたことは理由のあることです。今、もし一度

折受の路を開けば、統営は次第に衰退して機能しなくなってしまいます。この三処を統営に還属し、耆老所折受は、別によきところを求めるということで上裁を経るのは、如何でしょうか[25]

　この啓の内容は、国王によって認められ、漁箭はそのまま統営に所属することとなった。耆老所にも均役法以後に漁塩税500両が給代財源として均役庁から与えられていることから[26]、おそらくこのあと統営とは別の箇所に財源となる漁箭などが折受されたと考えられる。それはともかく、該当箇所の漁箭が統営に属することが決定したのは、均役法での双方の給代額(統営1万両、耆老所500両)を比較してもわかるように、統営の海防上の重要性などがより高く評価されたためだろう。

　また、1770年代の記録ではあるが、「辛未(1751年)以前には、漁塩はすべて本営(統営)に属しており、漁採の時にはいつも、将校が監官となり、軍卒が格人となっていた。そのため、その間でおのずから漏れたものが下の者にも多く及んでいた。また、烙印章標があり、そのため各処船舶は皆来泊し、商旅輻輳物貨が雲集していた。漁塩藿各税銭を論ずることなく、合わせてこれを計算すれば官に入る数が少なくとも四、五万(両)を下ることがなく、軍民が得たものも三、四万(両)になった。」[27]とあることから、漁塩税が統営の財源となったことはもちろんのこと、統営に属する将校や軍卒を支える役割もあったことが読み取れる。

　このように18世紀前半までは、漁箭の利益を含む海税は統営の財源として機能していた。それが、1750年に均役法が施行されると、そのような利益は一度均役庁にすべて吸収されることとなる。均役法は良民の軍布負担を2疋から1疋に減らす代わりに、結税、海税、隠余結など、地方官衙・宮房の財源となっていた収入を均役庁に移管すると同時に、減疋による不足分を均役庁から支給するものである。

　このような処置は宮房や地方官衙に財源確保のための対応を迫った。その対応のひとつとして、還穀を利用するなどして、新たな収入源をえる方法がとられることも少なくなかった[28]。また、海面での利益収取に関しても、19世紀には浦口折受による商品課税の一般化が進行し[29]、地方官衙や宮房の利益となった。

　もっとも、官衙の財源不足は中央でもその必要性は認識されており、も

ともと漁塩船税をその財源としていた官衙などには、均役庁を通じて給代財源が与えられることとなった[30]。その代表的な機関のひとつが統営である。統営は、日本の侵攻に備え、南部海域の安全確保のための軍事的な重要拠点であった。そのため、『均役庁事目』でも財源不足が特に不安視され、1万両[31]が支給されることとなっていた[32]。さらに、進上による免税規定があり[33]、この時に給された漁条防簾は右沿中、最も良好なものとされていた。このほかに、烙印税（通行する船に、烙印を押す際に徴収した税）も存在しており、重要な軍事官庁である統営には、均役法施行後にも海税にかかわる特権的な権利が少なからず認められていたことが分かる[34]。しかし、このような統営に許された特権はただちに批判を受けた。

これについては、貢市釐正堂上の朴文秀[35]の啓をみてみたい。彼の主張は多岐にわたっているが、ここではふたつの問題についてみていきたい。

①進上のための漁条・防簾
- 「均役法制定時に、漁条防簾七処を分給した。そこでの漁利の銭も、またはかりしれないのに、すでにこの七処を給してしまい、さらに万両を添えたというのは、朝家の区分画定がどうして迂闊の極みであるといえないことがあろうか。」[36]
- 「統営は漁利を失った後、つねに青魚・大口進上ということを主張している。ところが、臣の割給した七処漁条防簾は、右沿中で最もよいところであるので、熊川所在漁条が統営と非常に遠いのに、統営は他民に設網納税させず、本営から将校を定めて設網捉魚している。そのため、青魚・大口進上は、失った他の条簾からではなく、割給の条簾からなされているとわかる。また、[具]善行の主張では、前に魚塩がすべて統営に属していたときから、右沿で漁利を失うと、進上青魚・大口は、いつも左沿から交換で入手しているというが、そうであるならば進上が速い遅いは、条簾での利益の大小にあるのではないことをきちんと把握すべきである。」[37]

②均役庁から割給された1万両
- 「右沿魚塩がすべて統営に属していた時、統営の一年収入は、

あるいは六、七千両であり、これはあまりないことである。毎年収税されるのは、おおよそ四、五千両に過ぎず、もしも漁利を大きく失うことになれば、たったの三千両となる。もし、右沿から出る魚税銭の合計が僅か四五千両に至れば、他道税銭で、その万数を移充しただろうか。」[38]

・「統営にすでに万両を給したのであれば、嶺南の左水営、湖南の左右水営にも、分給しないわけにはいかない。そうして後に、朝家処分は偏っておらず、人心もまた服することでしょう。今、もしも他水営を論ずることなく、統営にのみ、万両を偏って給すれば、絶対にそれが不可であると知るべきです。」[39]

　均役法制定当初から認められていた統営の収入源のなかで、漁税と関連するものは上にあげた2つである。①の進上に関する漁条・防簾は、その存在自体は否定されることはなかった。ただし、その利益が大きいことから均役庁から漁税のうち1万両を分け与えることは不当であると判断している。

　この主張を受けて、1万両を割給するという処置は、再考を余儀なくされた。その結果、1753年に一度は停止されたが、1763年には統営の耗米(還上の利子にあたる米)2000石を均役庁に所属を移す代わりに、再び漁税のなかから1万両受け取ることとなり、1769年には耗米の徴収権者も統営にもどった[40]。1万両の割給については、19世紀後半の記録でも確認できる[41]ことから、この処置が継続することになったと考えられる。ただし、ここで定められたのは、右沿漁税のことではなく、あくまでも均役庁のもとにある漁税の一部を分け与えるものであった。一方で、慶尚道右沿一帯の漁税に対する処置は1770年代以降のさまざまな論議を経て変化していった。

## 2　18世紀後半における統営への漁場還属問題

　以上のように、統営には、『均役庁事目』制定時の段階で、それまでの漁税徴収が停止される見返りとして、均役庁から1万両が割給された[42]。しかし、進上で免税処置されたところを除く右沿漁税は、均役庁の管理と

なっていた。

　均役法制定から20年ほど経過した1770年代には、統営に漁場を還給すべきではないか、という議論が起こっている。この議論は、1790年代まで継続し、その間に統営の漁場の所有形態や徴収方法などは変化を繰り返した。非常に複雑であるため、まずはその様子を年表で示したい[43]（なお、表中の下線や太字は漁税に関する各項目を区別するために用いた）。

【表1】　統営による漁税徴収の変遷

| 年 | 内容 |
|---|---|
| 1750 | 均役法制定。新たな折受が禁じられ、統営は漁税徴収をできなくなる |
| 1752 | 『均役庁事目』施行。漁税1万両と進上のための漁条・防簾7か所の割給が規定される |
| 1753 | 漁税1万両の割給が廃止される |
| 1763 | 漁税1万両の割給が再開される |
| 1777 | 統営に右沿漁税の管轄が移る |
| 1793 | 右沿漁税が邑の管轄に移る |
| 1796 | 右沿漁税還属節目が制定され、再び統営の管轄に戻る |

　上の年表を見ればわかるように、統営に漁税や漁箭を還属するという議論がたびたび出てきており、まずはそれを整理する必要がある。

　1つ目が、漁税1万両の割給である。前章でも述べた通り、均役法以前には、漁箭が折受されており、統営はそれを財源の一部に充てていた。均役法が制定されるに伴い、そのような漁箭の折受は原則的に禁止された。その代わりに新たに海税を管轄することとなった均役庁が、給代分として統営に漁税から1万両を割給した。前章でも述べたように、この処置は実施当初は反対意見もありしばらく停止することもあったが、その後は継続して続けられており、問題として取り上げられることもなくなっている。

　2つ目が、進上である。これも前述したように、均役庁事目作成の段階で、進上のための漁条・防簾7か所が与えられ、免税地とされている。しばしば、その額の大きさが指摘されるものの、これ自体を廃止するという議論はほとんどない。

　3つ目が、右沿漁税の管轄問題である。1770年代以降の議論は、基本的にこれが争点となっている。これについては、『万機要覧』に、以下のように簡潔にまとめられている。

正宗丁酉(1777年)、嶺南右沿漁税を統営に劃給した。そして、乙未(1775年)の総額4424両を定数として上納する。そのあまりは統営の軍民償債の事に用いるということで、備局で節目を作成し、一年で分け与える数は3000余両となった。44)

　1777年に嶺南右沿の漁税が統営に劃給し、一定の額を上納し、その残余は統営で使用することとされた。『万機要覧』が作成されたのは1808年であり、これ以上の記述がないことから、19世紀になっても1777年の際の基本方針は変わっていなかったことが分かる。
　しかし、実際には1777年以後も右沿漁税の管理主体や管理方法について多くの議論があり、それに伴って少なからず変遷があった。このことは、1796年に「右沿漁税還属節目」が作られる背景となっており、その後の右沿漁税の在り方にも反映された。そのため、まずは時系列的に確認する必要がある。
　前章で見た均役庁事目での1万両の分給と漁条・防簾の劃給は、あくまでも均役庁の漁税の利益の一部を分け与えたものであって漁税一般の管理は均役庁が行うこととなっていた。しかし、1万両は「本営之需要」を満たし、漁条・防簾の劃給は進上のために与えられたものであったため「軍民之利害」とは関係のないものであった45)。そのため、およそ20年後からはそれでは不十分であるとする議論も出てくることとなる。
　そして、1777年には慶尚道右沿の漁税が均役庁から統営に還属される。まずは、このことに関連して、管見の限りはじめてこのことが議論になった1775年の史料をみていきたい。この史料は統制使趙㘽の報告を受けて、領議政韓翼謩が啓した内容である。

　　十一月五日、大臣・備局堂上を[国王が]引見して[大臣・備局堂上が]入侍した時、領議政韓[翼謩]が啓するには、「統制使趙㘽が、漁税の事で備局に論報しました。[それによると]統営の凋残は、近来特に甚だしく、軍門(統営)内で民戸が流散することが相継いでいるといいます。重要な軍門でこのようなことに至っては、考慮しないわけにはいきません。統営下の漁箭を、前のように統営に句管させ、税銭を数の通り上納させれば、均庁に損がなく、貧民にも利益があります。前

に領府事金[相福]が、このことで陳達し、臣の意もまたその通りです。報状に従って実施を許すのがよいでしょう」と。国王がいうには、「報状によって施行してもよい」と。46)

　報告において、趙㘅は統営の凋残と軍門内の民戸の流散が相次いでいることを問題視していた。そのことをうけて、領議政韓翼謩は、統営の管下にある漁箭を以前のように管轄し、その代わりに税を均役庁に上納することを提起した。この案は均役庁にも損のないものであったため、国王にも裁可された。基本的に先に引用した『万機要覧』に載っている内容もこの時の趙㘅の案に沿ったものとなっている。
　しかし、官衙や宮房が漁箭を管轄するということは、均役庁による海税の統一的管理という『均役庁事目』作成時の理念に合わないものであると考えられていた。そのため、一度国王の裁可を受けたものの、直ちに実行されるものではなかった。
　そして、2年後の1777年に正祖は、大臣や備辺司堂上を集めて意見を求めた。ここで提出された意見を整理すると以下のようになるだろう。

①行戸曹判書鄭弘淳
　　漁税が統営に属すことは、邑鎮軍民に蒙利の幸が有り、均庁税納は減縮の患いがなく、どうして京外両便の幸でないことがあろうか。それでも、均税事目中で、営邑が漁政に関与することを許さないのは、専ら海民が失業することを考慮してのことであり、かりに善策があるならば変通すべきであり、事目を変改させずに海民が失業しないのであれば、臣はまた必ずしも一向に固執するものではない47)

②行都承旨洪国栄
　　均庁が遵守するのは、事目を違越してはならないということであり、統営がたのむのは漁利であり、これまた当然顧念すべきである。臣の意は、諸処漁場中には、必ず民力がおよばず廃棄された処があり、漁産が昔は無いが今は有る処があり、また必ず案付外に箭簾を設けるべき処がある。これは統制使に、実情に従って廟

堂に調査報告させた後、廟堂は考慮して、統営に給することとすれば、均庁事目に特段の大きな妨げとなるものではなく、統営軍民の利益にも、また別般蒙利の道がある。廟堂から先に統制使に下問した後に、これを処すのはどうでしょうか[48]

③兼礼曹判書蔡済恭

もしも簾条で民力があったならば廃棄されなかっただろう所は惜しむべきであり、均庁案付の外にも、新設できるところがあるだろう。そこで、統営では自ら物力を備え、それによって軍民の資の頼みとできるならば、均役節目には大きく違越せず、統営においてもまたわずかに弊害を矯正することができ、事は甚だ便好である[49]

　いずれの意見でも共通しているのは、統営に還属するという処置が、①均役庁事目に悖るものではない、②均役庁の収入を減少させることなく統営や軍民に利益がある、としていることであろう。これら意見を受けて、実態の把握が優先され、まずは漁箭・防簾の復設すべきところや新設すべきところなどを調査することが国王から命じられた。

　こののち、具体的に何月に統営に還属されることとなったのかはわからないが、統営への還属を支持する意見が多く出たことから考えると、『万機要覧』の記述通り、この年(1777年)には、実施されたものと考えられる。

　このように、統営への還属は実施されたわけだが、この施策には均役庁への上納分や漁箭・防簾の整備などを期待された側面も大きかったため、必ずしも統営の利益とはならなかった。そのことは、1779年の前統制使・李昌運の指摘をみれば、明らかであろう。

　李昌運によれば、1779年には漁場が統営に還属されていたものの、実際には「漁場を還給するといっても、案付(漁税に関する帳簿だと考えられる―大沼注)は均庁にあって、章標はこれを巡営に置き、漁塩等の利はこれを海民に与え、本営校卒は初めから前のように漁獲をすることができず関与もできない」[50]という状況であった。そして、徴税に関しても「各処税銭は、列邑から統営に納めている。統営はただ列邑が徴収したものを受け取るだけで、これを均役庁に上納している」[51]というように、統営は単に各邑で

徴収された税を受け取り、それを均役庁に納める役割しか担っていなかった。このように、漁場が統営に還属されるという処置は、均役庁以外の機関が海税を管理しうる可能性を生み出したといえるが、少なくともこの時点では均役庁事目の枠内で徴税が行われていたように思える52)。

以上のように、統営への還属という処置は、為政者の側からみれば、「均役庁事目」作成時の理念と大きく齟齬をきたすことのないものであった。ただし、もともと統営の漁税は将校や軍卒の利益ともなっており、統営は漁税の還属にこのようなことも期待していた。そのような意味で、統営への漁場の還属以後も漁税の徴収において統営の校卒らが関与できなかったということは、統営の期待とは異なった側面も有していた。しかし、実際には「右沿漁税を統営に割付することは、専ら該営将士の頼むべき資となっているが、彼らが多年好きなようにして矯正しがたい弊害を積み重ね、海民が支え難くなった。今は道帥臣(観察使：各道の長官—大沼注)が上申した捄弊諸条で、弊害が痼となってすでに手の付けられないものとなっている理由であることを知るべきである。」(右議政金履素)53)というように、還属後に統営の将校や軍卒が利益を得ることがあった。このことを根拠のひとつとして、1793年には、漁場の管轄は統営から各邑に移った。

しかし、このような状況は各邑の管理下でも似たようなものであった。将校や軍卒による中間収奪の弊害を述べるときには、多くの場合、「海民」への収奪が問題視されていた。各邑への移属はその解消を目指したものだったが、結局「漁税が前に統営に属していた時は、納めていたものは五両に過ぎなかった。本邑に属するに及んで後は、近隣の邑落の網処はいたるところで収税され、一年に徴収されたものは二十余両となり、浦戸が呼訴した」54)とあるように、各邑への所属となったことで、その収奪は一層はなはだしいものとなったのである。

そのため、1796年には再び統営の管轄するものとなった。しかし、このようにさまざまな弊害が指摘された統営への還属だったため、改めて節目が作られた55)。その内容をみると、当時の統営における漁税徴収の実態が反映されており、興味深い。そのため、この内容は次章で右沿漁税の実態を明らかにする中で触れたいと思う。

これまで見てきたように、1770年代以降、右沿漁税の管理主体は大きく変化した。1777年に統営に慶尚右道漁税が還属された際に、決められ

たのは統営が漁税を集めて均役庁に一定額上納し、残りを統営のものとする、という限定的な内容だった。そのため、統営に漁税がわたる過程についての言及がなく、結果として均役法施行以来管理をしてきた邑が統営と漁民の間でそのまま徴税を続けるか、統営が独自に徴税官を設け、直接管理するのかという点も不明確となった。それが原因となり、実際の徴税をどのように行うのか、という点でさまざまな議論があったのである。このことは、海税の徴収額を道ごとにあらかじめ定め、それ以上の干渉をおこなわなかったことがもたらした当然の帰結だったのだろう。しかし、注目すべきは、このような曖昧な状況のなかで、最終的に節目が作成され、海民の困窮や均役庁の財源確保のような解決すべき問題については対処されたということである。このことにより、こののち統営の漁税徴収問題は一旦沈静化することとなった。しかし、19世紀末に海税管轄の官民への二極化が志向される中で起こりうる事象の伏線はすでに形成されつつあるとみることができるだろう。次に、その点について考えていきたい。

## 3　統営における海税徴収の実態

　これまで述べてきたように、統営がかかわる漁税には、①進上に関する漁箭・防簾、②均役庁からの漁税1万両の劃給、③右沿漁税の管轄、という主に3つの種類があった。①と②に関しては、支給額などに関する論議はあったものの、基本的には均役法の理念に違うものではなかったため、問題視されることがなかった。その一方で、③の問題においてはその管轄主体や形態についての議論がなされた。

　前章でも述べたように、右沿漁税については、1770年代から1790年代までの約20年間、均役庁の管理とするか邑の管轄とするか、ということが議論の焦点となった。そして、それぞれの管轄方法における弊害が指摘される中で1796年に管轄主体が統営に決まると、その弊害を軽減すべく節目が作成された。この節目は、1777年から1793年までの統営の前管轄期間における実態を把握したうえで作成されたものとして興味深い。本章では、節目で触れられているふたつの問題について考えることで統営での管轄実態に迫りたい。このことは、19世紀末以降の問題を考える際にも少なからず参考となるだろう。

### (1) 掌標と地貼の問題について

1777年に右沿漁税が統営に劃給されると、統営による漁税の徴収がはじまった。これは、均役庁に3000両納める代わりに認められた権利だったが、もっぱら統営に管轄方法を任せたというわけではなく、原則的には均役庁の管理下で徴収がおこなわれた。このような徴税は掌標といわれるものを用いて行われた。掌標については、『万機要覧』に記述されている。

> およそ漁・塩・船税は、皆掌標を基準として、毎歳末に、均庁はあらかじめ明年の各種掌標を頒布する。各道で当年税を徴収した後、新標を出給して旧標を還収し、各道監営から本庁に納め、当初頒給した数に準じてくいちがいのないようにし、余りがあれば旧標とともに上送すること。56)

均役庁管理下での公式的な徴税は、このように掌標の配布枚数を基準として納税させ、税の徴収を終えた漁条などに納税証明として新掌標を配布し、旧掌標を回収したのである。それに対し、均役庁の管理が行き届かない非公式的な徴税は、統営が独自に発行した「地貼」というものを納税の証明としていた。このような非公式的な徴税は18世紀後半からしばしば批判を浴びることになり、1796年の節目ではその廃止が命じられている。

> 一、漁場収税法は、例にて均庁事目に載っているように当然基づくべきであり、敢て違越してはならない。しかし、丙申年(1776)の還属後に、漁条防簾と洋中去処の船を論ずることなく元案に付いているものを元税といい、新たに起こして加わったものを余税という。元税は均庁掌標をあてて給するが、余税には統営が地貼を作成して給している。掌標の填給が正常であり、これに加わる地貼は仮のものである。仮のものであるので誹謗を招く口実となっている。均庁元税は、すでに乙未年(1775)の総定数があり、その外の余数は、臣営民債を補うために分け与えることを許した。所謂元税、余税は皆漁場から出るものであり同じ税である。区別して別にそれぞれ掌標・地貼を用いるべきではなく、それによって監色輩の奸計を許す穴を明らかにし、今後は、均庁掌標の入ってくるものを量って加えることを請い、統営による地貼

は永久に廃止する57)。

　ところが、20世紀初頭の記録に官が新たに設けた漁場に関する記述がもともとの官の漁場とは別途に存在することから、少なくとも均役庁の掌標を用いない収税方法があったことはほぼ間違いがないだろう。20世紀初頭の記録を見ると、用途に関しても異なっていたと考えられるのであるが58)、少なくとも18世紀後半の記録のみでそれを明確に示すことは困難である。

(2) 「執籌」に対する考察

　統営における漁条への漁税徴収は、17世紀前半には始まっていると考えられる。しかし、漁条は所有主を定めることが難しく、特定の所有主がいるわけでもなかった59)。おそらくは、共同所有に近いものが多く存在していたと考えられる。しかし、所有主のいないことで特定の人物や官衙に「兼並」される恐れがあった60)。そのようなことを背景として、便宜的に納税を請け負う所有主を設定することとなり、その結果、執籌(抽籤)が行われるようになった61)。便宜的とはいえ、漁条の所有主を定める執籌で選ばれる人物は、当然のことながら漁民が好ましいと考えられた。しかし、実際にはそのようにならないことが多かった。特に弊害がひどかったと記されているのが、統営に管轄が移った1777年以後のことである。1792年に、鄭大容が漁条の管轄を統営から各邑に移すように求めた際に、統営が漁条を管理することの弊害のひとつとして執籌を挙げ、「執籌は弊害の中で最大のものだが、廃止することができないということで、営禄が立ち会うことを許せば、これが終始弊害がないということがあろうか」62)と述べている。このことから、執籌は当初から「営禄」(統営の下級役人)の干渉を免れず、公平に行われないようになっていたことがわかる。このことは、1796年の節目作成時にも考慮された。ここでは、執籌の問題点として「よい漁条を得た者であっても、生産するための設備を整えられないなどの事情があって、その権利を売り出す事がある。漁民の中で執籌を得られなかった者は、それを買うことを欲するが、営属邑属が先を争って恐喝し廉価で強引に奪い、次次と転売して利益だけを図っている。」63)ということを指摘している。そのため、「執籌の日に、その姓名をしらべて掌標

を墳給し、或いは自ら願って斥売しようとする者がいたら、必ず執籌を得ていない漁民に売るようにさせ、立旨を作成して給す。もし営邑属で勒買する者がいれば調査・摘発し、他人の田宅を侵占した律でただすこととする。」(64)というように、統営の吏による干渉を排除し、漁民に漁条の管理を行わせるようになった。

　しかし、このような弊害は、収まることはなかった。1808年の文書を見ると「所謂執籌の時には、条居の民が、千百で群をなして営底に聚会し多日留まり、弊をなすこと甚だしく、執籌の後に及んでは、空いている籌を得たものは、いたずらに往来の費用がかかり、すたれたところを得た者は、また白地の税を徴収し、或いは幸いにもやや豊かな条を占めた者は、営属輩が廉価で強引に買い持って行ってしまう。」と、1793年までの弊害を述べ、一時は邑に所属が移されたものの「わずか数年で統営に還付したことで、弊端をなし、また前のように大抵は営門で執籌するので、営属に利があり、民はその害を受ける。該邑より収納すれば民は甚だこれを便利であるとし、営属は、もとは損することがなく、どうして営属を支えるために島民貽弊の端を思わないでいられようか。」としている(65)。

　ここでは、統営に最初に漁条の管理が任されるようになった1777年以降の執籌について概略的に示したうえで、その弊害を述べ、統営の管轄から各邑の管轄に戻すべきであるという主張を行っている。その後、この主張が受け入れられたのかはわからないが、当該地域が19世紀末以降にも統営の管理であったことを考えれば、少なくとも上記史料の主張がそのまま受け入れられたとは考え難い。

　以上で見てきたように、執籌は、特定の所有主の定めがたい地域で納税の代表者を定めるものとして、統営の収入を安定させる役割を担ったといえるだろう。ただし、実際の運用においては、その代表者が漁民ではなく下級役人になることが多く、漁民への収奪につながることも少なくなかったといえよう。


## まとめ

　ここで、もう一度大韓帝国期の漁基を想起しつつまとめたい。第1章で述べたように、18世紀半ばの均役法の成立に伴い、それまで統営に管理

されていた漁税が、均役庁の管轄に移ることとなった。しかし、漁税運営の現状を考慮して、進上用の漁条・防簾が統営に割給されたり、均役庁を通じて漁税1万両の給代が行われたりするなど、漁条・防簾の管理などが運営に必須とされた統営の財源の補てんも行われた。そして、その用途によって、いくつかの名目での徴税が行われることとなっていた。このことは、20世紀初頭の「進上条」などという用語にその連続性を見出すことができる。

　一方で理解の困難なものもある。まず、「官条」や「営条」といわれ、統営なのか地方官なのか管轄主体が明確でなかった漁基はどのように理解すればよいのだろうか。本文で述べたように、均役法施行後には、漁税は均役庁に集めることとなっており、一定の上納分を納めることができれば、中央政府によるそれ以上の干渉はほとんどなかった。そして、管轄主体がどこであれ、均役庁の掌標を用いて徴税額の確保に努め、その理念に反する統営で独自に発給される地貼は廃止されることとなった。このような点で、上納額の確保という点においては、18世紀後半においても一貫した政策がとられていたとみるべきであろう。そのため、管轄主体は中央政府レベルでは十分に把握されておらず、地方官の管轄であるのか、統営の管轄であるのか、必ずしも明確ではなかったと考えられる。

　次に「民私条」といわれる所有主体が曖昧にみえる漁基について考えたい。実は本文でも見てきたように、18世紀後半には、漁条・防簾などの所有者は明確ではなかったように考えられる。そのために、執籌という抽籤によって代表者を決め納税を行わせる、ということがあったのであろう。なぜ、このような方法がとられたのであろうか。現段階ではあくまで推測に過ぎないが、20世紀初頭に「村有」というものが存在することが注目に値する。おそらく、18世紀後半にも漁箭・防簾などが一定の単位で区切られ、それぞれの場所には共同の利用者が存在し、執籌によって徴税請負者を選んで納税を行わせていたと考えられるのである。そして、この方法も、やはり上納分の確保という視点からみれば、矛盾のないものだった。ただし、納税の代表者が漁民ではなく、下級役人になる場合は必然的に中間収奪が生じ、漁民の疲弊につながるため、その廃止が訴えられた。

　以上で見てきたように、均役法により定められた海税は基本的に定額課税制であり、慶尚道にも均役庁に納める一定額の上納分が割り振られた。

そして、慶尚南道沿海地域では、その用途によって漁税にはさまざまな名目が存在し、管轄機関の移行も見られたものの、上納分の確保という点については、一貫した政策がしかれていたとみてよいだろう[66]。

従来の研究では、漁税は「雑税」のひとつとして、宮房や官衙による恣意的な徴収が行われていたという観点からみられることが多く、多様な漁基の名目も近代的「所有権」の観念に基づいて官民いずれかに還元されるべきものとしてとらえられてきた。そして、そのような観点から朝鮮王朝の徴税体制を否定した大韓帝国期の皇室への財源集中を皇帝主導の自主的な近代政策ととらえようとする傾向がある。しかし、20世紀初頭以前の「所有権」はひとつの土地にひとりの主人という近代的「所有権」とは異なるものであり[67]、漁基についても基本的に収税という観点から明確に分類がなされていた。大韓帝国期の漁基整理過程では、従来収税権のみしかなかった漁基の所有権も内蔵院など皇室の財政機関に吸収され、内蔵院などは漁基の使用料を所有者として徴収するようになったのである。ここで、従来の収税体系が新たな所有権概念の出現により変容を迫られることとなったのである。

以上で見てきたように、本研究は18世紀後半の漁税徴収体制がどのように構築されたのかを考察する中で、徴収名目が多様であること自体が無秩序であるとする見方については批判することができ、20世紀初頭の漁基について考える土台を提供することはできたと思う。ただし、本研究では18世紀後半の時期と20世紀初頭の間の時期(19世紀)を扱っていないなど多くの課題が残されている。そのような点で、両時期のつながりを実証的に証明したとはいいがたい。今後は、19世紀、さらには20世紀初頭の現象をより詳しく考察し、18世紀後半から20世紀初頭における徴税体系の形成から変遷に至る過程を地域的視点から実証的に検証したい。

注
1) 研究対象である現慶尚南道地域は時期によって名称が異なるため、名称が混同することがある。すなわち、時期によって「慶尚道」と称した時期もあれば、右・左道、南・北道などに区分され、それによって行政上の名称が変化した時期もあった。均役法制定時の慶尚道は、行政上ではひとつの道であったが、軍事上の職制では右・左道に分かれて

いた。本研究にもしばしば出てくる慶尚道右沿という用語もそれに由来するものであろう。しかし、1896年には、慶尚道は南北に分割され、右沿という用語はなくなる。その代わりに、元統営管轄地域は慶尚南道沿海部の問題として取り上げられることとなる。慶尚道右沿と慶尚南道沿海部が厳密にどのように異なるのかは検討できなかったが、統営所在地の付近である固城・巨済・熊川などを中心とした地域であることは変わりなく、その連続性が色濃く存在することは間違いない。

2) 「統営」とは、三道水軍統制営のことである。史料上では「統営」もしくは「統制営」という言葉で表現されることが多いため、本研究でも統営と称することとする。

3) 大韓帝国期には、慶尚南道の漁区の総称として、漁基という用語が使用されている。漁基は『増補文献備考』の記述では、「地勢便好なりて捉魚に宜しきは、之を基と謂う」(「地勢便好而宜於捉魚者謂之基」『増補文献備考』巻158)として漁条・漁場・防簾と区別される概念として扱われたが、大韓帝国期は『用語略解』(1912年)に示されているように、『均役庁事目』における慶尚南道のすべての漁採にかかわる名目(漁場・漁条・防簾。後掲注5参照)を包括する概念であったと考えられる。「漁基：江ト海トヲ問ワス漁区ヲ占得スル場所ナリ。其ノ種類左ノ如シ　一、漁場　江海ヲ問ハス　二、漁条(立船)　海ノミニ用ユ　三、防簾　海ニ於テハ簾ト称シ江ニ於テハ箭ト称ス」。

4) 楊尚弦「大韓帝国 内蔵院 財政管理 研究──人参・鉱山・庖肆・海税를중심으로」(서울大学校大学院国史学科博士学位論文、1997年)317頁。なお、こうした解釈は、1906年に従来の進上条と民私条を義親王宮に移管し、民有条のみを人民に分け与えるとした処置がとられた際に、官民どちらかの所有に振り分ける必要が生じたためにうまれたものである。(内蔵院編『各府郡来牒』奎19146、巻13、1907年6月28日、宮内府の裁決書。なお、表紙は「各府部来牒」となっている)

5) 漁税の対象としては、漁条・漁場・防簾などさまざまな名目のものが挙げられる。『均役庁事目』では、慶尚南道に漁採の名目が漁場、漁条、防簾の3種類あったとされている。そして、以下の記述を参照すれば、漁場は海と川の区別があるが、魚の集まるところで地引網などを用いて漁獲を行っていた場所だと考えられ、漁条は魚の通る道(条路)に船を止めて網を仕掛けて漁獲した場所だと考えられ、防簾は定置網であったと考えられる。

「嶺南之漁採、其名色有三、曰漁場、曰漁条、曰防簾。環海曲数十里之間、節魚之処萃、漁船之処集、謂之漁場、海魚往来、自有条路捉魚

者、以次立船各有定居設網待魚者謂之漁条、編竹為簾植木為柱横截魚路者謂之防簾。凡漁場有江海之別、海有大口青魚場文魚場、江有江魚揮羅場。漁条只於海有之、而亦有大口青魚条雑魚条之分。防簾以江海異名、在海為簾、在江為箭、海有青魚大口簾雑魚簾、江有江魚箭、毋論江海漁場則有起無廃。至於漁条防簾、則前此統営尽管右沿漁利、環海六七百里之間、毋論魚之可捉不可捉、一併名之謂漁条防簾、是以漁条防簾歩歩相踵、而其実時起不過千百之一、其陳其起有難逐年区別毎式年税案中、漁場漁条防簾毋論起廃一従次第開列、而註其陳起、至於時起、則毎年上納時、修成冊開列、而註其実捧数爻並陳省上送為白斉」(『均役庁事目』海税条)。

6) 防簾のひとつである漁箭とそれに付属する網の売買については、文記も残されている(漁場文記について詳しくは、崔承熙『増補版 韓国古文書研究』知識産業社、1989年、416-420頁)。

7) 「向以民私条、見奪於金鳳洙事로 業経両訴ᄒ와 蒙有指令이온바 各郡漁基가 有四件名色ᄒ니 一曰営条니 進上条也요 二曰官条、三曰面洞条니 本係付公者也요 四曰民条니 此即民之私有而伝子伝孫ᄒ야 転相売買也라」(「慶尚南北道各郡訴状」光武10年(1906)7月条、経理院卿宛て請願書、『各司謄録』16、463頁)。

8) 「進上条ᄂ 原定賭税를 定派員収刷ᄒ야 毎年進上ᄒᄂ 正供을 云喜. 民私条ᄂ 沿海人民이 奉官令設基ᄒ고 其賭税ᄂ 自官収納이더니 自甲午以後로 定派員収刷ᄒ야 上納ᄒᄂ 者를 云喜. 民有条ᄂ 自来로 文券이 有ᄒ야 人民間에 私相転売ᄒᄂ 者를 云喜」(前掲注4内蔵院編書)。

9) 統監府財政監査庁『財務週報』32冊(税務ノ部、1907年11月18日)391-392頁。

10) 進上とは、地方官民から税貢とは別にその地の所産に従って上納することである。なお、本研究で扱う統営も、魚物を王室に進上することが義務づけられていた。(進上について詳しくは、田川孝三『李朝貢納制の研究』東洋文庫、1964年)。

11) 大韓帝国期の慶尚南道沿海の漁税に関する記述は、それまで管轄主体ではなかった内蔵院の関連文書(『各司謄録』、『訓令照会存案』など)や日本の調査(のちにこの地域の漁場が日本人・香椎源太郎に貸与されたため)が大きな割合を占めることから、現実の漁基のありかたを十分に理解していたとはいいがたい。

12) 李旭「朝鮮後期魚塩政策研究」(高麗大学校大学院史学科博士学位論文、2002年)。

13) 李永鶴「조선후기 어세 정책의 추이」(『역사문화연구』12、2000年)。

14) 須川英徳『李朝商業政策史研究』(東京大学出版会、1994年)。
15) 金玉根「朝鮮王朝財政史研究(8)漁税制度」(『法史学研究』1、1974年)。
16) 趙映俊「영조대 均役海税의 수취와상납」(『韓国文化』51、2010年)。
17) 金鉉丘「18・9세기 巨済府의 海税 運営과 民庫」(『釜山史学』19、1995年)。
18) 前掲注4楊書。徐栄姫「1894〜1904년의 政治体制 変動과 宮内府」(『韓国史論』23、1990年)。確かに、18世紀以降、「雑税」については、朝鮮政府内でも弊害が指摘されることもあったが、全面的な廃止が議論されたのは、「雑税」のなかでも「無名雑税」といわれる商業に課せられた税である(前掲注14須川書)。本研究で扱う海税は、「雑税」に分類されながらも、国法上の規定があり、部分的な変更の要求はあっても、管見の限り全面的な廃止は議論にもなっていない。
19) 『経国大典』戸典魚塩条。
20) 前掲注14須川書、114-115頁。
21) もともと水軍は各道に設置された水軍節度使に指揮されていたが、1593年に壬辰倭乱に対処する必要から統制使が設置され、三道の水軍を指揮した。初代統制使は李舜臣である。1601年からは、統制使は慶尚右水使を兼任することとなった。具体的な場所については、右水使を兼任する前は壬辰倭乱中の李舜臣の居所であるが、それには諸説ある。兼任後は慶尚右水使が拠点としていた右水営となった。右水営も壬辰倭乱中には繰り返し移動があったが、1604年には慶尚道固城県南50里である頭龍浦に移されて定着した(金鉉丘「朝鮮後期統制使에 관한 연구」『釜大史学』9、1985年、367-369頁)。
22) 「統営是海路第一関防。当初設立時、全属海税者、意非偶然」(前掲注5『均役庁事目』海税条)。
23) 耆老所とは、高齢となった国王や高位の文官を礼遇するために設けられた機関である。
24) 「趙明履、以耆老所言啓日[中略]且慶尚道熊川加徳前洋所在漁箭内外鯨徳、黄嶼、項接等條之属於本所者最久。本所所在文書中、載以祖宗朝所賜給、而近又無端移属於統営。詳探其事實、則此非統営軍需之用、不過自統営、分給於幕属輩、作為私槖。」(『日省録』53冊、英祖20年(1744)9月18日)。
25) 「(前略)本所事体甚重、而用度果極苟艱、一処折受固 当許施、而至於統営、則海防設置之壮、将士接済之殷、甲於八路、当初専意有所在、今若一開折受之路、則統営将漸至圮敗而後已、此三処還属統営、耆老所折受、則使之別求他可合処啓下、何如」(『備辺司謄録』116冊、英祖22年(1746)10月10日)。

26) 『万機要覧』財用編、給代条。なお、1758年には、その額が1000両に増やされている。
27) 「辛未以前、則漁塩尽属於本営、毎当漁採之時、将校為監官、軍卒為格人、故其間自多滲漏之及於下者、又有烙印章標、故各処船舶皆為来泊、商旅輻輳物貨雲集。無論漁塩薑各税銭、合而計之入官之数小不下四五萬、軍民所得亦可為三四萬矣。」(『日省録』79冊、正祖3年 (1779) 3月19日)。
28) 鄭演植「均役法 施行 이후의 지방재정의 변화」(『震檀学報』67、1989年)。なお、統営の財政において最も大きな比重を占めたのが統営穀であった。統制営の財政について詳しくは、金鉉丘「朝鮮後期 統制営의 財政運営에 관한 研究」(釜山大学校大学院博士学位論文、1994年)。
29) 前掲注14に同じ。
30) 「減定後、各衙門歳入之欠缺者、漁塩船税並属均庁後、従前占據之衙門、所収見縮者、並給代、是為庚午給代。」(前掲注26『万機要覧』)。
31) 概算された海税徴収額の総額が計11万4300両 (京畿6100、忠清道1万1600、全羅道4万2900、慶尚道2万7400、江原道5300、黄海道1万500、平安道5000、咸鏡道5500) (『度支志』外篇、版籍司均役条) であり、実際には8万両前後で「安定的」に徴収されていた (前掲注16趙論文) ことから、海税に占める統営の割合の高さが分かる。また、金鉉丘の研究を参照すれば、18世紀末において1万両は統営の収入の中の約1割に当たることから、統営収入源の中でも小さくない比重を占めていたことが分かる (前掲注28金論文、54頁)。
32) 「統営是海路第一関防。当初設立時、全属海税者、意非偶然、雖於均税之後、亦不可不参與区劃。就本道毎年税銭中一万両除留劃給統営為白斉」(前掲注5『均役庁事目』海税条)。
33) 「統営及左水営有青魚大口　進上、不可不量其進上多寡。画給漁条防簾、故統営漁条四処防簾三庫左水営漁条一処防簾一庫並免税為白斉」同上。
34) 『備辺司謄録』125冊、英祖29年 (1753) 2月26日。ただし、この記事においては、統営に1万両を本当に給付するのかが争点となっており、この記事ではいまだに決定していない。
35) 朴文秀は、戸曹判書として、均役法制定に大きな影響力を与えた。さらに、1751年からは、嶺南均税使として統営の財政状況も把握しており、『備辺司謄録』をみれば、このことに関連して統営をはじめとした嶺南における海税についてしばしば啓していることが分かる (『備辺司謄録』122冊、英祖27年 (1751) 2月26日、同28日、同29日)。
36) 「劃給漁條防簾七処。其漁利之銭、亦不貲、既給此七処、又添萬両、朝家

37)「統営自失漁利之後、毎以青魚・大口進上為言、而臣之所劃給七処漁條防簾、即右沿中最好者、故熊川所在漁條、与統営甚遠、統営不令他民設網納税、而自本営定将校設網捉魚、則青魚・大口進上、不在於見失之他條簾、而在於劃給之條簾、可知矣。善行且以為、自前魚塩盡属統営之日、右沿失漁利、則進上青魚・大口、毎毎貿取於左沿云、然則進上遅速、不在於條簾之多得多失、尤可知矣。」(前掲注34『備辺司謄録』)。

38)「右沿魚塩盡属統営時、統営一年所捧、或為六七千両、此則罕有者、毎年所捧、大略不過四五千両、若大失漁利、則只為数三千両矣。如使右沿所出魚税銭都数、僅至四五千両、則其将以他道税銭、移充其萬数乎。」(前掲注34『備辺司謄録』)。

39)「統営既給萬両、則嶺南之左水営、湖南之左右水営、不可不分給。然後朝家処分不偏、而人心亦可以服。今若不論他水営、而獨於統営、偏給萬両、決知其不可矣。」(前掲注34『備辺司謄録』)。

40)「統営、以三南第一関防、盡管三南漁税。均税後、割付右沿七処漁税、又為劃給一万両銭矣。英宗癸酉、以右沿漁税之利厚、罷一万両劃給之規。癸未、以営様凋残、統営耗米之散在三南者毎年二千石、移属均庁、而漁税銭中劃給万両。己丑、以耗米代捧、名既不正、統営需用亦甚苟艱、因特教永除代捧之法。」(前掲注26『万機要覧』)。なお、1753年(英宗癸酉)1万両の給付を停止するという処置は、「右沿漁税之利厚」という理由によってであったが、この「右沿漁税」は(前掲注34『備辺司謄録』)をみれば、進上のために与えられている「漁箭・防簾」のことであったことがわかる。このことから、この「漁箭・防簾」は進上の魚物をとるだけにとどまらず、統営の財源を供給する役割も担っていたことが推測される。

41) 1895年に作成された『統営誌』には、「1万両船塩漁蔶税　毎年正初自監営劃来」とある。漁税のみではない点、均役庁ではなく監営から支給される点などの違いがあることから、その形態は時代を下るにつれ変化したと考えられる。ただし、1万両の劃給自体は統営が廃止される19世紀末まで続いたことが分かる。

42)「統営劃給漁税銭一万両」(前掲注26『万機要覧』)。

43) 年表は、『万機要覧』、『日省録』、『備辺司謄録』の記事を参照して作成した。

44)「正宗丁酉、嶺南右沿漁税劃付統営。而以乙未摠四千四百二十四両零定数上納。其余用於該営軍民償債事、自備局成節目、一年劃付之数為三千余両。」(『万機要覧』財用編、海税条)。

45)「均役之後、雖劃給一萬両、而此則只爲本營之需用、無関於軍民之利害。」(『正祖実録』45冊、正祖3年(1779)3月19日)。
46)「今十一月初五日大臣・備局堂上引見入侍時、領議政韓所啓、統制使趙垸、以漁税事論報備局矣。統營凋殘、近来特甚、轅門内民戸、流散相継云。重閫至此、不可不慮、營下漁箭、使之依前句管、而税錢如数上納、則無損於均庁、有頼於貧民、年前領府事金、以此陳達、而臣意亦然、依報状許施、似好矣。上曰、依報状施行可也。」(『備辺司謄録』157冊、英祖51年(1775)11月6日)。
47)「漁税之属之統営、邑鎭軍民、有蒙利之幸、均庁税納、無減縮之患、豈非京外両便之幸、而均税事目中、不許営邑之関渉漁政、専為海民失業之慮也、苟有善策、可以変通、使事目不至変改、海民不至失業、則臣亦不必一向持難矣。」(『備辺司謄録』158冊、正祖元年(1777)9月21日)。
48)「均庁所遵者事目、不可違越、統営所靠者漁利、亦当顧念、臣意則諸処漁場中、必有民力不逮而廃棄処、漁産昔無而今有処、又必有案付外可設箭簾処。此則使統制使、従実査報於廟堂然後、廟堂商量以為、決給於統営、則均庁事目、別無大段掣礙、統営軍民、亦有別般蒙利之道。自廟堂為先下問於統制使後、処之何如。」(前掲注47『備辺司謄録』)。
49)「若果有曾前簾條之民力有所不及、廃棄可惜者、及均庁案付之外、有可以新設処、而自統営自備物力、以為聊頼軍民之資、則均役節目、不至大段違越、而在統営亦可為一分捄弊之道、事甚便好矣。」(前掲注47『備辺司謄録』)。
50)「漁場雖為還給、而案付在於均庁、章標置諸巡営、漁塩等利付之海民、而本営校卒初不得如前漁取不相関渉」(『日省録』73冊、正祖三年(1779)3月19日)。
51)「各処税銭、自列邑捧納于統営。統営則只受列邑之所捧、而上之均庁矣。」(前掲注50『日省録』)。
52) この時期に、各邑内でどのように徴税するかは規定がなかったが、基本的に各道・各邑が税案作成に携わり、各道と均役庁にて税案を管理していた。「毎式年一改税案為白乎矣。式年之前一年秋冬間自各該道監営定差員、点検船隻、依式尺量烙印塩盆薑田漁箭漁条之属、亦令詳察陳起、而監営以本庁頒送税案式例分送列邑。列邑依式修正税案二件其一件留上本邑、一件上送監営。監営収聚各邑税案、合作一道税案二件、其一件留置本営、一件上送本庁為白乎矣。磨勘期限、以式年之二月完定、如或過限、則草記論責為白斉。」(前掲注5『均役庁事目』海税条)。このことから、基本的に海税の管理は各邑がおこなうものであったと考えられる。

53)「右沿漁税之劃付統閫、専為該営将士聊頼之資、而渠輩多年作好積成痼瘼、以至海民難支之境。今者道帥臣所上、捄弊諸條、可知為弊已痼下手無路故也。」(『日省録』425冊、正祖17年(1793)5月27日)。

54)「漁税前属統営時、所納不過為五両矣。及属本邑之後、隣近邑落網処随処収税、一年所徴為二十余両、而浦戸呼訴。」(『日省録』543冊、正祖20年(1796)9月4日)。

55) なお、節目が作られる経緯に関して、金鉉丘は、節目は1793年に慶尚監使・鄭大容の啓があったことによる産物だとしている(前掲注17金論文、457頁)。ところが、鄭大容が1793年に主張しているのは、漁税の管理を各邑で行うべきだということであり(『備辺司謄録』181冊、正祖17年(1793)5月29日)、統営の管理下での漁税徴収について定めた1796年の節目とは相反する内容である。

56)「凡漁・塩・船税、皆以掌標為準、毎歳末、均庁預頒明年各色掌標。於各道徴当年税後、出給新標還収旧標、自各道監営納于本庁、憑準於当初頒給数毋得相左、有用余則与旧標同為上送」(前掲注44『万機要覽』)。

57)「一、漁場収税法、例載在均庁事目固士按、而行之莫敢違越、而丙申還属後、毋論漁條防簾与洋中去処之船元案所付者謂之元税、新起加現者謂之余税。元税則塡給均庁掌標、余税則成給臣営地貼。掌標塡給経也、加之地貼権也。権所以招謗之口実也。均庁元税、既以乙未総定数、而総外余数、許令劃補於臣営民債、所謂元税余税皆出於漁場、而同是税也。不当区別之各用掌標地貼、以啓監色輩容奸之竇、従今以後、均庁掌標量入加請、臣営地貼永為革罷。」(『日省録』543冊、正祖20年(1796)9月6日)。

58) 前掲注9統監府財政監査庁書、391頁。

59)「沿海捉魚の所は名を漁條という[中略]各処漁條には、もともと定まった主がいない」(「沿海捉魚之所名曰漁条[中略]各処漁條、本無定主」)(『日省録』215冊、純祖8年(1808)8月2日)。

60)「漁条執籌独行於巨済者、蓋緣四面環海、土少民多、並奪兼並之患、比他最甚之致。」(『日省録』430冊、正祖17年(1793)5月27日)。

61)「自在均役之後、各該邑無論漁場之好否、執籌分授於民人等、捧税納上矣。」(『日省録』351冊、正祖14年(1790)8月20日)。

62)「執籌乃是為弊之最大、而革罷無路、則許以営祿之眼同者、是豈終始無弊。」(前掲注55『備辺司謄録』)。

63)「雖執得好條者、或因物力之艱備事故之牽掣、不無捧価発売之事。漁民中不得執籌者、欲為和買、而営属邑属争先脅喝廉価勒奪、次次翻売惟利是図。」(前掲注57『日省録』)。

64）「執籌之日、考其姓名填給掌標、或有自願斥売者、必令許売於不得執籌之漁民、而成給立旨。若有営邑属勒買者、廉探摘発縄以侵占他人田宅律」（前掲注57『日省録』）。
65）「所謂執籌之時、條居之民、千百為群聚会営底多日留連、為弊滋甚、及其執籌之後、執得空籌者、徒有往来之費、執其陳弊者、又徴白地之税、其或幸占稍饒之條者、営属輩歇価勒買左牽右引、如此之際、狼貝多端島民称怨莫此為甚、故年前入於繡啓、即為還付該邑、而統営執籌之挙、仍為革罷矣。纔過数年還付統営、其為弊端、又復如前大抵自営門執籌、則利於営属、而民受其害、自該邑収納則民甚便之、而営属元無所損、豈可以営属聊頼之故、不念島民貽弊之端乎。特令廟堂、即為発関於統営、使之如前還付該邑。」（前掲注59『日省録』）。
66）徴収額の確保が優先されたという観点からの説明は、地税の場合には宮嶋博史の以下の記述がある。「国家は戸曹に保管されている量案にもとづいて、各邑の総結負数、出税結負数を把握していたが、規定の出税結負数に見合った税額を徴収できればよかったのであり、各邑内で各土地からどのように地租が収取されているのかは、関心外のことなのであった」（宮嶋博史『朝鮮土地調査事業史の研究』（東京大学東洋文化研究所、1991年、92頁）。
67）朝鮮時代の所有権概念は非常に難しい問題である。所有権の問題については、漁箭などと同様に折受（国王からの分与）などによって宮房に与えられていた宮庄土に関する宮嶋博史の研究が参考となる。宮嶋は、18世紀には購入などと起源が明確でその土地の所有権が宮房にあることが明白な永作宮屯（のち第一種有土）と所有権の所在が明確ではないが具体的な土地とそこからの収税が認められている有土免税地（のち第二種有土）、所有権が民にあることが明白な無土免税地があることを指摘した。そして、甲午陞摠（1894年）により収租権の分与を廃止することが決められると、官で収租したものが宮房に与えられているに過ぎない無土免税地は消滅し、宮房が所有権も有していた永作宮屯（第一種有土）は宮房の所有地として残された。問題は、所有権が曖昧であった有土免税地（第二種有土）であり、基本的には所有権は民にあると判断されたが、第一種・第二種の区別は戸曹でも困難であり、紛争が多発した（前掲注66宮嶋書）。そのような問題は、官有か民有かの区別をめぐって漁民と漁基管轄機関（内蔵院など）の間で対立があった20世紀初頭の慶尚南道における漁基問題との類似性を認めることができる。ただし、漁基については、明確に区分された土地ではなく、そもそも「所有権」の対象であったのか、ということも考慮しなければならない。

# 朝鮮民間説話の変容と壬辰倭乱(文禄・慶長の役)
―― 論介説話を手掛かりにして ――

金　廣　植

## はじめに

　筆者はこれまで植民地期に刊行された説話集及び説話研究を広く読み、その変容の様相を検討して今日における意味を考えてきた。従来の研究では、日本人による説話採集・説話研究は植民地主義に基づいており、それに対し、朝鮮人の取り組みは抵抗民族主義によるものだとする図式的な考え方が一般的である[1]。たとえば、朝鮮総督府が刊行した朝鮮初の近代童話集『朝鮮童話集』(1924年)に対して、沈宜麟『朝鮮童話大集』(1926年)をそのテキスト分析のみにより二項対立的に研究してきた。つまり、朝鮮説話を歪曲した朝鮮総督府『朝鮮童話集』に対し、沈宜麟(1894〜1951年)はその内容を批判して民族主義的な立場から書き直しを試みたという解釈である。しかし、筆者はこのふたつの童話集の編者の履歴とその説話観・朝鮮観を比較し、従来の二項対立を乗り越え、国語(日本語)普及のために朝鮮総督府が『朝鮮童話集』を活用しようとしたのに対し、沈宜麟は朝鮮語研究・教育者として朝鮮語で朝鮮説話を活用したと結論づけた[2]。
　従来、解放後の韓国における説話研究は、前近代の漢文説話集を取り扱う文献説話研究と、解放後に採集された民間説話(主要な成果は1980年代に刊行された『韓国口碑文学大系』全82巻)を取り扱う口伝説話研究に二分されてきた。それに対し、文献説話と口伝説話をつなぐ近代説話の重要性が認識されるようになるのは1990年代以降である。そこで先述したように、朝鮮総督府『朝鮮童話集』が韓国語訳されて植民地主義による説話集として批判を浴び、一方では日本の大学に所蔵されている沈宜麟『朝鮮童話大集』と朴英晩『朝鮮伝来童話集』(1940年)などが韓国で復刻され、植民地期三大説話

集として位置づけられた。しかし筆者は、従来の限定された三大説話集を乗り越え、日本語で刊行された朝鮮説話集(以下、日本語朝鮮説話集と略称)61種を発見して、その比較検討を通して近代説話学に関する新たな議論を提示しようと努力してきた。筆者の実証的な研究により、朝鮮総督府『朝鮮童話集』をはじめ日本語朝鮮説話集に対する従来の研究傾向は、改善されつつある。従来のテキストによる研究から脱して、近代初期説話をめぐる多様な動きを捉えようとする研究が現れているのである[3]。

　しかし、個別説話に対する研究は依然として植民地主義によるイメージが先行しているように思えてならない。「瘤取爺」は、日韓比較説話学を本格的に掲げた民俗学者の高木敏雄(1876〜1922年)などによって早くから「日韓共通の民間説話」[4]のひとつとして位置づけられてきた。近年、韓国の「瘤取爺」は本来朝鮮に存在せず、植民地期に意図的に日本から歪曲され導入されたという主張がなされた[5]。この主張を受け入れて「瘤取爺」は日本からの逆輸入されたものだと断言する論者もいる[6]。植民地期に「瘤取爺」が朝鮮に持ち込まれたという考え方はいささか過剰な解釈と言わざるを得ない。そもそも「瘤取爺」は日本独自のものではなく、東アジアをはじめ、インド、ヨーロッパ諸国などで見られる世界的な民間説話である。解放直後に孫晋泰(ソンジンテ)(1900〜?)は「朝鮮の民俗文化は、遥かな古昔から決して孤立していた文化ではなく、実に世界文化の一環として存在していた。[中略]世界的説話のすべての種類を我々が持っていることからそれを推測することができる」と指摘し、普遍的な説話学を明示することで開かれた東アジア説話学の未来を展望した[7]。「瘤取爺」が朝鮮にはなく、日本から導入された話となれば、朝鮮は世界から孤立した国として解釈される問題を抱えることになる。それで筆者は、朝鮮説話の世界性をむしろ孤立・歪曲させてしまう可能性のある「瘤取爺」の植民地期流入論に警戒せざるを得ない。言うまでもなく、「瘤取爺」の植民地期流入論は、植民地主義に対する厳しい眼差しに起因するが、今後は日韓の2国間に限られた視野ではなく、世界的な視野での議論を切に望みたい。

　以上のように、先行研究では朝鮮総督府編纂教科書に収録された「瘤取爺」に対する過剰な解釈がなされてきたが、筆者は植民地期に朝鮮民間説話の中で最も大きな変容を遂げたのは壬辰倭乱(文禄・慶長の役、以下、壬辰戦争と記す[8])に関する説話ではないかと考えている。つまり、植民地期に

おける説話の変容を考察するにおいては、むしろ壬辰戦争関連説話に関心を向ける必要があるのではないだろうか。林哲鎬は次のように指摘している。

　　壬辰倭乱説話は社会歴史的な諸要因によって相当な変異を遂げたと見なければならないが、その間でも最も大きな影響を受けたと考えられる時期はおそらく日帝植民地時期だったと考えられる。しかし、日帝植民地時期の以前に採録された口碑説話が殆どないので、日帝植民統治下の民族として日帝に対する反感がこれら説話をどれくらい変異させたのか、現在の状況では分からない。[中略]壬辰倭乱に関する説話は、日本帝国によって植民地になる過程と植民統治期に相当な変異を遂げたのは疑う余地がない[9]。

　林哲鎬が指摘するように、植民地期に壬辰戦争関に関する説話は大きな変異を遂げたと思われ、その究明が急がれる。しかし、林哲鎬は植民地直前の口碑資料(口伝説話)が少ないため、その変異を現在では確認することはできないとして、文献説話と口伝説話を取り上げて、壬辰戦争関連説話をまとめるに留まっている。
　確かに植民地直前の口伝説話は少ないが、植民地期の資料は探そうとすれば、一定の材料を集めることができる。近年、日本語朝鮮説話集に関する研究の中でも関連研究がなされている。日本語朝鮮説話集の中で壬辰戦争関連説話を本格的に取り上げた三輪環『伝説の朝鮮』(博文館、1919年)について、趙恩馤・李市埈は出典を検討した後[10]、宣祖に関する利己的な君主の様子が反映されている話を中心に収録し、また歪曲された朝鮮の武人像を伝えていると主張している[11]。また張庚男は、壬辰倭乱を克服した人物の活躍像を度外視し、むしろ無能力な君主、卑劣な武将を描いたと批判している[12]。先行研究は『伝説の朝鮮』に限られているため、本稿では三輪のテキストに影響を受けた中村亮平などの資料を含めて比較検討を行う。

# 1 論介(ノンゲ)と毛谷村(けやむら)六助

　伝説は発生目的から分類すれば、説明的伝説、歴史的伝説、信仰的伝説に分類できるが[13]、壬辰戦争に関わる伝説は一般に歴史的伝説に該当する。李京燁の指摘通り、歴史的事件に対する説明は民衆の記憶や知識と結合して伝説化を伴い、時代の流れの中で再創造・変異を伴いながら伝承されていく。壬辰戦争に関わる伝説もこのような方式で形成されて伝承されてきた。また、伝説化する過程の中で歴史的事実と異なる民衆の期待、すなわち歴史を修正・再解釈する民衆的民族意識が反映されていったといえる[14]。

　本節では、植民地期における関連資料を復元することによって、論介という人物に関する説話の変異の様相を考察したい。管見の限りにおいて、書籍の中で壬辰戦争関連説話が見られるものは次のふたつに分類できる。ひとつは日本語朝鮮説話集である。この詳細については次節で述べることにする。ふたつ目は朝鮮ガイドブックを標榜した旅行記、郷土誌、史話集などで、そこにも関連説話が散見されるのである。

　川口卯橘『咸北雑俎』(京城済世協会、1924年)には、「第八章．李朝時代」に続き、文献と口碑を含めて通史的に叙述した、長文の「咸北と将軍加藤清正」を載せている。清正の行進路に合わせてその武功を讃えているが、このような叙述は植民地期に在朝日本人の間で広く享有・消費され、内地の日本人観光客向けのガイドブックに反映されていく。青柳綱太郎(1877～1932年)は『朝鮮文化史』(朝鮮研究会、1924年)、『朝鮮史話と史蹟』(同、1926年)などで繰り返し「豊臣秀吉の征韓」「豊太閤征韓史話」などを言及している。また、近藤時司(1890～?)は『史話伝説 朝鮮名勝紀行』(博文館、1929年)で、日本人観光客向けに朝鮮案内記を執筆して、頻繁に壬辰戦争時の状況を取り上げて、関連伝説を述べている。青柳が露骨に朝鮮に対する優越性を誇示しているのに比べ、近藤は日本人向けの案内に重点をおいている。

　その他にも亀岡栄吉『咸鏡線』(朝鮮拓殖資料調査会、1927年、伝説清正と妓生)、田中万宗『朝鮮古蹟行脚』(泰東書院、1930年、蔚山城址と加藤清正など)、奥山盛孝・増子俊・中山豊喜『平安北道郷土誌』(平安北道教育会、1933年、李如松祖先の墓)、公州公立高等普通学校々友会『忠南郷土誌』(1935年、壬辰の役と四溟堂)、京畿道『京畿地方の名勝史蹟』(朝鮮地方行政学会、1937年、済川亭、碧蹄館戦蹟な

ど)、黄海道教育会『黄海道郷土誌』(帝国地方行政学会朝鮮本部、1937年、胎封閣)などで関連伝説を取り上げている。重要な事実は、これらの記述には朝鮮の文献は言うまでもなく、日本の文献も広く使われており、日韓の伝承が入り混じっているという点である。すなわち植民地期における壬辰戦争関連説話は日韓の文献を使っての叙述となっており、それが一般化しているのである。そこでひとつの説話の中に日本と朝鮮の話素が互いに影響する場合が出てきたと思われる。

論介は壬辰戦争時に日本の武士と共に崖から飛び降りて「殉国」した「義妓」として韓国では有名な人物である。結果的に論介は倭将と共に死んだので、論介の行動は民族的な次元の行動として認識され、広く伝承されてきた15)。問題は近代以降、特に解放後の韓国において、論介と共に死んだ日本の一将の名が具体化され、いつの間にか毛谷村六助となり、それが一般化したという事実である。

『新版日本架空伝承人名事典』では毛谷村六助を次のように記している。

> 安土桃山時代の剣術の達人。生没年不詳。豊前国(福岡県)の彦山のふもとに住む百姓であったが、武芸にすぐれ、老母に対する孝行でも知られる。実伝はくわしくはわからないが、毛谷村六助を主人公とする時代物浄瑠璃『彦山権現誓助剣』が、一七八六年(天明六)大坂で初演されて大当りとなり、その後繰り返し上演され、黄表紙・合巻・読本などにもとりあげられたため、広く知られる人物となった。作中の六助は、吉岡一味斎から八重垣流の剣法を伝授されたが、師一味斎がその娘お菊に横恋慕した京極内匠に暗殺されたため、一味斎の妻お幸、娘お園、お菊の子弥三松を助けて敵討を果たす。『敵討巌流島』に構想が似ており、京極内匠が実は明智光秀の子であったというのも、それに先立つ宝暦期(一七五一～六四)の時代物の定型であるが、お園という女丈夫の活躍が目ざましく、お園を助ける六助に人気が集まった。全一一段の中で九段目「六助住家(毛谷村)」は歌舞伎でも名高い16)。

毛谷村六助(武士としての名は貴田(木田)統治(孫兵衛))は、浄瑠璃及び歌舞伎の主人公として知られ、その没年は未詳であるが、主に3つの説がある。『清正記』『絵本太閤記』においては、壬辰戦争に出兵して朝鮮以北のオラ

ンカイで戦死したという説がある一方、『毛谷村六助略縁起』では朝鮮から戻ってきて天寿を全うしたという説、朝鮮の妓生論介の無理心中によって最期を遂げたという説がある[17]。ふたつの死亡説は壬辰戦争と関わっている。論介による毛谷村六助の死亡説(以下、「毛谷村六助説」と略記)に対して、毛谷村の郷里の郷土史学者は、「毛谷村六助説」は「あくまで朝鮮の伝説であって、事実ではない」と否定する[18]。しかし、朝鮮の伝承の中に毛谷村六助説がいつ、どのように組み込まれたのかは知られていない。毛谷村六助説は比較的新しい伝承であり、それは朝鮮で作られたのではなく、近代日本人による言説が植民地期に朝鮮に伝わり、解放後に定着したのではないだろうか。その成立過程をまとめると次の通りである。

崔官と金守業は1962年に韓国で刊行された朴鍾和の『論介と桂月香』(三中堂、ソウル)以降に毛谷村六助説が定着したと主張した[19]。川村湊は、玉川一郎の小説『京城・鎮海・釜山』(新小説社、1951年)[20]の中で、晋州の小学校の日本人教師が毛谷村六助の話をすると、「ふうん、先生、その先知つてるわ。毛谷村六助が妓生にだまされよつて、抱きつかれたまんまこの矗石楼から南江にはまりよつて、溺れよつたんや。助平なヤツ」[21]と応えたことを引用し、植民地期から日本人の間で伝わっていたと指摘した[22]。

実際に、1940年に勝田伊助が刊行した『晋州大観』では、冒頭に晋州略史を設けて「第二節　文禄慶長の役」に「巷間伝ふるる義妓論介」の話にまつわる「義巌」を取り上げ、「併し此の一将を以て毛谷村六助(木田孫兵衛)に擬するも六助は加藤清正に従つて出陣中、兀良哈(オランカイ、女真の一部族―引用者注)に戦死したといふのが通説であ」る。しかし、六助略縁起によれば、「朝鮮役後、凱戦をなし、余命を送りたり」とあり、何れにしても、南江投溺の事は孝勇並称せられた六助に仮計虚説せられた寃であると思惟する」と批判している[23]。勝田は巷間に伝わる毛谷村六助説を正そうとしているが、少なくとも1940年以前には朝鮮に毛谷村六助説が存在していたことが確認できる。では、毛谷村六助説はいつから始まったのだろうか。

朴基龍は、張志淵の『逸士遺事』(1922年)までの文献では日本側の相手を倭将、倭、倭賊、酋長、賊将などと記したが、「毛谷村」という名は1934年6月23日付の『毎日申報』に初めて登場し、その後「毛谷村六助」が一般化したと主張している[24]。

岩谷めぐみによると、毛谷村六助が論介の無理心中によって悲運の最期

を遂げたという説が初めて出現したのは、1931年の「侠妓論介――死を以て貞節を守る」(『朝鮮仏教』80号)で、書き手は不明である。妓生論介は晋州城の守将徐礼元の寵愛を受けていたが、倭軍の侵攻で晋州城が陥落して徐も戦死する。論介は断崖の上に逃れて入水を図ろうと試みるが、加藤清正の家臣毛谷村六助がそれを止め、論介を口説こうとし、論介は不意に乗じてその武将を抱き抱えて断崖から飛び降りたという内容となっているとする[25]。

魯成煥は、先行研究をまとめて、韓国の史書には、倭将、敵将、倭酋、敵首、倭、敵と表現されているのに対して、口頭伝承の世界では、清正、平秀吉、石宗老、成宗老、賀羅北、河羅北、漢我服など、様々な名前が登場し、ほかにも立花宗茂(1567〜1642年)、ダイトウなどが見られると指摘する。また、岩谷めぐみの議論に言及して、日本人を介して「六助のイメージが伝わり、またそれが論介の伝承に結びつけられた」と主張している[26]。

魯成煥が指摘する六助のイメージについて金京欄は、18世紀後半『彦山権現誓助剣』の続編として初演された浄瑠璃『大功艶書合』が論介説話と関わっており、毛谷村六助説を18世紀まで遡らせる一資料として注目した[27]。しかし、テキストを中心とした議論に留まっており、決定的な史料は提示していない。

上記のごとくこれまでの毛谷村六助説は、限られた資料を用いての議論となっており不明なところが多い。筆者の見つけたものでは、毛谷村六助説が初めて確認できるのは田中雪次(世界之日本社の記者)の「晋州の烈女官妓論介」(1913年)からである。田中は次のように記している。

　　今は昔し時は太閤壬辰の乱、征韓の船を今の釜山に着けて[中略]晋州の地も脆くも敗北の憂目に会つて、城は陥り、兵は四散して[中略]何処とも無く逃げ落ちた。時に明眸皓歯の女一人、年若うして容姿艶麗、片頬に笑靨を漂ひ乍ら悪鬼羅刹の如き日本軍を、悪怖れもせず悠々と、粧凝して楼外深潭の岸に高く、巍巌の上に立つて居つた。其動作が余りに落着いて居る。余りの事に我軍の将士も、暫しは近寄り兼ねて、呆然たらざるを得なかつた。

　　時しも一人、黒皮威しの大鎧を、草摺り長に着流して、兜は肩に投

げ掛けたる、六尺豊かな天晴れ猛将、つかつかと女の方に近付いて、手を挙げて摩いた。
　　　女はにこやかな笑みを漂ひ乍ら、呼ばるゝまゝに寄るよと見えしが、二人の影は一個になつて、ザンブとばかり十丈の巌下に飛んだ。濤は怪しげなる巨口を開いて、容易に二人を呑んで終つて唯岸波のみ後に立騒いだ。
　　　勇将は太閤の幕下に其人在りと知られたる、膂力抜群の毛谷村六助であつたとも伝ふ。而うして凝装したる若き女は、論介と称する晋州の一官妓であつたのだ[28]。

　田中は、このように述べてから論介の「其貞操と其勇敢と、尚且賞揚に値すべきものがあるではないか」と評価している。田中は「壬辰の乱」「巍巌」（義巌の音通）と表記しており、朝鮮の文献をも参照したと思われる。
　次に毛谷村六助説が確認できるのは、1929年に在朝日本人によって刊行されたふたつの書籍からである。まず、近藤時司は論介と無理心中させられたふたりの日本武将に関する「晋州夜話」を紹介してから次のように述べている。

　　　ところで、この伝説を史上に糺明して見ると、一つの疑問が残る。その武将の一人は全く名も伝らないが他の一人は果して毛谷村六助であつたか、朝鮮の文献にはたゞ「美しき甲冑を纏ひし和将二人」とあるだけで、無論その名はない。日本の関係史籍はこの事に関する些かの記載なく、而も当の毛谷村六助は、加藤清正の部将として遠くオランカイ（今の会寧附近）まで進軍し、そこで戦死を遂げたことは確実だといふから、どこまで本当のことかわからない。要するに毛谷村六助は軍中の人気者であつたといふから、阿呆らしくもこんな艶種？に引張り出されたものらしい[29]。

　また、萩森茂も「俠妓論介」を短く記述してから、「その武将こそは誰あらう彦山権現の浄瑠璃で有名な毛谷村六助であつたのである」と主張している[30]。
　以上のように、田中は「膂力抜群の毛谷村六助であつた」と、萩森は「彦

山権現の浄瑠璃で有名な毛谷村六助であつた」と述べるに留まっているが、近藤の叙述はより詳細である。近藤は、朝鮮側の文献には具体的な武将の名が見えないのに対し、日本では毛谷村が「軍中の人気者であつた」から引っ張り出されたとする。これらの記述からは毛谷村の名が登場するようになった理由は不明であるが、毛谷村六助説は少なくとも1913年から記録され、それが在朝日本人によって朝鮮に伝わり、朝鮮の伝承にも影響を与えた可能性が高い。

　ここで筆者の気になることをひとつ指摘すると、1913年の初出から「毛谷村六助」と日本人名として正しい文字遣いで表現されており、それは日本人によるものと考えられる。論介との関係は別として、清正配下の倭将の名前として詳しい検証なしに用いられた可能性がある。このように、論介及び毛谷村六助の話は、近代以降に日本人と韓国人の間で多く語られ、その過程の中で変貌を遂げたことが確認できる。

## 2　日本語朝鮮説話集の中の壬辰戦争関連説話

　日本語朝鮮説話集の中で、壬辰戦争関連説話が多く収録されたのは次の3つである。

三輪環『伝説の朝鮮』(博文館、東京、1919年)
中村亮平他編『支那・朝鮮・台湾神話伝説集』(近代社、東京、1929年)
孫晋泰『朝鮮民譚集』(郷土研究社、東京、1930年)

　本格的に関連説話を収録したのは三輪環である。三輪は壬辰戦争に関わる①宣祖に関わる話(「千度来」「되루목되魚」[31])、②名将に関わる話(「金応瑞」「車剪子草」「術競べ」)、③明の援軍に関わる話(「猿の騎兵」「地に灸」)をはじめ、「八万大蔵経」「西廟」を収録した。中村亮平他編『支那・朝鮮・台湾神話伝説集』は、中国は神話学者の松村武雄(1883～1969年)が担当し、朝鮮と台湾は中村亮平(1887～1947年)が担当した。この本は、1934年に誠文堂版に続き、『朝鮮台湾支那神話と伝説』(大洋社)、1935年に『支那・朝鮮・台湾神話と伝説』(大京堂)などがタイトルをかえて刊行されている。中村は三輪の伝説集から大きな影響を受けて多くの材料を採っており、三輪の壬辰戦争関

連説話の中から「되루목되魚」と「猿の騎兵」を除外した全ての話を改作して転載し、明の李如松(1549〜1598年)の話「見知らぬ老人」を追加している。

### (1) 宣祖に関わる話(「千度来」「되루목되魚」)

まず、三輪は宣祖に関わる話「千度来」と「되루목되魚」を収録している。「千度来」は、宣祖が義州に避難し、まだ新穀が実っていない時期、或る農夫が一日に千度も田に往来し、その至誠が天に届いて一夜中に穀物が実り、それを王様に供える。後に王様は農夫に沢山の田地を賜り、その地を千度来と名付けたという伝説である。【表1】のように中村が三輪のテキストを基に改作したことは明らかである。また豊野実の『朝鮮の伝説』(大東印書舘、1944年)も「千度来」を収録しているが、【表1】のように、その内容は中村の本文とほぼ一致している。その他に壬辰戦争関連説話に限っても、中村

【表1】「千度来」のテキストと影響関係

| 三輪「千度来」1919 | 中村「千度来」1929 | 豊野実(崔常壽)「千度来」1944 |
|---|---|---|
| 江西に千度来といふ妙な地名がある。壬辰の乱の時、宣祖王は京城を逃れ出て、平壌から更に義州に移らうとしてこの地に駐つた事がある。その頃は旧穀は既に全く尽きて、新穀は未だ熟らないから、王様に上げる米が無い。この人々は大に当惑した。或る農夫が[中略]一日に千度も田に往来したので[中略]この至誠がどうして天に届かないからう[中略]王様に供へる事にした。[中略]王様はその朴直なのに感心して、沢山の田地を彼に与へ、その地を千度来と名付けて永く記念とした。 | 昔、宣祖王の時の事であります。王は折柄の戦乱を避けて、平壌から更に義州に逃れました。その途中、暫く江西に駐ることになりました。江西といふのは、平壌の西によつて、鎮南浦の真北に当る所であります。丁度その頃は、夏の終わり頃で、去年の旧い穀物は全くなくなり、新しいお米は未だ熟らないので、王様に供へるお米さへ、少しもありませんでした。でありましたから、里の人達の当惑は一通りではありません。全く困り抜いてゐました。するとそのあたりに、一番忠心の深いお百姓さんがありました。[中略]一日のうちに幾度となく自分の田に行つて[中略]天の神様に通じ[中略]王様に供へる事に致しました。[中略]すると王様は、その朴直な心掛けに、感心なさつて、沢山の田地をお百姓さんに賜りました。それから後、その下賜された土地を『千度来』と云つて、永く記念されてゐます。 | 昔、宣祖王の時の事であります。王は折柄の戦乱を避けて、平壌から更に義州の方へ逃れて行きました。その途中、暫らく江西に駐まることになりました。江西といふのは、平壌の西によつて、鎮南浦の真北にあたる所であります。丁度、その頃は夏の終わり頃で、去年の旧い穀物は全くなくなり、新しいお米は未だ熟してゐないので、王様に供へるお米さへ少しもありません。でありましたから、里の人達の当惑は一通りではありません。全く困り果てゐました。するとそのあたりに、一番忠心の深いお百姓さんが居りました。[中略]一日の中にも何回となく自分の田に行つて[中略]天の神様に通じ[中略]すると王様は、その朴直な心掛けに感心なさつて、沢山の田地をお百姓さんに賜はりました。それから後、その下賜された土地を「千度来」と言つて、永く記念されてゐます。 |

の「関羽の廟」(三輪の「西廟」を改作したもの)、「地脈に据ゑたお灸」(三輪の「地に灸」を改作したもの)を同じタイトルと内容で転載している。なお、豊野実は崔常壽である[32]。

崔常壽の『韓国民間伝説集』(通文館、1958年)は、地域別に317話を集め、民俗学的な方法によって話者を明記した先駆的な伝説集として高く評価されている。「千度来」はここにも収録されている。

豊野実『朝鮮の伝説』には計61話が収録されているが、「朝鮮人参の由来」も今村鞆『歴史民俗朝鮮漫談』(南山吟社、1928年)から無断で転載しており、日本人の説話集から大きな影響を受けたことを示唆する。崔常壽は伝説を「孝子伝説」「仏像伝説」「烈女伝説」「地名伝説」と共に「壬辰倭乱に関する伝説」[33]などに分類しているが、1944年版に収録された「壬辰倭乱に関する伝説」3話全てを中村の伝説集から無断で転載しているという問題を持つ。

次に、「되루목되魚」であるが、中村は三輪から多くの材料を採るものの、「되루목되魚」は採っていない。되루목되魚は도루묵ともいわれるが、되루または도루は「再び」の意味である[34]。中村は되루목되魚(ハタハタ)の意味を知らず排除したと思われる。「되루목되魚」は韓国でもよく知られる話で、宣祖が壬辰乱を避けて義州まで逃げた際、義州の或る寡婦が心配して何か差し上げたいと考えた末、목되という魚をあぶり、恭しく奉呈した。王様は「ひもじい時のまずいもの無し」で、実に天下の珍味と思われた。王様は魚の名が悪いのに驚いて「銀魚と呼べ」と命じた。のちに王様はその寡婦を呼び寄せて食べてみたが、少しも口にあわず「やはり목되と呼べ」として되루목되(도루묵)になったという話である。三輪はふたつの宣祖に関わる話の中で、或る農夫と寡婦を登場させて地元で伝わる説話を採録したと思われる。なお、本話に関する先行研究では、「厳しい状況での民の心と宣祖の気まぐれな姿が対比され、一国の君主として物足りない様子が浮き彫りになっている」としている[35]。また、「되루목되魚」は「単純に名称の由来譚として見ることもできるが、話の焦点はむしろ後半部の宣祖の気まぐれな行為にある」と批判されている[36]。

三輪が宣祖王の器を批判しようとしたのかは説話の記述からは捉えにくいが、結果的にそのように解釈できる側面を持つ。しかし、「되루목되魚」の前半部は13行、後半部は5行の短い話であり、後半部に焦点を当てたという解釈はいささか強引な解釈と思われる。

## (2) 名将に関わる話(「金応瑞」「車剪子草」「術競べ」)

　次に三輪は、壬辰戦争にまつわる名将に関する「金応瑞」「車剪子草」「術競べ」を取り上げている。この3つの話は中村も改作を経て収録している。
　まず、芥川龍之介は1924年に「金応瑞」を参照して「金将軍」(『新小説』2月号)という小説を書いている[37]。1997年に西岡健治によって初めて明らかにされたが、研究者の間でその事実が共有されず、ようやく近年になって知られるようになった[38]。いずれもしても『伝説の朝鮮』は、これまで研究者によってほとんど注目されてこなかった書籍だったということになる。中村は三輪の影響を受けて同じタイトルで「金応瑞」を改作したが、時期別に5つに分けて順番を付けて記している。両者のあらすじはほぼ同じである。

A 龍岡郡に壬辰乱に平壌に苦戦して大功を立てた金応瑞(1564〜1624年)という名高い大将がいたが、2歳の時、加藤清正と小西行長が僧侶になって朝鮮の様子を見に来て金の人品に驚く。清正は殺そうとするが、行長は反対する。
B 清正はどうしても生かしておいてはいけないと思い、龍岡の山神に金の母の愛情を確認して、愛情がなかったら殺すように云う。山神は母に感心して殺すことはできないとして、清正は失望する。
C 金は平壌の書堂(寺子屋)に通い、彼にかなうものはいなかった。ある日、農夫のホミ(手鍬)を反対の方向に曲げて、元の通りにして立ち去る。後に武芸を学んで深い山中に隠れていた。
D 加藤清正が兵を率いてやって来た。国王は義州に逃げて、支那に援兵を求めるも返事はない。その時ひとりの臣が、王様が甕の中に入って泣かれると援兵が来ると申し上げて、支那でその泣かれる声を聞いて「どうもえらい声[39]だ、これは助けてやらなければなるまい」と李如松などが救いに来る。
E 小西行長は、朝鮮の妓生桂月香を寵愛して、平壌の大同館に宿っていた。金は義州に赴いて王様に報告して平壌に帰り、月香の兄と称して行長に面会した。金は月香と協力して行長を殺し、月香を背負って逃げたが、途中で考えた。「月香は行長の胤を宿しているに違いない。また、女の力を借りて敵将を殺したといわれても面目ない。可愛そうではある

が40)」と思いながら月香の腹を切った。腹から血の塊が出てあと「三月で父の仇を討つのであったのに」といったそうだ。

　三輪の「金応瑞」は、2歳の時AB、少年期C、壬辰期Eとなっているが、Dは宣祖が甕の中で大声で泣いたとする伝承となっている。おそらく三輪は金応瑞に関わる幾つかの話を整理して時系列に並べたと思われる。その中にDを組み込んでいる。

　次の節では李如松説話を具体的に取り上げるが、Dは一般に「李如松の回軍と宣祖の慟哭」として知られる。この話は『壬辰録』の諸版本と口伝説話で多く見られる。その内容は李如松が朝鮮にきて王相をみて助けても無駄だと思って回軍しようとした。宣祖が心配すると、臣(柳成龍、李恒福、鄭忠信など)が回軍する道に甕を埋めてその中で慟哭するように申し上げる。李如松はその声を聞いて声は王相だと思い、出陣したという話である。

　植民地期に平安北道義州では広く伝わる話だったようで、寺門良隆(1885〜?)が新義州高等普通学校の生徒の報告を綴じた『大正十二年伝説集』(1923年)の中で、義州郡の張徳琮が「統軍亭」という題で次のように報告している。

　　昔時李朝14宣祖が日本将小西行長におはれてここに上り明に援けを求めた。それで明は李如松を送り援けさせた。李如松は来て王の音声を聞いて王となる見込みがないと云ひ軍をかへし中江を渡つた。そこで侍臣謀の上手な鄭忠信が王の頭に甕をかぶせてなかせた。李如松は遠くから聞くと其のなき声が龍の声のやうである云ひ再び来て援けた41)。

　清正が兵を率いて来て明に援兵を求めたというDの前半部の記録は三輪(または話者=情報提供者)の誤解42)、もしくはその変異型としてみることができる。また、ABDでは清正の名が、AEでは行長の名が見え、清正の提案に反対した行長が金に殺されるという皮肉な結果となっている。Eは『平壌誌』『壬辰録』などの文献に見られる。『平壌誌』では行長ではなく行長の副将となっている差はあるが、後半は倭将を殺して逃げる際、ふたりが共に逃げるのは難しいと思い、月香を殺すことになっている43)。先行研

究では月香の妊娠は全く「新しい話」で、「意図的に変改」して「金応瑞を稚拙な人物につくって」むしろ加藤清正の予知力を持ち出す意図も見え隠れすると推測し[44]、金を「卑怯な人物として歪曲した話が韓国の文献に存在するとは考えられない」と批判している[45]。

「義妓」論介と違って、桂月香は「差別」的に扱われてきた。それは彼女が敵と内通した過去があるからである[46]。文献説話「金応瑞と桂月香」では、男性中心の功名心から月香を殺すことを肯定的に描いている。月香は金応瑞の話の中で副次的に取り扱われている。

月香の死について、彼女は望まないのに金が殺す設定、また、彼女の望みで殺される設定などがある。後者に月香が倭将の胤を身ごもるというモチーフがみえる。特に『壬辰録』李能雨本では月香のお腹から三つ子が出てきて「三か月で父の仇を討てたのに」と話すという形になっている。月香が自決する理由は敵将との内通、または倭将の胤を妊娠したからである[47]。倭将の子を妊娠した話は女性としての罪意識と金応瑞の安全への配慮が見え、月香の行動を肯定化している[48]。このように関連説話の中では、月香の妊娠と死のモチーフについて種々の変異があることを指摘しておく。

次に「車剪子草」は、再び加藤清正にまつわる話で、清正が朝鮮に攻め入る前に朝鮮内を偵察する際、通った所を知るために朝鮮には無かった車剪子草(車前子草)の種をまいたので、今でもその周遊した道筋が分かるという由来譚である。「術競べ」は四明堂(四溟堂)が西山大師に仙術競争を挑み、負けるという話でよく知られる話である。三輪は冒頭に「壬辰の乱の作戦計画も媾和条約も皆この二人の胸中から出た」と述べている。

### (3) 明の援軍に関わる話(「猿の騎兵」「地に灸」)

三輪は、明の援軍に関わる話「猿の騎兵」と「地に灸」の他に、「八万大蔵経」「西廟」を取り上げている。「猿の騎兵」「地に灸」「八万大蔵経」は李重煥(1690〜1756年?)の『擇里志』(1751年)にも見える話で、三輪は多くの話をこの『擇里志』から参照している。「猿の騎兵」は、明の援軍楊鎬(?〜1629年)は騎兵4000人に猿騎数百を交えて進ませた。猿は馬に騎って日本軍の陣中に突撃した。初めて猿を見た日本軍は呆然として、1本の矢も、1発のたまも打てずに大敗したという話である。

日本軍は猿を知らなかったという部分など間違いも見られるが、「猿の

騎兵」は壬辰戦争時の素沙戦闘に関わる話として『擇里志』からその材料を採った可能性が高い。李重煥の『擇里志』以外は、猿の部隊の活躍に関する文献はなく、李重煥が民間説話から採ったとされる[49]。中村は三輪の伝説集を参照しつつも、この話を掲載しなかった。三輪は日本人として好ましい内容ではないが、朝鮮の伝承として重要視して採用したと思われる。

「地に灸」は慶尚北道善山の風水がよくて人材が多く出る所だったが、壬辰乱の時、明の兵士がここを通る時、術士が人材の多いのを忌んで地脈がきられたという話である。『擇里志』や『壬辰録』をはじめ、多くの民間説話の中で地脈をきったのは李如松とされるが、三輪は、術士が兵卒に命じて脈を絶たせるために灸を据え、大金釘を打ち込んだと記している。『壬辰録』では、李如松が朝鮮の地脈をきって廻り、山神に追い出される話がみえる。また、『擇里志』では李如松を「天将」と書いている[50]。三輪の記述は『擇里志』を参照しつつ、口伝説話的要素をより重んじた結果かどうかは今後さらなる検討が求められる。また朝鮮では風水と関わり、地脈をきるという話が多く登場するが、この話は風水関係の話と合わせて分析する必要がある。

「八万大蔵経」は海印寺の大蔵経の話を書いてから、後半を「壬辰の役にも、日本兵はこの附近にも攻めて来て、兵火なども度々あつたがこの海印寺は霧が鎖して居た為に、一度も日本兵が来た事が無い。この版木が汗をかくと、外国の兵が攻めて来るといふ話である」と結んでいる。

「西廟」は平壌の関羽を祀った所である。昔この廟を建築する時、呂某という者が屋根に上ったが、不意に落ちて死んだ。これは関公が呂蒙に殺されたので、その怨みの現れだとして、その後は呂姓の者は西廟に入ってはいけないことになったという話である。

先行研究では、壬辰乱期に明の将兵が伝えたとされる関羽信仰の話を収録するものの、関羽の神格化とは距離のある話を収録することで、関羽信仰を軽んじたと三輪の「西廟」を批判している[51]。

実際に孫晋泰は『朝鮮民譚集』(郷土研究社、1930年)に「関帝廟縁起」を収録している。「宣祖の朝壬辰の年に倭兵の先鋒将小西行長は釜山より京城まで[中略]そして倭将加藤清正も亦た続いて到り東大門外に迫つた。[中略]行長と清正とが京城を陥した前夜のこと、一人の城を守る将軍の夢に関雲長の霊が現はれて「明日は私が倭兵と戦ふ心算りであるが清正の乗つてる

る馬が怖ろしいから汝等は唯だその馬を殺して貰ひたい[中略]」と言つた。[中略]朝鮮の将卒達には清正の馬を殺すべき策がなかつた。然るに関帝のこの陰助を判つた清正は大いに驚いて直ちに自分の馬の頸を斬りその血を関帝に向つて振撒いた。すると関公の顕霊は忽ち消えてしまひ倭兵は鬨声を揚げ乍ら城内に殺到した。[中略]のち宣祖大王は京城に還御して関帝のこの陰助を聞き給ひ痛くその義に感激されて直ちに礼曹に命じ関公の現はれたる処と消えたる処とにそれぞれ廟を立たしめた。それが即ち今の南廟と東廟とである。[中略]壬辰乱以前には関帝を祀ることは朝鮮になかつたといふ」とその由来が語られている[52]。

　この話は平壌の西廟に関わる話ではないが、関羽信仰との関連をよく示している。三輪が関羽信仰をどのように認識したかは不明であるが、「西廟」の中に関羽信仰を記述しなかっただけで、それを軽んじたとするのは過剰な批判である。先述したように崔常壽(豊野実)は、中村の「関羽の廟」(三輪の「西廟」を改作したもの)をそのまま転載しているが、関羽信仰を知っていたと思われる崔常壽さえも、その問題に気付かなかったことになってしまっている[53]。

　以上のように、中村が三輪に大きな影響を受けてそれを改作し、また豊野実(崔常壽)は中村の伝説集から幾つかの話を転載したことを確認した。厳密にいえば、中村も自ら三輪の伝説集を参照したと認めていないので無断転載といえるが、文章を大きく書き直しているのに対して、崔はほぼ同じ表現を使っている。日本語朝鮮説話集の中で三輪と中村に続き、多くの壬辰戦争関連説話を収録したのは、孫晋泰の『朝鮮民譚集』である。

　孫晋泰説話集の中の壬辰戦争関連説話の特徴のひとつ目は、当時の被害を誇張した話を収録しているという点である。「兄妹結婚」の中で壬辰の倭乱に遇って人間は亡びてしまい、ただ兄妹が遺ったとして人類の起源に関する話を報告している。また「五福洞伝説」では、「壬辰倭乱の時にも此の村に入って避難した人は無い」として五福洞以外は大きな被害を受けたことを示唆してくれる。「国士洞崔氏伝説」では壬辰倭乱と言えば、老若男女これを知らない者はいない。そしてその時侵入した倭兵の数は「実に三兆八億であつた」とさえ伝えられていると民間の伝承を報告している。これらの記録は、民間説話の中に壬辰戦争に対する民衆の記憶が依然として根強く残っていたことを示してくれる。

朝鮮民間説話の変容と壬辰倭乱（文禄・慶長の役）（金）

　ふたつ目は由来に関わる説話であるが、先述した「関帝廟縁起」に続いて「松林寺縁起」と「エビヤ原と無心項と血川」を収録している点である。「松林寺縁起」では、松林寺の塔の上に金属製の長い棒が立っているが、それは中程から曲がっている。その理由は壬辰乱の時、日本兵がこれを黄金と思い違えて折り取ろうとして曲げたためだと記している。

　また「エビヤ原と無心項と血川」は全羅南道麗水から採録しているが、エビヤ原、無心項、血川の由来に関する話となっている。その中で無心項と血川が壬辰戦争に関わる。無心項は全羅南道麗水郡突山面にある瀬戸で、遠方からそれを眺めると西海と南海とがつながっているように見えるが、実は島の続きとなっている。壬辰乱の時、日本の海軍はこれを知らず無心項に到り、結局李舜臣の水軍によって全滅されてしまった。日本人は無心なる瀬戸(無心項)と呼んだという話である。また、血川は壬辰乱の時、日本の水軍がそこで破れ、その血がこの川を赤く染めたことに由来すると報告している。倭乱の記憶と体験は、伝説化してその由来が形作られて、関連した伝説が多く伝わっていることがわかる。

　3つ目は、壬辰戦争後の朝鮮社会の変化を示す説話が採録されている点である。「仁同趙氏と神僧」という説話がそれであるが、そのあらすじは次の通りである。卜術で有名な趙氏は倭乱を予知していたが、これを避ける方法が分からなくて、神僧にその方法を尋ねた。僧は口、容、重の3字を書いてくれた。しかし、趙氏はその意味が理解できなかった。彼は幸いにも生き残って故郷の仁同に帰ってきた。一方、趙氏の隣に身分の低い白丁がいて、新しい世の中になったので支配階級の両班になろうと思ったが、趙氏両班の態度が気がかりであった。白丁は避難の挨拶をかねて趙氏に訪ねた。趙氏は「お前も無事であったのか」とさげすんだ物言いだったので、白丁はこれをうらみ、趙氏を刺し殺したという。口容を慎重にせよという意味を理解できなかったからである。この話は、倭乱後における朝鮮社会の揺れる状況が反映されている。このように孫晋泰は、壬辰戦争に関わる民間の生々しい伝承の記憶を掘り起し、多くの由来説話を収録して、社会の変化も捉えようとしている[54]。

　4つ目に、倭乱に立ち向かって戦ったふたりの朝鮮人大将の話を取り上げている点である。「金徳齢伝説」では「金徳齢将軍は壬辰倭乱(秀吉の戦役)の時全南光州の無等山に入つて兵法を究め神剣を鍛へて大いに功を立てた

人である」と紹介し、活躍前の説話を報告している。

　また、李舜臣(1545〜1598年)についてはふたつの話が報告されている。先述した「エビヤ原と無心項と血川」でも李舜臣の名が登場するが、「卜術の話三則」は李舜臣の閑山島の戦いに関する話である。また「李舜臣逸話」では子供の時の逸話を記述している。民間説話の中では、戦争の惨禍の記憶と戦後の混乱を語るのみならず、戦争で功績のあった人物も多く語り継がれていたことを指摘しておこう。孫晋泰はそれを日本語で東京の出版社から刊行したことに意義を見出すことができる。

## 3　注目を浴びる「李如松の悪行と老人」説話

　先述したように、朝鮮ガイドブックなどには壬辰戦争関連説話が散見されるが、加藤清正など朝鮮に出兵した日本人武将の武勇伝が圧倒的に多い。また、61種の日本語朝鮮説話集の中では、朝鮮に伝わる民間説話を収録したこともあり、日本人武将の武勇伝は一部を除いては見られない。前節で検討した三輪環、中村亮平、孫晋泰の説話集以外でも関連説話が見られるが、朝鮮人大将を主体的に取り上げたのは、三輪と中村と孫晋泰である。

　おそらく日本人によって刊行された朝鮮説話集の中で最も多く語られた壬辰戦争関連の大将が李如松であると思われる。林哲鎬は朝鮮における李如松関連説話は「複合的な性格」を持っており、短編的な話だけでは朝鮮と明の民族的な葛藤を理解できないと前提して[55]、「李如松の家計」、「朝鮮の援軍と李如松の派遣」、「李如松の回軍と宣祖の慟哭」(前節を参照)、「李如松の言いがかりとその対応」、「李如松の刺客退治」、「李如松の悪行と老人」を中心に取り上げている。

　「李如松の家計」は李の先祖が朝鮮人だったという話[56]、「朝鮮の援軍と李如松の派遣」は明に援軍を要請する時の屈辱に対抗した朝鮮使臣(忠臣)に関わる話である。また「李如松の言いがかりとその対応」は口伝説話に多く見られる話で、李の無理な要求に臣下が懸命に対応するという内容である。「李如松の刺客退治」は『壬辰録』歴史系列でよく見られる話で、これまでの話と違って、李が神格化されて倭将を退治するという内容である。

　「李如松の悪行と老人」は、近代日本人が最も多く記録している。崔南善

(1890〜1957年)は『毎日申報』(1929年2月4〜15日)に「隠君子説話」を連載して、前半部に「李如松と異人」と題して、黒い牛に乗った老翁が李を諌める話を掲載した。この話は文献説話と口伝説話で広く見られるが、文献説話は李が朝鮮の山水が綺麗で二心(異心)を抱いて平壌大同江畔の練光亭で酒宴して、一老人が現れて李を諌めるという内容である。口伝説話では多様な変異が見られる。管見の限り、説話集の中で「李如松の悪行と老人」が初めて収録されたのは、青柳綱太郎「老翁。提督を犯して。馬に騎る」(1912年)である[57]。青柳は「おもに『青邱野談』から採り」漢文を訓読した[58]。この話も『青邱野談』から採ったものであり、その冒頭と終わりは次の通りである[59]。

　　宣廟壬辰の乱に、明将李提督、如松、旨を奉じて東援す、平壌に捷つや、入て城中に據り、山川の佳麗を見、忽ち異心を懐き、宣廟を動揺して、仍て之に居らんとするの意有り、一日大卒僚佐、宴を錬光亭上に設く、江辺の沙場に一老翁の、黒牛に騎て過ぐる者有り、軍校の輩高声に辟除す、聴けども聞かざる若くし、轡を按じて徐に行く、提督大に怒り、之を拿し来らしむ、即ち牛行疾からざるも、而かも校輩以て通級する無し[中略]人材有るを知らしめんと欲するの計也、将軍苦し図を改めずして、迷に居らば、即ち吾れ老と雖、将軍の命を制す可きに足る、之を勉めよや山野の人、語甚だ唐突、惟た将軍、察を垂れて之を恕せよと、提督半晌語無く、頭を垂れ気を喪ひ、仍て諾々として門を出づと云。

青柳の次に報告したのは、山崎源太郎の「李如松」(1920年)である[60]。山崎のテキストは、青柳からの影響は限定的で、自ら採集した文献を参考したと思われる。山崎は、李が二心(異心)を抱いたと記していない。また、山崎の影響を受けた資料でも李の二心(異心)は記述されていない。
　山崎に続いて、沖野岩三郎(1876〜1956年)[61]は1923年に「李如松のはなし」を子ども雑誌『金の星』に載せている[62]。中村亮平の伝説集でも「見知らぬ老人」が見える。【表2】のように、沖野と中村のテキストは山崎のテキストから一定の影響関係が窺える。このことから中村は、間違いなく山崎のテキストを参照したと考えられる。沖野は後日談を追加して「李如松は元朝鮮の人」だという記述があり、朝鮮滞在中に得た資料及び見聞を参

【表2】「李如松」のテキストと影響関係

| 山崎「李如松」1920 | 沖野「李如松のはなし」1923 | 中村亮平「見知らぬ老人」1929 |
|---|---|---|
| <u>文禄役に支那から朝鮮へ兵を率ゐて来た例の李如松</u>が、所謂る大国の総大将と云ふので兎角倨傲尊大に構えて、我が儘の仕度い放題をしたものであると見えて、李如松が、一老人から翻弄されたといふ逸話がある。それは斯うである。李如松が或る日部下を集めて大同江畔の練光亭で、江畔の沙場に酒宴を催してゐると、其の前を銀髯白髪の一老人が、黒い牛に乗つて平気でノコノコ通つて行く。之を見た支那軍の将校は、其の非礼を詰責するつもりで叱りつけた［中略］其の牛に追ひ付くことが出来ない。之を見た李如松は［中略］駿足の馬に跨り、之を追跡した［中略］翁は［中略］茅屋に入つた。［中略］<u>小西軍を破りて以来</u>、気驕りて朝鮮人に対し人もなげなる振舞ひある事を諫め、［中略］朝鮮にも人材を求むれば幾らでもある［中略］李如松も、返す言葉もなく、顔をそむけて、暫らく考えてゐたが、痛く感に打たれたものと見えて、折れた刀を拾つて、翁の家を辞し消然として平壌の軍営に帰つたといふ。 | 今から<u>三百三十年程前</u>の事です。文禄二年一月廿六の朝、明の大将軍李如松は、五万一千人の兵隊を率ゐて、義州から平壤へ攻入つて来ました。その時平壤には、日本軍の先鋒小西行長が二万八千の兵を指揮して、堅く城を守つて居ましたが、［中略］行長は残兵をつれて大同江の氷を踏んで闇に紛れて、京城の方へ退却してしまひました。李如松は<u>元朝鮮の人</u>で、若い時に支那へ行つて［中略］大将軍に昇進した人です。それが又も名高い小西軍を打破つたもんだから、朝鮮の人達に、自分が偉い大将であるといふ事を見せびらかすつもりで、大同江の傍の練光亭といふ所の広場で、盛んな戦捷祝賀会を開いて、大勢の手下にお酒をタラフク飲ませました。すると何処から来たとも知れない、髯の真白い一人の老人が、大きな牛に乗つたまゝ、李如松の家来達が宴会を開いてゐる所へ、のそのそやつて来ました。それを見た明軍の一人の大将は、大音を揚げて［中略］怒鳴りました。［中略］それを見た李如松は、真赤になつて怒りました［中略］自分の馬に打乗つて老人の跡を追つかけました。［中略］老人は杜の中へ入つてしまひました。［中略］小西軍を逐ひ払ひました。けれども閣下は五万一千の兵を以て、小西軍の二万八千に勝つた［中略］朝鮮にも此の伜達のやうに強い若者が沢山ある事を、お忘れなきを願ひます。［中略］李如松は非常に口惜しく思ひましたけれども、自分より遥かに強い若者が二人まで居る［中略］黙つて、すごすごと軍営に引返しました。［中略］其の翌日から、小西軍を追うて京城まで攻めて行きました。［中略］ところが碧蹄館には日本軍の驍将小早川隆景が［中略］待つてゐました［中略］李如松は、重い手傷を受けて、生命からがら遠く逃げ延びました。その時如松は、つくづく老人の言葉を想ひ出して、自分の勝誇つてゐた傲慢な態度を悪かつたと悟りました。 | 昔、李如松といふ名将が、支那から<u>攻めこんで来て</u>、平壤に駐まつてゐた時の事であります。或日の事、大同江畔の練光亭で、酒宴を催してゐますと、何処からかやつて参りましたか、其前を、銀髯白髪とも云ふ一老人が、真黒い牛に乗つて、平気で、会釈もせずに、のこのこと通り過ぎて行きました。これを見た、支那方の将校の一人が、その非礼を甚く憤つて、詰責しようとして、大声で叱り飛ばしましたが、老人は、実に平気で、まるで聞えぬかのやうな風をよそほつて、のそり、のそりと、通り越さうと致しました。将校は、すつかり怒つて［中略］いらいらしながら見てゐた李如松は、［中略］一番の駿馬に跨つて、やつ気となつて、老人を追跡致しました。［中略］老人は［中略］茅屋の中に入つて仕舞ひました。［中略］老人は［中略］言葉の数々を申し述べて、実に苦い、名将に対しての、諫言を言上致したのでありました。李如松は、僅の勝に乗じて、あたりに人もないやうな振舞をして、小さきほこりを感じてゐましたが、斯うして、未知の老人に、真正面から諫められましたので、全く、返す言葉もありませんでした。そして、痛くも感に打たれてゐましたが、何を思つたか、折れ散つた刀を拾つて、悄然として、老人の家を辞し去りました。 |

（下線は筆者による）

考して朝鮮の伝承を改作している。山崎は李が「文録役に支那から朝鮮へ兵を率ゐて来た」とし、沖野は文禄二年「李如松は、五万一千人の兵隊を率ゐて、義州から平壌へ攻入つて来」たと書いている。それに対し、中村は文禄役と小西軍という文句を入れず、「昔」李如松が攻めこんで来たと叙述し、時代背景をなくしている。沖野が童話を標榜して時代背景を描いているのに対して、中村は伝説集を標榜して昔話のように書いているのである。

　山崎と中村の伝説集は「内鮮融和」を掲げて日本との類話を前面に打ち出しているという特徴を持つ。山崎は『朝鮮の奇談と伝説』の「序」の冒頭で「日本と朝鮮とは極めて古い因縁があつて所謂切つても切れぬ関係である、然るに其の関係は上代に親密で[中略]予は日韓両民族は同根同源であらうと信ずる者」と強調している。山崎は本文の中で日韓の類話を提示して「内鮮融和」を繰り返して述べているが、【表2】のように露骨的な改作は行つていない。

　一方、中村は『朝鮮童話集』(冨山房、1926年)の「はしがき」に新同胞(朝鮮人)に親しみたく、日韓は「太古から、どつかで深く結ばれてゐた」とする。また、1929年の伝説集でも朝鮮伝説は「吾日本内地の説話伝説と、密接複雑な繋がりをしめしてゐる」と強調する[63]。中村は『朝鮮童話集』でも伝説の一部を取り上げているが、壬辰戦争関連説話は見えない。1929年の伝説集では三輪の資料から関連説話を収録するも、「되무목되魚」と「猿の騎兵」を除外し、新たに「見知らぬ老人」を収録し「内鮮融和」を意識して「支那から攻めこんで」きた話に改作している。また、朝鮮にも人材があるという老人の脅しとも取れる表現を削除している。植民地の現実から離れて「美しい朝鮮」を描いた中村の童話・伝説については、今後更なる研究が求められる。

　森川清人編『朝鮮 野談・随筆・伝説』(京城ローカル社、1944年)にも「野談壬辰の乱挿話」と題して「李如松の悪行と老人」が収録されている。それは青柳と同じく『青邱野談』から材料を採ったと見られ、李の二心(異心)を記し、読みやすく改作している。

## おわりに

　本稿では、日韓の共通説話として知られてきた「瘤取爺」に対して、近年、

一部で発せられる意図的な植民地期流入論を批判的に検討することから議論をはじめた。先行研究では前近代の文献説話に対して、現代の口伝説話を研究するのが一般的であり、近代説話に関する研究は少ない。朝鮮説話の近代的変容を捉える作業は非常に重要であり、より有効的なテーマとして壬辰戦争関連説話を具体的に考察してきた。まず、その手掛かりとして「論介説話における倭将の名前の変容」から考察を進めてきた。論介説話における毛谷村六助の登場という問題にスポットを当てて、新たな関連史料を広く集めて新事実を積み上げることで、論介説話の変容過程を捉えることができた。

　また、植民地期に日本語で刊行された朝鮮説話集を取り上げ、その内容を比較して検討した。具体的に壬辰戦争関連説話を取り上げた三輪環『伝説の朝鮮』(1919年)、中村亮平『支那・朝鮮・台湾神話伝説集』(1929年)、孫晋泰『朝鮮民譚集』(1930年)を中心に考察した。中村は三輪から多くの材料を採ったことを確認し、その改作の内容も検討した。三輪と孫晋泰の説話集の間には共通の壬辰戦争譚がない。日本人の朝鮮説話集の中には、壬辰戦争に関わった朝鮮人名将を主人公に取り上げたのは限られている。孫は朝鮮人名将を収録しているが、三輪と中村は日本人名将を多く収録しており、違いが見られた。

　植民地期に最も多く取り上げられた「李如松の悪行と老人」を検討した。三輪と孫晋泰はこの話を収録しなかったが、青柳綱太郎以来、最も多く見られる。青柳と森川清人が野談を標榜して『青邱野談』を訳したが、沖野岩三郎と中村のテキストは山崎源太郎の影響を強く受けている。説話集は限られた分量の中に編者が重要と思われるものを取捨選択する。その中で編者の意図が意識的・無意識的にも現れるはずである。日本人の編者は結果的に朝鮮人名将を取り上げることを避け、李如松を多く取り上げていたことを確認できた。さらに、朝鮮での李如松の扱い方も一方的な描き方ではない。

　植民地期に朝鮮説話に関心を持ち、多くの日本人が説話集を刊行している。それは早い時期の資料として価値が高い。その中に壬辰戦争関連説話も収録している。その記録は否が応でも、植民地期の状況の中でつくられたものであり、批判的かつ実証的考察が求められる。また、本文でも明示したように、朝鮮人学者もそれに影響を受けたことを、論介説話と「千度

来」「関羽の廟」で明らかにした。近年、韓国では植民地期に日本語と朝鮮語で刊行された説話集に関する関心が高まっている。再言になるが、二項対立な発想ではなく、孫晋泰がかつて提示したように、説話の世界性・普遍性を考察していく必要性があるだろう。朝鮮語説話集も含めた考察も今後の課題としたい。

注
1) 金廣植『植民地期における日本語朝鮮説話集の研究――帝国日本の「学知」と朝鮮民俗学』(勉誠出版、2014年)をご参照頂きたい。
2) 金廣植『植民地朝鮮과 近代説話』(民俗苑、ソウル、2015年)をご参照頂きたい。
3) 金廣植・李市埈『植民地時期 日本語朝鮮説話集 基礎的研究』(J&C、ソウル、2014年)。李市埈・金廣植他『植民地時期 日本語朝鮮説話集 基礎的研究』2(J&C、ソウル、2016年)。
4) 高木敏雄「日韓共通の民間説話」(同『日本神話伝説の研究』岡書院、1925年)。
5) 金宗大『トケビ 韓国妖怪考』(歴史民俗博物館振興会、2003年)。金宗大『韓国의 도깨비研究』(國學資料院、ソウル、2004年)144-151頁。金宗大「'瘤取爺譚'의 形成過程에 대한 試考」(『우리文学研究』20、2006年)54-57頁。
6) 朴정용『説話의 伝来童話改作様相과 問題点 研究』(韓南大学校修士論文、2005年)25頁。
7) 孫晋泰『朝鮮民族説話의 研究』(乙酉文化社、ソウル、1947年)2-3頁。金廣植「韓日説話採集・分類・研究史로 본 孫晋泰『朝鮮民譚集』의 意義」(『東方学志』176、國學研究院、2016年)。
8) 「乱」や「役」は一国史的な見地による用語であり、本稿では比較研究の視点から価値中立的な「壬辰戦争」を用いる。
9) 林哲鎬『説話와 民衆의 歴史意識――壬辰倭乱説話를 中心으로』(集文堂、ソウル、1989年)42、190頁。
10) 趙恩馤・李市埈「三輪環『伝説の朝鮮』의 収録説話에 대한 考察」(『外国学研究』30、外国学研究所、2014年)。
11) 趙恩馤・李市埈「三輪環『伝説の朝鮮』의 日本関連説話에 대한 考察」(『外国文学研究』57、外国文学研究所、2015年)531頁。
12) 張庚男「日帝強占期日本語朝鮮説話集『傳說の朝鮮』収録壬辰倭乱説話研究」(『古典과 解釈』19、古典文学漢文学研究学会、2015年)227-228頁。

13) 張徳順他『口碑文学概説』(一潮閣、ソウル、1977年) 42頁。
14) 李京燁「全羅左水営地域壬乱伝説의 伝承様相과 意味」(『全羅左水営의 歴史와 文学』順天大博物館、1993年) 86頁。同「海龍地域壬乱伝説의 伝承과 意味」(発刊委員会編『南耕朴焌圭博士 停年祈念論叢』1998年) 841頁。
15) 前掲注9林著書、186-187頁。
16) 大隅和雄「毛谷村六助」(大隅和雄編『日本架空伝承人名事典』平凡社、1986年) 200-201頁。
17) 岩谷めぐみ「郷里における毛谷村六助と論介——福岡県郷土紙「かみつの」をめぐって」(『立教大学日本文学』109、2013年) 144-145頁。
18) 前掲注17岩谷論文、144頁。現在、毛谷村六助説は日本でも知られている。「朝鮮では文禄・慶長の役において、義妓論介が六助を抱きかかえて河に身投げして殺したと伝えられている」(加藤圭「毛谷村六助」志村有弘・諏訪春雄編『日本説話伝説大事典』勉誠出版、2000年、325頁)。しかし、毛谷村六助説は近代以降に日本側から発せられたものと思われる。
19) 崔官『文禄・慶長の役』(講談社、1994年) 268頁。同「日本近世文学에 있어서 壬辰倭乱과 毛谷村六助」(『日本語文学』3、韓国日本語文学会、1997年) 269頁。金守業『論介』(知識産業社、ソウル、2001年) 110頁。
20) 『京城・鎮海・釜山』については、朴埈炯「境界의 저편、他者의 発見——玉川一郎의 小説『京城・鎮海・釜山』(1951)에 나타난 空間의 特性과 他者認識을 中心으로」(『사이SAI』17、国際韓国文学文化学会、2014年) を参照。
21) 玉川一郎『京城・鎮海・釜山』(新小説社、1951年) 50頁。
22) 川村湊『妓生——「もの言う花」の文化誌』(作品社、2001年) 79-80頁。
23) 勝田伊助『晋州大観』(晋州大観社、1940年) 13頁。
24) 朴基龍「論介説話의 叙事 展開様相과 意味」(『우리말글』32、우리말글학회、2004年) 23頁。
25) 岩谷めぐみ「論介における説話の変遷——韓国の地域感情及び日韓の社会情勢からの考察」(『立教大学日本学研究所年報』4、2005年) 98頁。前掲注17岩谷論文、145-146頁。
26) 魯成煥「論介와 六助」(『日本言語文化』14、韓国日本言語文化学会、2009年)。同「日本人が祀った論介という朝鮮女性」(『日本研究』49、2014年) 128-131頁。
27) 金京欄「浄瑠璃『大功艶書合』考——貴田孫兵衛(毛谷村六助)と朝鮮の女性をめぐって」(『日本語文学』26、日本語文学会、2004年) 167頁。同「韓国の〈論介〉説話と浄琉璃〈大功艶書合〉及び改作について」(『演劇研究セ

ンター紀要』5、2005年)44頁。
28) 田中雪次「晋州の烈女官妓論介」(『世界之日本』4巻9号、世界之日本社、1913年)58頁。
29) 近藤時司『史話伝説 朝鮮名勝紀行』(博文館、1929年)449頁。
30) 荻森茂編『京城と仁川』(大陸情報社、京城、1929年)215頁。なお、この本は1930年5月に『朝鮮の都市 京城と仁川』として再版され、翌年4月に2刷を出して広く読まれたことに留意したい。
31) 되루목되魚は、三輪が表記したままである。三輪は日本語の意味は書いていない。되루목되(도루묵)は日本ではハタハタでスズキ目に属する魚である。
32) 前掲注1拙著、76-77頁をご参照頂きたい。
33) 崔常壽『韓国民間伝説集』(通文館、ソウル、1958年)578頁。
34) 三輪環『伝説の朝鮮』(博文館、1919年)225頁。
35) 前掲注11趙・李論文、538頁。
36) 前掲注12張論文、237頁。
37) 西岡健治「芥川龍之介作「金将軍」の出典について」(『福岡県立大学人間社会学部紀要』5巻2号、1997年)。
38) 金정희「芥川龍之介文学에 나타난 素材活用 方法研究」(崇実大学校大学院博士論文、2015年)第2章を参照。
39) 中村は「こりや不思議な泣き声だ。どうしたのだらう。王様に違ひない」と改作している。
40) 中村は「ほんたうにすまないけれど」と改作している。
41) 石井正己編、崔仁鶴訳『1923年朝鮮説話集』(民俗苑、ソウル、2010年)266頁。
42) 三輪は、『伝説の朝鮮』の「はしがき」で伝説には「記憶の謬錯があり、伝聞の訛誤」が少なくないとした上で、「これ等の考証は之を他日に期して、今は茲に只、蒐集せる朝鮮に於ける口碑伝説を列記した」と述べている。三輪は文献を参照するも口碑を重視したと思われる。この記録に従えば、李如松の回軍の時ではなく、初めての援軍の要請という変異型は、口碑のままと解釈できる。
43) 日本人の説話集には文献説話の影響が強い。近藤時司は「練光亭と義生月香」と題して「この型の伝説は文禄の役を中心として各地に散在して居る」として、金応瑞とふたりで「逃れ難きを知つた月香は、涙を飲んでその身を犠牲にし、巧に応瑞をして逃れしめた」と記している(近藤時司『史話伝説 朝鮮名勝紀行』博文館、1929年、144頁)。また、八田己之助(蒼明)も「桂月香と義烈碑」と題して「月香は自害し、金応瑞だけ逃

れ」たと報告した(八田己之助『楽浪と伝説の平壌』平壌研究会、1934年、374頁。同『伝説の平壌』平壌名勝旧蹟保存会、1937年、109頁)。

44) 前掲注12張論文、241-242頁。
45) 前掲注11趙・李論文、542頁。
46) 정지영「'論介와 桂月香'의 죽음을 다시 記憶하기」(『韓国女性学』23-3、2007年)158-176頁。
47) 前掲注46정지영論文、176-177頁。蘇在英『壬丙両乱과 文学意識』(韓国研究院、1980年)172頁。なお、口伝説話では妊娠した月香に小西行長の剣があたって死んだことになっている(任晳宰「金応瑞将軍」『韓国口伝説話』3、平民社、1988年、176頁)。1936年平壌府金炳淵の報告。
48) 前掲注9林著書、159-169頁。
49) 安大会「『擇里志』口伝知識 反映과 地域伝説 叙述의 視角」(『大東文化研究』93、大東文化研究院、2016年)59頁。
50) 前掲注10趙・李論文、420-421頁を参照。
51) 前掲注12張論文、246頁。
52) 京城の南廟と東廟に関する話は、植民地に広く知られていた。近藤時司は関羽信仰の「基因は遠く文禄の役にある」と明記して京城の「関帝廟の沿革」を記している(近藤時司『史話伝説 朝鮮名勝紀行』博文館、1929年、97頁)。また、京畿道『京畿地方の名勝史蹟』(朝鮮地方行政学会、1937年、107-108頁)にも関帝を祀ったのは南廟が朝鮮初だと記している。
53) 蘇在英は、「千度来」など崔常壽の資料を多く取り上げて議論を展開している。また、関羽信仰の変異として、崔常壽の呂蒙関係説話を言及しており、崔常壽伝説集の問題は、研究史における複雑な性格を持つ(蘇在英『壬丙両乱과 文学意識』韓国研究院、1980年、109、208-209頁)。なお、変異型は前掲注9林著書、230-231頁を参照。
54) 壬辰戦争と朝鮮社会の変化については数多くの研究があるが、説話においても大きな変化が見られる。構成説話の発展と創作意識の高まり、戦争による孤魂と冤鬼に対する憐憫と伝奇説話の変化、朱子学の揺らぎと神仙思想の台頭、権威の暴露・反倫理的・反律法的な説話と身分と性表現、主体意識の発現、風刺と処世術などが現れる(金鉉龍「壬乱期의 構成説話考「於于野談説話」를 中心으로」(『人文科学論叢』18、建国大、1986年)。同「壬乱期文献説話의 変遷研究」(『文学한글』5、1991年))。
55) 前掲注9林著書、79頁。
56) 奥山盛孝・増子俊・中山豊喜『平安北道郷土誌』(平安北道教育会、1933年)に「李如松祖先の墓」という話がある。
57) 青柳綱太郎『朝鮮野談集』(朝鮮研究会、1912年)21-23頁。

58) 西岡健治「日本への韓国文学の伝来について（戦前編）」（染谷智幸・鄭炳説編『韓国の古典小説』ぺりかん社、2008年）305頁。
59) 青柳は『朝鮮文化史』（朝鮮研究会、1924年）の「第二十五篇　朝鮮の軟文学と野談」にも野談7話を収録して、文を改めて「四、老翁提督李如松を戒む」を収録しているが、内容は同じである。なお、清家彩果の「朝鮮征伐に関する朝鮮の伝説」（『朝鮮及満洲』70、1913年）にも李の二心（異心）を強調した話が収録されている。
60) 山崎源太郎『朝鮮の奇談と伝説』（ウツボヤ書籍店、1920年）。山崎は、「天下一の美人」と題して李如松が寵愛した朝鮮人通訳の話も収録している。
61) 沖野は1922年5月7日から7月末まで朝鮮・満洲童話口演旅行に出ている（大竹聖美『植民地朝鮮と児童文化』社会評論社、2008年、374頁）。
62) 沖野「李如松のはなし」（『金の星』5-1、1923年。のちに沖野岩三郎『童話読本孝行息子』金の星社、1927年に収まる）。
63) 中村亮平「朝鮮神話伝説概観」（中村亮平他編『支那・朝鮮・台湾神話伝説集』近代社、1929年）11頁。

# 近代朝鮮における日本語の社会史・試論
―― 知、政策、言語接触 ――

三ツ井　崇

## はじめに

　「イザカヤ」、「タコヤキ」。これらは今の韓国の都市の繁華街などでよくみられる日本語語彙で、韓国での日本文化の受容を示す一断面といえよう。1998年に日本の大衆文化開放政策がとられて以来、急速に日本文化受容の流れは広まった。今や日本のビールや日本酒も普通に飲め、日本語の看板もあちこちにある。もっとも、それ以前、法的に禁止されていたからといって、日本文化が韓国でまったく受容されていなかったわけではない。翻訳、翻案、非合法的流通(いわゆる海賊版)、人の移動にともなう物の移動などを通して、すでに早くから日本の文化コンテンツは韓国内に広まっていたのである。1960年代に日韓国交正常化交渉が本格化すると、街には和食の店や日本語を教える学校が出来、日本の大衆雑誌が普通に書店に並んだ。日本の小説の翻訳が急増したのもこの頃からである。
　ところで、韓国には「ツメキリ」、「オヤカタ」などという日本語語彙も残っている。こちらは先述の「イザカヤ」等とは異なり、日本の植民地時代(1910〜45年)に入ってきたものだ。日本語・日本文化が政治的・社会的抑圧を背景に朝鮮人の生活文化にまで及んできたことを意味する。そして、その反作用として、解放後、ナショナリズムを土台に日本語・日本文化が排斥・禁止の対象となった。解放後の日本語の排斥は「国語醇化」とも言われ、解放直後より試みられたが、北朝鮮〜朝鮮民主主義人民共和国で比較的早く実現したのに対し、南朝鮮〜大韓民国では現在でも常に国家的政策課題として位置づけられている。
　近代朝鮮社会において日本語が流入してきたのは、19世紀後半以降の

日朝関係の推移によるところが大きい[1]。1876年の日朝修好条規締結以後、朝鮮内に日本人居留地域が生じ、また1894年の甲午改革期以降、公教育のなかに日本語が導入されるようになった。20世紀初め以降は、大韓帝国(1897年成立)政府のなかに日本人官吏が入り込み、また、公教育における日本語の比重も高まることになった。そして、1910年の韓国併合による植民地化以後、日本語はそれまでの朝鮮語に代わり「国語」として君臨することになる。植民地下において、「国語」＝日本語の教育は天皇の下での「国民」化を朝鮮人に強いるための最重要事項とされたのであった。学校内で教える言語は原則として日本語であり、ときには朝鮮語を話した児童・生徒を罰することで、日本語の使用を徹底させようとした。また、学校外でも、公文書が日本語で記されるのはもちろんのこと、出版物や放送、看板・広告など、あらゆる媒体に日本語が使用され、日常生活においても日本語の知識の必要性が作り出されたのである。

　それだけに日本語の流入が、朝鮮社会にどれほど大きな影響を及ぼし、あるいは、いかに社会の変容を迫るものであったかは想像に難くない。以下ではその具体相をいくつかの観点から眺めてみたい。

## 1　日本語の知の導入と拡大、そして葛藤

### (1)　知の連鎖とその回路

　近代において、日本語が東アジア規模で「思想連鎖」を引き起こす媒体となったことは、すでに山室信一の指摘するところである[2]。明治期以降、日本では西洋概念が日本で漢字の熟語として翻訳されたことは、つとに指摘されている[3]ところでもあろう。山室は、日訳漢語(例：science→「科学」、society→「社会」)や日本漢字語(例：「立場」、「団体」)の流布による概念が、中国のみならず朝鮮、ヴェトナムなどへも伝播したと述べる[4]。19世紀末の朝鮮では、それまで漢文中心だった書きことばをハングル中心の書きことばに改めようとするさなかで、その際に中間的な形態として漢字ハングル交じり文(「国漢文」)という文体が一般的におこなわれていた。これは、語彙的意味を表す部分を漢字で、文法的意味(助詞・語尾・接尾辞など)を表す部分をハングルで書き表すといった表記であった。従って、日訳漢語、日本漢字語が比較的容易に朝鮮語の書きことばの中に入り込みやすく、その

ような言語体系上の特徴が連鎖を容易にしたと思われる。

ここでひとつ例を挙げてみよう。【図1】は「国漢文」の例である。この図の文章と次の日本語訳とを比べてみると、漢字語語彙の部分と助詞、語尾の部分がだいたい対応しているのが分かっていただけるだろう。

> […]国家の聚団中には儒教も有り、耶蘇教も有り、天道教も有り、天主教或は仏教が有るのであり、其の何れの教を信仰するかは各人の自由であって、他の制縛を受けるものではなく、且つ何れの教を尊び信じようと、国家の権利、義務には相異なるところは無いので政府は此を一視せざるべからざると同じく、政党も亦た此を一視せざるべからず。[…][5)]

このような連鎖の回路としては、書物の翻訳や留学が挙げられる。19世紀末以降、朝鮮政府・大韓帝国政府は開化政策の一環として日本に留学生を送り、留学生たちは法律・政治・経済その他の高等教育レベルの知識を獲得していった。そして、朝鮮に戻ってからその知識をもって朝鮮人に対する近代化の啓蒙や政治運動に携わっていく。このような現象は植民地期にまでも引き継がれていった。朝鮮留学生たちは日本で留学生団体を組織し、機関誌を発行するなどの言論活動をおこなった。そのような媒体は朝鮮でも頒布されて近代思想を広める役割を担った。さらには、併合前においては、帰国後、近代化思想を広める言論・教育活動(愛国啓蒙運動)に携わり、併合後においても、朝鮮に戻って教育活動や民族運動・独立運動にかかわったものも多く、そのような思想の拡大を促進した。また、日本の家政学を学び、朝鮮に「良妻賢母」思想を広める役割を果たした女子留学生の存在[6)]や、東京美術学校などで美術を学び[7)]、美術の技法、道具などが留学生によってもたらされ、それらの

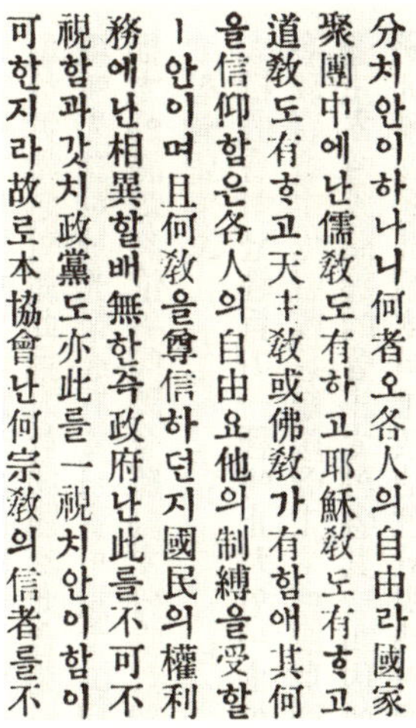
分치안이하나니何者오各人의自由라國家
聚團中에난儒敎도有하고耶穌敎도有ᄒᆞ고
道敎도有ᄒᆞ고天主敎或佛敎가有함애其何
을信仰함은各人의自由요他의制縛을受할
ㅣ안이며且何敎을尊信하던지國民의權利
務에난相異할배無한즉政府난此를不可不
視함과갓치政黨도亦此를一視치안이함이
可한지라故로本協會난何宗敎의信者를不

【図1】「国漢文」の事例
(『大韓協会会報』1号、1908年)

語彙が朝鮮に流入する現象が起こったことにも注意しなければならない。

植民地期には日本語は「国語」となり、教育制度の次元で必修化されただけでなく、また、日常生活全体に日本語が入り込んできたため、日本語の持つ威信は以前にも増して強まった。初等教育機関である普通学校(当初は4年制、のち6年制も設置)では、「国語」教育に関して、「国語ハ普通ノ言語、文章ヲ教ヘ正確ニ他人ノ言語ヲ了解シ自由ニ思想ヲ発表スルノ能ヲ得シメ生活上必須ナル知識ヲ授ケ兼テ徳性ノ涵養ニ資スルコトヲ要旨トス」(明治44年朝鮮総督府令第110号「普通学校規則」、1911年10月20日制定)とされた。「生活上必須ナル知識ヲ授ケ」とあるところにその意図を読み取ることができよう。1924年には日本本土の帝国大学システムを朝鮮内に移植して、京城帝国大学が開学し、日本人教員の下で日本の知が朝鮮内で再生産されていくメカニズムもまた構築されたのである。

出版物は総体として、朝鮮内で発行されるものと比べ、日本本土で刊行された単行本、定期刊行物の移入が圧倒的多数を占めた(後述)。韓国併合により、朝鮮も大日本帝国内の出版市場に組み込まれたからである。日本語の「国語」化と相俟って、朝鮮内で日本語が日常的に幅を利かせる状況が作られていったのである。それは、従来の朝鮮語を中心とした社会に大きな影響を与えざるをえなかった。

(2) 朝鮮語世界との競合——ことばとナショナリズム

しかし、注意しなければならないのは、日本語という言語体系を自在に運用できる人というのは、植民地期全般を通して、決して多いとはいえなかった。日本語普及率は、1919年末時点で約2.0%、1923年末時点で約4.1%、1930年で約6.8%であった。日中戦争開戦後、日本語普及の動きは強化されていくが、それでも1943年末の段階で約22.2%であった[8]。増加傾向にはあるが、日本語を通した知が朝鮮人全体に行き渡ったとは考えられず、戦時期に至ってさえもなお、「国民」精神、「皇国臣民」精神を日本語で植え付けるには相当の限界があったとみなければならない。1938年の朝鮮総督府時局対策調査会という会議[9]で、次のようなやり取りがあるのは興味深い。

　　　四十三番(田川常治郎君)　［…］出版物ニ付テ、諺文ノ出版物ガヨク見エ

マスガ、コレヲ全部邦文デ書イテコレニ振仮名或ハ諺文ヲ付ケルトイフ考ヘガアルカトドウカオ伺ヒシマス。
［…］

八十四番(三橋孝一郎君)　国文ニ諺文ノ振仮名ヲ附ケルコトハ規則ヲ作レバ出来ナイコトハゴザイマセンガ、現ニ総督府トシテハ学務局ニ於テ国語ノ奨励ヲヤッテヲリマス。コノ仕事ガ逐次進ンデ参リマスレバ、将来或ル程度今日ノヤウナ不便ガ除カレルダラウト思ヒマス。今出版物ノ取締カラ言フテ、全部国語ニ改メ諺文ノ仮名ヲ附ケルトイフ、不便ヲ忍バナイデモ行クノデヤナイカトイフ感ジガ致シマス、又自然ニ総テ国語ニ向イテヲルトイフヤウニ私考ヘテヲル。半面カラ考ヘテモ今日ノヤウニ国語ノヨク分ル人間ガ非常ニ少イ時代ニ於テハ、ヤハリ時局ノ認識ヲ説クニシテモ、又総督府ノ施設ヲ十分ニ徹底サセル上ニ於テモ、取敢ズ分ル方法ヲ以テ総テノ民衆ニ知ラセルコトガ一番大事ニ考ヘテヲリマス。ソノ意味カラ行キマシテモ、左様ナ不便ナ方法ヨリモ取敢ズノ方法トシテハ、ヤハリ諺文デ総テヲ徹底サセル。他面ニ於テ国語ヲ普及サセテ行クコトガ目下ノ状況ニ於テ一番適切ノヤウニ考ヘテヲリマス。

会長(大野緑一郎君)　唯今ノ御質問ハ非常ニ簡単デスケレドモ、非常ニ大キナ問題デアリマス。ココデ簡単ニ兎ヤ角言フコトハ出来ナイ。ヤハリ分科会デ御審議ノアルコトト思ヒマス。結論トシテハ今局長ヨリオ話シタヤウナ考ヘデアリマス。国語ハ奨励スルガ、現在ノ諺文ヲ今ドウスルカトイフコトハ考ヘテヲリマセン。[10]

このやりとりを見るに、日本語の習得は、日本が準備した教育を受けた者や、知識人など一部の人々に限られていたことがうかがわれる。そうすると、社会全体としては日本語が知の世界で支配的であったにもかかわらず、多くの人がそのような知の世界から疎外されていたことになる。

先ほどの日本語普及率の推移をみてもわかるとおり、植民地期朝鮮社会においては、依然として朝鮮語の世界が圧倒的な広がりを持っていた。ゆえに、朝鮮語による知の世界が日本語のそれに劣らず存在していた。朝鮮の知識人たちは、日本や西欧の知の体系を朝鮮語に翻訳して、言論活動を通して拡散しようと努めていたのである。

世界的にみて、近代という時代は、ある国家の内部で、高級な知のレベルから日常生活に至るまで、すべての言語生活を単一の言語でまかなえるようにし(ということは、それ以前は分かれていたのである)、そのために書きことばの整備を図った(いわゆる「言文一致」)。より詳しくいえば、綴字法(スペリング)、「標準語」の制定などの整備を図るというものである。これを言語の近代化とすると、それは欧米のみならずアジアでも同様に起こったのであり、日本や朝鮮も決して例外ではなかった。この両国では若干の時間差はあるものの19世紀末から20世紀初にかけて、ほぼ同時期に言語の近代化を進めていた。さきほど出てきた朝鮮の「国漢文」という形式は、その過程で出てきた過渡期的な表記形式である(最終目標はハングル専用化であった)。このような言語の近代化の過程で、朝鮮は日本の植民地となり、日本語が「国語」として君臨することになったのである。韓国併合後しばらくは、日本語が強制される一方で、朝鮮語の使用(とりわけ言論世界における)が強く規制されたが、1919年の三・一運動を機に朝鮮総督府は規制を緩和する。併合により朝鮮語は「国語」たりえなくなったが、すでに日本語に劣らない近代言語としての機能を果たしつつあったのである(ちなみにこの時点では日本語の近代化も途上の状態であった)。ここに、日本語と朝鮮語の機能面における競合が起こることになろう。朝鮮人にとって、朝鮮語は国家の言語ではなくても、それに準ずる民族の言語として考えられた。朝鮮の知識人は、またこのような民族意識を動員して、一般民衆に朝鮮語を媒介として近代的知を啓蒙しようとしたのである。そのような近代的知は一面において日本語を通して知識人が受容したものであるが、たとえ日本製の語彙であっても、全体としては朝鮮語の言語体系のなかに組み込まれる以上、それによってあらわされる知は朝鮮語で拡散されたことになる。しかも、このような民族意識は、将来的に日本からの独立を画策する思想を生みだすことにもつながったのであり、むしろ、日本語による知の受容が、日本「国民」化を促すものとはまったく逆方向に機能することもありえたのではないだろうか。

### (3)　日本語による知の持つ危険性

　もっとも、いくら日本語普及率が低かったとはいえ、平均的に低かったというのではない。植民地期の当時、朝鮮では義務教育制が布かれておら

ず、先述のとおり日本語習得者層と非習得者層とがはっきり分かれていた。よって日本語による知は日本語習得者層に集中的に集積されることになるが、では、先に述べたように日本語習得者層による日本語の知の受容が統治する側にとって不都合な知識の受容にもつながりえたとはどういうことなのか、もう少し考えてみよう。

　当時、朝鮮で発行されていた出版物の多くは、日本語書籍で占められており、なかでも、日本から移入されたものが多かった。当時、日本でも朝鮮でも出版物に対する検閲がおこなわれており、日本語出版物に対してもそれは例外ではなかった[11]。1937年6月に検閲担当部局である朝鮮総督府警務局の刊行した『刊行物行政処分索引簿』(【図2】)をみると、1936年までに相当数の日本語書籍が行政処分を受けていたことがわかる[12]。その

| | | | | | | | | 三四 |
|---|---|---|---|---|---|---|---|---|
| 各無産政黨スローガン | 點譜一千夜物語 | 怪奇變態處女解剖 | 換氣 | 畫譜一千一夜物語 | 革命草案 | 火焔を蹴る | 悶春秘話 | カクテル漫畫漫文 | 職術家としてのレーニン | 階級闘爭の偉大なる | かくし語辭典 | 蟹工船(改訂版) |
| | | | 野海亮 | 矢野源一 | 北原鐵雄 | 林禮子 | 中野江漢 | 早見正男 | | | 小林多喜二 |
| | | 五・七・一 | | | | 五・六・一 | | | | | |
| 同無産者書房 | 東京 | 中村書店 | 同 | 同 | 同 | 同 | 東京 | 同マルクス書房 | 同 | 東京 |
| 五・一〇・三 | 五・九・三〇 | 五・八・二五 | 五・七・一五 | 五・六・三〇 | 五・六・二三 | 五・六・六 | 五・五・二 | 五・四・二四 | 五・三・二八 | 五・二・九 |
| 治安 | 同 | 風俗 | 治安 | 風俗 | 同 | 治安 | 同 | 風俗 | 同 | 治安 |

【図2】　行政処分を受けた単行本のリスト
　　　（朝鮮総督府警務局『刊行物行政処分索引簿』1937年）

理由はおもに「治安」、「風俗」と書かれているが、前者は政治や思想にかかわるもの、後者は性にかかわるものがほとんどを占めている。とくに前者には、天皇制を論ずる「国体」論や社会主義・共産主義思想関連の書籍が含まれていて[13]、日本語によるこれらの知が当局側にとっては規制すべきものであったことを意味している。ただ、そのような規制にもかかわらず、その網から漏れて相当数が朝鮮の知識人にも読まれたと思われる。さらにそれが朝鮮語に訳されて、日本語を理解しないものにも広がった可能性も考えられる。そのことは、次のような警務当局の認識からもうかがえるのである。少し長いが引用してみよう。

> 内地に於て発行せらるる普通出版物は近時移入増加を来し、其の種類は千差万別にして、此等多数出版物中には朝鮮問題を捉へ、或は現総督政治に共鳴し之を謳歌したるもの、又は現統治に種々の批判を加へたるもの、或は朝鮮の社会事象を論述したるもの等往々発見せられつつあるが、此等出版物は内地識者が朝鮮に対する研究を為すに至りし結果にして、喜ばしき現象なりと云ふことを得べし。然れ共、中には朝鮮の実情に通ぜず、唯皮相の観察を以て直に之を筆にし、思を帝国の国策又は朝鮮の将来に及ぼさず、徒に朝鮮の現状に対し理由なき批難を加へ、反て民衆をして誤解を抱かしめ、其の帰趨を誤らしむるが如き説を為すものあり。内地に於ては此等は一の説として黙過し得べしと雖、此等刊行物にして一度朝鮮内に移入せられ、更に之を諺文［＝朝鮮語］新聞等に訳載頒布せらるるときは、各方面に好ましからざる反響を与ふるを以て、此の点に対しては特に注意を払ひつつあり。又近時内地出版には宣伝ビラ、パンフレットの類移入の傾向あり。此等の中には主義者乃至鮮人留学生・不良労働者輩の所為と思料せらるる即ち朝鮮の独立・総督政治の攻撃・排日鼓吹・鮮内学校盟休・小作争議の煽動及地方問題の抗争激励其の他共産主義・無政府主義の宣伝等不穏過激に渉るものあり。[14]

これら出版物の内容が、「朝鮮の現状に対」する「理由なき非難」であるとか、「民衆をして誤解を抱かしめ、其の帰趨を誤らしむる」ものであるとかいう評価は、植民統治をおこなっている総督府の側の一方的な見方である

ので、それをそのまま客観的評価として受け入れることはできないが、それらのものが「朝鮮内に移入せられ」たときの総督府側の危機感を、上の引用文は逆に如実に伝えてはいないだろうか。

(4) 日本語の浸透、葛藤するアイデンティティ

　1920年代後半以降、朝鮮内に都市文化が形成されていくなかで、出版物だけでなく、映画、音楽(レコード)、その他の流通・消費文化(例えば百貨店)が少しずつ根付いていくようになる。それらの多くは日本資本であり、日本商品が多く流通することになる。よって、趣味的・娯楽的な知もまた多く日本語を通して入ってくるのである。とりわけ大衆歌謡のようなコンテンツは、文字を知らない人でも音声文化として享受できるものであり、意味がわかる、わからないは別として、音としての日本語が朝鮮社会のなかに入り込んでいくことになる。

　しかし、一方で都市と地方の文化的格差は広がっていくため、その知の広がりは必ずしも均質なものではなかったが、それでも都市との人の行き来やラジオなどを通して、地方社会にも日本語による知は少しずつ入り込んで来た。それはやがて生活スタイルの変容にも影響を及ぼしていくことになる。

　全体的な普及率の低さはあるにしても、年を経るにつれ、日本語習得者層の割合は徐々に増えていったことだけは間違いない。とりわけ、高等な知への欲求が高ければ高いほど日本語にアクセスしなければならない状態になっていく。そして、それは日中戦争期以降の「皇民化」政策期において、一気に加速化された。しかし、日本が「皇民化」を推進しようとすればするほど、日本語使用をめぐる朝鮮人のアイデンティティ形成には深い影響を及ぼしたのであった。少なくとも知識人においては、趣味的・娯楽的な用途を超えて、民族のあり方をどうするかという問題に直結するきわめてナーバスな問題として日本語は存在することになるのである。

　身も心も「皇国臣民」となることが要求されているこの時代に、玄永燮が『朝鮮人の進むべき道』[15](1938年)を著し、朝鮮人は朝鮮語を捨てるべし、とする朝鮮語廃止論を唱えたことはあまりにも有名である。彼はまず冒頭でこう述べる。「私がこの小冊子に於て語らうとするのは、朝鮮人が日本人であり、日本人として生きる道以外に進むべき方向はあり得ない」

(「序のことば」7頁)と。さらには、「更に一歩進んで、完全に日本国民となつて、完全に　天皇陛下に忠義を尽し奉らなければならぬ。完全な皇国臣民とならなければならぬ」(144頁)とまで言い切る。そして、「本能的に、感情的に日本人的心情を持つやうに努めること」(同)が必要であるが、そのために「先づ国語を常用すべき」(152頁)であり、「朝鮮語を廃止せよ」と「絶叫」するのである(157頁)。彼のこのような議論は同じ時期に「内鮮一体」を支持する朝鮮知識人はおろか、統治する側の朝鮮総督さえもこれを否定する[16]ほどの過激な議論であった。少なくとも1938年のこの時点では、朝鮮総督府において朝鮮語の廃止が必ずしも現実を帯びていなかったことは、先にもみたとおりであろう。では、玄の発言の真意はどこにあるのだろうか。次の引用文を参考にしてみたい。

> 現在我々は同じ朝鮮に生れても、内鮮人間に待遇の差があるのを認める。私はこれは生活の相違の為であると思つてゐる。朝鮮人が全く日本人になる時、朝鮮人が完全に日本民族となつて、内鮮の区別がなくなる時この差別はなくなるであらう。　　　　　　　(180頁)

　日本人と朝鮮人の間の「待遇の差」＝差別が厳然としてあるなかで、それを解消する方向を「完全に日本民族とな」ることに求めている。別の箇所では、「国政に参与する機会」、「義務教育」、「兵役の義務」、「居住の自由」が待遇改善の内容として想定されてもいる(147頁)。いわば、それらの権利を得るためには、朝鮮人が朝鮮民族であることを捨て、その民族の象徴であるところの朝鮮語を廃止せよというのがその真意なのである。ただ、注意しなければならないのは、玄の「内鮮一体」論は同時代において決して主流ではなかったということである。かの李光洙でさえ、「朝鮮の言語文化等、このようなものは最後まで保存しなければならない」[17]と言っていた時期であるから、相当極端な発言の例であることは間違いない。しかし、玄も平等の実現について「二十年後になるか又は五十年後になるか又は百年後になるかは、一に我々の努力如何に掛つてゐる」(同上)としており、現実における可能性は決して高いとは考えていなかったと思われる。のちに、「民族と民族との関係は自由なる友人同志の付き合ひの如き気儘なものではな」いとも述べており[18]、民族間の壁や葛藤の存在についてはかな

りシビアな見解を持っていた。実は玄の朝鮮語廃止論もよく読むと、「国語」への一本化の前提として、日本語の「国字」改良＝漢字制限、廃止をともなっていることがわかる。玄は「朝鮮人の国語発音の悪いのは、漢字を制限せずに国語を教へるからであ」り、「国語の常用を促進する為には、どうしても、国字を改良しなければならぬ」とする(169頁)。玄においては朝鮮語廃止と「国語」改良が一体のものである以上、朝鮮語廃止の条件はいまだ整っていないと認識していたと思われる。ちなみに、この頃、日本の国語審議会では、漢字の取り扱いや日本語かなづかいなどの問題をめぐって、議論が紛糾していた。とりわけ漢字音の表記に関しては保科孝一や小倉進平などの言語学者から、日本語の海外進出に合わせて歴史的かなづかいをやめ、表音的かなづかいにすべきだと見解が出ていた[19]。しかし、一方では漢字制限、表音的かなづかい化についての反対意見も強いなかで、玄の指摘は植民地における普及に直面し日本語が持っていた葛藤を鋭く言い当てていた。いずれにせよ、玄の議論では、差別からの脱出のためには、「国語」の習得が平等を保障するということになるのだが、そもそも当時はそのような状況だったのだろうか。

　玄永燮とほぼ同時期に活動した知識人に朝鮮人作家金史良(キムサリャン)がいる[20]。彼の日本語小説「天馬」[21]は同時代の朝鮮文壇を物語化したものである。主人公は玄龍(ヒョンニョン)(玄の上龍之介)という朝鮮人「国語」作家である[22]。玄龍は彼を尊敬するある女流詩人の前で、「僕はもう朝鮮語の創作にはこりました。朝鮮語なんか糞喰へです。だつてそれは滅亡の呪符ですからね」と言ってみせ(359頁)、「内地人と向ひ合つた時には一種の卑屈さから朝鮮人の悪口をだらだらと述べずにはをれない、さうして始めて又自分も内地人と同等に物が云へるのだと信じ切つてゐる」(375頁)人物として描写される。玄龍は「国民」への自己同一化を図り、植民地民族主義の価値体系を徹底的に否定するのである。

　しかし、物語はそのように「内地人」流であることを自任する玄龍であっても、日本人文学者が朝鮮人文学者の「国語」・「国民」文化への「同化」を承認しておらず、最終的には玄龍はそのことによる挫折感から、「内地人」を自任しつつも結局はそうたりえない差別対象としての「朝鮮人」であることを否応なく感じさせられるのであり、カエルの鳴き声さえも「鮮人(ヨボ)！鮮人(ヨボ)！」(「鮮人」も「ヨボ」もこの時代に朝鮮人に対する蔑称として用いられた)と騒ぎ

出しているかのような幻聴にとらわれ、狂気に触れてしまうところで物語は終わる(383-384頁)。

　この「天馬」が描く世界は、玄永燮の主張するような徹底的な「同化」をむしろ拒否する日本人社会があり、また「同化」による平等化など幻想にすぎないことを表す。金史良は自らも身を置く文壇を題材に、その矛盾を描き出したのである。このことは決して現実離れした出来事ではない。事実、行政の場でも認識されていた。先述の朝鮮総督府時局対策調査会の席上で、朝鮮総督府中枢院参議の李升雨(イスンウ)は、

　　内鮮一体、内鮮一体ト朝鮮人ダケガ申シテモ内地ノ方々ガ「オ前ハ日本臣民デナイ」ト申シマシタナラバ、「イヤ私ハ日本人デス」ト申シテモ通ラナイ。サウナルト、自分ハ日本人ニナリタイト思ツテ一生懸命ニヤツテキテモ、日本ノ方々ガ、オ前ハ日本人デナイトイヘバ、エー自分ハ勝手ニスルノダトイフコトニナツテ来ルノデアリマス。23)

と一方的な「内鮮一体」の空虚さに対する不満を述べていたのだ。戦争の長期化に伴い、権利・義務関係の不均衡を前に、「内鮮一体」が直ちに平等で保障するものではないことを踏まえた不信感以外の何物でもない。

　玄永燮、金史良の描く「同化」の効果への認識は、一見、正反対のように見える。しかし、いずれもが朝鮮人の日本人への一方的な「同化」を主張／描写するものであるという点で共通している。しかも、玄永燮の挙げる「国政に参与する機会」、「義務教育」、「居住の自由」といった問題は、現実として実現していなかったのであり、結局、いずれも(玄永燮の場合は逆説的に)「内鮮一体」の虚構性を暴くものであった。さらに、その暴露が差別を象徴する言語であるところの日本語によってなされたことを考えると、日本語使用という行為の逆機能は、戦時期に最も先鋭的に表れたのかもしれない。

## 2 支配者側の葛藤──日中戦争期以降を事例として

### (1) 「国語」普及の展望──朝鮮総督府時局対策調査会(1938年)より

しかし、葛藤は朝鮮人だけでなく支配者側にも存在した。とくに、日中戦争期以降は、戦争に動員しうる人的資源の確保のために日本語普及率の向上が図られた。しかし、先にみた通り普及率は伸び悩んだ。以下ではこの背景について考えてみたい。

第三次朝鮮教育令への改正(1938年3月)を機として、初等教育において「国語」時間数が増加し、朝鮮語が「随意科目」となったことは定説である。これは言うまでもなく「国語」普及の増大を意味する。1938年初頭に中国との戦局の長期化が決定的なものになり、朝鮮が総動員体制下に置かれていく時期でもあった。それゆえ、このような「国語」普及の方針は「皇国臣民化(皇民化)」の一方途であったと一般的に説明されているが、それは一体どのような現実認識にもとづき、どのような展望でもって進められようとしたのだろうか。

1938年9月、朝鮮、「内地」、満洲関係の識者、実務家を招聘する形で開かれた諮問会議である朝鮮総督府時局対策調査会(以下、調査会)が開催される。この会議もまた、1938年2月から準備されたもので、各種総動員体制の構築と並行して開催されたものであった[24]。以下では、この会議で準備された資料や朝鮮総督府学務局長塩原時三郎の席上での発言などから、総督府の「国語」普及の現状と政策の展望について考えてみたい。

調査会では18項目の諮問事項について3分科に分かれて、それぞれ討議されたが、「国語」普及に関する事項は諮問事項「第一　内鮮一体ノ強化徹底ニ関スル件」で扱われた。最終の答申書で「ホ　教育ノ普及及刷新ヲ図ルコト」の下位項目に「2　国語ノ普及ヲ速カナラシムルヤウ適切ナル措置ヲ講ズルコト」、「3　朝鮮教育令並ニ各学校規程改正ノ趣旨ヲ益徹底セシメ教学ノ振興ヲ図ルコト」[25]、また、「チ　日常生活ノ内鮮一体化ヲ図ルコト」の下位項目「5　国語生活ノ励行ニ努メ衣、食、住ニ関スル日常生活上ノ風俗習慣ノ内鮮混和ヲ図ルコト」とあり[26]、学校教育上および日常生活上の「国語」普及が目指されたことが確認できる。

それでは、普及の現状認識と拡大に向けた具体的な展望とはどのような

ものであったのだろうか。調査会開催に先立って各委員に配布されたと思われる『朝鮮総督府時局対策調査会諮問案参考書(内鮮一体ノ強化徹底ニ関スル件)』によると、1937年末で「国語ノ会話ニ差支ナキモノヽ数」を「総人口ノ六分強ニ相当」するとみている[27]。1930年の朝鮮国勢調査における日本語識字率が約6.82%だった[28]ことを考えると、「総人口ノ六分強」というのもあながち根拠のない数値ではない。

　では、朝鮮総督府はこのような状況をどのように「解決」しようと考えたのか。大きく2つに分けると、初等／中等教育機関の拡充と「国語講習会」の増設であった。前者については、すでに1937年度より46年度までの10カ年計画で初等学校の収容能力を倍増させ、推定学齢児童の5割強の就学を達成させる予定だったが、戦局の変化により、5年前倒しして1942年度まででこれを完成させ、またこれにともない4年制学校を6年制に延長させるつもりであった[29]。中等学校についても上記の初等学校の拡充に合わせる形ですでに1937〜46年で700学級の増設を図って動き出していたが、なかでも実業教育の「充実」を図ることがうたわれていた[30]。

　次に、「国語講習会」の増設についてである。1938年度から3カ年を期して、旧公立普通学校だった公立尋常小学校や公立簡易学校計3338校中の3000校に対し国語講習会を開催させ、計30万人の国語解得者を得るつもりであるとし、それ以後も毎年30万人ずつ国語解得者を増加させることを目標としているという[31]。しかし、「今後本計画完了後ニ於ケル毎年ノ卒業者三〇〇、〇〇〇名ニ朝鮮人尋常小学校卒業者一〇〇、〇〇〇名ヲ加フルモ四〇〇、〇〇〇名ニ過ギザルニ対シ人口ノ自然増加ハ大約三〇〇、〇〇〇人乃至五〇〇、〇〇〇人ナルヲ以テ結局国語解得者ノ歩合ハ略現状ヲ維持シ得ル計算トナルベシ」[32]とし、これらの施策によって「国語」普及率が大きく上昇するということは想定されていない。この点について、塩原時三郎は調査会会議席上で、1942年末に尋常小学校卒業者30万人と「国語講習会」を経た者30万人の計60万人が「国語」を習得していく一方、「古イ者ハダンダン社会カラ整理サレテ死ンデシマフ。コノ国語ヲ知ラナイ者ガダンダン死ンデ来ルトイフコト」もあって、1955年ごろに約70%、1960年に全解という見通しであるとの発言をしている[33]。この見通しでは現状の戦時体制に即応するのは大変難しい状況にあったとみるのが妥当だろう。

これと関連して、義務教育制の実施可否の問題についても言及しておこう。答申書では前述の「ホ」の下位項目として、「1朝鮮人初等教育機関ノ拡充ヲ引続キ断行シ可及的速ナル教育ノ普及ヲ図リ皆学ノ理想実現ニ邁進スルコト」とある[34]。参考書のほうでも初等教育拡充が「義務教育実施ノ階梯タラシムル計画」として位置づけられていた[35]。しかし、塩原の発言によると、1950年ごろまでに「皆学」に近い状況になるが、義務教育にするかしないかは「皆学」が達成された時点で考慮するというものであって、現時点での義務教育制度導入には消極的であった[36]。つまり、当面就学率の向上には努めるも、すぐには義務教育の導入は意図していなかったことになる。「国語」普及率上昇の半分を初等教育の拡充に依存する体制のなかで、「国語」普及率の上昇が時局に即応するものとしてとらえられたかどうかは疑わしい。

(2)　兵力動員と「国語」[37]

　ここで朝鮮軍の認識についてみてみたい。そもそも、朝鮮教育令の改正は1938年2月の陸軍志願兵制度の導入とセットであった。1937年6月に朝鮮軍司令部が作成した「(極秘)朝鮮人志願兵制度ニ関スル意見」は、兵役問題と朝鮮の現状に対する認識と課題について、「半島民心趨向ノ善導ハ現下ニ於ケル重要焦眉ノ大問題タルヲ失ハス」とするも、「滔々トシテ隠然底流スル朝鮮民族ノ反撥、自棄的思想ノ厳存ヲ看取スルトキ、吾人任ヲ朝鮮ノ防衛ニ承クルモノ断シテ晏如タル能ハサルモノアリ」とし、「朝鮮民族ヲシテ可及的速ニ皇国臣民トシテ皇謨ヲ扶翼シ奉ル精神的存在タラシムルノ一事ニ帰ス」るとする[38]。朝鮮軍は1937年6月の時点で「半島民心趨向ノ善導」は容易ならざるものと認識しており、「朝鮮教学ノ施設ヲ断乎改善スル場合ニ於テモ向後五十年ニシテ朝鮮ノ皇魂教育始メテ軌道ニ乗リ得ルモノト考定セサルヘカラス然レトモ此五十年ハ教育行政ノ運用ニヨリ半減否更ニ短縮シテ十五年乃至二十年間ニ其目的ヲ達成シ得ル如ク努力セサルヘカラス」[39]と述べ、とても「現下ニ於ケル重要焦眉ノ大問題」に対応できる状況ではなかった。朝鮮人志願兵の教育程度は「内地人ノ教育程度ト略均衡ヲ得シムルヲ要ス」[40]とし、「朝鮮人児童全部ノ就学ヲ目途トシ小学校ヲ整備スルコト」[41]としている。ここで重要なのは、「朝鮮人児童全部ノ就学」を目標としたとき、当然想定されるのは義務教育制であった。事実、

1937年11月の朝参密第713号「(秘)朝鮮人志願兵問題ニ関スル件回答」では、「朝鮮人児童全部ノ就学ヲ目途トシテ小学校ヲ整備シ漸次義務教育制度ヲ採用スルコト」[42]と義務教育制の実施が明示されていた。

　すでに宮田節子も明らかにしているとおり、志願兵への応募者は多くが貧しい農民であり、学歴も低く、生計を立てるための手段として応募したものであった[43]。1938年の志願者240名のうち、8割弱の190名が6年制公立普通学校卒業ないしは同等程度であり、職業別では農業が115名(約48%)と最も多かった[44]。とても「朝鮮ノ皇魂教育」の成果をすぐに期待できる状況ではなかったのである。

　1938年11月、朝鮮軍司令部は「朝鮮軍諸施設希望要綱」(以下、「要綱」)を作成し、翌月朝鮮軍参謀長名義で陸軍次官東条英機宛てに送付した。「要綱」では「人口二千三百万内地人ノ三分ノ一ニ達スル此ノ大ナル人的資源ヲ徒ニ死滅スルハ果シテ如何今ヤ文化逐次向上シ見識アリ活動カアル人物続生シツツアリ[…]宜シク宇内ノ大勢圏外雄飛ノ要ヲ注入シ内地人ト共ニ東亜大陸ニ闊歩セシムル如ク施策シ大陸経営ノ為鮮外ニ在ル鮮人ト鮮内ニ在ル鮮人トノ比ヲ日本本土外ニ在ル内地人ト国内内地人トノ比ニ等シカラシムル如ク指導スルコト肝要ナリ」[45]と「人的資源」としての朝鮮人の利用に関する認識が示されている。ここで重要なのは、朝鮮人の徴兵問題に言及がある点である。要約するならば、国軍を編制している満洲国とは異なり、朝鮮では「合邦三十年」、何らの成果もないが、もはや「人的資源ノ総動員統制ヲ叫ハルルニ当リ」、朝鮮人兵役問題は一気に解決されるべきであるとする[46]というものであり、まさに緊急性の意識がうかがわれよう。しかし、先の「(極秘)朝鮮人志願兵ニ関スル意見」をみるに、義務教育制も実施されていないなかで「朝鮮ノ皇魂教育」は容易に達成されるはずもなかった。「要綱」でも教育程度と見通しについては触れられているが、「教育度ニ関シテハ適確ノ標準ヲ求ムルコト困難ナル」としつつ、就学率においては3割から6割へ(1942年)、そして義務教育(1950年)へという見通しを立て、「国語」(日本語)普及率については、現状は全人口約2000万人に対して約1割程度、適齢期としてはさらにその2割前後＝約4万人と推算する。そして、合格率60%と仮定して、約2万4000人が徴集可能という試算を出している[47]。普及率を200万人程度として見積もっているのは、おそらく調査会の諮問案参考書の数字(「普通会話ニ差支ナキ者」119万6350人、1937年末)

を根拠にしているものと思われ、その意味で調査会の成果は朝鮮軍内部でも検討され、「要綱」に反映されたと推測される[48]。

ただし、「而シテ国語ヲ解スルモノノミ徴兵セラルルモノトセハ爾他ニ及ホス影響大ナルモノアルヲ以テ解セサルモノト雖相当ノモノヲ徴兵スルノ制度ヲ適当トス」[49]とすることで「国語」理解度＝「皇民化」度という重要な基準を放棄してしまっていることに注意したい。とりわけ、「郷土防衛ニ協力スヘキ」「防空部隊」と「国軍ヲ補備増強スヘキ」「輜重兵特務兵」への充当が急がれるとする[50]。また、徴兵制の施行に失敗しても、「輜重兵特務兵」、「全　自動車手」、「高射砲手」、「防空監視隊要員」に「国語」を理解する志願者を採用すべきで、さらに「要スレハ歩兵隊ニ編入シ四ヶ月教育ノ后支那大陸守備ニ充当ス」とも述べている[51]。1938年時点で将来的な徴兵制の導入を見据えたとき、「国語」全解状態は必ずしも絶対条件ではなく、またそれを期待することが難しい状況にあったというのが正直なところだろう。

### (3) 朝鮮語科の「随意科目」化と「廃止」

このような状況で一方の朝鮮語への対応はどのようなものであっただろうか。

先に触れた調査会に先立ち第三次朝鮮教育令下における各学校規程、なかでも小学校規程では朝鮮語は必修科目から「随意科目」へと転換したことはまぎれもない事実である。この法制度面での改編により、朝鮮語の公的地位が低下を余儀なくされたことも間違いない。これを実質的な廃止ととる見解もあるが、事実、「朝鮮語ヲ加フルコトヲ得」と規定されているなか、科目設置の可否が校長に一任されているなかで、法令での規定や当局側からの通牒はなくとも、廃止を選択する学校が相次いであらわれたことには注意しておく必要があろう[52]。井上薫（かおり）は、この点について「日本人校長が学校にいる、また学校に日本人を配置している関係で科目設定に関する判断者の人事を支配し、強制的に朝鮮語を廃する形が取れた」と指摘する[53]。従来、「随意科目」化それ自体のみをもって説明されてきた朝鮮語の「実質的廃止」の問題をより具体的に説明するものとして、井上の指摘は確かに大きな意義を持つ。しかし、この見方は、朝鮮語の抑圧を「廃止」のベクトルでしかとらえてきれていないという問題がある。井上のこのような指

摘は、山野車輪『マンガ嫌韓流』(2005年)のような「嫌韓」言論でも注目され、朝鮮人校長による「廃止」の事例が、日本人校長による「維持」の事例とのコントラストで語られ、前者の特異性を強調することによって、暗に日本人の側の「見識」を浮き立たせる話法となっている[54]。では、実際のところはどうだったのだろうか。

これに関して、植民地期に普通学校→小学校→国民学校、簡易学校で教員としての経験を持つ吉野鎮雄(車炳燉〈チャビョンドン〉)の興味深い証言がある。やや長いが引用してみたい。

> 吉野　[…]それ[朝鮮語時間数]はのちになって五時間となり四時間となり、週に二時間と、こう減っていったんです。南総督の時代は一時間となって、随意科目となりました。そのときになるというと、朝鮮人の校長先生は、随意科目だからこれはやらなくていいといって、廃止した学校が多いんです。日本人の校長先生だというと、そういうことはいけないと。朝鮮人が朝鮮語を習わないでどうするんだといって非常に叱られて、それまた復活してやるというような傾向だったんです。[55]

> 宮田[節子]　[…]結局さっき吉野さんのお話だと、朝鮮人の校長先生は日本語をやらせて、日本人の校長先生の学校は朝鮮語をやらせたというようなことをおっしゃったんですね。やっぱりそれはあれなんでしょうね。
>
> 吉野　へつらうというか。
>
> 宮田　へつらう。日本の政策に、より迎合するわけね。
>
> 吉野　私が加平の上面の学校の簡易学校ですが、そこの上面の学校に赴任したときには[…]この[=「沈」という姓の]先生がいたんです。この先生のときには、その先生のときに朝鮮語が南総督で随意科目になったんですが、その沈〔宜鳳〕先生はやめるっていったんです。その次に日本人の校長先生が来てから「いや、これは復活させなければだめだ」っていって、朝鮮語を教えたんです。その学校はもちろん四年制の学校だったわけです。その本校に私はいないで、そのとき私は簡易学校にいました。月に一回か二回本校に連絡に行くとい

うと、沈先生のときには朝鮮語をやめさせちゃった。
　それから加平郡に私が初め行ったときには、朝鮮人の視学がいるんです。郡視学が。この視学先生は朝鮮語を非常に大事がる先生で、できるだけやってくださいと、こう穏やかにいうんです。
　その次に、私が仁倉の普通学校［小学校］にいたときに校長先生が、私が二年先に行っておって、あとから郡の視学になって来たんです。玖島という、広島の方で、［…］その先生は朝鮮語をやらなければだめだと。朝鮮人が朝鮮語をやらなくてどうするんだと。いまになって君たち、それみんな日本語を知れば、わかっておればともかく、日本語のわかっていない年寄りが多いんだと。学校に行った者が手紙も書けないというようなことじゃ何もならないから、やらなきゃならんと。この玖島先生はそういう主義で、みんな朝鮮語をやらせたんです。
　それから前の李という視学、これはのちに仁川の松林の普通学校〔仁川第二松林尋常小学校〕の校長になって行ったんですが、その先生もそういったんです。四年制の学校を卒業しても手紙一本も書けないということではこれは恥だと。学校教育の成果が上がっていないという、いちばんの証拠になるんだと。朝鮮語はやったほうがいいという、穏やかに訓示しておった。56)

　この吉野の証言からは、朝鮮人校長のところで朝鮮語の廃止が多かったものの、日本人校長や視学の判断で再度設置される事例が存在したことがわかる。ただし、吉野が「李という視学」のことばとして伝えているように、「学校教育の成果」の「いちばんの証拠」、すなわち公立初等教育機関における目に見える形の教育効果を朝鮮人に示すものとして朝鮮語科が位置づけられているということに注意したい。先にみたような就学率の低さと「皆学」状態を目指す方針のなかで、公立初等教育機関の持つ威信を維持させるためにこそ、朝鮮語が当面必要とされたということである。よって、吉野や宮田の発言にある朝鮮人の「迎合」にだけ注目するのは、「嫌韓」言論を補強してしまう恐れがある。統治者側にとって公立普通学校(公立小学校)体制の求心力を維持するために朝鮮語科の存在が持ち出されたことの意味も合わせて考えなければならないだろう。

もちろん、朝鮮語の廃止をいったんは決断した朝鮮人校長がいたということの意味は、それとして考察しなければならない。しかし、それは単なる人事権の圧力による他律的な問題としてのみではなく、個々の校長の皇民化政策や「内鮮一体」イデオロギーに対する距離のとり方という点からも今後より詳細に検証されなければならない。それぞれの校長の判断の背後にある現状認識もまた多様であったことが推測されるからである。
　ここで注意したいのは、制度の「廃止」と使用の「禁止」とは、まったく別次元の話であるということである。これは、「廃止」・「禁止」という表現上の問題ではなく、朝鮮語に対する規制がどのような局面において、どのようになされたかを厳密に区分する必要性の問題である。
　言うまでもなく、教授用語はそれ以前からずっと「国語」だった。この点に関して、総督府警務局図書課が作成した「(秘)諺文新聞統制案」(1939年)に次のような記述があることに注意したい。

　　半島人ノ皇国臣民化ヲ実現スル具体的方法ノ一トシテ国語ノ普及奨励
　　ヲ計ルハ最モ有効ナリト信ゼラル学校教育ニアリテハ此ノ観点ヨリ昨
　　年朝鮮教育令ヲ改正スルト共ニ初等学校ニ於テハ校内ノ朝鮮語使用ヲ
　　禁ジ教授用語ヲ国語ニ限定シ朝鮮語ノ授業時間ヲ減少シ然モ従来必須
　　科目タリシモノヲ撰択随意科目トナス等文化工作ノ指導精神ニ順応シ
　　ツツアルガ社会教育ノ最モ有力ナル機関トモ言フベキ新聞ニ対シテモ
　　此ノ精神ニ順応シテ政策ヲ決定スル要アルベシ
　　但シ国語ノ普及徹底ニハ今後相当ノ日時ヲ要スルヲ以テ其ノ間民心ノ
　　指導其他ニ諺文新聞ノ必要ナルコト言ヲ俟タザルヲ以テ今日全ク之ガ
　　存在ヲ認メザルハ妥当ナラズ最少限度ニ統制スルヲ可トス[57]

　この史料は、『東亜日報』、『朝鮮日報』を買収し、朝鮮語の中央新聞を『毎日新報』に一本化する案を示した内部文書だが、上の引用文にはふたつの重要な視点が含まれている。ひとつは、「社会教育ノ最モ有力ナル機関トモ言フベキ新聞ニ対シテモ此ノ精神ニ順応シテ」とあることからわかるとおり、朝鮮語制限の動きが学校教育の外に現れ出したということである。もうひとつは、「但シ国語ノ普及徹底ニハ今後相当ノ日時ヲ要スルヲ以テ其ノ間民心ノ指導其他ニ諺文新聞ノ必要ナル」とあるように、過渡期的に

朝鮮語は「国語」の役割を代替することが期待されたということである。言い換えれば、朝鮮語は「皇民化」を阻む民族的要素であると同時に、「皇民化」の手段としての機能を期待されるという機能分裂の状態に陥ったのである。もちろん、このような機能分裂の状態は、「皇民化」政策期以前から存在したことであり、当局にとってもいまだに「克服」できていなかったということになる。

　在日朝鮮人歴史学者の朴宗根は生前に戦時期の自身の暮らしについて回顧したことがあるが、1937年に入学した普通学校(翌年、小学校、のちに国民学校)の2年生時に朝鮮語が正課から外れ、翌年から科目がなくなったという[58]。朴のもうひとつ重要な体験は、低学年(1～2年生)時の出来事として、朝鮮人児童が朝鮮語を使った友達のことを朝鮮人教師に告げ口し、その朝鮮人教師が朝鮮語を使った朝鮮人児童に鞭を打つという言語罰の場である[59]。この場に日本人がまったく登場しないという本人の驚きも重要なのだが、ここでは朝鮮語科目が設置されていた2年間のうちに、朝鮮語使用の禁止の事例が見られるということである。朴自身は、「いったん学校に入学すると、二学期から朝鮮語使用は禁止され、日本語を強制された。一学期のわずか三ヶ月半の学校生活での日本語は余り役に立たなかった。やむなく習いたての単語をならべたてて、意を通じさせていた」[60]と回想している。このような状況がどれほど全体化されたかはわからないが、このような事例は戦前期からも存在していたと思われる。新たな言語の習得に対する児童の順応度は人により違いがあるという点を留保しても、「現に学校から一歩外に出れば朝鮮語をあたりまえのように使っている」[61]ような状態であれば、「あたりまえ」の言語使用が許されない学校の場というものがいかに不可解で暴力的な空間であったかは言うまでもないだろう。

(4)　アジア・太平洋戦争下の「国語常用」政策と朝鮮語

　もう少し後の時期についてもみてみよう。もちろん、1938年当時の言語政策の方針が、そのまま固定化されたわけではなかった。1940年には『東亜日報』、『朝鮮日報』が廃刊され、1941年の「国民学校令」施行にともなう「国民学校規程」では、朝鮮語はかろうじて随意科目として残ってはいるが、授業時間数すら設定されない状況になった[62]。しかし、「国語常用」の動きが加速化したのは1942年に徴兵制施行に対する閣議決定がおこ

195

なわれて以降のことである。社会言語学者の熊谷明泰が編纂した『朝鮮総督府の「国語」政策資料』(2004年)は、『昭和十七年度府尹郡守会議報告書綴』を抄録しているが、朝鮮の各地域において議論された「国語常用」(ないしは朝鮮語廃止)をめぐる意見書類を収録していて興味深い。これ以外にも同資料集に収録された膨大な新聞、雑誌記事をあわせてみる限りにおいて、国民総力朝鮮聯盟、愛国班、学校などのさまざまなレベルで展開された「国語常用・全解」運動の規模の大きさはと広がりは、それ以前とは比べものにならないほどであったことがわかる。とりわけ、「常用」をうたうことは、論理的には朝鮮語を生活語の地位から追い出すことを意味したからである。事実、地方の総力連盟が日常用語の徹底を図るためにビラを配り、「この間不注意により鮮語が出た場合には班員同士が注意し合ふ」という事例(平安南道)[63]もあれば、「国語常用の家」を表彰し、「その家庭には「国語常用の家」といふ門札を掲げ外来者に対してこの家では朝鮮語を使用出来ぬといふ禁札と」するなどの事例もある(平壌)[64]。もはや朝鮮語禁止の事例は学校外へと出てくることになったのである。1942年5月の府尹郡守会議の咸鏡北道の諮問答申書に添えられた文書には、「国語를 몰으면 皇民의 羞恥(国語を知らなければ皇民の羞恥)」と題する朝鮮語のビラが添付されていた[65]。このことは、上で示したような朝鮮語禁止の事例があるなかでも、また、「国民学校規程」で朝鮮語の授業時間数が設置されない状態でも、朝鮮語は「皇国臣民タルノ信念ヲ涵養」する役割を担っていたということになる。

　ここで、この時期における総督の発言をみてみよう。南次郎は1941年に「近来学校特に中等校以上の学校において国語を使はず朝鮮語を使ひ、国語常用といふ建前が弛緩の傾向にあることは甚だ遺憾と思ふ、[…]家庭にあつてはやむを得ず朝鮮語を使はねばならぬ場合があるであらうが、教員、生徒は成るべく国語普及のために家庭内でも国語常用に努むべきである」[66]という内容の訓示をおこなうも、1942年には「実際問題として大半以上国語を解せざるものある今日に於ては国語奨励を朝鮮語廃止なりと誤解せしむるが如き、急激且つ無理なる強制に出でざる用意肝要なり」[67]と訓示し、重点の置き方がはっきりしていない。熊谷によれば次の総督の小磯國昭も同様の発言をしていることが確認される[68]。もっとも、熊谷はこれらの言に対して、「廃止」の本音を隠した「欺瞞」や「見え透いた嘘」とと

らえている。「国語常用・全解」へ向けた動きが露骨かつ大規模に展開されたことを考えたとき、そのような評価を下したい気持ちはわからなくはないが、熊谷自身も指摘しているとおり、事実上朝鮮語の廃止が不可能なほどの「国語」普及状況において、総督の発言を単に「欺瞞」とのみ評価するのは、政策の性格付けという意味においては不十分である。むしろ、それらの発言が本音でないとして、では、なぜそう言わなければならなかったのだろうか。また、そのような総督の発言にもかかわらず、なぜ、先ほどのような朝鮮語禁止の事例が末端ではあらわれてしまったのだろうか、という点について考えなければならない[69]。そのためには、総督以下末端の行政機構にいたるまでのさまざまなレベルにおける言語政策に対するかかわり方を明らかにする必要があり、それぞれのレベルにおいて意味づけをおこなっていく必要があるだろう。

　結局、そのような政策・官製運動の展開にもかかわらず「国語」普及率の低さを考えれば、やはり朝鮮語の廃止は不可能だったのではないだろうか。すでに1938年時点での「国語」普及の見通しについて言及したが、「国語」を知らない老齢世代の死亡という状況に頼りつつ、1960年時点でようやく「全解」にいたるという見通しのなかで、いかに戦局が新たに展開したとはいえ、急激に社会の変化を望むことはできない。その意味では、アジア・太平洋戦争下という新たな時代状況になって、それに即応する状況をようやく作り出し始めたといえよう。その意味では推奨もできず廃止もできず、ただ自然消滅を待つしかないという意味で、朝鮮語の扱いを持て余していたというのが現状ではないだろうか。そのとき、注目しなければならないのは、「国語」普及率の増加幅だけでなく、依然として普及しきれない残りの大多数の人たちの存在ではなかっただろうか。

　ここで興味深い史料がひとつある。終戦後(＝朝鮮解放後)、元朝鮮軍徴兵主任参謀だった吉田俊隈が記した「朝鮮人志願兵徴兵の梗概」という文書をみると、第一回徴兵検査(1944年)のエピソードとして、「僻陬の地」では「国語」のわからないものも多く、徴兵官がまず「国語」で訓示したあと、通訳が朝鮮語で説明したり、検査場でも「手真以[＝似]足真以[＝似]通訳附の珍風景」だったという[70]。また、徴集の基準が法制上体格を優先することになっているが、そうすると「国語」がわからなくても体格が優秀であれば徴集せねばならず、「軍隊の素質を著しく低下せしむる」ことになるので、

「本原則に若干の手加減を加え得る如く中央の了解を得」たが、そうすると「国語を知らざれば徴集さるゝ事なしとの気運を醸し折角の国語普及に迄一頓挫を来す虞ありとの政治的反対意見が起」ったという[71]。しかし、軍としては、「速に戦力充実を要する重大時機に於て徒らに受入部隊の教育を複雑困難ならしむる」ことは適当ではないとし、「同一体格等位の範囲内に於ては国語理解を優先と」したという[72]。1944年の時点でさえ徴兵当局者にジレンマが生じていたのである。ただ、「郷党の風評により徴兵忌避の目的を以て国語を故意に習得せざりし者等の如く半ば懲罰的に入営せしむるを全般の状況上有利なりと認めたる場合にありては国語優先の順位に依らざるを得る如く定めたり」[73]としていて、「国語」を修得しないからといって徴集しないわけではないというのだが、それを「懲罰的」に入営させるというあたり、「国語常用」と徴兵のどちらが手段でどちらが目的なのかわからなくなってしまう。結局、「国語」未修得者に対して入営前に朝鮮総督府第一・第二軍務予備訓練所で1か月間国語教育を実施し、成績不良者は再教育するということで対応したが[74]、1か月の訓練で修得できることは限られていたことは容易に想像できる。このように、「国語常用」の暴力が公然と進められていても、それを受け入れない層がかなりの割合で存在したことが容易に想像できるのである。言い換えれば、「国語常用・全解」運動の暴力的展開は、同時にそれを容易に受け入れない人々の存在をより浮かび上がらせるのではないだろうか。そして、朝鮮語の廃止を公然とおこなえない以上、朝鮮総督府であれ朝鮮軍であれ、「国語」普及率の低さ＝「優良」な「皇国臣民」の少なさという限界を超えることはできなかった。逆に言えば、「国語」普及層とは「皇民化」の暴力を集中的に受けた人ということになる。そして、「国語」普及層と未普及層との差の存在は、朝鮮の言語的近代を「国語(=日本語)」でもって成し遂げるには、決して十分な状況ではなかったということである。これこそまさに支配者側の葛藤であった。

## 3 言語接触からみた朝鮮社会

### (1) 「国語」の「普及」とは何か？

ところで、「国語」が「普及」された状態とはいったいどのような状態だろ

うか。「国語」普及政策の影響の強さを語る際にイメージされるのは、「常用」・「全解」ということばにあらわされるように、言語体系の一定程度以上の運用というイメージが強いのではないだろうか。しかし、このようなケースだけを「普及」の事例としてとらえることは、「国語」普及率が高くないなかで政策の影響を過小評価してしまうことにはならないだろうか。言い換えれば、1943年の約22.2%という普及率をみたとき、残りの78%近くは何ら影響を受けなかったというとそうではない。ここに言語使用の問題が前景化してくるのである。

1941年10月25日付『京城日報』には、次のような記事がある。

> ［京城舞鶴高等女学校内の国語常会の］席上同校一年生東海順子さんは「スカンネ、モチヨ、ワカランヨ、サウネ、ウン」など性別のない言葉『ウチネ、アンタネ』など不必要にネを併用して聞苦しいもの「チヨツコン頂戴」など朝鮮語と国語の混用されるものなど俗語廿数語を挙げて「京城には悪い言葉があるから私どもはこれを使はないやうにしませう」と半島でも殊に京城に著るしい低劣な俗語にお河童の頭を振り立て振り立て抗議した[75]

ここですぐ思いつくのは、すでに多くの研究が指摘しているとおり、この女子学生の規範意識に反して、同時期に日本語の規範が確立していなかったことである[76]。にもかかわらず、女子学生の「美しい日本語」への志向には、自分は「完全な」言語運用ができるものとして、「国民」ないしは「皇民」としての自負ないしは優越意識を感じとることもできよう。しかし、面白いのは、日本語の口語的運用の浸透と日本語と朝鮮語の言語混淆の存在である。以下では、なかでも後者、つまり、「完全な」日本語運用でないレベルにおける日本語の影響――ピジン（pidgin、共通言語を持たない者どうしの間で生じる混成語）の存在――に注目する。

そこで以下では、朝鮮語内に残存する日本語語彙の問題に注目したい。解放後、「国語醇化」という政策的課題のもと、日本語系語彙の洗い出しがおこなわれたが、このような語彙の存在は、朝鮮語の運用のなかに入り込んでくる「国語」的要素であった。すなわち、「国語」普及の影響はより大きかったとみなければならないということである。以下では、これまでとは

視点を変えて、朝鮮社会における「国語」の影響という問題に迫るため、朝鮮社会における日本語と朝鮮語・朝鮮社会との関係を言語接触の観点からみてみよう。

(2) 「泥峴語(チンゴゲマル)」の社会史――植民地化以前

　言語接触とは、言語だけが独り歩きして接触するのではなく、その言語を話す人々や社会・文化の接触によってそれは起こる。冒頭でも触れたとおり、19世紀後半以降、朝鮮には日本人居留地が形成されたが、まずはそれをこの接触の場として考えてみたい。

　日本人居留地は当初、日朝修好条規締結にともなう開港場(釜山(プサン)、元山(ウォンサン)、仁川(インチョン))に限られていたが、やがて内陸部へとそれは拡大していく。首都である漢城(ハンソン)(ソウル)だけをとってみても、1880年に日本公使館が置かれ、1884年に開市場ができることで日本人が漢城にどんどん進出していったことが確認できる[77]。日本人居留民の多くが商工業者および官吏であり、1890年に609人だったのが、日清戦争(1894〜95年)を経て1900年には2115人、1907年には1万3416人、1910年には3万8397人と大幅に増加していった[78]。

　さて、19世紀末漢城の日本人居留民社会について触れたもので興味深い史料がある。それは、当時、留学生として韓国に渡っていた藤波義貫[79]という人物がのちにおこなった回想談である(「二、三十年前を顧みて」『月刊雑誌朝鮮語』1巻1号〜2巻2号、1925〜1926年。以下、同誌から引用は巻号数と頁数のみ示す)。日本では、明治政府樹立以後、通商事務全般が日本政府の管掌事項となった。政府は、対朝鮮外交を見据え、朝鮮語教育制度を国策として立ちあげ、その一環として外務省官費留学生制度(1891〜1908年)を成立させたのであった。藤波はこの制度により1897年11月から3年間韓国に留学した。

　藤波は、留学当時のソウルにおける日本人居住区域について、次のように述べている。

　　当時京城居留民の在住区域と云ふのは今の総督府と仏蘭西教会との間の진고개(泥峴)と、其の東西はほんの今の京城郵便局から本町二丁目辺までと、南山町、寿町、倭城台辺位のもので、それも無論日鮮人雑

居と云ふよりも、寧ろ朝鮮人の居住に日本人が割込んで住んでゐると云ふ有様で[…]　　　　　　　　　　　　　　　　(1巻2号、49頁)

　もちろん、藤波の留学時には総督府はまだ存在しない。彼はさらに日本人居住者の生活の様子について、「少数同胞の集団丈けに、仲の善いこと夥たしい」とし、物や金銭の貸し借り、さらには、食事のご馳走など、とても融通が利いて、「常住者と一たん認められたら、全く一家族同様の待遇を受けたものでした」(同上)と語る。また、各家庭では大部分朝鮮人を使用人として雇っていたようであり、また日常的な買い物なども朝鮮人商店で用を足すという状態であったから、藤波のみならず日本人居住者にとって言語の問題が生ずることになった。「日本人同士話し合ふ言葉の外は、必ず朝鮮語で応酬されてゐた」というが、その実、「所謂진ユ개말(泥峴語)と云ふ一種の言葉が、日鮮人間に使用されて、差支なく万事が便ぜられた」という(同、53頁)。この「泥峴語(チンゴゲマル)」なるもの、藤波は「云はゞ日本語のお父さんと朝鮮語のお母さんとの間に出来た、混血児の様なもの」(同上)と説明している。まさにピジンである。藤波はその「泥峴語」の例をいくつか挙げているので、ここでも少し紹介してみたい(【図3】参照)。

　　「ネンガミサン」[人間でも動物でも男性、オスすべて]
　　「オツカミサン」[同様に女性、メスすべて]
　　「ネイリ、イリ、イツソ、ワツソ、チョツソ」[明日用があるから来い。]
　　「オツカミサン、ニワトリ、メンドリヘラ」[雌鶏を殺して料理しろ。]
　　「オナラマルヘツソト、ナゼオナランカ」[来いというのになぜ来ないか。]
　　「ナルマタ、ナルマタ、ノラハリヘツソデ、オカミサン、ヤーダン、ハラセンカ」[毎日毎日遊んでばかりいて細君に怒られやせんか。]

　　　　　　　　　　　　　　　　　　　　　(同、53-55頁より抜粋)80)

　「ネンガミサン」は「령감(令監)」、「メンドリヘラ」は「만들다(作る)」が基だと藤波は推測する(ちなみに「ヘラ」の部分は해라(～しろ)と思われる)。このような単語レベルだけならまだしも、「ネイリ、イリ、イツソ、ワツソ、チョツソ」は傑作である。起源はすべて朝鮮語だが、文末表現や接続形などがほとんど考慮されておらず、文としては成立していない(文としては、

201

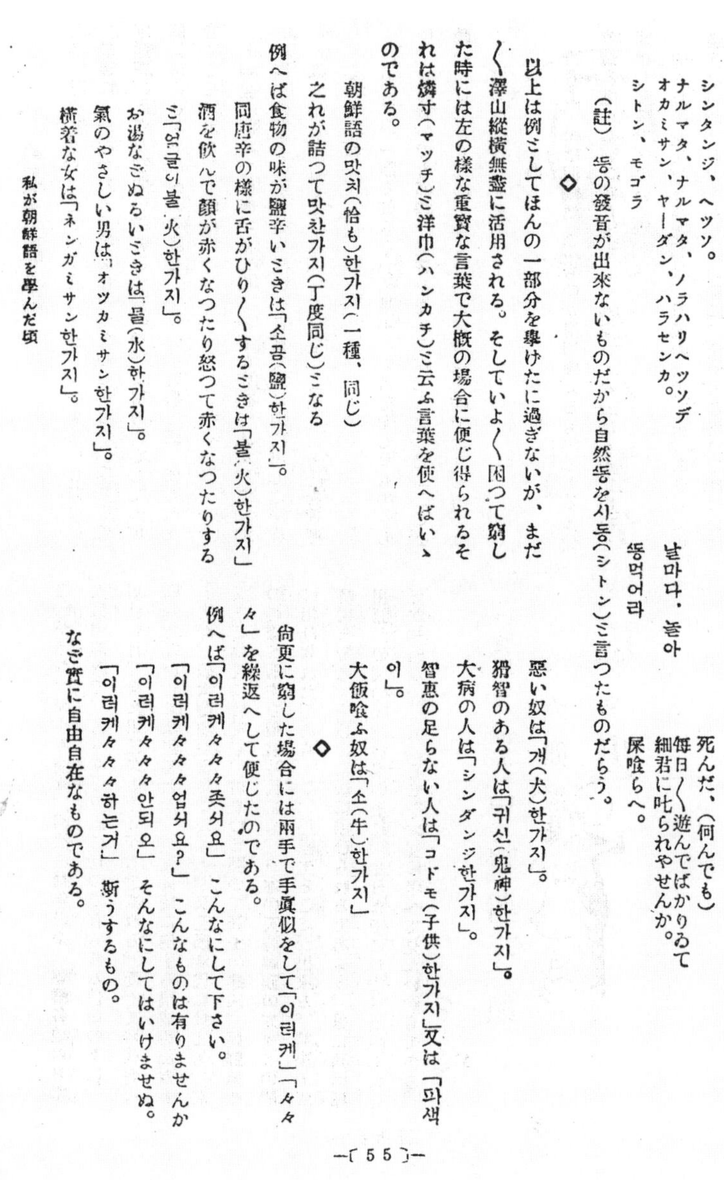

シンタンジ、ヘツソ。　死んだ、（何んでも）
ナルマタ、ナルマタ、ソラハリヘツソデ　날마다・놀아　毎日〳〵遊んでばかりゐて
オカミサン、ヤーダン、ハラセンカ。　細君に叱られやせんか。
シトン、モゴラ　똥먹어라　屎喰らへ。

（註）똥の發音が出來ないものだから自然똥を시똥（シトン）と言つたものだらう。

◇

以上は例としてほんの一部分を擧げたに過ぎないが、まだ〳〵澤山縱橫無盡に活用される。そしていよ〳〵困つて窮した時には左の樣な重寶な言葉で大概の場合に便じ得られるそれは燐寸（マッチ）と洋巾（ハンカチ）と云ふ言葉を使へばいゝのである。

朝鮮語の맛치（恰も）한가지（一種、同じ）之れが詰つて맛찬가지（丁度同じ）となる
例へば食物の味が鹽辛いときは「소금（鹽）한가지」。
同唐辛の樣に舌がひり〳〵するときは「불（火）한가지」
酒を飲んで顏が赤くなつたり怒つて赤くなつたりするとは「얼굴이 불（火）한가지」。
お湯などぬるいときは「물（水）한가지」。
氣のやさしい男は「オツカミサン한가지」。
橫着な女は「ネンガミサン한가지」。

惡い奴は「개（犬）한가지」。
猾智のある人は「귀신（鬼神）한가지」。
大病の人は「シンダンジ한가지」。
智恵の足らない人は「コドモ（子供）한가지」又は「파색이」。
大飯喰ふ奴は「소（牛）한가지」

◇

尙更に窮した場合には兩手で手眞似をして「이러케」「々々」を繰返へして便じたのである。
例へば「이러케々々々좀쉬요」こんなにして下さい。
「이러케々々々업쉬요?」こんなものは有りませんか
「이러케々々々안되오」そんなにしてはいけませぬ。
「이러케々々々하는거」斯うするもの。
など實に自由自在なものである。

私が朝鮮語を學んだ頃

―〔55〕―

【図3】「泥峴語」の事例（『月刊雑誌朝鮮語』1巻2号、1925年）

「ネイリ、イリ、イッスニカ、オノラ」とでもなるだろうか)。挙句の果てには、「オナラマルヘツソト、ナゼオナランカ」、「ナルマタ、ナルマタ、[…]」と日本語の語彙や文末表現と混ざったものまで出てくる。しかし、これでも用が足せたというのである。文法も何もあったものではないが、ここでは問題ではない。この事例が、まさに日本人と朝鮮人の接触が日常生活のなかでおこなわれており、お互いが目に見える形で「異なれる」ものとして存在しあう場があったことを生々しく示しているからである。

　日本は、日清戦争に勝利したものの、下関条約において獲得した権利の一部を、ロシア・ドイツ・フランスによる三国干渉により返還した。このころから、朝鮮の宮廷・政府内部において、ロシアと結ぶ勢力が強まっていく。しかし、1895年10月、日本公使三浦梧楼の計画により親露派の中心人物でもあった朝鮮王朝第26代国王高宗の王妃閔氏(閔妃)が殺害される事件が起こると、これを機に、一気に反日感情が高まったのであった。そして、朝鮮は日露間の激しい利権闘争の渦中に置かれることになった。「泥峴語」は開港期以来の日本人の政治・経済的進出と上記のような同時代的緊張関係を背景に存在していたのであった。そして、その「泥峴語」の一部は植民地期にも継承されていった。

(3)　「国語醇化」語彙にみる植民地期の社会

　「国語醇化」の端緒は、解放直後、米軍政庁内に「国語浄化委員会」が設置され、「倭色用語」の選定と代替語の検討がおこなわれたところにある。1947年から1年以上の審議を経て、翌年6月に934語の語彙を収録した『우리말 도로찾기(われわれのことばの取り戻し)』を刊行・公布したのであった。その序文では、

　　倭政に汚れた足跡をきれいさっぱりと洗ってしまい、我が同胞／民族(겨레)の特色を再び活かして千万年に輝く新しい国を建てようというこのときに、まずわれわれの精神をあらわすわれわれのことばから洗い出さねばならないはずである。[81]

とあり、日本語(的要素)=「汚れ」と明確に位置づけられたのである。同書の中身をみてみると、「ゴロツキ」、「ツメキリ」、「ヒヤカシ(ス)」などの日

本語系語彙、「ウチワケ(内訳)」、「カシキリ(貸切)」などの日本語系漢字語、「オーバー(コート)」、「コップ」などの日本語系外来語などが含まれていることが確認され、当然、「ウドン」も収録されている。その後、「国語醇化」の動きが本格化したのは、1970年代後半のことであった。この後も調査が続けられ、その語彙数はどんどん増えていった。熊谷明泰によれば、植民地期には日常生活において、衣類・洋裁・履物類、飲食物、人を指称する語、住居、道具・器具、神道・軍国主義に関する日本語語彙が入っていたとし、なかでも衣類・洋裁・履物類、飲食物、道具・器具などの残存率が高いと述べる[82]。また、国立国語研究院長も務めた安秉禧は、「建設現場、印刷と縫製などの手工業に従事する人々の間では未だに日本語残滓が多い」[83]としており、これらの職業系の用語にも注目する必要がある。これとは別に、日本語系語彙の収集を目的としたものではないが、宋喆儀ほか『日帝植民地時期の語彙』[84]がある。これは、1910〜20年代の小説資料を使い、同時代の「近代的生活」を反映した標題語を選定することに重点を置いたという[85]。その「近代的生活」が外来文化の受容によるものであることは認識されているが、その「近代」性がいったい何であるのかは明確に規定されていない。よって、非日本語系語彙や西洋語系の語彙もごくわずかに収録されているが、どのような文脈で流入、定着したのか判然としない。

　これらの研究成果からわかることは、語彙を通してその時代性を測る際、たぶんに植民地期に対するあいまいなイメージにたよってしまいがちだということである。つまり、語彙そのものから時代相を導き出すことは決して容易ではないということである。では、どうしたら最初に提示した問いへと迫ることが可能だろうか。それは、言語接触を引き起こした／引き起こし得た具体的な社会像についての理解や想像力が必要であるということである。つまり、語彙の流入を引き起こす経路や環境が具体的にどのようなものであったのかについて、それぞれの領域ごとに検討する必要があるということである。その領域をどのように設定するのかは詳細な検討が経られねばならないが、いったんここでは、1992年に国立国語研究院(韓国、のちの国立国語院)が刊行した『国語醇化資料集』の分類に従ってみることにしたい。まずは、どういう語彙がリストアップされているのか、実際に確認してみよう。植民地期以前からすでに日本語系語彙は流入しており、その峻別もまた必要である。ちなみに『国語醇化資料集』では、「行政用語」、

「美術用語」、「建設用語」、「新聞製作用語」、「食生活用語」に分類して語彙のリスト化をおこない(【表】)、のちにさらに分類は細かくなっていくのだが、ここでは、残存率の高い職業系の用語——「建設用語」——に注目しながら、植民地期の朝鮮社会の一断面をのぞいてみることにしたい。

【表】『国語醇化資料集』(1992年)にみられる日本語系語彙の例

[行政用語]

| 対象語彙 | 日本語の意味 | 醇化後の語彙 |
|---|---|---|
| 가연성[可燃性] | 可燃性 | 타는 성질 |
| 공제[控除]하다 | 控除する | 빼다, 떼다 |
| 양어[讓與]하다 | 讓与する | 넘겨 주다 |
| 양해[諒解]하기 바랍니다 | ご了解ください | 그리 아시기 바랍니다 |
| 초과[超過]하다 | 超過する | 넘다 |

[美術用語]

| 対象語彙 | 発音/意味 | 醇化後の語彙 |
|---|---|---|
| 가가미 | カガミ/鏡 | 거울 |
| 규슨 | キュースン/九寸 | 아홉 치, 27cm |
| 우와스리 | ウワスリ/上擦り | 구슬밀이 |
| 죽필[竹筆] | [漢字語]/竹筆 | 대붓 |
| 하도[下圖] | [漢字語]/下絵 | 밑그림 |

[建設用語]

| 対象語彙 | 発音/意味 | 醇化後の語彙 |
|---|---|---|
| 노가다 | ノガダ/土方 | 인부, 흙일꾼 |
| 마루타 | マルタ/丸太 | 통나무 |
| 쓰기메 | スギメ/継ぎ目 | 이음매 |
| 오야가타 | オヤガタ/親方 | 우두머리 |
| 하코 | ハコ/箱 | 상자 |

[新聞製作用語]

| 対象語彙 | 発音/意味 | 醇化後の語彙 |
|---|---|---|
| 구토 | クトー/句読 | 반점 |
| 나라시 | ナラシ/均し | (판)고르기 |
| 돗판 | トッパン/凸版 | 볼록판 |
| 미다시 | ミダシ/見出し | 표제, 제목 |
| 촌촌 | チョンチョン/「〃」 | 거듭표 |

[食生活用語]

| 対象語彙 | 発音/意味 | 醇化後の語彙 |
|---|---|---|
| 가마보코 | カマボコ/蒲鉾 | 어묵 |
| 니쿠돈부리 | ニクドンブリ/肉丼 | 고기 덮밥 |
| 야키 | ヤキ/焼き | 구이 |
| 와사비 | ワサビ/わさび | 고추냉이, 겨자 |
| 해태[海苔] | [漢字語]/のり | 김 |

[出典]국립국어연구원『국어 순화 자료집』1992年。

### (4) 専門技術用語の流入と経路、そしてその背景

　国立国語研究院『国語醇化資料集(1991～2002合本)』[86]によると、日本語系「建設用語」は410語を、「新聞製作用語」は145語を数える。ちなみに、「建設用語」のなかには、工業技術系の用語も含まれており、ここでは単純に建設業のみに特化されるものではないようである。言うまでもなく、建設業で使われるさまざまな材料やその製法などは工業の領域とも重なるからである。厳密には、「新聞製作用語」も工業系の用語として含めるべきだが、以下では、便宜上、「建設用語」に限定して論じることにする。一方、先述の『われわれのことばの取り戻し』では、明らかに建設・工業系用語と分かるものは、13語ほどしか見られない。このような数の差は、分類上の問題[87]、調査の進展などに依る一方、国交正常化後の日韓の技術交流の結果も反映している可能性もある。ここでひとつひとつの語彙がいつ流入したのかを確定することは決して容易ではないが、植民地における流入の経路とその背景について、ある程度推測してみることは決して無意味ではないだろう。1930年代以降の朝鮮では、工場・発電所などの各種産業施設と工業都市建設、鉄道敷設などと関連した各種工事の活発化をも背景とし、昭和恐慌による農村の疲弊と離農者の増加という背景も相まって、建設業および鉱工業の従事者数が顕著に増加していった[88]。日中戦争期以降は戦時労働動員による朝鮮人労働力の動員の問題も合わせて考える必要がある。

　ところで、全般的に当時の朝鮮人労働者は、日本人技術者の補助的役割を果たす熟練労務者としての性格が強く、朝鮮人技術者は日本人に比べてはるかに少なかったという[89]。それは、朝鮮人の近代教育水準の「低さ」＝技術系高等教育の機会の不平等を大きく反映していた。そのなかでも朝鮮人技術者・技能者は成長していったが、その多くが日本の高等教育機関を経ており[90]、必然的に技術に関する知は日本語、あるいは日本を経由した外来語にならざるを得なかったのである。一方、大多数の、教育機会に恵まれなかったであろう朝鮮人単純労務者への日本語系専門用語の流入は、技術者からの伝達や単純労働の過程で教え込まれる場合などの複数の場面が想定されるが、雇用主が直接、伝達(教化)の主体となることもあった。例えば、小野田セメント社では企業内養成制度が存在したが、平壌工場で「無教育者」に対しては「簡易補習教育」として「国語」・「算術」を教え、「朝鮮人職工」には「数学」のほか「社員研修」が、「経験のない新人者」には、

「諸規定、工具の名称、取扱法、作業用語、計算法」などが教授されていることが分かる[91]。「日本人職工」に「朝鮮語」を教えること以外には、すべて日本語による技術的知の伝達が図られていたのである。おそらく、このような事例は他にも多くみられたものと推測される。

　先述の熊谷は、日本の「国語」普及政策が進行していたといっても、「それでもなお日本語を解さない人々が多く存在していた」とし、それゆえ「例えば、工事現場などでの日本人との日常的接触において、ピジン語的要素が形成されていたことは疑いないことと思われる」[92]と興味深い推測をおこなっている。朝鮮人が生計を立てるために従事したこのような仕事のなかで、自らの言語体系のなかに、このような日本語の知が語彙として入り込んでいったことは想像に難くない。このように考えたとき、社会における「国語」語彙の影響は、「普及」ということばからは見落とされがちだが、「国語」が社会に与えた影響の大きさと、その影響関係のメカニズムの植民地的性格という意味では、決して無視できない現象である。

## おわりに

　「日韓友情年」である2005年6月26日に韓国の首都ソウル市内の世宗文化会館で日本放送協会(NHK)の「のど自慢」がおこなわれた。これに合わせてNHKではNHKスペシャルとして「イルボンノレ"日本の歌"をうたう〜のど自慢 イン ソウル〜」と題したドキュメンタリーを制作し放映した(同7月30日)[93]。そこでは、予選に参加した3人の韓国人を取り上げ、日本語の歌を歌う動機や家族・社会との関係などに焦点を当てて、韓国人と日本(語)の接点の多様性について浮かび上がらせた。そのうちのひとりに高齢の男性Sさんが登場する。Sさんは皇民化政策期に幼少時代を送り、学校で日本語を学び、日本語使用が身体化していた。解放後、同じ民族どうしが争う朝鮮戦争に絶望し、自らの少年時代である日本統治時代を懐かしむあまり、周囲の人々と疎遠になり、ついには家族(とりわけ息子)との関係が気まずくなってしまっていた。話は「のど自慢」予選への出場を通して、親子の和解へとつながるのだが、そのような家族の問題は別として、このSさんの言語使用の場面は、植民地時代の日本語の影響力の強さを示すものであった。老人が集う施設で同世代の気の合う友人と会うときに、「昼飯

どうした？」と訊き、「ああ、食べた」と答える友人。しかし、日本語ないしは日本時代を快く思わない人たちの前だけあって、肩身の狭い思いをしながら話さなければならない様子。担当者とのインタビューで流暢な日本語で応答しつつも、興奮して朝鮮語と日本語が同一センテンス内で混じる現象(コードスイッチング)など。近代史の痕跡を自らのなかに残さざるをえなかった人々が、いままさに現存している。言い換えれば、植民地時代の問題が「残滓」として現代にも引き継がれている。植民地期の日本語の問題は言語だけの問題ではなくて、それを話す人々の生き方や心の問題にまで及んでいることがわかるのである。

植民地時代の日本語普及政策は、それ自体が植民地支配のさまざまな矛盾を体現するものであった。その矛盾を韓国では現在も個人から国家全体までが背負わされている。このような問題が植民地期朝鮮における日本語をめぐる政治的・社会的動きの帰結であることは言を俟たない。本稿はそのような矛盾の構造を解き明かすための試論である。近代朝鮮における言語の社会史を解くためのひとつの方向性を提示してみたつもりだが、十分に実証しきれておらず、仮説にとどまる部分もあることは認めねばならない。課題は尽きない。

注
1) この点に関する詳細は、三ツ井崇『朝鮮植民地支配と言語』(明石書店、2010年)を参照されたい。
2) 山室信一『思想課題としてのアジア——基軸・連鎖・投企』(岩波書店、2001年)。
3) 柳父章『翻訳語成立事情』(岩波書店・新書、1982年)。
4) 前掲注2山室書、463-509頁。
5) 尹孝定「大韓協会의本領」(『大韓協会会報』1号、1908年)46頁。引用文中の[ ]は引用者による。以下同じ。
6) 朴宣美『朝鮮女性の知の回遊——植民地文化支配と日本留学』(山川出版社、2005年)。
7) 吉田千鶴子『近代東アジア美術留学生の交流——東京美術学校留学生史料』(ゆまに書房、2009年)、佐藤由美「東京美術学校の朝鮮人留学生」(『東アジア研究』49号、2008年)。
8) 前掲注1拙著、50-56頁。

9) この会議についてはのちほど言及する。
10) 朝鮮総督府『(秘)朝鮮総督府時局対策調査会会議録』(朝鮮総督府、1938年)50-52頁。
11) ちなみに、「内地」発行のものは日本の出版法(単行本向け、1893年)、新聞紙法(定期刊行物向け、1909年)、朝鮮発行のものは「保護国」下の大韓帝国時代に定められた新聞紙法(1907年)、出版法(1909年)がそれぞれ適用された。
12) 朝鮮総督府警務局『刊行物行政処分索引簿』(朝鮮総督府警務局、1937年)。
13) 当時の文脈からいうと、天皇制を支えること自体は日本政府にとって悪いことではなかったはずだが、「国体」論のなかにも大本教のような教派神道によって唱えられるもののなかには、既存の天皇制を転覆させる恐れがあるとみなされ、弾圧の対象となるものがあった。
14) 朝鮮総督府警務局『(秘)朝鮮に於ける出版物概要(昭和七年)』(朝鮮総督府警務局、1932年)119-120頁。引用文中の傍点は引用者による。以下同じ。
15) 緑旗聯盟、1938年。以下、同書からの引用は頁数のみを示す。
16) 「朝鮮語排斥不可――南総督이迷妄者에一針」(『三千里』10巻8号、1938年)22頁。
17) 「時局有志円卓会議」(『三千里』新年号、1939年)43頁。
18) 天野道夫(玄永燮)「内鮮聯合か内鮮一体か」(『内鮮一体』新年号、1941年)39頁。
19) 三ツ井崇「小倉進平関係資料の国語審議会関係資料について」(学習院大学東洋文化研究所編『小倉進平関係文書目録――学習院大学東洋文化研究所所蔵――(調査研究報告No.60)』同研究所、2016年)24-25頁。
20) 金史良の日本語創作については、鄭百秀『コロニアリズムの超克――韓国近代文化における脱植民地化への道程』(草風館、2007年)から多くを学んだ。
21) 『文芸春秋』18巻6号(1940年)。以下同誌からの引用は頁数のみを示す。
22) そのモデルは文学評論家の金文輯(1907～?年)とされている。
23) 前掲注10朝鮮総督府書、77頁。
24) この会議については、三ツ井崇「揺らぐ「内鮮一体」像――日中戦争と朝鮮植民地支配」(『現代中国研究』33号、2013年)、미쓰이 다카시「조선총독부 시국대책조사회(1938년) 회의를 통해 본 "내선일체(內鮮一體)" 문제 : 제1분과회를 중심으로」(『일본공간』vol.14、2013年)を参照されたい。
25) 朝鮮総督府『(秘)朝鮮総督府時局対策調査会諮問答申書』(朝鮮総督府、1938年)4頁。
26) 前掲注25朝鮮総督府書、5頁。
27) 朝鮮総督府『(秘)朝鮮総督府時局対策調査会諮問案参考書(内鮮一体ノ

強化徹底ニ関スル件)」(朝鮮総督府、1938年)44頁。
28) 朝鮮総督府『昭和五年朝鮮国勢調査報告(全鮮編)』第一巻、結果表(朝鮮総督府、1935年)75頁。同書の「仮名及諺文ヲ読ミ且書キ得ル者」と「仮名ノミヲ読ミ且書キ得ル者」を足した割合。
29) 前掲注27朝鮮総督府書、24-25頁。
30) 前掲注27朝鮮総督府書、25-26頁。
31) 前掲注27朝鮮総督府書、43-44頁。
32) 前掲注27朝鮮総督府書、44頁。
33) 前掲注10朝鮮総督府書、83-84頁。
34) 前掲注25朝鮮総督府書、4頁。
35) 前掲注27朝鮮総督府書、25頁。
36) 前掲注10朝鮮総督府書、81頁。
37) この節の記述は、前掲注1拙稿の記述の一部を改稿したものである。
38) 朝鮮軍司令部「(極秘)朝鮮人志願兵制度ニ関スル意見」朝参密第354号「朝鮮人志願兵制度ニ関スル意見具申」(朝鮮軍司令官小磯国昭発、陸軍大臣杉山元宛)、JACAR(アジア歴史資料センター)、C01004599600、昭和14年「密大日記」第4冊(防衛省防衛研究所)3-4頁。
39) 前掲注38朝鮮軍司令部資料、6頁。
40) 前掲注38朝鮮軍司令部資料、10頁。
41) 前掲注38朝鮮軍司令部資料、2頁。
42) 「(秘)朝鮮人志願兵問題ニ関スル件回答」朝参密第713号朝鮮軍参謀長久納誠一発陸軍次官梅津美治郎宛、JACAR、C01004253900、昭和12年「密大日記」第2冊(防衛省防衛研究所)、1937年、3頁。
43) 宮田節子『朝鮮民衆と「皇民化」政策』(未来社、1985年)69-70頁。
44) 前掲注27朝鮮総督府書、57-58頁。
45) 朝鮮軍司令部「軍事機密 朝鮮軍諸施設希望要綱」JACAR、C01004599300、昭和14年「密大日記」第4冊(防衛省防衛研究所)1938年、18-19頁。
46) 前掲注45朝鮮軍司令部資料、30-31頁。
47) 前掲注45朝鮮軍司令部資料、31頁。
48) もっとも、「参考書」では「国語ノ会話ニ差支ナキ者ノ数ハ総人口ノ六分強ニ相当」するとしているが(前掲注27)、これは総人口の実数を基にした厳密な計算結果と思われる。朝鮮軍司令部の約1割という数字は総人口を概算したために出てきた数値であり、多少の誤差はあるが、数度の算定根拠には利用者の差はほとんど差がない。
49) 前掲注47に同じ。
50) 前掲注45朝鮮軍司令部資料、31-32頁。

51) 前掲注45朝鮮軍司令部資料、33-34頁。
52) 井上薫「日本統治下末期の朝鮮における日本語普及・強制政策——徴兵制度導入に至るまでの日本語常用・全解運動への動員」(『北海道大学教育学部紀要』73号、1997年) 126-129頁。
53) 前掲注53井上論文、128頁。
54) 山野車輪『マンガ嫌韓流』(晋遊舎、2005年) 164-165頁。
55) 宮田節子監修・古川宣子解説「未公開資料　朝鮮総督府関係者　録音記録(14)　朝鮮植民地教育——教育実態と政策」(『東洋文化研究』15号、2013年) 219-220頁。1964年4月15日開催の朝鮮近代史料研究会第283回(推定)研究会(講師：吉野鎮雄)の録音記録。朝鮮近代史料研究会とは1950～60年代にかけて、財団法人友邦協会を母体として、旧朝鮮総督府関係者と若手研究者との間で開催された研究会。
56) 前掲注55宮田監修・古川解説資料、235-236頁。
57) 朝鮮総督府警務局図書課「極秘　諺文新聞統制案」(1939年)。引用文中の傍点は引用者による。
58) 金基鳳「私と一九四五年八月十五日——日本の陸軍少年飛行兵として」(『季刊現代史』3号、1973年) 100-101頁。「金基鳳」とは朴宗根の筆名である。
59) 前掲注58金資料、100頁。
60) 前掲注58金資料、99頁。
61) 前掲注59に同じ。
62) 昭和16年朝鮮総督府令第90号「国民学校規程」1941年3月31日改正。
63) 「まづ日用語を　国語全解運動の新試み」(『朝日新聞』朝鮮版(西鮮版) 1942年5月10日付)。
64) 「国語常用の家　平壌で表彰」(『朝日新聞』朝鮮版(西鮮版) 1942年5月13日付)。
65) 熊谷明泰編『朝鮮総督府の「国語」政策資料』(関西大学出版部、2004年) 231頁。
66) 「国語常用に努めよ　学生間に近時弛緩の憾あり　局長会議席上　南総督訓示」(『京城日報』1941年10月1日付)。
67) 「皇民の道は国語から　局長会議席上　南総督三度訓示」(『京城日報』1942年4月15日付)。
68) 熊谷明泰「解説」(前掲注65同編書) 661-662頁。
69) ここで、1942年の朝鮮語学会事件の発端の経緯を想起されたい。咸鏡南道警察部という地方の警察機構の判断で、左派系運動家の検挙から芋づる式に朝鮮語学会にたどり着くという経緯であった。미쓰이 다카시 (임경화, 고영진 옮김) 前掲『식민지 조선의 언어 지배 구조: 조선어 규범화 문제를 중심으로』参照。
70) 吉田俊隈『朝鮮軍歴史別冊　朝鮮人志願兵徴兵の梗概』JACAR、

C13070002100、「朝鮮軍関係史料」2／2(防衛省防衛研究所)15頁。
71) 前掲注70吉田資料、16頁。
72) 前掲注70吉田資料、17頁。
73) 前掲注72に同じ。
74) 前掲注70吉田資料、17-18頁。
75) 「『ワカランヨ』は判らんよ　『ドシタンネ』も『スカンネ』　舞鶴高女が"京城娘言葉"に抗議」(『京城日報』1941年10月25日付)。
76) イ・ヨンスク『「国語」という思想——近代日本の言語認識』(岩波書店、1996年)、安田敏朗『帝国日本の言語編制』(世織書房、1997年)など。
77) 木村健二「在外居留民の社会活動」(『岩波講座 近代日本と植民地5 膨張する帝国の人流』岩波書店、1993年)30頁。
78) 前掲注77木村論文、33頁。
79) 1906年より統監府に勤務し、韓国併合以降も1929年11月まで朝鮮総督府各部署の通訳官として勤務した。
80) 引用文中の傍線は朝鮮語起源と思われる部分を示したものである。
81) 文教部『우리말 도로찾기』(서울：朝鮮教学図書株式会社、1948年)、「머리말」1頁。
82) 熊谷明泰「解放前朝鮮語に対する日本語の言語干渉」(『日本文化研究』6号、1991年)。
83) 安秉禧『국어연구와 국어정책』(서울：図書出版月印、2009年)、200頁。
84) 송철의・이현기・이용・양정호・서형국・이지영『일제 식민지시기의 어휘：어휘를 통해 본 문물의 수용양상』(서울：서울대학교출판부、2007年)。
85) 前掲注84송철의・이현기・이용・양정호・서형국・이지영書、411頁。
86) 国立国語研究院『국어순화자료집 합본(1991년부터 2002년까지)』(서울：国立国語研究院、2003年)。
87) それぞれの分類とは直接関係しそうにない用語が含まれている例もあり、「建設用語」以外のところにも含まれている可能性が高い。
88) 許粋烈(保坂祐二訳)『植民地朝鮮の開発と民衆——植民地近代化論、収奪論の超克』(明石書店、2008年)140-141頁。
89) 前掲注88許書、233頁。
90) 前掲注89に同じ。
91) 宣在源『近代朝鮮の雇用システムと日本——制度の移植と生成』(東京大学出版会、2006年)73-77頁。
92) 前掲注82熊谷論文、260-261頁。
93) http://www6.nhk.or.jp/special/detail/index.html?aid=20050730(2016年9月6日接続)。

# ある朝鮮人生徒の日常生活
―― 日記資料(1930年)を中心に ――

原　　智　弘

## はじめに

　植民地朝鮮における教育について考えるとき、政策レベルの議論はすでに膨大な研究がなされ、教科書分析を含めた教育内容に関しても先行研究から多くの知見を得ることができる。では、教育を受ける側、すなわち朝鮮人児童・生徒に関する研究はどうか。確かに、就学率に関する研究によって朝鮮人児童・生徒が学校に殺到したことは、すでに周知の事実と言っていいであろう[1]。しかしながら学校に殺到した朝鮮人児童・生徒は、学校生活を如何に送り、日々何を感じたのか。この疑問に答えてくれる先行研究を見出すことは、なかなかに難しい。
　本稿は、上記の疑問に答えるべく、ある朝鮮人生徒の日記の分析を行うことを目的としている。日記に着目する理由は、インタビュー調査や回顧録はその個人の「記憶」に頼らざるを得ず、時間の経過に伴い、必然的におこる「記憶の書き換え」の可能性を排除できないのに比べ、日記は当時の個人の考え方がより一層鮮明に立ち現れるためである[2]。個人が記録するべきであると考えた事柄のみが記述され、個人にとって自明であることは記述されないという限界があることも承知しているが、それでもなお、先の疑問に答えるためには、日記が有用な資料と考える。
　先行研究を見ていこう。日記を題材として研究する場合、西川裕子の研究は重要である[3]。本稿も、日記研究に対する基本的な考え方など、多くを負っている。
　具体的に日記を主たる資料として使用した植民地朝鮮に関する研究の数は決して多くない。宇垣一成日記などは多くの研究で使用されるし、守屋

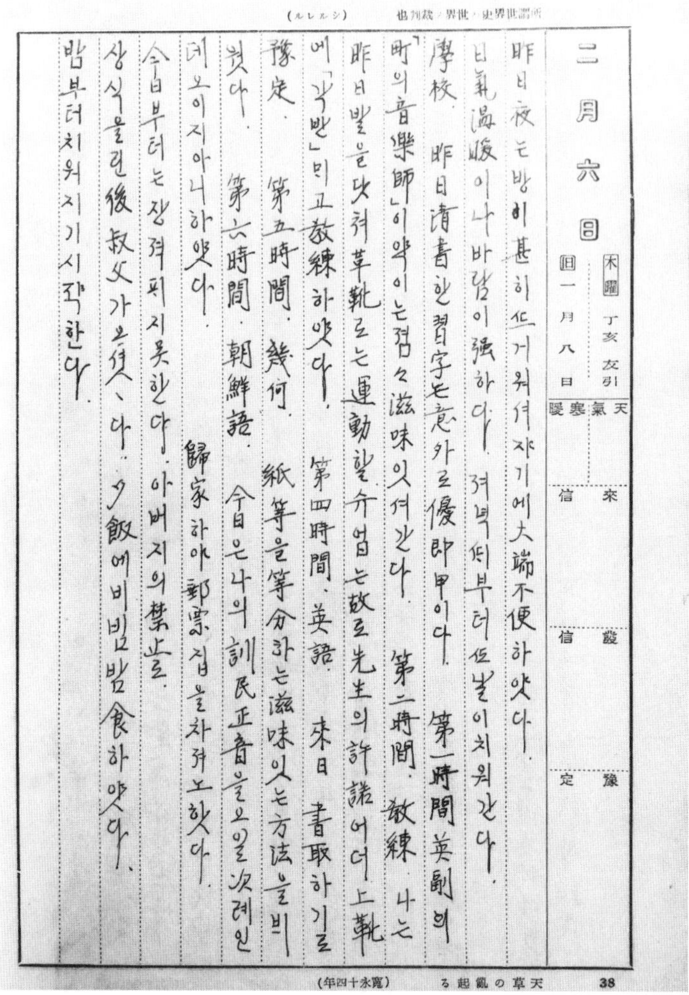
所謂世界史ハ世界ノ裁判也（シルレル）

二月六日 木曜 旧一月八日 丁亥 友引

天氣 寒暖 / 來信 / 發信 / 豫定

昨日夜는방이甚히ᄯ거워서자기에大端不便하얏다.
日氣溫暖이나바람이强하다. 저녁ᄯ부터ᄯ발이치워간다.
學校. 昨日清書한習字는意外로優即甲이다. 第一時間英副의
「町의音樂師」이약이는點々滋味잇서갓다. 第二時間. 敎練. 나는
昨日발을다쳐革靴로는運動할介업는故로先生의許諾어더上靴
에「각반」미고敎練하얏다. 第四時間. 英語. 來日書取하기로
豫定. 第五時間. 幾何. 紙等을等分하는滋味잇는方法을비
왓다. 第六時間. 朝鮮語. 今日은나의訓民正音을오일次례인
데오이지아니하얏다. 歸家하야鄭宗집을차저노핫다.
今日부터는잘 잣피지못한다. 아버지의禁止로.
상식을린後叔父가오셧ㅅ다. 夕飯에비빔밥食하얏다.
밤부터치워지기시작한다.

38 天草の亂起る（寛永十四年）

【図1】 Y氏の日記の一部分

栄夫[4]や立花小一郎[5]などの高位高官の日記や、尹致昊をはじめとする朝鮮知識人の日記を使用した研究がある[6]。これに対し、学術的には全く無名の、いわば市井の人々を対象とした研究となるとその数はさらに限られたものとなる。農村に住む青年が書いた日記を取り上げた研究として、

板垣竜太[7]や鄭昞旭[8]がある。さらに板垣は都市に住む労働者の日記の分析も行っている[9]。

これらの日記の作者も、学校教育を受けた人物であったが、より直接的に学校と関わりのある人物の日記として注目されるのが、普通学校教員の上甲米太郎に関する研究である[10]。反対に教育を受ける側が書いた日記を考察する研究は、太田による研究があるのみである[11]。この太田が分析した日記は、学校が提出を求めていたという「特殊」な日記であるため、朝鮮人生徒の自由な記述は望むべくもない[12]。

これに対し、今回取り上げる日記は、高等普通学校の生徒であるY氏[13]が朝鮮語で書き、学校生活のみならず私的内容も多分に含んだ日記である。つまり、時代的制約などはあるにしろ、学校への提出を前提とせず、Y氏の感じたことなど比較的自由な記述を見ることができるのである。

本稿ではこのY氏による日記を活用し「朝鮮人児童・生徒は、学校生活を如何に送り、日々何を感じたのか」という疑問に迫っていく。そのために、まず日記自体およびその執筆者について明らかにしたのち、日記の内容を3つのテーマ、すなわち「学校生活」・「『日本』との関係」・「『伝統』と『近代』」に絞って見ていくこととする。

## 1 日記およびその作者

本稿で検討する日記は、積善館発行の『昭和五年　当用日記』に書かれている[14]。日記の冒頭部分で「西暦1930年・昭和5年は今日から始まる。[1/1]」[15]と書かれていることから、1930年に書かれたものと判断される。また、12月30日には翌年度の日記帳を購入する記述があるため、少なくとも1931年にも日記を書いていたと考えられる。しかしながら、今日その1931年以降の日記が残されているのかは不明である。

日記の記述自体は、【表1】に示す通り、3月に極端に減った以外は毎月20日以上記述があり、比較的継続的に日記を記述している。ただし、Y氏も継続的に日記を書くためには努力が必要であったようで、2月14日から中断した日記の記述を1週間ぶりに再開した2月22日には、「昨日まで長い間日記を書かなかったことは大変恥ずかしい。今年12月末日まで必ず永続する。私は私の良心に盟ずる。」との決心を記している。しかし、再び

【表1】 Y氏の日記の月別記述日数

| | 記述日数 |
|---|---|
| 1月 | 25日間 |
| 2月 | 14日間 |
| 3月 | 7日間 |
| 4月 | 20日間 |
| 5月 | 27日間 |
| 6月 | 23日間 |
| 7月 | 27日間 |
| 8月 | 27日間 |
| 9月 | 29日間 |
| 10月 | 22日間 |
| 11月 | 26日間 |
| 12月 | 21日間 |

翌23日から27日まで日記の記述が途切れており、ものぐさな私などはY氏に非常な親近感を覚える。

　文章は朝鮮語で書かれ、文字は漢字交じりのハングルが中心となっている。しかし、「切ヤキイモ」「モッチ」「チリカミ」「ロマンヂウ」「ロクボク」「オコシ」「カタクリ粉」「天プラ」のようにカタカナ表記による日本語が含まれるが、いずれも単語レベルにとどまり、日本語による文章は確認できない。

　また、12月20・21・22・23・25日の記述は、ほぼ全文英語によって書かれているが、英語としての完成度としては決して高くなく誤りも散見される。学校で英語を習ったため、試みに日記を書いてみたと推測される。

　日記の後半部分には付録として、備忘録、家庭要録、金銭出納録、住所人名録、現代百科大観が付いている。このうちY氏は、備忘録には、朝鮮の著名な画家・書家の号や姓名を、家庭要録の中にある家庭記念日には、家族・親族の誕生日の一覧を書いている。金銭出納録には、1月1・2・6・8・10日、5月21・22・23日分のみ記載がある。日記の最後のページには、Y氏のイニシャルと住所が書かれている。付録の部分に関しては、記録が断片的であり、かつプライバシーに深く関わる部分になるため、本稿ではこれ以上の言及は避ける。

　続いて、Y氏について明らかにしたい。Y氏は、日記に記述がある教員の氏名から京城高等普通学校に通う生徒であることがわかる。また、のちに詳述するが、放課後に他校とのスポーツの試合を見にいく記述からも確定することができる。そして当然ではあるが、京城高等普通学校の卒業生名簿でも、Y氏の名は確認可能である。

　このようなY氏の学校外の状況について見てみよう。まずは、経済状況だが、相当に裕福な家庭に育ったと見られる。それは、Y氏の祖父の葬儀に関する次のような記述から推測される。

　　祖父の葬体を棺に入れ日本馬車にお乗せしたが、棺が小さくよくない。
　　私たちはタクシーに乗り京城駅へ向かった。後にはおよそ10台のタ

クシーが行列を作った。京城駅で永口式を行ったが、韓一銀行員・漢城銀行員及びみなさんの出席に感謝した。[1/13]

(註：口部分は1文字分空白)

　この記述からもわかるように、祖父は両銀行と関係を持つ資産家であると想像される。さらに、別の箇所では、「遊んでいる最中に韓銀頭取閔大植氏が来た。久しぶりの対面。私を見て長成したと笑う。[7/25]」というように、植民地朝鮮の実業界の大物であり、漢城銀行の頭取をしていた閔大植とも顔見知りの間柄であった。確かに、この日記を見る限り経済的苦しさを感じさせる記載は全くなく、書籍を購入したり様々な飲食物を購入する記述をしばしば見ることができる。

　Y氏の住所についてみてみよう。前年に貫鉄洞から楽園洞に引っ越しをし[16]、さらに1930年にも再度益善洞へと引っ越しをしている[17]。親族も今日のソウル特別市中区となる永楽町や笠井町、鍾路区となる安国洞、東崇洞、昌成洞、堅志洞、薫井洞、瑞麟洞に住んでおり、Y氏の日常的な行動範囲もここから大きく外れることはなかった。ただし、Y氏は生まれてから継続的に京城に居住していたわけではない。普通学校は京城の校洞普通学校に通っていたようであるが[18]、「昨年元山から(汽車で)行きたくない上京を敢えて行ったのが昨日の様に思い出される[9/1]」との記述から、日記の前年に当たる1929年に元山から上京していることがわかる。このような移動に関するより詳細な経緯は不明である。

## 2　学校生活

　日記の内容の分析に入る前に、この日記の典型的な1日の記述を確認したい。

3月6日
早朝に起床。しかし遅くに登校。今日は30分授業で4時間しかしなかった。英語副読本と教練はしなかった。第一時間　英語　自習。第二時間　日語　自習。第三時間　朝鮮語　疑問点質問。第四時間　幾何　試験に対する注意をしてくださった。掃除当番だったため掃除を

終らせてK君にかばんを預けたら君の家に持っていった。故に私はS
と一緒にK君の家に行ってかばんを受け取り、代数の問題を少し質問
して、図書館にいって待ち番号をもらって家に帰り学校に持っていっ
た弁当を食べた。

このように、この日記の記述は、学校の時間割・授業内容・放課後の行
動が主たる内容になっている。時間割が詳細に書かれるため、その復元は
容易である。また、行事や授業進度による時間割の変更についても詳細に
記録されており、Y氏にとって学校生活が生活全体の中で占める比重が高
かったことがうかがえる。授業中に生物の時間でハエを習えば、「ハエは
本当に恐ろしく汚い昆虫であることに気が[2/7]」つき、農業で鶏を習えば、
「鶏を買うことは朝鮮人に実に有益だという観念が徐々に強ま[2/8]」ったと
感想を記す。

生徒の視点から見た教員の姿も、なかなかに興味深い[19]。例えば、「第
四時間には教練だが、先生が教室で話をすることになった。a先生式で相
変わらず笑ってしまった。しかし、それは年下のb先生より地位が弱いこ
とに対する不平と弁明と同じだった。[1/9]」や「b先生の校長の目に付こう
と私たちに訓話する態度が私たちに多大な不快感をあたえた。[9/23]」のよ
うに、教員間に存在する葛藤などを鋭く見抜いている。また、このa先生
については、学校内における暴力の存在と、教員と生徒の関係に関して、
次のような記述も見ることができる。

> a先生が、自分が病気であることも顧みず登校したのは一昨日の紀元
> 節にS君をあやまって殴ったことに対し謝ることを願ったためである。
> 私たちみんなにも謝り体操はしなかった。そして活動写真館の監督を
> する先生の秘密も教えてくれた。そして他の先生にはしゃべるな!!
> [2/13]

このように、当時の学校内に暴力は存在した。しかし、当然ではあるが
教員が無闇に暴力を振るっていたのではなく、状況によっては教員が学生
に謝罪を行うこともあり、それを好意的に捉えているように見える。一方
で「いつもc先生の生徒への対し方は不快で見ることができない[2/4]」とい

うように、暴力ではなくとも教員の態度に対して反感を抱いていたと読める記述もある。

さらに、今日と同様に先生にあだ名をつけ、からかいあるいは怖れる姿を見ることもできる。「モングリ」というあだ名をつけたd先生に対しては、「先生のあだ名モングリを黒板いっぱいに書いたため先生は大変怒って授業をしなかった[6/10]」のように、度々悪戯を敢行しており、教員の中で最も登場回数の多い教員となっている。一方で恐れられていたのがe先生のようで、あだ名も文字通り「シボリ」である。「e先生の【シボリ】が依然として発展。わがクラスで11名がaltogeiterで【シボリ】を被った。[9/12]」[20] という記述を見ることができる。

学校生活の中で生徒たちが最も緊張する時間が試験である。「明後日30日から第一学期臨時試験だ、即ち学生の生き地獄だ？ [5/28]」という記述がその緊張感を伝える。既存の研究でも植民地期の学校では中途退学者が多いことは指摘されており、その理由として経済的問題や学業不振が多いことは知られている。実際にこの日記の中にも落第した友人が登場する。このように成績不振による落第は身近な問題であったが故に、「学生の生き地獄」という表現が使われるのであろう。

この日記から読み取れる試験は、3月半ば、6月末の1学期臨時試験、7月半ばの学期試験の3回ある。3月の試験は詳細な記述が欠けているため不明だが、6月および7月の試験はそれぞれ5日間と6日間にわたって行われている。

しかし、同年9月に、緊張を引き起こしてきた試験制度の変更が突如発表された。法令上は師範学校規程・中学校規程・高等普通学校規程・高等女学校規程・女子高等学校規程・実業学校規程にそれぞれ「各学年ノ課程ノ修了又ハ全学科ノ卒業ヲ認ムルニハ平素ノ学業成績ヲ考査シテ之ヲ定ムベシ」という一条を挿入するにすぎない改正であったが[21]、同改正には、朝鮮総督府訓令が合わせて出されており、「試験ノ為ニ勉学セシムルガ如キ幣」を改め、「自学自習ノ気風ヲ養成」することを目的としていた改正であることが明らかにされていた[22]。新聞を確認してみても、1面と2面を使って中等教育機関における学期試験の廃止を伝えており、注目度の高いニュースであった[23]。

この試験制度の改正について、日記で見てみよう。「昨日学年試験、学

期試験がどうであったか、試験制度を撤廃して平常時考査にするという官報が来ていたという。こうなると学校では先生の意見もさまざま[9/18]」あったようで、「先生の閻魔帳活躍時代到着という言葉。[9/20]」が飛び出すなど混乱している様子がうかがえる。

しかし実際には、「今週は考査週間といってもいいすぎではあるまい。[11/18]」というように、実質的には学期試験が行われており、大きな変革は至らなかった模様である。ただし、夏休み前は成績表をうけとっていたが、12月24日には「新たに規定された考査法の産物である通知表[12/24]」を受け取ったようで、形式上は変化が起こっていたことが確認される。

また、試験問題に関してあまり記述は見られないが、殊、修身の試験問題のみ日記に記述があり、その設問を知ることができる。例えば、7月の試験問題は「一、悲観を楽観に帰る方法、二、付和雷同の害[7/15]」であり、11月の試験では「自助と孤立の別を説明しろ[11/26]」という問題であった。この設問を見る限りでは、1930年の段階では比較的皇国臣民化の色彩は強くなかったように見受けられる。

放課後は、学校の友人と遊ぶよりは同年輩の親戚と遊ぶ回数が多い。これには、Y氏がソウルに引っ越して1年程度であるため友人が多くなかったことや、祖父の死と関連して、ほぼ毎月祭祀が行われたことにもその理由を求めることができるやもしれない。そして、Y氏の放課後の外出先として、最も多く見られるのが図書館である。父に行くことを禁止されたものも含めると確認できるだけで27回、総督府図書館や京城府立図書館に足を運んだことが確認できる。6月および7月の試験終了日には、両日ともに図書館に足を運んでいることからも、Y氏にとって図書館通いは重要な娯楽であったと考えられる。かといってY氏は決して書籍の購入ができないわけではなかった。購入分も含めY氏が日記に書名を明記した雑誌・書籍をまとめると【表2】のようである。

例えば、別乾坤新年号を買った日は、「別乾坤の内容は実に幼稚で情けない。」と言いながらも「今日一日別乾坤に依存して一日を過ごした[1/5]」と言ってしまうほど耽読していたのである。Y氏はこのほかにも書名の記述がない雑誌や書籍に加え、朝鮮新聞や東亜日報にも目を通していたものと考えられる。やはり目につくのは6回登場する雑誌『キング』である[24]。ある『キング』の記事に対するY氏の反応については、次の節で再度取り

ある朝鮮人生徒の日常生活（原）

【表2】　Y氏の日記に現れる雑誌・書籍一覧

雑誌

| 雑誌名 | 日付 | 備考 |
| --- | --- | --- |
| 別乾坤 | [1/5] | 購入 |
| キング | [1/8] | |
| 少年倶楽部 | [1/11] | 未見 |
| キング2月号 | [2/1] | 未見 |
| 富士1月号 | [2/1] | |
| 富士2月号 | [2/1] | |
| 少年倶楽部 | [4/8] | |
| 富士 | [6/15] | |
| 文芸倶楽部 | [6/15] | |
| キング8月号 | [7/16] | |
| アサヒグラフ | [8/1] | |
| キング | [8/25] | |
| キング10月号 | [9/13] | |
| キング | [10/15] | 購入 |
| キング | [12/25] | |

書籍

| 書名 | 日付 | 備考 |
| --- | --- | --- |
| 鉄アレイ運動法 | [4/8] | 購入 |
| 唐手術 | [4/8] | |
| 奇術種明かし | [5/7] | |
| 平面幾何学問題の研究 | [5/23] | 購入 |
| 文法書 | [7/10] | 購入 |
| 大家世界文学全集 | [8/1] | |
| 世界滑稽名作集 | [8/1] | |
| 朝鮮史体系　最近世篇 | [8/20] | |
| 野間清次『処世之道』 | [10/7] | 購入 |

「未見」は図書館に閲覧に行ったが未入荷だった雑誌を指す。
「購入」は自身で購入した雑誌・書籍を指す。

上げたい。この表以外にも、Y氏の家では朝鮮新聞を購読していたことが、日記の記述からわかる。

　Y氏はスポーツ観戦にも関心を持っていた。母校が出場するスポーツ大会などを観戦してその勝敗に一喜一憂するのだ。例えば、次のような躍動感あふれる記述を見ることができる。

　　今秋のsport season最初の全鮮籠球選手権大会に我が校は強い自信と確実な実力で出場。今日は中東高普と対戦。強敵だ。愛校心に燃える私のheartは私を試合場に連れて行った。観戦すると一進一退。相手が一点取れば我々も一点を取る。虚虚実実、火を噴く大熱戦。大接戦は、12対12同点で5分間の延長。また一点対一点で引き分け。また…また…。三回も延長となり、三回目ではついに我が校独特の堅忍力と技術で五分間に一挙11点、相手はただ2点を得るのみ。この試合を見た私の心は？言葉で表現できない。[9/18]

　この京城高等普通学校と中東高等普通学校のバスケットボールの試合については、東亜日報でも「新進中東의善戦과無名協実의健闘」として報じられている[25]。翌日も試合があったが、「今日バスケットボールの試合に勿

論勝つと思い、明日の決勝に行こうと思っていたが、後で聞くと我が校は普成高普に二点差で惨敗(マケ)！　どうして愛校心で一杯の私の胸は爆発しないだろうか。[9/19]」と悔しい思いにかられることとになる。観戦するのみならず、冬にはスケートをしたり[26]、放課後に学校の友人とスポーツを楽しむ姿も確認できる。

　このほかにも、夏季休暇は同年輩の親族と洗剣亭までの遠出や、朝鮮神宮を散策[27]、新年早々に映画鑑賞に出かけたり[28]、あるいは「二時間ただ一人で【本プラ】[10/7]」するなどモダンボーイ候補生の一面も見せる。また、流行にも敏感なようで、天勝一行の魔術を鑑賞[5/3]したり[29]、当時巨人として有名であり、新聞でも話題になっていた金富貴のソウル滞在を聞いて[30]、滞在先の旅館まで見に行くなど[31]、好奇心旺盛なソウル生活を送るY氏の姿を見ることができる。

## 3　「日本」との関係

　この日記の舞台となる1930年の前年は光州学生運動が起きた年であり、抗日運動に関して緊張感が高まっていた時期である。特に1月には、ソウルでも同盟休学や学生による示威行動が行われていた。しかし、このような行動に対するY氏の記述は、「貫鉄洞に行きS兄と同盟休学に関する討論をした[1/12]」と「新聞を見ると各学校でまた万歳を叫び同盟休学をしたようだ[1/15]」に限られる。1月15日の新聞を見ると、咸興公立商業学校の生徒が示威を行い30数名が検挙されたとする記事があるほか[32]、光州学生運動の余波による学生運動を報じる記事が数多く掲載されている。同世代の親族S兄と討論をしたことから、同盟休講に対して関心があったことは間違いないが、それがどのような関心であったのか、Y氏自身の考えを読み取ることはできない。この同盟休校に関する話題以外は独立運動に関する記述は全くないといっても過言ではない。これは他人に見せることが前提でない日記であっても書くべきことではないとの認識がY氏の中にあった可能性を指摘するにとどめ、以下より広く「日本」との関係について、考察を続けていきたい。

　学校生活を送る中で、当然のことながら様々な祝日を経験することになる。日記の中では、紀元節、陸軍記念日、神武天皇祭、天長節、招魂祭、

ある朝鮮人生徒の日常生活（原）

海軍記念日、秋季皇霊祭、明治節、新嘗祭に関する記載を確認することができる。
　この中で、注目するべき記述が見られるのは海軍記念日である。

　　今日は日本海軍記念日のようだ　25年前の日本海の勝ち戦を造化するよう。しかし25年前の青年の意気？が最近の日本青年のように堕弱だったのだろうか？　朝鮮青少年も恒常戦闘時のような緊張感が必要であろう。[5/27]

「25年前の日本海の勝ち戦」は言うまでもなく、日露戦争時の日本海海戦を指す。日露戦争の結果として朝鮮が植民地化したというような思考は少なくともこの記述からは読み取れず、25年前の日本青年の意気に比べ、今日の日本青年は惰弱になっており、朝鮮青少年もそれを反面教師として捉えなければならないという思考のみ垣間見ることができる。
　このように、朝鮮人の覚悟を述べた文は別の部分でも見ることができる。

　　また雑誌「キング」の中に喧嘩の強い人という題目の元で言うには、人生はよく喧嘩をするだけの元気がなければならない。しかし人生の戦いには種類が二つあり、すなわち大人の戦いと小人の戦いである。そのうち大人の戦いは確固たる信念と決死の覚悟の元で自己の赤心を表しての戦いである。小人の戦いは目の前に存在する利害にだけ気を取られ、境遇、結果をよく考えずに行う戦いである。どうして人生の中で大人の戦いに値する戦いをするだけの元気がなければ、賢いといえようかと。われわれ朝鮮2千万同胞が吟味するだけの価値が十分ではないといえようか。[8/25]

この記述の元となっている『キング』の該当部分は以下のようである[33]。

　　自分は喧嘩の出来る位の人間でなければと思つて居る。正直で、偽悪を憎むこと蛇蝎の如く、公明で内に一點の疚しき所なく、加ふるに、邪を撃ち悪を懲らす積極的勇気のある者ならば、君、喧嘩をせずには居られないぢやないか

223

喧嘩は蛮勇だなどといふのは偽善者のいふ事だ、昔から宗教の革命でも、学問の進歩でも、立憲政治でも、自由制度でも皆喧嘩好きの産物だ
　併し喧嘩にも小人の喧嘩と大人の喧嘩とある。争ふべからざる事で争ふのは小人の事、争ふべき事と信じたなら死を以て之を争ふやうでなければホントの喧嘩とはいへぬ

　『キング』の記事から見ると、Y氏の解釈は大人の喧嘩と小人の喧嘩に関して、いささか拡大解釈のきらいがないではない。故にY氏の言う「大人の戦い」が何を指すのか、理解するのは難しい。特に、喧嘩あるいは戦いの相手として、日本が想定されているのか大変興味が引かれる。しかし、先述したようにY氏の独立運動に対する言及はほとんどないため、両者を関連付けて考察することは難しい。ただし、朝鮮人は「確固たる信念と決死の覚悟で」戦うための覚悟をしなければならない、という意見を持っていたということは少なくとも言えるであろう。
　記念日の話題に戻ろう。海軍記念日以外の記念日に関する記述は概して簡潔である。一例として天長節の場合の記述を見ると、「今日は天長節　学校では授業が無く天長節式があった。[中略]10時に天長節式があるため学校に行って式を挙行した後モチをもらって帰ってきた[4/29]」のようである。またこのような式典を行うたびに「祝賀【モッチ】[2/11]」をもらっている。新嘗祭に至っては、「倭人間が喜びときめく日で、私には喜ばしいといってもただ意味は無く、休息日であるという喜びだとでも言おうか。[10/17]」と述べ、祝日の持つ意味が自身とは全く関係のないものであるとの考えを読み取ることができる。
　日本のことを「倭」と呼んでいる箇所はこの新嘗祭ともう1箇所、第20師団と第21師団の対抗演習を参観した際の記述に見ることができる。合わせてその翌日の観兵式への参加の部分も引用する。

　　午前5時から南軍対北軍の演習を見学したが、ただ飛行機78台が飛んで行くのと、煙幕など遠くに見える外には、アリのように見える倭兵丁達以外に何も見えなかった。暇なこと言葉にできない。[10/11]

ある朝鮮人生徒の日常生活（原）

私は電車に乗り兵器庫前で降りて、我が校一行に参列して練兵所へ行って観兵式を参観した。昨日の対抗演習よりよいが、これもまた面白くない。梨本宮及び朝香宮殿下の顔も見ることができなかった。［10/12］

新嘗祭と同様、対抗演習の参観の際も自身とは無関係であることを強調しているが如き書きぶりである。また、「倭」という用語が使われており、日本軍に対して否定的な感情の発露とも読める。ただ翌日の記述を見ると、観兵式も「面白くない」とする一方、「梨本宮及び朝香宮殿下の顔」を見れなかったことをあたかも残念であるかの如く読むことができるのである。

以上のような「日本」に対する記述に対して、朝鮮人についてはどのように記述しているのか。すでに、示した引用文以外にも、次のような記述を見いだすことができる。

・白衣三千万同胞が渇望する甘雨が始まり終日面白く降雨した。［6/30］
・一昨日、昨日の大雨のために数え切れない損害を受けたこのときに、また今日の大雨を加えて害を蒙る同胞はどれだけ惨憺たることか？！［7/8］
・昨日から突然寒冷になった天気は今日に至って一層その度を加えた。そこにさらに冷たい風は冷え冷えする天気に世の中の不景気を物語っているようだ！［中略］ああ、かわいそうな同胞が、またどうして孤軍で困難な季節を送るのか！ 基督はどうして私たちの白衣の民の羊たちだけ無関心なのであろうか！？ このような考えをはじめて感じた私の神経にそのように反応した。［11/3］

キーワードは「白衣」であり「同胞」であろう。この中には内地人は含まれてはいないことは明らかである。このように、Y氏は、日本と朝鮮を明確に区別して記述をしている。天気を書く際にも「日本晴れに対抗する朝鮮晴れ」という記述が5月6日と9月18日に見られるほか、学校における科目名を書く際にも、「日語」「日文」と「朝鮮語」は区別され、「国語」という用語は日記全体を通じて2回確認されるにとどまる。すなわち、「夕食後、代数の練習をした後、父が国語を教え、私も地理を勉強し10時半に就寝

225

[2/4]」と「第五時間国語では田山花袋文豪の話をして残った時間15分間自習。[5/26]」である。後者は田山花袋を取り上げた授業であることから「日本語」を指していると思われる。一方で前者は「日本語」か「朝鮮語」か明確ではない。Y氏の父も『朝鮮史体系 最近世篇』を読んでいることから日本語に通じていた可能性は否定できない[34]。しかし、植民地教育のエリートであるY氏であっても、この2例を除けば、「日本」と「朝鮮」を明確に区別する態度をもっていたことは注目に値する。

## 4 「伝統」と「近代」

　この日記は当然のことながら1月1日より始まる。新暦と旧暦における元日の記載について、まず見てみよう。

> 西暦1930年・昭和5年は今日からはじまる。天が今日という新たな日を祝賀なさっているのか、天気は快晴だ。今年はどんなに大変であろうとも決心したことを実行する!! 8時30分に起床して母の1930年第一最初のプレゼントであるトックッにご飯を入れて食べ、学校に登校した。[中略]引越しをして新しい家だからか私には年賀状が一枚もこず、父にだけ貫鉄洞に34枚来た。[後略][1/1]

> 正月最初の日。我々白衣の民の新年。特別に学校も10時40分登校、35分授業だ。そして我が家では祖父の最初の喪亡だ。[中略]喪失を終え、トックッを一杯食べた。これで16歳だ。[中略]夕飯後昌成洞に新年の挨拶に行った。しかし外祖父、外四寸はいなかった。食べ物を出してくれたが、夕食直後のため食べられず、外祖母がお年玉として20銭くれた。16歳になったので嫌だと言ったが、貰わないわけにはいかなかった。[1/30]

　新暦の元日で注目されるのは年賀状である。年賀状に関しては2日、5日にも記載があり、新暦で年賀状をやり取りすることが通例化していたことを示している。これは12月29日にハガキを2枚買って年賀状の準備をしていることからも理解される。1月1日の記述にみられる、新年の決意

は、日記帳が新暦で作成されていることとの関連を指摘しておきたい。新たな日記帳に書きはじめる機会に、決意を行うという思考は自然と思われるためである。

一方旧暦の元日を見て、まず目を引くのが「我々白衣の民」の部分であろう。加えて「正月」という表現を使っているのも、旧暦のみである[35]。また、祭祀も当然ながら旧暦で行い、お年玉も旧暦にもらう。つまり、新たに入ってきた年賀状は、新暦に行う一方で、旧来から根付いている正月に行う行事は旧暦に行っていた。そのため、学校も旧暦の元日には短縮授業としていた点は注目に値する。このように、新暦の元日に関して、ひとつの区切りとしてながらも、生活に根付ききっていない様子は大晦日の日記に「今日は今年、即ち西暦1930年の最後だ。朝鮮人には別に影響が無いが、日本人商人村本町に行くと奔走しながら行き来している日本人たちが実に生気がある。」と書かれていることからも明瞭に知ることができる。これは先に示したY氏が「日本」と朝鮮を明確に区別している事例のひとつとも言える。

この伝統に関連して、祖父の葬儀に参列した父と叔父の姿を見てY氏は次のような感想を抱くのである。

　　父主と叔父主が着たものは葬祭にふさわしくなく、朝鮮の未開な感じ
　　と改良の感じが一度に感じられる[1/12]

父と叔父がどのような服を着用したのか不明確なため多くを語ることはできないが、「朝鮮の未開な感じ」という語句は注意を払わざるを得ない。そして新たに入ってきたものに対して、「改良」という表現で捉えていることも指摘したい。

もう1点注目しておきたいのは、この一家の医療についてである。Y氏の母親は、「前から具合が悪かったので、帝国大学付属病院に行き診察をして戻っていらっしゃると、大手術をしなければならな[8/30]くなり、9月30日から10月22日まで京城帝国大学付属病院に入院していた[36]。また、父親も「崔歯科医院[9/1]」に行くなどしている。

Y氏本人も同様である。「午後十時頃から腹痛になったため、カオールを買って飲んだ。カオールを飲んでからお腹は良くなったが、午前1時

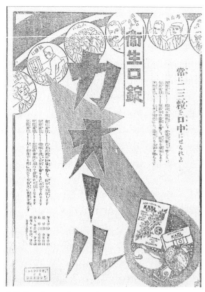

【図2】 東亜日報に掲載されたカオールの広告の一例

半まで寝られなかった[1/7]」の他、「大学目洗薬(著者註:大学目薬カ)[5/5]」などを購入する姿を確認できる。カオールおよび大学目薬は当時の新聞広告でしばしば見られる商品であり、体調不良の際には、こういった商品を購入して対応していたのである。また、「セブランス病院にいき消化薬と風邪薬を買ってきた[1/13]」という記載にもあり、さらに具合が悪い時には、「沈浩燮診療所[7/2]」に赴き[37]、診察を受けている。それのみならず、あるいは「薬代の未納分を支払い[3/3]」に行ったり、「剣道をしても良いかだめかを質問[5/1]」しに行くなど、この沈浩燮医師はY氏のかかりつけの医師と言っても過言ではない様子がうかがえる。この沈浩燮医師は光復後ソウル大学校医科大学の初代学長となる人物であり[38]、日記に描かれている当時も、セブランス医科専門学校で教鞭をとるかたわら[39]、開業医としてもその名を「漢陽城中」に轟かせていた人物である[40]。

これに対して、同日記では明示的な形では韓医・韓薬は登場しない。以上、Y氏の一家は、医療に関して、きわめて「近代的」であり、その中でも質の高い医療を受けていた一家ということができそうである。

## おわりに

以上、今回取り上げた日記の記述を、「学校生活」・「『日本』との関係」・「『伝統』と『近代』」の3点について、整理をした。いうまでもなく、一個人の日記であるため、「当時の朝鮮人学生は」式の普遍化をした議論は不可能である。しかしながら、他人に見せることを前提としていない日記の分析を通じて、「矛盾」に満ちた朝鮮人生徒の生き生きとした姿を見ることが

できたのではないだろうか。日本兵のことを「倭兵丁」と呼びながら「梨本宮及び朝香宮殿下」を見れなかったことをさも残念なことのように描いたり、朝鮮の未開性を指摘したかと思えば、日本人青年を反面教師にしつつ、朝鮮人青年に「恒常戦闘時のような緊張感」を要求するのである。また、「日本」と「朝鮮」を明確に区別しながらも、独立運動に関しては淡白な記述を貫いている。

　今日的視点から見た場合、これらの事象は「矛盾」しているかのように見えるが、植民地を生きた人々、殊に学校教育を通じて常に「日本」と接している朝鮮人生徒にとっては、このような状況がごく当たり前のことではなかったのではないだろうか。本稿の目的である朝鮮人児童・生徒を研究の対象とした場合、こういった「矛盾」する姿をこれまで以上に認める必要性を強く感じる[41]。そして、個人の発言を一部分のみ切り取ることに終始するのではなく、総体的に個人の言動を捉えた上で、議論を行わなければなるまい。朝鮮人児童・生徒の同時代認識を知るには、まだまだ多くの史料の発掘が必要である。本稿がそのための小さな一歩となれば幸いである。

注
1) 古川宣子「植民地期朝鮮における初等教育──就学状況の分析を中心に」(『日本史研究』370、1993年)、呉成哲『植民地初等教育の形成』(教育科学社、2000年)、金富子『植民地期朝鮮の教育とジェンダー』(世織書房、2005年)などが代表的論著である。
2) 無論、インタビュー調査や回顧録が資料的価値を持たないというわけではない。最近では、차은정『식민지의 기억과 타자의 정치학』(선인、2016年)が、植民地期の在朝日本人を対象として両資料を巧みに組み合わせた力作といえる。
3) 西川祐子『日記をつづるということ』(吉川弘文館、2009年)。
4) 松田利彦「朝鮮総督府官僚守屋栄夫と「文化政治」」(松田利彦・やまだあつし編『日本の朝鮮・台湾支配と植民地官僚』思文閣出版　2009年)。
5) 李炯植「朝鮮駐劄憲兵隊司令官立花小一郎と「武断政治」」(鄭昞旭・板垣竜太編『日記が語る近代』同志社コリア研究センター、2014年)。
6) 金相泰『윤치호 일기 1916-1943』(역사비평사、2001年)など。近年の研究として、対象とする時代が植民地期より遡るが、柳忠熙「英文で〈再現〉された西洋」(『朝鮮学報』235、2015年)なども挙げられる。

7) 板垣竜太「日記を通じてみた植民地経験」(『朝鮮近代の歴史民族誌』明石書店、2008年)。
8) 鄭昞旭「植民地農村青年と在日朝鮮人社会」(前掲注5鄭・板垣編書)。
9) 板垣竜太「戦時体制下ソウルの職工日記(1941)について」(油谷幸利先生還暦記念論文集刊行委員会編『朝鮮半島のことばと社会』明石書店、2009年)。
10) 上甲まち子・李俊植・辻弘範・樋口雄一『植民地・朝鮮の子どもたちと生きた教師 上甲米太郎』(大月書店、2010年)。資料紹介としては辻大和・富澤萌未「上甲米太郎関係資料目録──植民地朝鮮での教員の日記」(『東洋文化研究(学習院大学)』17号、2015年)を参照。
11) 太田修「戦時期大邱の朝鮮人女学生の学校生活」(韓哲昊・原田敬一・金信在・太田修『植民地朝鮮の日常を問う』思文閣出版、2012年)。
12) このような限界にもかかわらず、太田は日記の記述を綿密に読み解くことで、この女学生の思考に迫っている点は特筆すべき点と言える。
13) 日記の執筆者については、個人の特定はできているがプライバシーを考慮し、本稿中ではY氏と表記した。また、日記引用時にも、個人名が特定できないよう、一部の著名人を除いてアルファベットにて表記している。
14) 同日記は、2003年にソウルの古書店で購入した。
15) 日記本文の末尾に記載日を[　]で記す。ただし本文中で記載日への言及がある場合は略する。
16) 引越をして新しい家だからか私には年賀状が一枚も来ず、父にだけ貫鉄洞に三四枚来た。[1/1]
17) 引越をする日だ。楽園洞から益善洞へ！　忙しい気配が家の中いっぱい。[1/9]
18) 校洞普校(母校)と斉洞普校の野球の試合を観戦。[8/24]
19) 教員の名前は、プライバシーを考慮して小文字のアルファベットで記す。同じアルファベットは同一の教員を示す。本稿で言及した教員は全て内地人教員である。
20) 【　】で引用した部分は、原文でもひらがなあるいはカタカナで書かれていることを示す。
21) 「朝鮮総督府令第73～78号(『朝鮮総督府官報』第1115号、1930年9月18日)。
22) 「朝鮮総督府訓令第43号」(『朝鮮総督府官報』第1115号、1930年9月18日)。
23) 『東亜日報』1930年9月19日付け1面には「學期試驗의廢止」が、2面には

「平時의 成績을 採用 試驗制度를 廢止」が掲載されている。
24) 雑誌『キング』はその発行部数などに比べて研究・言及の少ない雑誌である。そのような中で、佐藤卓己『「キング」の時代——国民大衆雑誌の公共性』(岩波書店、2002年)は貴重な研究成果と言える。また同書において議論があまりされなかった外地、殊に朝鮮について論じたのが、白恵俊「1930年代植民地都市京城の「モダン」文化」(『文京学院大学外国語学部 文京学院短期大学 紀要』5、2006年)である。同論文では、李箱の言辞を中心に朝鮮人知識人による『キング』に対する評価を論じており興味深い。
25)「新進中東의善戦과無名協実의健闘」(『東亜日報』1930年9月20日付)。
26) 朝食を食べ昌慶苑にスケートをしに行く準備を全て終え、U従兄が来るのを待っていると、ちょうど12時10分前に来た。すぐに一緒に昌慶苑に行きスケートをしたが、今年最初のスケートだったからか、うまくできなかった。[1/6]
27) 朝鮮神宮裏参道から朝鮮神宮境内に入り京城市内を見下ろしながら降りてくると、また痛快。その長い階段をおりて南大門に立ち寄って帰宅すると5時半。[9/6]
28) 当時の映画館については、鄭忠實「1920年代—1930年代、京城の映画館」(『コリア研究』4、2013年)に詳しい。
29) 天勝一座は松旭斎天勝に率いられ欧米興行なども行った奇術団である。日本では天勝一座とされるが、朝鮮では新聞などを中心に天勝一行と言われる。1915年の朝鮮物産共進会でも興行を行い(例えば「天勝일행 入京」『毎日申報』1915年10月3日2面)、その後も興行のみならず、天勝一座が所有した野球チーム天勝野球団も朝鮮遠征を行うなどした(「天勝對全京의 야구시합, 오일 경중운동장」『東亜日報』1923年6月4日3面)。しかし、天勝が著者となっている『魔術の女王一代記：美貌の天才奇術師の芸談・奇談』(かのう書房、1991年)では、朝鮮との関係についてはほとんど触れられていない。
30) その熱狂した様子を伝える記事として「熱鬧한 大京城에 稀世巨人이 出現 구경군이 열겹 스무겹 交通巡査지 出動」(『毎日申報』1930年8月5日7面)がある。
31) 今日夕刊に朝鮮の未曾有の巨人が京城に来るという報道。夕食後散歩で貫鉄洞に行きその隣の日新旅館に宿泊している例の巨人、金富貴僧を見た。身長7尺3寸5分[8/4]
32)「咸興公立商業学生 檄文撒布코萬歳高唱 街頭로進出하야示威行列 學生卅餘名總檢擧」(『東亜日報』1930年1月15日2面)。

33) 佐野善作「喧嘩の出来る人間」『キング』6巻9号、1930年）70-75頁。
34) 父の命で朝鮮史体系最近世篇という本を持って帰宅。［8/20］
35) 翌日（1月31日）の日記の書き出しは「正月二日」となっている。
36) 「今日母が入院なさった。帰宅して京城帝国大学付属病院病室西3【の】二号に母に会いに行った［9/30］」
37) 日記では「沈浩燮医院［5/1］」という名称で出てきたり、時によっては「沈医師［4/16］」のように医師の名前で現れることもある。
38) 植民期と解放後ソウル大学校医学大学の人的連続性については、石川祐之「国立ソウル大学校の発展過程にみる植民地高等教育の「遺産」――医科大学における教員組織の変化に注目して」（『国際研究集会報告書no.42 帝国と高等教育――東アジアの文脈から』2013年）、同「国立ソウル大学校医科大学の成立過程に見る植民地高等教育の「人的遺産」」（酒井哲哉・松田利彦編『帝国日本と植民地大学』ゆまに書房、2014年）を参照。
39) 時代は下るが『セブランス聯合医学専門学校一覧　昭和9年』(98頁)で、科学教室教授としてその名前を確認することができる。
40) 君은 洪(註：洪錫厚), 朴(註：朴啓陽) 兩君으로 더부리『開業3大薄』의 1人으로 其 首位를 占하고 잇다. 君은 쎄브란쓰醫專의 教授로 잇으면서 同 醫院의 内科를 보면서 博士가 되면서 夜間開業을 하면서 病院(夜間病院을 晝夜間病院으로의) 大擴張計劃을 하면서 往診을 단니면서 學生을 가르치면서『쎄브란쓰』의 患者를 보면서 에넬기쉬한 點으로 보아 漢陽城中을 통틀어 醫師치고 君의『右에 出할 者』없을 것이다. (太虛「醫師評判記(其1)」『東光』29号、1931年、67頁)。
41) 「矛盾」する朝鮮人を韓国の歴史の授業で取り入れようとした試みとして、禹州姸(大図建吾訳)「「日帝強占期、京城の人々の生活」を通して人間と歴史を理解する」（『歴史地理教育』756、2010年）は興味深い実践と言える。

# 朝鮮人の帝国大学進学と「学徒出陣」

永島広紀

## はじめに

　太平洋戦争も終盤にさしかかった1943年の晩秋、一部の農水系(農学科・農業経済学科・養殖学科など)を含む「文科系」の学部に在籍する大学生、および高等学校・専門学校の文科生徒らに対する在学中の徴集猶予が同年10月の勅令によって停止され、総数にして5万名とも10万名[1]とも言われる学徒が学業半ばにして学園を去り、陸軍ないしは海軍の軍人となった。世に言う「学徒出陣」である。

　1944年からの徴兵制実施を控えた戦時末期の朝鮮においても、「志願」という名で事実上の徴兵が先行的に実施された。1938年度から「陸軍特別志願兵」制が施行され、徴兵制実施前年である1943年までに約1万8000名の朝鮮人青年が志願兵に採用されていたが、1943年10月20日に陸軍省令第48号として施行された「陸軍特別志願兵臨時採用規則」によって一般的な徴兵に先んじて、「戸籍法の適用」をうける(いわゆる「内地人」)大学生・専門学校生徒とほぼ同様に、戸籍法の適用外である「外地人」たる朝鮮人・台湾人の学徒も大量に陸軍軍人となることを余儀なくされた。その実数はいまだ判然としないが、朝鮮人の学徒兵はその数にしておよそ5000名内外と推計[2]されている。また徴兵制実施後の1944年4〜8月と1945年春にそれぞれ実施された「徴兵検査」によって徴兵適齢に達した学生・生徒が入営・入団していったことを勘案すれば、広義の「学徒出陣」数はさらに増加することが予想される。

　従来、日本においては学徒兵出身者による回想録の出版は枚挙にいとまがなく、その数は相当な数に上る。その分、彼らの軍歴や制度的な部分に

関しても証言が豊富であり、これらをもとにした検証や研究[3]も多い。また、ごく希にではあるが韓国人が日本語で公刊した書籍も存在する[4]。特に本稿にとっても貴重な情報を提供してくれている李佳炯著の『怒りの河』(1995年3月刊)は後述するように出色の一作である。また、近年においては「特攻隊」として出撃・戦死した朝鮮人陸軍航空兵に関する著作の刊行が相次ぎ、日韓双方で話題を呼んだ[5]が、この中にも少数の「陸軍特別操縦見習士官」が含まれている。朝鮮人・台湾人を対象とした臨時採用陸軍特別志願兵とは異なり、内外地を問わずして専門学校以上の卒業者から採用された制度によるものであったが、やはり広い意味で学徒出陣に含まれよう。

一方、韓国においては「対日協力」「親日派」問題の影響もあり、全体として「学兵」に関する記録類の刊行は不振な状態であり、それゆえに歴史的な検証も進んでいない。とは言え、韓国にもそうした回顧なり孝証なりが全く存在しないわけではない。その代表的なものが「一・二〇同志会」による『一・二〇學兵史記』(全4巻、1987～1998年)の出版であり、1997年12月31日現在の数字として約2700名からなる「一・二〇同志」、つまり1943年末の志願によって翌1944年「1月20日」に一斉入営したことに因む学徒兵出身者たちの姓名が附録として収載されている。上記の通り、朝鮮人学徒兵の数を仮に5000名程度であるとすると、その過半数に相当することになり、同書の内容によりまずは統計処理的にも有意の基礎データを抽出することが可能であろう。しかしながら、個々人の記憶のみに頼るのは歴史学の検証方法としてはきわめて危険である。あくまでも客観的なデータの裏付けを伴った上で検証はなされねばならない。本稿はそのささやかな試みである。

## 1 朝鮮人の日本留学史

そこで本論に入る前に、学徒志願兵の史的な前提を織りなす朝鮮人による日本の高等教育機関への「留学」について簡単にまとめておきたい。

韓国・朝鮮における日本留学生は「紳士遊覧団」随員をもってその嚆矢とする。1881年(明治14)のことであった。当時、朝鮮政府の執権勢力(閔氏政権)は攘夷論者たる政敵の興宣大院君との対抗関係からも、積極的に少壮の「北学」系の開化派官僚を登用しており、彼らを派遣することにより、結

果的に科挙による「門閥」維持には綻びが生じていった。そして福澤諭吉ら
もこれに支援を惜しまず、紳士遊覧団として来日した兪吉濬・柳正秀・尹
致昊のうち、兪・柳の両名がそのまま福澤が設立した慶應義塾に、そして
尹は中村正直主宰の同人社に入学した。
　また日清戦争後である1895年には朝鮮政府から「委託留学生」が無慮200
名にのぼる規模で派遣され、やはり主として慶應義塾にて学ぶとともに、
陸軍士官学校などでの実務修習も実現した。その後、「対支文化事業」の進
展に伴い数的には清国(中華民国)留学生に圧倒されつつも、継続的に日本
にて学ぶ朝鮮人生徒・学生は漸増し、そのひとつのピークが日露戦争を前
後する時期であった。とりわけ1897年に国号を「大韓」と改め、帝政の施
行を宣する朝鮮政府改め韓国政府は、1904年に「皇室特派留学生」50名を
官費留学生として派遣し、東京府立第一中学校にその教育を委託した。例
えば六堂・崔南善はこのケースに該当する留学生のひとりであった。
　またこれと前後する時期には官費によらない留学生も増加し、例えば朝
鮮近代文学の父とされる李光洙は東学(のちの天道教)からの学資を得てまず
は東京の大成中学校に学んでいる。この後、韓国併合にともなって朝鮮半
島からの留学生は法的には外国人とは呼べなくなったが、併合直前の時期
からは熊本の第五高等学校や岡山の第六高等学校には少数ながら東京府立
一中出身の朝鮮人生徒が入学している。そして彼らはまた各帝国大学に進
学していくことになり、各官立専門学校や私大への進学者も少なくなかっ
た。そして留学終了後には大韓帝国政府の要職に就く者、あるいは朝鮮総
督府の高等官に任用される者も次第に増えていった。私学の工手学校(現・
工学院大学)を経て官立の第一高等学校に入学し、東京帝国大学の造船学科
を1903年に卒業後はすぐさま農商工部の技師に採用され、工務局長に累
進するとともに、科挙にかわる「文官銓考」の委員(算術の出題担当)を務めた
尚灝はその典型人物である。
　かつて阿部洋は、「植民地支配の下でその普及発達を意図的に抑制され
た高等教育にかわるものとして、総督府あるいは日本側の設ける悪条件を
克服して展開され、それが韓国人智識層の形成に大きな役割を果たしてき
た[6]」とし、朝鮮内での高等教育の場がないことに由来する言わば「捌け
口」として「内地進学」による機会の拡大が生じたと論じているが、その「悪
条件」に関する具体的な説明はない。その一方で1919年の三・一運動後に

は朝鮮内での修学機会が拡大したとも述べており、これは京城帝国大学をはじめとする高等教育機関の増設を意味すると考えられるが、その後も日本「内地」への進学者は増え続けた。また「民族系私学」たる普成専門学校・延禧専門学校・崇実専門学校などからもさらに「帝国大学」への進学者が数多く存在したことをどのように説明するのだろうか。こうした矛盾的な記述の背景には1920年代後半以降、太平洋戦争に至る時期における朝鮮人の具体的な内地進学状況を視野に入れかねていることがその大きな理由であろう。

さて、1910年8月に日本政府が韓国併合を断行したことにより、朝鮮半島からの留学生は台湾出身者ともに法的には「外国人」とは呼べなくなったものの、1920年代前半までは事実上の留学生扱いが続いていくことになる。まず官立の高等学校・高等師範学校・高等商業学校・高等工業学校・高等農林学校等に関しては、そもそも1901年11月の文部省令第15号である「文部省直轄学校外国人特別入学規定」によって一般的な学則の規定によらない外国人の入学を在外公館もしくは外国公館の紹介によって認め、また個別に細則を設けることと規定されていたが、さらに1911年4月の文部省第16号にて「文部省直轄學校外國人特別入學規定ハ臺灣人若クハ朝鮮人ニ之ヲ準用ス但シ其ノ入學ニ關シテハ臺灣總督府又ハ朝鮮總督府ノ紹介ヲ要ス」と定められていたことに基づいてのことであった。よって、この時期まではあくまでも定員外の「特別入学」の形をとるケースが多かった。

やがて日本統治下の朝鮮や台湾からは「内地」の中学校・高等学校・専門学校をはじめとする各種の教育機関への進学者が殺到していくことになった。まさに明治期以来の留学熱におけるその流れにも位置づけられる一方、併合後に朝鮮半島内に整備されていく中等教育機関の進学先として連結されていったことを示すのである。そして、1929年5月には特別入学の規程も廃止されるに至っている。とすると、留学生扱いから次第に正規の入学生として並み居る「内地人」受験者たちとの競合に晒されたことを意味する。そしてその歴史におけるひとまずの結末が戦時末期における「学徒出陣」である。ただ、学徒出陣に至る前提条件、すなわちそもそも何処で、何名の朝鮮人学生・生徒が学んでいたのかという基礎的なデータなくして論じること自体はあまり意味がないことである。

## (1) 「朝鮮人学徒出陣」と大学史編纂

　近年、日本ではその送り出し側たる各大学の「年史編纂」作業を経て収集された大学アーカイヴ資料をもって「学徒出陣」の実像を実証的に明らかにしようとする動きが活発化している。これらは早稲田大や明治大をはじめとする東京の大手私大がまずは先鞭をつけた。特に在京の私大(早稲田・慶應義塾・明治・中央・日本・専修など)は法科・商科を中心にして発展しただけに官公立学校に比して収容人数もきわめて多く、その分朝鮮人入学者も多数に上ったことから、大学史の記述において朝鮮・台湾出身の学生・生徒に関しても多少の頁を割いている事例が増えている。

　例えば、1942年版の内務省警保局『社會運動の状況』によれば、専門学校以上の高等教育機関に在籍する朝鮮人(女子を含む)7,672名中、実にその8割にあたる6,157名が東京に集中しており、うち私立大および高等学校・専門学校の在籍者数は6,037名である(【表1】)。高等学校と専門学校の在籍者数には一部に官公立を含む(第一高等学校・東京高等学校・府〔都〕立高等学校・東京高等師範学校・東京高等工芸学校・東京高等農林学校・東京高等蚕糸学校など)ものの、圧倒的多数を私立大・私立大予科・私立大専門部・私立専門学校の学生で占めたことは間違いない。上記『一・二〇學兵史記』に登場する学徒兵出身者たちもその多くは中央大・明治大・日本大といった私立学校の出身者たちである。とすると、まずはこうした私大出身者の数的動向を把握することが重要であることは再言を要しない。

　しかしながら、在京もしくは京阪神の私大出身者はどうしても「文科系」に偏りすぎている。一方で「解放」後における韓国の行政府・軍部・経済界・学界を牽引していくことになる「帝国大学」およびこれに準じる官立大学出身者は、数こそ私大出身者に比べて比較少数ではあるものの、その実務能力や専門領域を考えると、数的なもの以上の何かが存在するようである。また、北朝鮮においても少なくとも金日成が実権を全面的に掌握する以前においては基本的に同様であったであろう。しかも、中堅技能者の養成に重きが置かれていたとは言え、地方毎に設立された高等商業学校・高等農林学校・高等工業学校も戦時末期に私立学校において理工系の学部・学科が急速に増設されるまでその多くは官立学校であり、のちにそれらの多くは新制の国立大学経済学部／農学部／工学部の前身となっていったことを考えると、これらもまた大学に準じて扱っていいだろう。

【表1】 朝鮮人留学生数（1929〜1942年）

| 地域 | 学校 | 性別 | 1912 | 1918 | 1920 | 1921 | 1922 | 1926 | 1927 | 1929 | 1930 | 1931 | 1932 | 1933 | 1934 | 1935 | 1936 | 1937 | 1938 | 1939 | 1940 | 1941 | 1942 |
|---|---|---|---|---|---|---|---|---|---|---|---|---|---|---|---|---|---|---|---|---|---|---|---|
| 北海道 | 官公立大 | 男 | | | | | | 3 | 2 | 12 | 5 | 6 | 9 | 9 | 3 | 3 | 5 | 5 | 11 | 13 | 14 | 10 | 15 |
| 北海道 | 官公立大 | 女 | | | | | | | | | | | | | | | | | | | | | |
| 北海道 | 私立大 | 男 | | | | | | | | | | | | | | | | | | | | | 2 |
| 北海道 | 私立大 | 女 | | | | | | | | | | | | | | | | | | | | | |
| 北海道 | 高等学校専門学校 | 男 | | | | | | 2 | 4 | | 13 | 8 | 1 | | 5 | 5 | 6 | 4 | 22 | 5 | 6 | 2 | 7 |
| 北海道 | 高等学校専門学校 | 女 | | | | | | | | | | | | | | | | | | | | | |
| 北海道 | 中等学校 | 男 | | | | | | 1 | | 6 | 6 | 7 | 15 | 12 | 12 | 19 | 20 | 16 | 18 | 30 | 53 | 56 | 109 |
| 北海道 | 中等学校 | 女 | | | | | | | | | | | 4 | 3 | 2 | 1 | 5 | 2 | 3 | 7 | 8 | 8 | 33 |
| 宮城 | 官公立大 | 男 | | | | | | 10 | 14 | 17 | 7 | 7 | 9 | 8 | 9 | 15 | 12 | 18 | 21 | 54 | 24 | 5 | 33 |
| 宮城 | 官公立大 | 女 | | | | | | | | | 1 | | | | | | | 2 | 2 | 2 | 1 | | |
| 宮城 | 私立大 | 男 | | | | | | | | | | | | | | | | | | | | | |
| 宮城 | 私立大 | 女 | | | | | | | | | | | | | | | | | | | | | |
| 宮城 | 高等学校専門学校 | 男 | | | | | | 4 | 3 | 7 | 7 | 6 | | 2 | 2 | | 3 | 2 | 8 | 40 | 14 | 47 | 7 |
| 宮城 | 高等学校専門学校 | 女 | | | | | | | | | | | | | | | | | | | | | |
| 宮城 | 中等学校 | 男 | | | | | | 1 | | 5 | 6 | 7 | | 1 | 2 | 1 | 3 | 1 | 6 | 23 | 25 | 4 | 46 |
| 宮城 | 中等学校 | 女 | | | | | | | | | | | | | | | | | 1 | | 2 | 1 | 2 |
| 東京 | 官公立大 | 男 | | | | | | 57 | 51 | 93 | 74 | 52 | 49 | 32 | 31 | 24 | 32 | 34 | 28 | 58 | 89 | 106 | 120 |
| 東京 | 官公立大 | 女 | | | | | | | | | 1 | | | | | | | | | | 1 | | |
| 東京 | 私立大 | 男 | | | | | | 240 | 250 | 955 | 1129 | 1168 | 1206 | 1374 | 1514 | 1884 | 1796 | 1521 | 1957 | 1241 | 1786 | 2620 | 2282 |
| 東京 | 私立大 | 女 | | | | | | | 19 | 27 | 14 | 18 | 19 | 24 | 30 | 15 | 12 | 34 | 52 | 9 | 15 | 15 | 15 |
| 東京 | 高等学校専門学校 | 男 | | | | | | 1078 | 903 | 656 | 221 | 186 | 378 | 252 | 346 | 462 | 451 | 1068 | 1241 | 2890 | 2489 | 3116 | 3300 |
| 東京 | 高等学校専門学校 | 女 | | | | | | 55 | 66 | 108 | 72 | 90 | 75 | 91 | 130 | 193 | 199 | 266 | 242 | 358 | 366 | 381 | 440 |
| 東京 | 中等学校 | 男 | | | | | | 1643 | 1553 | 1208 | 1927 | 1519 | 1196 | 1362 | 1687 | 1946 | 1701 | 2056 | 2455 | 3223 | 5829 | 8023 | 9110 |
| 東京 | 中等学校 | 女 | | | | | | 93 | 75 | 46 | 33 | 46 | 69 | 103 | 99 | 107 | 122 | 249 | 278 | 355 | 750 | 1061 | 1517 |
| 愛知 | 官公立大 | 男 | | | | | | 9 | 2 | 5 | 10 | 10 | 8 | 5 | 3 | 2 | | | | | | 3 | 3 |
| 愛知 | 官公立大 | 女 | | | | | | | | | | | | | | | | | | | | | |
| 愛知 | 私立大 | 男 | | | | | | | | | 10 | | | | | | | | | | | | |
| 愛知 | 私立大 | 女 | | | | | | | | | | | | | | | | | | | | | |
| 愛知 | 高等学校専門学校 | 男 | | | | | | 2 | 11 | 55 | 4 | 4 | 4 | 3 | 5 | 8 | 7 | 5 | 4 | 9 | 10 | 19 | 8 |
| 愛知 | 高等学校専門学校 | 女 | | | | | | | 5 | 5 | | | | | 5 | 2 | 4 | 2 | | | 8 | 6 | 5 |
| 愛知 | 中等学校 | 男 | | | | | | 17 | 12 | 70 | 87 | 108 | 240 | 158 | 188 | 144 | 182 | 198 | 178 | 231 | 326 | 362 | 575 |
| 愛知 | 中等学校 | 女 | | | | | | 1 | | 5 | 4 | 7 | 21 | 10 | 6 | 5 | 4 | 8 | 9 | 27 | 41 | 47 | 62 |
| 京都 | 官公立大 | 男 | | | | | | 36 | 32 | 47 | 64 | 63 | 32 | 47 | 29 | 33 | 28 | 27 | 54 | 41 | 69 | 50 | 69 |
| 京都 | 官公立大 | 女 | | | | | | | | | | | | | | | | | | | | | |
| 京都 | 私立大 | 男 | | | | | | 15 | 15 | 34 | 43 | 35 | 38 | 14 | 23 | 65 | 36 | 50 | 59 | 44 | 35 | 52 | 112 |
| 京都 | 私立大 | 女 | | | | | | | | | | | | | 1 | 2 | 1 | | | | | 2 | |
| 京都 | 高等学校専門学校 | 男 | | | | | | 47 | 49 | 34 | 29 | 40 | 5 | 54 | 47 | 115 | 109 | 109 | 124 | 135 | 86 | 149 | 179 |
| 京都 | 高等学校専門学校 | 女 | | | | | | 7 | 8 | 4 | 13 | 11 | 7 | 18 | 15 | 33 | 14 | 13 | 17 | 18 | 18 | 9 | 15 |
| 京都 | 中等学校 | 男 | | | | | | 85 | 94 | 139 | 332 | 246 | 192 | 256 | 241 | 333 | 602 | 762 | 981 | 1389 | 1477 | 1650 | 1597 |
| 京都 | 中等学校 | 女 | | | | | | 5 | 5 | 7 | 12 | 21 | 21 | 24 | 11 | 12 | 11 | 16 | 39 | 42 | 40 | 97 | 124 |

朝鮮人の帝国大学進学と「学徒出陣」(永島)

| 地域 | 学校種別 | 性別 | 1912 | 1918 | 1920 | 1921 | 1922 | 1926 | 1927 | 1929 | 1930 | 1931 | 1932 | 1933 | 1934 | 1935 | 1936 | 1937 | 1938 | 1939 | 1940 | 1941 | 1942 |
|---|---|---|---|---|---|---|---|---|---|---|---|---|---|---|---|---|---|---|---|---|---|---|---|
| 大阪 | 官公立大 | 男 | | | | | | | | 5 | 2 | 3 | 2 | 3 | 1 | 1 | 3 | 6 | 6 | 4 | 6 | 7 | 4 |
| 大阪 | 官公立大 | 女 | | | | | | | | | | | | | | | | | | | | | |
| 大阪 | 私立大 | 男 | | | | | | 5 | 6 | 11 | 9 | 6 | 10 | 2 | 7 | 11 | 11 | 21 | 18 | 24 | 30 | 28 | 13 |
| 大阪 | 私立大 | 女 | | | | | | | | | | | | | | | | | | | | | |
| 大阪 | 高等学校専門学校 | 男 | | | | | | 26 | 27 | 6 | 7 | 17 | 25 | 8 | 34 | 58 | 73 | 102 | 142 | 143 | 149 | 184 | 191 |
| 大阪 | 高等学校専門学校 | 女 | | | | | | 2 | 2 | 3 | 3 | 2 | 3 | 2 | | 4 | 7 | 9 | 9 | 9 | 8 | 8 | 6 |
| 大阪 | 中等学校 | 男 | | | | | | 107 | 192 | 312 | 284 | 407 | 448 | 515 | 536 | 664 | 892 | 1383 | 1528 | 2113 | 2769 | 3291 | 3471 |
| 大阪 | 中等学校 | 女 | | | | | | 8 | 9 | 7 | 9 | 25 | 28 | 20 | 34 | 31 | 31 | 52 | 62 | 65 | 92 | 128 | 172 |
| 広島 | 官公立大 | 男 | | | | | | | | | | | 1 | 1 | 1 | 2 | | | | | | 1 | 1 |
| 広島 | 官公立大 | 女 | | | | | | | | | | | | | | | | | | | | 1 | 1 |
| 広島 | 私立大 | 男 | | | | | | | | | | | | | | | | | | | | 1 | |
| 広島 | 私立大 | 女 | | | | | | | | | | | | | | | | | | | | | |
| 広島 | 高等学校専門学校 | 男 | | | | | | 29 | 38 | 35 | 41 | 13 | 9 | 2 | 1 | 2 | 11 | 1 | | | 4 | 5 | 6 |
| 広島 | 高等学校専門学校 | 女 | | | | | | 6 | 2 | | | | | 4 | 5 | 3 | 2 | | | | | 2 | 3 |
| 広島 | 中等学校 | 男 | | | | | | 39 | 37 | 49 | 151 | 195 | 204 | 197 | 117 | 114 | 130 | 254 | 566 | 647 | 683 | 637 | 707 |
| 広島 | 中等学校 | 女 | | | | | | 11 | 2 | 9 | 4 | | 1 | 5 | 2 | 6 | 4 | 7 | 2 | 3 | 22 | 28 | 31 |
| 山口 | 官公立大 | 男 | | | | | | | | | | | | | | | | | | | | | |
| 山口 | 官公立大 | 女 | | | | | | | | | | | | | | | | | | | | | |
| 山口 | 私立大 | 男 | | | | | | | | | | | | | | | | | | | | 1 | 1 |
| 山口 | 私立大 | 女 | | | | | | | | | | | | | | | | | | | | | |
| 山口 | 高等学校専門学校 | 男 | | | | | | 35 | 36 | 32 | 23 | 8 | 7 | 6 | 6 | | 12 | 10 | 33 | 51 | 43 | 22 | |
| 山口 | 高等学校専門学校 | 女 | | | | | | | | | | | | | | | | | | | | | 2 |
| 山口 | 中等学校 | 男 | | | | | | 25 | 21 | 63 | 91 | 80 | 65 | 54 | 91 | 121 | 189 | 208 | 324 | 493 | 441 | 615 | 562 |
| 山口 | 中等学校 | 女 | | | | | | 11 | 7 | | 4 | | 10 | 8 | 8 | 10 | | 8 | 42 | 33 | 48 | 35 | |
| 福岡 | 官公立大 | 男 | | | | | | 7 | 15 | 12 | 8 | 17 | 24 | 32 | 29 | 24 | 31 | 30 | 24 | 34 | 41 | 44 | 35 |
| 福岡 | 官公立大 | 女 | | | | | | | | 1 | 1 | | 1 | 1 | 1 | | 3 | 2 | 1 | 1 | | | |
| 福岡 | 私立大 | 男 | | | | | | | | | | | | | | | | | | | | | 1 |
| 福岡 | 私立大 | 女 | | | | | | | | | | | | | | | | | | | | | |
| 福岡 | 高等学校専門学校 | 男 | | | | | | 1 | | 5 | 6 | 7 | 4 | 12 | 3 | 8 | 10 | 12 | 14 | 23 | 25 | 39 | 45 | 36 |
| 福岡 | 中等学校 | 男 | | | | | | 18 | 17 | 37 | 100 | 147 | 160 | 177 | 204 | 162 | 247 | 299 | 321 | 430 | 335 | 460 | 480 |
| 福岡 | 中等学校 | 女 | | | | | | 2 | | 5 | 3 | 11 | 2 | 2 | 4 | 9 | 2 | 50 | 19 | 27 | 44 | 55 | 67 |
| 全体合計 | 官公立大 | 男 | | | | | | 123 | 128 | 196 | 174 | 167 | 135 | 146 | 114 | 109 | 119 | 124 | 148 | 211 | 259 | 239 | 298 |
| 全体合計 | 官公立大 | 女 | | | | | | | | 3 | 1 | 1 | 1 | 1 | 1 | 3 | 2 | 4 | 4 | 3 | 2 | 3 | 1 |
| 全体合計 | 私立大 | 男 | | | | | | 260 | 271 | 1009 | 1185 | 1210 | 1256 | 1402 | 1558 | 1960 | 1864 | 1598 | 2262 | 1330 | 2035 | 2914 | 2474 |
| 全体合計 | 私立大 | 女 | | | | | | | | 19 | 28 | 14 | 19 | 19 | 25 | 32 | 16 | 12 | 34 | 52 | 9 | 17 | 15 |
| 全体合計 | 高等学校専門学校 | 男 | | | | | | 1266 | 1196 | 948 | 484 | 406 | 505 | 447 | 546 | 806 | 821 | 1666 | 1787 | 3524 | 3190 | 3958 | 4105 |
| 全体合計 | 高等学校専門学校 | 女 | | | | | | 64 | 77 | 136 | 106 | 126 | 103 | 124 | 165 | 222 | 317 | 396 | 410 | 434 | 442 | 480 | |
| 全体合計 | 中等学校 | 男 | | | | | | 2062 | 2057 | 3226 | 2979 | 2768 | 3022 | 3485 | 3923 | 4497 | 5756 | 7244 | 10047 | 13633 | 17409 | 19603 | |
| 全体合計 | 中等学校 | 女 | | | | | | 170 | 132 | 94 | 80 | 159 | 191 | 208 | 199 | 207 | 246 | 437 | 481 | 727 | 1262 | 1745 | 3441 |
| 総計 | | | 535 | 769 | 1230 | 2235 | 3222 | 3945 | 3861 | 4433 | 5284 | 5062 | 4977 | 5369 | 6093 | 7292 | 7810 | 9914 | 12356 | 16304 | 20824 | 26727 | 30417 |

【出典】内務省警保局『社會運動の状況』1929～1942年版を元に作成
1912～1927年に関しては『在内地朝鮮學生調』(朝鮮教育会奨学部)の数字に基づく。なお、私立大学が存在しない地域に関しては、さしあたり原資料の記載のままとした。また、「全体合計」とあるのは、原資料には掲載されている上記以外の県の数字を含むものである。

同じく前出の1942年版の『社會運動の状況』によれば、120名が東京帝国大学・東京文理科大学・東京工業大学・東京商科大学のいずれかに在籍していたこととなり、おおよそこの数字から東京帝大の理系学部・東京文理大・東工大の在学者数を控除したものが翌年の学徒兵候補者選抜の対象数に近似したものということになる。
　また官公立では北海道帝国大学(農学部の一部学科)、東北帝国大学(法文学部)、京都帝国大学(法学部・経済学部・文学部・農学部の一部学科)、大阪商科大学、神戸商業大学、神宮皇學館大学、九州帝国大学(法文学部・農学部の一部学科)、京城帝国大学(法文学部)、台北帝国大学(文政学部・農学部の一部学科)といった各地方および外地に設立されていた大学の文系学部が「学徒出陣」の対象校となっていた。1942年段階でこれらの東京以外(朝鮮内を除く)の官公立大学に在籍していた朝鮮人学生の数は178名であり、実際『一・二〇學兵史記』にも少なからぬ京都帝国大学・東北帝国大学・九州帝国大学・台北帝国大学、そして京城帝国大学の出身者たちの姓名が収録されている([表4])。そして後年にはその多くが各界の要職についていたことが確認できる。また官立高等商業学校・高等農林学校出身者にも同様の傾向があることが確認できる。ちなみに大阪と名古屋の帝国大学には文系学部ないしは農学部が設置されていなかったために、医学部出身者の軍医としての出征、あるいは理工系学部出身者の技術将校・下士官としての出征の可能性は残るものの、厳密な意味での「学徒兵」を輩出することはなかった。また農学部を有する北海道帝国大学には適格者が在籍していた模様であるが、いまのところ朝鮮人学徒兵の送出は確認できていない。加えて、後述するように高等学校(帝国大学予科)・高等商業学校在学者も志願兵として出征している例が散見されるが、これは入学までの間にいわゆる「浪人」時代を経て入学している者が少なくなかったために徴兵年齢に達する文科の生徒は珍しくなかったことによる。
　ともあれ、現状においては私立大学に比べると人的規模も小さく、またその一方で学部・学科の種類やカバーする専門領域は多岐にわたる「帝国大学」であるが、その後身である大学の「年史」編纂において朝鮮人・台湾人学生に関する関心は高まってきているとはいえ、いまだに検証すべき余地は多く残っていると言わざるを得ない。そこで、こうした状況を打開する一助となるべく本稿が朝鮮人の高等教育機関への進学の中でも、とりわ

け「帝国大学」「官立大学」「官立高等学校」「官立高等商業学校」「官立高等農林学校」への進学者に注目する理由をあらためて整理すれば、おおよそ以下の通りである。

①東京帝国大学・京都帝国大学へ進学するためには原則的にまずは「高等学校」を卒業する必要があった。こうした旧制高校経由の帝大進学は「正系」と呼ばれていた。この高等学校は日本全国（台北と旅順を含む）に分散して設置されており、またこの高等学校には朝鮮半島内のあらゆる地域からの進学が確認できる。よってまずは帝大進学以前に朝鮮半島ならびに日本の地方での生活体験を有する者が多くを占めており、多彩な経歴を有する学生が入学していく制度的な装置となっていた。

②北海道帝国大学・東北帝国大学・九州帝国大学・台北帝国大学（および京都帝大の一部学部）においては、高等学校卒業者のみならず専門学校・私立大学予科・私立大学専門部の出身者も入学試験を受けることが出来た。その中でも志願者が殺到したのが東北・九州両帝大「法文学部」の法科である。その結果、少なくない数の朝鮮人が両大学の門を叩くことに繋がった。こうした帝国大学「傍系」入学者がのちに韓国の各界への進出していく様はきわめて注目に値する[7]。

③学徒出陣世代は高等学校への入学期が創氏制度の導入と実施の過渡期であることから、1945年以降の人名情報との摺り合わせがかなりの程度で可能である。すなわち、進学後の大学における記録では創氏名のみで記載される場合が多く、人名の同定が困難である場合が多い中で、「旧姓名」が判明することが多い。

④高等学校・高等商業学校などへの入学以前の学歴を確認すると、日本内地の中学校出身者はむしろ少なく、朝鮮内各地方の公・私立高等普通学校（1938年以降は「中学校」）出身者が多いことから、朝鮮内における中等教育機関の整備と、それに伴う進学先としての接続面が注目される。

⑤志願兵および徴兵の採用兵種（甲種・第一乙種・第二乙種など）を決定する身

体検査は本籍地に設定された「兵事区／徴兵区」で受検することが義務づけられており、また入営した連隊ごとに出征先が割り振られていることから、いかなる道の出身であるかどうかはきわめて重要な要素である。幸いにも高等学校入学者は出身校がほぼ判明することから、おおよその出身地を割り出すことが可能である。

⑥文科系学生の学徒出陣に注目が集まりすぎる弊害とも言えるが、「理科系」学生・生徒への視点がほとんど欠落しているのはやはり問題である。そうした理系学問の教育を支えていたのはほぼ官立の大学・専門学校といっても過言ではなく、そしてそうした大学学部・専門学校への朝鮮人の入学者は決して少なくない。また私立ではあるが中等学校の理数科教師を多数輩出した東京物理学校にも延べ100名を越す朝鮮人生徒が在籍していた。ともかく、特に戦時期には理系の定員が大幅に増員されていることもあり、日本人のみならず朝鮮人においても理科の学生数が文科のそれを凌駕しており、文理のバランスを考慮した上で、あらためて文科系学徒の問題を検証する必要があろう。

なお、京城帝国大学に関しては基本的に「予科」からの進学であり、少なくとも朝鮮人に関しては朝鮮内での学歴でほぼ完結することから、他の帝大とは学部進学における流動性や出身地の分散性において単純に比較しづらい部分が多い。よって本稿では必要に応じた最小限の言及にとどめ、京城帝大および朝鮮内の各種高等教育機関出身の学徒兵に関する本格的な分析と検証に関しては他日を期したい。参考までに1943年11月17日時点の志願数(志願者727／適格者997)の学校別内訳を示せば以下の通りである[8]。

| | | | |
|---|---|---|---|
| 京城帝国大学 | 65／92 | 京城帝国大学予科 | 10／15 |
| 京城法学専門学校 | 40／40 | 京城高等商業学校 | 32／32 |
| 水原高等農林学校 | 13／15 | 釜山高等水産学校 | 22／22 |
| 普成専門学校 | 165／267 | 延禧専門学校 | 216／293 |
| 明倫専門学校 | 60／72 | 恵化専門学校 | 104／149 |

### (2) 検証方法について

　ところで、目下の日本国内では「個人情報保護法」の壁に阻まれ、各大学が保有する学籍簿のたぐいは組織内部の人間でも閲覧は容易ではなく、また研究目的ではあってもこれらを史料として利用することにはやはり相当に慎重にならざるをえない。

　なお、学徒兵の多くは大学在学中に入営（陸軍）・入団（海軍）しており、1941年4月入学組（1943年9月卒業）まではあくまでも卒業後の出征ということで厳密には学徒出陣とは異なるため、各大学とも学籍記録が整理されていることが多い。また1942年4月入学組の学徒兵は入営・入団の段階までに一定の単位を修得した上で「仮卒業」となり、出征中の1944年9月に卒業することとなった。よって各大学が「卒業者」としてカウントを行えたのは、この世代までということになる。

　そして高等学校の在学期間短縮により現出することになる1942年10月入学組（つまり1940年4月に高等学校入学）以降は、戦後に復学していない限りは中退者、もしくは戦没・行方不明による除籍者として学籍処理されていることが多い。当然のごとく、朝鮮人・台湾人にはこうしたケースが頻発することになる。それゆえに学徒出陣世代の数的な動向を追うためには、各大学の記録もさることながら、その出身母体である高等学校なり専門学校の入学者／卒業者情報からアプローチすることがきわめて有効である。そこで筆者は以下の方法でもって、出来る限り公刊された書籍を資料として用いることによって悉皆的なデータ抽出を行うことにした。

①帝国大学・官立大学・高等学校・高等商業学校・高等農林学校・高等工業学校等の官公立高等教育機関はほぼ毎年『一覧』を発行しており、これには在籍学生・生徒の氏名が記載されている。私立の場合は刊行の頻度が低く、数年おきの発行が多い。ともかく、その多くは「朝鮮」「台湾」といった本籍地（まれに出身道の名称）や出身校が併記されており、これらを集積することによりまずは基礎的なデータの構築が可能である。

②ただし、戦時末期になると『一覧』の印刷・発行も用紙不足から困難となり、おおよそ1942～1943年度版を最後に刊行が戦後まで途絶している場合が多い。その分、各大学・学部ごとに組織されている「同窓会」の名

簿や会誌類が貴重な史料となっている。とりわけ帝国大学出身の学徒兵に関しては、各『帝国大学一覧』『高等学校一覧』(京城帝大は『京城帝国大学予科一覧』)および大学・高等学校それぞれの同窓会名簿といった作成母体が異なる複数の記録によるクロスチェックが必要不可欠である。

③学徒志願兵・徴兵の場合には志願／検査時に「満20才[9)]」に達しているか否かがきわめて重要なファクターであるが、さすがに上記の資料では個々人の生年月日が判明することは少ない。ただし、著名人の場合は後年に韓国内で随時に刊行されている「人名録」類に略歴が掲載されていることがあり、部分的に学徒兵出身者の生年月日が判明することがある。本稿でもこれらを積極的に活用することにした。

## 2 「内地」進学を目指した「外地」人たち

### (1) 朝鮮人の内地高等教育機関への進学状況

さて、高等学校進学者における出身高等普通学校(中学校)別の内訳を示せば【表2】の通りである。まずはいささか結論を前倒しにしてここから浮かび上がる事実を摘記しておきたい。

①きわめて興味深い事実としては、日本内地の高等教育機関に進学する者には黄海道を除く「以北」出身者が相対的に多いことが挙げられる。京城にある中等学校(特に京城第一高普／京畿中)からの進学者が最も多いのは容易に理解できるが、人口比からしても比較多数を占めているのが平壌の学校出身者(特に平壌高普／平壌二中)である。いわゆる「西北人」に対しては王朝時代には科挙への及第にもかかわらず官吏登用への差別があったことが知られるが、京城出身者には京城帝大予科から本科へのコースがエリートとみなされる風潮があった中で、平壌出身者は京城を避けて、敢えて内地学校を目指した可能性が高い。

加えて、大邱高等普通学校(慶北中学校)出身者や東萊高普(東萊中)・光州高普(光州西中)の卒業生も数こそ少ないとはいえ同様の傾向を示している。朝鮮人の日本留学を考察する際においては伝統的な「西北人」「嶺南人」「湖南人」なるカテゴライズも一定の有効性を有するものと言えよ

う。これと全く対称的な動きを見せるのが黄海道・江原道・忠清南北道・全羅北道の出身者たちである。彼らが京城への進学を強く望んだことは集計数字からも明らかである。

② 「外地」出身者と「内地」出身者との受験における競合は、まず1920年代に画期があった。すなわち第二次朝鮮教育令と高等学校令・専門学校令が法的に連結されたことによる制度上の画期がもたらされたのである。しかし、1920年代はいまだ正規生扱いではなく、かつての留学生に準じた「聴講生」「特別入学者」としての入学許可であった。ただし卒業後は、内地人同様に上級学校(特に帝大)への進学の道は開かれていた。またこの時期は朝鮮総督府学務局(朝鮮教育会奨学部、のち朝鮮奨学会)から各学校への入学斡旋も頻繁に行われていた。これが20年代後半から30年代にかけては本格的な受験競争期となっており、例えば弘前大学に残る旧制弘前高等学校期の教務資料[10]によれば、朝鮮総督府(朝鮮奨学会[11])からの依頼を断り、外地出身者の入学もあくまで一般受験に限るとの方針をとっていたことを窺い知ることができる半面、1929年の特別入学規程の廃止後も朝鮮奨学会からの個別の周旋が続いていたことを窺わせるケースもある。

③ また高等学校における「文科」と「理科」の別について述べれば、やはり数的には文科が優勢であり、ここに科挙以来の「文科優位」の伝統を見出すことは可能である。しかしながら意外にも理科生の数が少ないわけではない。おおよそ3対2程度の割合である。しかも高等工業学校・高等農林学校・高等蚕糸学校などの技術系専門学校卒業を含めてその進路を跡づけると、やはり技術系の専門職種に就いている者が多く、朝鮮総督府本府ならびに地方道の官吏(産業技手など)や公立中等学校教諭も少なくない。高等商業学校の場合は、銀行勤務と金融組合理事がやはり多い。まさに朝鮮総督府の「農工併進」策と教育との連動とも言えよう。

(2) 「ナンバースクール」「地名スクール」

さて、明治末までに設立された第一〜第八までの高等学校は「ナンバースクール」と呼ばれ、さらに大正期の高等教育の規模拡大によって全国に

【表2】 朝鮮人の高等学校への進学数(1900〜1943年入学分・推計値)

| | 鏡城高普・鏡城中 | 咸興高普・咸南中 | 永生高普・永生中 | 新義州高普・新義州東中 | 五山高普・五山中 | 平壌高普・平壌二中 | 平壌三中 | 光成高普・光成中 | 松都高普・松都中 | 海州高普・海州東中 | 春川高普・春川中 | 京城第一高普・京畿中 | 京城第二高普・景福中 | 中央高普・中央中 | 普成高普・普成中 | 培材中 |
|---|---|---|---|---|---|---|---|---|---|---|---|---|---|---|---|---|
| 弘前 | 3 | | 1 | | | | | | | 1 | 1 | | | 1 | | |
| 第二(仙台) | | | | | | 1 | | | | | | 2 | 1 | 1 | | |
| 山形 | | | | | | 5 | | 1 | 1 | | | 1 | | 3 | 6 | 2 |
| 新潟 | | | | | | 1 | | | | | | 1 | | | | |
| 水戸 | | 1 | | 1 | | 2 | | 1 | 1 | | | | | | | |
| 浦和 | | | | | | | | | 1 | | | 1 | | | | |
| 第一(東京) | | 1 | | | | | | | | | 1 | | | | | |
| 東京 | | | | | | | | | | | | | | | | |
| 府立/都立 | | | | | | | | | | | | | | | | |
| 武蔵 | | | | | | | | | | | | | | | | |
| 成蹊 | | | | | | | | | | | | 1 | | | | |
| 成城 | | 1 | | | | | | | | | | 1 | | | | |
| 学習院 | | | | | | | | | | | | | | | | |
| 松本 | | | | | 1 | 2 | | | | | | 3 | | | | |
| 富山 | | | | | | | | | | | | | | | | |
| 第四(金沢) | 6 | 2 | | | 1 | 6 | | | | | | 3 | 2 | | | |
| 静岡 | | | 2 | | | | | | | | | 7 | | 1 | | |
| 第八(名古屋) | | | | | | 1 | | | | | | 2 | 1 | | | |
| 第三(京都) | | 4 | | | | 7 | | | | | | 12 | 2 | | 1 | |
| 大阪 | | 1 | | | | | | | | | | 2 | 1 | | | |
| 浪速 | | | | | | | | | | | | 1 | | | | |
| 甲南 | | | | | | | | | | | | | | | | |
| 姫路 | | | | | | | | | | 1 | | 7 | 1 | 1 | | |
| 第六(岡山) | 1 | 3 | 1 | | | 7 | | | | 1 | | 11 | 2 | | | |
| 広島 | 2 | | | | | 6 | | | | | | 3 | | | | |
| 松江 | 1 | 1 | | 5 | | 4 | | 1 | | | | 6 | 1 | | | |
| 山口 | | 4 | 2 | | 1 | 7 | 1 | | 1 | 3 | | 18 | 4 | | 1 | |
| 松山 | | | | 6 | | 6 | | | | | | 3 | 2 | 4 | | |
| 高知 | | 1 | | | | 3 | | 1 | | | | 6 | | | | |
| 福岡 | | 4 | | 1 | | 2 | | | | | | 2 | | | | |
| 佐賀 | 2 | | 4 | | 1 | 20 | | | | | | 5 | 1 | 2 | 5 | |
| 第五(熊本) | | 1 | | | | 3 | | | | | | 2 | 6 | | | |
| 第七(鹿児島) | | 3 | | | | 2 | | | | | | 9 | 2 | 1 | 1 | |
| 旅順 | | | 1 | 3 | 4 | 1 | | | | | | 2 | 3 | 1 | | |
| 北大予科 | | | | | | | | | | | | 3 | | 1 | | |
| 計 | 15 | 31 | 4 | 20 | 7 | 86 | 1 | 6 | 5 | 4 | 2 | 111 | 30 | 17 | 18 | |
| | 鏡城高普・鏡城中 | 咸興高普・咸南中 | 永生高普・永生中 | 新義州高普・新義州東中 | 五山高普・五山中 | 平壌高普・平壌二中 | 平壌三中 | 光成高普・光成中 | 松都高普・松都中 | 海州高普・海州東中 | 春川高普・春川中 | 京城第一高普・京畿中 | 京城第二高普・景福中 | 中央高普・中央中 | 普成高普・普成中 | 培材中 |
| 城大予科 | 11 | 45 | 3 | 35 | 7 | 82 | | 6 | 8 | 27 | 14 | 278 | 117 | 23 | 25 | |

| 徽文高普・養正高普 | 養正高普・清州一中 | 清州高普・清州一中 | 公州高普・公州中 | 全州高普・全州北中 | 高敞高普・高敞中 | 光州高普・光州西中 | 金泉中 | 大邱高普・慶北中 | 晋州高普・晋州中 | 東莱高普・東莱中 | 在満学校等 | 其他各種学校等 | 朝鮮内日本人中学校 | 日本内地中学校等 | 不明 | 計 |
|---|---|---|---|---|---|---|---|---|---|---|---|---|---|---|---|---|
|  |  |  |  |  |  | 1 |  | 1 |  | 1 |  | 1 |  | 6 |  | 17 |
|  |  |  |  |  |  | 2 |  | 1 |  | 1 |  | 2 |  | 7 | 8 | 26 |
|  |  |  |  |  |  |  |  |  |  |  |  |  |  | 20 | 7 | 49 |
|  |  |  |  |  |  |  |  |  |  |  |  |  |  |  | 2 | 4 |
|  |  |  |  |  |  | 1 |  |  |  |  |  |  |  | 3 |  | 10 |
|  |  |  |  |  |  |  |  |  |  |  |  |  |  | 3 | 1 | 6 |
|  |  |  |  |  |  | 1 |  | 2 |  | 1 |  |  |  | 1 | 7 | 9 | 23 |
|  |  |  |  |  |  |  |  |  |  |  |  |  |  | 1 |  | 1 |
|  |  |  |  |  |  |  |  |  |  |  | 1 |  |  |  |  | 1 |
|  |  |  |  |  |  |  |  |  |  |  |  |  |  | 1 | 1 | 2 |
|  |  |  |  |  |  |  |  |  |  |  |  |  |  |  | 2 | 3 |
|  |  |  |  |  |  |  |  |  |  |  |  |  |  | 2 | 1 | 5 |
|  |  |  |  |  |  |  |  |  |  |  |  |  |  | 9 |  | 9 |
|  |  |  |  |  |  |  |  |  |  |  |  | 1 |  |  |  | 9 |
|  |  |  |  |  |  |  |  |  |  |  |  |  |  |  | 15 | 15 |
|  |  | 1 |  | 1 |  | 1 |  |  |  | 1 |  | 1 |  | 5 | 1 | 33 |
|  |  |  | 1 |  |  |  |  | 2 |  |  |  |  |  |  |  | 13 |
|  |  |  |  |  |  |  |  |  |  |  |  |  |  | 3 | 4 | 11 |
|  |  | 2 |  | 1 |  |  |  | 3 | 1 | 3 | 1 | 1 | 2 | 13 | 33 | 88 |
|  |  |  |  |  |  |  |  | 1 |  |  |  |  |  | 2 |  | 7 |
|  |  |  |  |  |  |  |  |  |  |  |  |  |  | 2 | 7 | 11 |
|  |  |  |  |  |  |  |  |  |  |  |  |  |  |  |  | 0 |
|  |  |  |  |  |  | 1 |  |  |  |  |  | 1 |  | 7 | 3 | 22 |
|  |  | 1 |  |  |  | 2 |  | 1 |  |  |  | 1 | 4 | 3 | 14 | 52 |
|  |  |  |  |  | 1 | 2 |  | 2 |  |  |  |  | 1 | 3 |  | 23 |
| 1 | 1 |  |  |  | 1 | 7 |  |  |  | 2 |  | 1 | 2 | 6 | 6 | 49 |
| 3 |  |  |  | 2 | 2 |  |  | 6 |  | 7 |  | 2 | 3 | 26 |  | 95 |
| 1 | 1 |  |  |  |  |  |  | 5 |  |  |  |  | 5 | 20 | 6 | 62 |
|  |  |  |  |  |  |  | 1 | 1 |  | 1 |  |  |  | 13 |  | 31 |
|  |  |  |  |  | 1 |  |  | 4 | 2 |  |  | 1 | 1 | 2 | 2 | 25 |
| 1 | 1 | 2 |  |  |  | 4 |  | 1 | 1 |  |  | 1 | 5 | 2 | 1 | 65 |
|  |  |  |  |  | 1 |  |  | 12 |  | 1 | 1 |  | 1 | 3 | 9 | 42 |
| 2 | 1 |  |  |  |  |  | 1 | 1 |  | 1 | 1 |  |  | 10 |  | 36 |
|  |  |  | 1 | 1 |  | 1 |  |  |  |  | 10 |  |  |  |  | 29 |
|  |  |  |  |  |  |  |  | 3 |  | 1 |  |  | 1 | 6 | 6 | 23 |
| 8 | 8 | 4 | 7 | 4 | 24 | 2 | 45 | 5 | 19 | 16 | 11 | 29 | 186 | 137 | 897 | |

| 徽文高普・養正高普 | 養正高普・清州一中 | 清州高普・清州一中 | 公州高普・公州中 | 全州高普・全州北中 | 高敞高普・高敞中 | 光州高普・光州西中 | 金泉中 | 大邱高普・慶北中 | 晋州高普・晋州中 | 東莱高普・東莱中 | 在満学校等 | 其他各種学校等 | 朝鮮内日本人中学校 | 日本内地中学校等 | 不明 | 計 |
|---|---|---|---|---|---|---|---|---|---|---|---|---|---|---|---|---|
| 24 | 48 | 15 | 17 | 2 | 30 | 6 | 68 | 12 | 12 | 6 | 49 | 110 | 8 | 1135 | | |

【出典】各高等学校、および学習院、京城帝国大学予科の各年度版『一覧』
なお、台北高校は朝鮮人入学者が確認できなかったので、表からは除外してある。

順次に整備された高等学校群は「地名スクール」と呼ばれた。朝鮮人・台湾人の進学先もその多くは西日本地区の高等学校であったことが確認できる。

ナンバースクールの中では第三高等学校(京都)・第六高等学校(岡山)・第五高等学校(熊本)への入学数が目立って多い。ナンバースクール出身者は概して東京帝国大学を目指す者が多く、特に第三高校から東京帝国大学法学部に進学した者の中からは延べ数にして11名の文官高等試験(行政科・司法科・外交科)合格者を輩出しており、他の高校出身者を圧倒している。

また、西日本の地名スクール中では山口・松江・松山・佐賀の各高等学校への入学数が多い。加えて、少し意外であるが東北地区の山形高等学校にも多くの入学者が存在したことは注目に値する。ともかく、地名スクール出身者の場合は東京帝大への進学者も少なくないが、それ以上に「京都帝国大学法学部」への進学者がきわめて多いのが特徴である。やはりこれは静謐な雰囲気の学都である京都での勉学を望む旧制高校生特有の気質に加え、京都帝大が時期や学部によっては収容人数を超過してでも入学志願者を多く受け入れていたこと、そして文官高等試験(特に「司法科」)への合格を目指す者が多かったことを示している。

なお、入学者数の20年代におけるピークは1928年(58名)であり、山形・第三・山口・佐賀の各高等学校への入学者数がこうした数字を押し上げている。この後、1930年代中盤までは不振な状態が続くことになる。特に1932年は10名を切っている有様である。これは朝鮮内における高等教育機関の整備が進行したこととともに、内地人受験生との本格的な競合に苦戦していたことが背景にあったと推測される。

そして次のピークは1940年代に入っておとずれることになる。とりわけ1941年4月入学組が戦前期において最多を記録している。1943年9月に高等学校を卒業し、同10月に帝国大学に進学した世代であり、つまりその多くが学徒志願兵となったということになろう。

以下、個別の事例に立ち入って検証を行いたい。

まず山形高等学校のケースであるが、前述の通り同校は朝鮮人の入学者数が多い高校の中では唯一東日本の、しかも雪深い東北地方の学校である。1920年に設立され、開校間もない時期より大量の朝鮮人生徒が入学している。ある卒業生の回想[12]によれば、これは初代校長による裁量であったとされ、外地の高等教育機関が整備されるに従ってやがて朝鮮人生徒

は姿を消したとされる。確かに山形高等学校の朝鮮人入学者は1929年度を最後にその姿が消え、戦時期に至ってごく少数の入学者が復活するにとどまっている。また、他の高校に比べても日本内地の中等学校出身者が多く、やはりそこには一定度の「政策的配慮」があったとみるのが妥当である。すなわち、中等学校段階で日本内地に留学した朝鮮人子弟の進学先を確保するために文部省ないしは朝鮮総督府が地方の新設高等学校にそれを委託したということである。なお、上記の回想によれば最初の朝鮮出身者には「李」なる王族出身者が含まれていたとされ、これが確かならば朝鮮総督府(朝鮮奨学会)のみならず宮内省(李王職)からも文部省・各学校への依頼・推薦ルート等が介在していた可能性が高い。なお男子皇族、および男子王公族には軍務に就く義務があり、李垠以下の李王家一族も軍籍を保持していた。1945年8月6日の原子爆弾投下によって広島軍管区に勤務中の公族・李鍝が被爆して戦死したことはよく知られている。そして学習院高等科文科に在籍中の朝鮮貴族子弟たちも1943年には率先しての志願を余儀なくされていた。

　次に、佐賀高等学校の場合を見てみよう。佐賀高校は山形と同じく1920年に設立された「第十五高等学校」に数えられる地名スクールのひとつである。同校出身者の特徴のひとつは官吏志望者が多かったことであり、多くの行政官・司法官を輩出している。

　朝鮮人入学者の動向として刮目すべきは「平壌高等普通学校／平壌第二中学校」出身者の多さである。1944年9月までの卒業者(中退者含む)65名中、その数は20名に達する。これに加えて、以北五道の学校、ないしは以北五道出身であることが確認される京城の学校出身者の数は39名を数え、全体の6割を占める。そして39名中の14名が京都帝国大学に進学し、さらにその中の9名が法学部に入学している。

　なぜ、これほどまでに「西北人」が佐賀に殺到したのかについて、これを裏付ける明確な資料を見いだすことはいまのところ難しい。朝鮮半島に近い九州地方であることはその理由のひとつであろうが、近隣の福岡や熊本には以北五道からの進学者はそれほど多くはない。むしろ熊本の第五高等学校には大邱高普(慶北中)出身者が多く、いささか対称的な構図となっている。

　それでも法科への進学者ではないものの、ソウル大で初代の工科大学長

を務めた金東一の回想録が残っており、その理由の一端を窺うことが出来る。

　金東一は平安南道・江西郡に1908年3月に生まれた。実家は自作農・果樹園経営であり、比較的富裕層に属していたと言える。平壌高等普通学校を卒業後、旅順工科大学予科を受験するも不合格となり、自宅での受験勉強をへて佐賀高等学校・理科甲類に入学したのが1926年4月である。佐賀高校卒業時(第7回：1929年3月)に東京帝大医学部を受験するも不合格となり、1浪後に工学部・応用化学科に進学している。東京帝大卒業後は無給助手を経て鐘淵紡績に入社し、平壌人絹工場に勤務していた。

> 사가고등학교에서는 3년동안 줄곧 기숙사생활을 했는데 인종 차별 같은 것은 느끼지 못하고 비교적 자우롭게 생활할 수 있었다. 사가고등학교에서는 1학기 첫학기만 성(姓)이 일본의 어순인 『아가사다(アカサタ)——』글자중 가장 빠른 학생이 반장을 하고 다음 학기부터는 투표로 정했는데 내가 줄곧 당선되어 졸업 때까지 반장과 축구부 주장을 하여 나름대로 학생생활을 보람있게 보낼 수 있었다.[13]
> (筆者試訳：佐賀高等学校では3年間、ずっと寄宿舎生活を行ったのであるが、人種差別のようなものは感じることはなく、自由に暮らすことが出来た。佐賀高等学校では最初の学期のみ、日本語の50音順で最も頭にくる生徒が級長になり、次の学期からは投票で決めるのであったが、私がずっと選ばれ、卒業するまで級長と蹴球部の主将となり、それなりにやりがいのある学生生活を送ることが出来た。)

　この回想を読む際にはいくつかのポイントがある。まず「寮(寄宿舎)」である。旧制高校の多くは新入生の生徒寮への入寮を義務にしているところが多く、「ストーム」をはじめとする独特な旧制高校カルチャーの主舞台であった。また反権力的な気風とともにリベラルな校風を誇り、一方でそれが「共産主義」「独立運動」の温床であるとして警察・憲兵隊は常に監視下に置いていた。そして旧制高校のカルチャーとして重要であるのが盛んな「部活動」である。運動部は言うまでもなく、理科や運動部所属の生徒も学内の文芸部雑誌にしばしば寄稿していたことが確認できる。金東一のみならず、各校の蹴球部で活躍する朝鮮人選手はきわめて多かった。ともあれ、旧制高校においては建前以上に平等・能力主義が貫かれており、さらに京城に対する対抗心や忌避感情からも以北五道出身者が特定の高等学校を目

指したのではないかというのが、現段階における筆者の仮説である。

さらに金時明・時昌兄弟のケースで考えてみたい。金時明は上記の金東一と同級であり、同じく平壌高普から佐賀高校に入学し、卒業後には京都帝大法学部に進学した。文官高等試験では行政科と司法科の両方に合格して朝鮮総督府に入庁し、終戦時の官職は本府課長級の専売局書記官(全州専売局長)であった。金東一の回想によれば、1945年以降は越北したとされる。その弟である金時昌は、筆名の「金史良」で知られる小説家である。同盟休校事件で平壌高普を中退するが、旧制高等学校は「四年修了」の資格で受験が可能であったことから兄のあとを追って佐賀高校に入学し、卒業後は東京帝大文学部(独文科)に進学した。東京帝大在学時から本格的に創作活動に入り、「光の中へ」は昭和15年度上半期の芥川賞次点となり、『文藝春秋』誌には異例の「落選経緯」が掲載された。1945年夏に延安の中共軍占領地に脱出し、のち金日成総合大学文学部の講師などを経て朝鮮戦争に従軍作家として参加している。そして当初の「快進撃」によって半島南部まで南下し、「海がみえる」などのルポルタージュを残すも、米軍の仁川逆上陸後に退却中、消息を絶ったとされる。

このように、佐賀高等学校には平壌高等普通学校の出身者、しかも兄弟で入学している例が他にも確認できることから、おそらくそうした送り出し学校側の受験指導なり、あるいは縁故の線でもって入学を希望する受験生が多かったことが予想される。とりわけ高等文官試験(行政科・司法科)合格者が多かったことも、それを後ろ支えする要因となりえたであろう。佐賀高校の朝鮮出身者から都合9名(行政4・司法5)の合格者を輩出しており、うち2名はダブル合格である。進学先別でみると、行政科は京大(法3)・九大(法文1)、司法科は、東大(法1)・京大(法3)・東北大(法文1)の内訳となっている。やはりここでも京都帝国大学法学部の数字が突出している。

ちなみにこの中で「九大(法文1)」とあるのは尹鍾華(伊坂和夫)である。忠清南道・青陽郡出身の尹鍾華は公州高等普通学校を経て佐賀高校卒業後に九州帝国大学法文学部(法科)に進学し、卒業後には慶尚南道の属に採用され、その後文官高等試験に合格して高等官(昌寧郡守)に叙任されている。彼は1943年に朝鮮出身者としては初めて京城の鍾路警察署長に「抜擢」された人物である。なお、黄海道警察部長在勤時に終戦を迎え、ソ連軍に連行されたのちに消息を絶っている。ちなみに尹鍾華が鍾路警察署長在職期

(1943年9月～1944年11月)に学徒動員が行われており、自らも行政側責任者のひとりとして志願兵の勧誘を行うとともに、明倫専門学校に在学中の実弟を学徒志願兵として送り出している[14]。

そして後述するように、学徒志願兵の中で最初の戦死者を出しているのも佐賀高等学校である。該当する人物は「以北(咸北)出身」であり「京都帝大法学部」在学中であった。やはり、こうした事態を招く背景にはある種の必然を感じざるを得ない結果となっている。

### (3) 高等商業学校への進学動向

引き続き高等商業学校に関する数的な動向も検討しておきたい。高等学校に比べるといまだ未確定部分が多く残り、とりわけ最大の入学者数を有する山口高等商業学校のデータがほとんど反映できていない。よって山口高商入学者の動向によっては大いに変動しうるものであり、あくまでも暫定的な推計ではあるものの、おおよそ高等学校の場合と同様の傾向を示していることが分かる(【表3】)。

まず進学者の出身校としては崇仁商業学校(平壌)の数字が群を抜いており、新義州商業学校・大邱商業学校・釜山第二商業学校がこれに次いでいる。平壌に関しては平壌高等普通学校・平壌商業学校といった公立学校の数も少なくない。これに対して京城府・京畿道出身者を中心として他の地域の商業学校出身者は京城高等商業学校や普成専門学校・延禧専門学校に集まる傾向が強かった。つまるところ高等商業学校への進学に関しても高等学校同様に西北人の数的な優位は揺るいでいないのである。

また特定の学校から学校への進学の偏位が、ある意味で高等学校の場合よりもいっそう顕著である。とりわけ福島高商と崇仁商、大分高商と平壌高普・大邱商・釜山二商の状況からは、やはり各学校と朝鮮総督府(朝鮮奨学会)との間における一種の「案配」を見て取らざるを得ない。すなわち学業成績が優秀な実業系中等学校出身者の進学先を確保するために、出来るだけ地方の高等商業学校に割り振ろうとしたのであろう。

さて、福島高商からは2人(金聖煥・申秉鉉)、山口高商からは1人(金鎭炯)の韓国銀行総裁が出ている。この他にも韓国銀行・韓国産業銀行の幹部級職員や財務部・経済企画院の官僚を少なからず輩出している。彼らは卒業後にはまず朝鮮銀行・朝鮮殖産銀行の職員であった者が多い。韓国銀行か

【表3】 官公立高等商業学校への朝鮮人進学者数（暫定値）

| | 小樽高商 | 福島高商 | 高岡高商 | 東京商大高商部 | 横浜高商 | 横浜商専 | 名古屋高商 | 彦根高商 | 和歌山高商 | 大阪商大高商部 | 神戸高商 | 県立神戸高商 | 高松高商 | 山口高商 | 大分高商 | 長崎高商 | 小計 |
|---|---|---|---|---|---|---|---|---|---|---|---|---|---|---|---|---|---|
| 鏡城高普(鏡城中) | | 1 | | | | | | | | | 2 | 1 | | | | | 4 |
| 咸興商 | | | | | | | 1 | | | | | | | | 1 | 1 | 3 |
| 咸興高普(咸南中) | | | | | | | | | | | | | | 1 | | | 1 |
| 新義州商 | 1 | 1 | | | 1 | 1 | | 2 | | | 1 | | | | 2 | | 9 |
| 平壌商 | | 1 | | | | | 3 | | | | | | 1 | | 1 | | 6 |
| 崇仁商 | | 9 | | | | | | | | | | 1 | | | 3 | 1 | 14 |
| 平壌高普(平壌第二中) | | | 1 | | | | 1 | | | | | | | | 6 | | 8 |
| 光成高普(光成中) | | | 1 | | | | | | | | | | | | | | 1 |
| 鎮南浦商工 | | | 1 | | | | | | | | | | | 1 | | | 2 |
| 開城商 | | | | | | | | | | | 1 | | | | 1 | | 2 |
| 松都高普(松都中) | | | | | | | | | | | 1 | | | | | | 1 |
| 京畿商 | | | | | | | | 1 | | | 1 | | | | | | 2 |
| 中央高普(中央中) | | | | | | | | 2 | | | 2 | | | | | | 4 |
| 培材高普(培材中) | | 2 | | | | | | | | | | | | | | | 2 |
| 養正高普(養正中) | | 1 | | | | | | | 1 | | | | | | | | 2 |
| 中東学校 | | 2 | | | | | | | | | | | | | | | 2 |
| 善隣商 | | 1 | | | | | | | | | 2 | | | | | | 3 |
| 江景商 | | | | | | | 1 | | | | | | | | 2 | | 3 |
| 清州高普(清州第一中) | 1 | | | | | | | | | | | | | | | | 1 |
| 全州高普(全州北中) | | 1 | | | | | | 1 | | | | | | | | | 2 |
| 光州高普(光州西中) | | | | | | | | | | | 1 | | | | 4 | 1 | 6 |
| 木浦商 | | | | | | | 1 | | | | 2 | | | | | | 4 |
| 大邱商 | | | | | | | | | | | 1 | | | | 6 | 1 | 8 |
| 大邱高普(慶北中) | | | | | | | | | | | | | 2 | 1 | 1 | | 4 |
| 釜山第二商 | | | | | | | | | | | 2 | 2 | 1 | | 5 | | 10 |
| 朝鮮内の内地人中等学校 | | 1 | 1 | | | | | | | | 8 | | | | 5 | | 15 |
| 満洲の中等学校 | | 1 | | | | | | | 1 | | 2 | | | | 1 | | 5 |
| 日本内地の中等学校 | | 4 | 2 | | | | 4 | 2 | 5 | | 5 | 1 | 1 | 1 | 1 | | 26 |
| その他・未詳 | | 9 | | 30 | 4 | | 2 | 6 | 2 | 5 | 2 | 3 | 3 | 70 | 4 | 11 | 151 |
| 小計 | 2 | 33 | 7 | 30 | 5 | 1 | 7 | 18 | 11 | 5 | 30 | 7 | 8 | 77 | 43 | 17 | 301 |

【出典】各高等商業学校の各年版『一覧』を基本とし、適宜に筆者による個別調査分を反映させている。

ら財務部の次官をへて朴正熙政権期の駐日大使・大統領秘書室長を務めた金正濂は大分高等商業学校の卒業生(1944年9月)であり、また1944年における最初の徴兵における適格者のひとりでもあった。

## 3 各大学における「学徒出陣」数調査と戦没者の把握

　以上の全体的な状況を踏まえて、ここであらためて各大学別の調査内容に沿って学徒出陣における朝鮮人学生の数的動向に関する情報を整理しておきたい。

### (A) 東京帝国大学

　近代の日本で最も古い歴史を有する大学であり、また各学部はそれぞれに別個の沿革を有する複雑な組織構成であるゆえに、きわめて多くの卒業者の数を誇る一方で、それらを数的に把握することも相当の困難を伴っている。同窓会も経済学部を除けば、悉皆的な卒業生情報の収集が行えていないという。それでも帝国大学の中では最多の学徒兵を送出したこと、また「文科系学生の徴兵猶予停止」という事件においては最も象徴的な存在であったことから、もとより関心は高く、その分回想録の類も多い。さらに1998年1月には『東京大学の学徒動員学徒出陣』(東京大学出版会)が上梓され、大学全体のおおよその学徒出陣者の数が判明するに至っている。同書によれば、1943年6月応召者：292名／1943年10月応召者：2881名／1944年10月応召者：3304名の都合6477名の数字[15]が確認されており、1943年10月応召者中、経済学部761名中の内数として「朝鮮人12名・台湾人1名」の数が記載されている。

　なお、筆者の推算では1940年4月〜1944年10月における朝鮮人の文系学部入学者数は法学部：52名／経済学部：17名／文学部：28名であり、もし経済学部における志願の割合(約70%)が単純に他学部にも適用できるとすれば、法学部で30〜35名程度、文学部で15〜20名程度の志願数が予想される。別途の資料を用いて作成した【表4】では法学部：11名／経済学部：3名／文学部：9名の割合となっており、実数の確定は困難であるとはいえ、おおよその数的動向は一致しているといってよい。これらに農学部の一部学科を加えると、東京帝大全体で約60〜70名程度の朝鮮人学徒志願者・応召者が存在したのではなかろうか。

　さて、東京大学史史料室の調査によれば戦没者の総数は1652名であるという。『東京大学の学徒動員学徒出陣』には「東京大学戦没者名簿」が収録されており、学部・学科・入学年月別に判明分の実名が掲載されている。

朝鮮人の帝国大学進学と「学徒出陣」(永島)

　ところで、朝鮮人学徒兵に関しては1名のみの検出にとどまっている。東京大学の戦没者数調査は、その多くが旧制高等学校の各同窓会から提供された情報によって成り立っており、そうした経緯ゆえか、法学部政治学科(1942年10月入学)の「高山明相」のみが民族的な出自を明示しないままで登載されている16)。創氏名・高山明相こと高明相は咸鏡南道・咸興府の出身であり、地元の咸南中学校を卒業後、岡山の第六高等学校(文科乙類)から東京帝国大学法学部に進学している。そして咸興軍管区にて入営し、新兵訓練の後に甲種幹部候補生に採用されて予備士官学校の一種である千葉陸軍高射学校に入校していたが、在学中の1945年3月に戦病死している。なお彼の遺影は岡山市古京町・岡山朝日高校敷地内にある「六高記念館」に他の戦没学徒とともに展示されている。『東京大学の学徒動員学徒出陣』に彼の名前のみが載せられているのは、上記の事由によるものと推察される。

六高記念館に展示されている高明相の写真とその説明文

　なお、同窓会が戦後における朝鮮人卒業者の動向を把握している例は希であり、行方不明者とされていることが多い。ところで、筆者が知りえたところでは少なくとももうひとりの戦没学生が確認できる。
　朴泰泳(森本泰泳)は全羅南道の出身であり、光州高等普通学校から松江高等学校(文科乙類)に進み、さらに東京帝国大学法学部(法律学科)に進学している。朴泰泳は1940年4月入学組であり、本来であれば1942年9月に卒業しているところであったが、文官高等試験の応試準備のためか卒業を延期していた模様であり、実際に1943年7月には司法科に合格17)している。光州高普と東京帝大での後輩にあたる李佳炯によれば、高文合格後も官途には就かず、朝鮮銀行へ入行後に特別志願兵に志願し、歩兵168連隊(吉田部隊)の一員としてビルマ戦線に従軍したところ、マラリアに罹患し1944

255

【表4】 確認される朝鮮人「帝大生」学徒兵一覧(官立大・高等学校・専門学校を含む)

A 帝国大学

| | 姓名 | 創氏名 | 生年月 | 出身地 | 出身中 | 出身高 | 科類 |
|---|---|---|---|---|---|---|---|
| ① | 朴 泰泳 | 森本泰泳 | | 全南 | 光山 | 光州高普 | 松江高 | 文乙 |
| 2 | 洪 性珍 | 德山性珍 | | 全南 | 木浦 | | 富山高 | 文甲 |
| 3 | 金 箕斗 | 香川箕斗 | 1920.08 | 全南 | 求礼 | 光州高普 | 松江高 | 文甲 |
| 4 | 全 容寛 | 松源信一 | | 江原 | | 京城一高普 | 静岡高 | 文甲 |
| 5 | 曺 佐鎬 | 夏山 薫 | 1917.06 | 慶南 | 昌原 | 培材高普 | 松江高 | 文甲 |
| 6 | 金 善根 | | | 慶南 | | | 富山高 | 文乙 |
| 7 | 金 渭錫 | | 1917.06 | 慶北 | 永川 | 横浜一中 | 浦和高 | 文甲 |
| 8 | 文 方欽 | 文平芳治 | 1921.10 | 全北 | 鎮安 | 全州北中 | 山口高 | 文甲 |
| 9 | 閔 忠植 | 松岡司典 | 1920.08 | 慶南 | 馬山 | 京城二高普 | 五高 | 文甲 |
| 10 | 朴 覲淑 | 新井淑文 | 1921.12 | 平北 | 渭原 | 新義州高普 | 松江高 | 文甲 |
| 11 | 王 益權 | 王本泰治 | | 平南 | | 釜山二商 | 一高 | 文甲 |
| 12 | 鄭 琪永 | 烏川琪永 | 1920.01 | 慶南 | 晋州 | | 富山高 | 文甲 |
| 13 | 李 萬甲 | 平居郁男 | 1921.02 | 平北 | 新義州 | 新義州東中 | 松山高 | 文甲 |
| 14 | 許 南星 | | | 咸北 | | 慶北中 | 弘前高 | 文甲 |
| ⑮ | 高 明相 | 高山明相 | 1922 | 咸南 | 咸興 | 咸南中 | 六高 | 文乙 |
| 16 | 尹 鉉培 | 坡平顯重 | 1922.01 | 慶南 | 東莱 | 東莱中 | 七高 | 文甲 |
| 17 | 李 佳烱 | 岩本佳夫 | 1921.03 | 全南 | 木浦 | 光州西中 | 五高 | 文乙 |
| 18 | 金 進夏 | 金江辰五郎 | | 京城 | | 景福中 | 旅順高 | 文乙 |
| 19 | 李 相源 | 岩城正泰 | 1922.04 | 咸北 | 鏡城 | 新京中 | 七高 | 文甲 |
| 20 | 申 相楚 | 平山正夫 | | 平北 | | 新義州東中 | 福岡高 | 文丙 |
| 21 | 金 洙幸 | 小山正剛 | 1922.08 | 慶南 | 泗川 | 興文中 | 七高 | 文乙 |
| 22 | 尹 天柱 | 神池亮光 | 1921.07 | 慶北 | 善山 | 東莱中 | 四高 | 文乙 |
| 23 | 李 源京 | 西岡経蔵 | 1922.01 | 慶北 | 迎日 | 慶北中 | 五高 | 文甲 |
| 24 | 林 元澤 | 林 繁夫 | 1922.10 | 慶北 | 漆谷 | 京畿中 | 三高 | 文甲 |
| 25 | 金 秉瑞 | 尚德秉瑞 | | 平北 | | 五山中 | 松本高 | 文甲 |
| 26 | 殷 仁基 | 三国仁基 | | 全北 | | 全州北中 | 五高 | 文甲 |
| 1 | 朴 麟秀 | | | 忠北 | | 清州高普 | 四高 | 文乙 |
| 2 | 朴 商汶 | 新井道善 | 1918.01 | 慶南 | 晋州 | 晋州高普 | 佐賀高 | 文甲 |
| 3 | 金 東佑 | 金井東祐 | | 京畿 | | | 水原高農 | |
| 4 | 孫 聖奎 | 孫田聖一 | | 全南 | 光州 | 光州西中 | 松江高 | 文乙 |
| 5 | 邊 時敏 | 渡邊容成 | 1918.10 | 全南 | 済州 | 八尾中 | 四高 | 文乙 |
| 6 | 徐 燉珏 | 達原常暢 | 1920.11 | 慶南 | 大邱 | 慶北中 | 松江高 | 文甲 |
| 7 | 陳 炳佶 | | | 咸南 | | 元山中 | 弘前高 | 文甲 |
| 8 | 李 昌圭 | | | 慶南 | 釜山 | 東莱中 | 山口高 | 文甲 |
| 9 | 李 在澈 | | 1923.01 | 慶北 | 大邱 | 慶北中 | 七高 | 文甲 |
| 10 | 徐 同鎰 | | | 全南 | | | 長崎高商 | |
| ⑪ | 金 昌秀 | 光山昌秀 | 1922.01 | 咸北 | 吉州 | 鏡城中 | 佐賀高 | 文乙 |
| ⑫ | 安 鍾旭 | 安本 旭 | | 全南 | 咸平 | 普成中 | 福岡高 | 文丙 |
| 13 | 俞 景麟 | 有田景麟 | | 平北 | 博川 | 新義州東中 | 松江高 | 文甲 |
| 14 | 李 煕哉 | 河原正行 | | 忠北 | | 清州一中 | 六高 | 文甲 |
| 15 | 金 傭健 | 金海伯松 | 1920.02 | 咸南 | 咸州 | 咸南中 | 七高 | 文乙 |
| 16 | 崔 明俊 | 藤岡明俊 | | 全南 | 光州 | 光州西中 | 松江高 | 文甲 |
| 1 | 朴 大振 | 木村辰雄 | 1917.01 | 京城 | | | | |
| 2 | 李 榮珪 | | 1916.01 | 黄海 | 海州 | | 普成専 | 法科 |
| 3 | 金 永周 | | 1923.06 | 京畿 | | 京畿中 | 七高 | 文甲 |
| 4 | 金 容旻 | | 1923.03 | 平南 | 平壌 | 平壌二中 | 七高 | 文甲 |

朝鮮人の帝国大学進学と「学徒出陣」(永島)

| 大学名 | 学部 | 学科 | 入学 | 卒業期 | 配属部隊 | 備考 |
|---|---|---|---|---|---|---|
| 東京帝大 | 法 | 法律 | 1940.04 | ビルマ戦死 | 歩兵168連隊(狼18702部隊) | 高文司法科合格(1943.07) 1944.10.15没 |
| 東京帝大 | 法 | 政治 | 1940.04 | 1942.09 | 中支・矛3851部隊 | |
| 東京帝大 | 法 | 政治 | 1941.04 | 1943.09 | 東部1902部隊 | 서울大法大学長 |
| 東京帝大 | 法 | 法律 | 1941.04 | 1943.09 | 中支・開部隊 | |
| 東京帝大 | 文 | 東洋史 | 1941.04 | 1943.09 | 中部4168部隊 | 成均館大総長 |
| 東京帝大 | 経 | 商業 | 1942.04 | 1944.09 | 中部13部隊 | 韓国外換銀行 |
| 東京帝大 | 文 | 哲学 | 1942.04 | 1944.09 | 東部38部隊 | 慶北大師範大教授 |
| 東京帝大 | 経 | 商業 | 1942.04 | 1944.09 | 中部4部隊 | 光州銀行長 |
| 東京帝大 | 法 | 法律 | 1942.04 | 1944.09 | 中支・矛2320部隊 | 駐日公使 豪州大使 |
| 東京帝大 | 法 | 法律 | 1942.04 | 1944.09 | 東部44部隊 | 延大法政大学長 |
| 東京帝大 | 法 | 政治 | 1942.04 | 1944.09 | 中部22部隊 | 学兵同盟首謀者 |
| 東京帝大 | 文 | 東洋史 | 1942.04 | 1944.09 | 中支・矛2317部隊 | 釜山霊園理事長 |
| 東京帝大 | 文 | 社会学 | 1942.04 | 1944.09 | | 서울大文理大教授 |
| 東京帝大 | 文 | 社会学 | 1942.04 | 1944.09 | 中部4107部隊 | |
| 東京帝大 | 法 | 法律 | 1942.10 | 戦病死 | 甲種幹部候補生 千葉陸軍高射学校在学 | ※1945.03.11没 |
| 東京帝大 | 文 | 美学 | 1942.10 | | 東部38部隊 | 東亜日報 |
| 東京帝大 | 文 | 仏文 | 1942.10 | | 龍山26部隊 第49師団山砲兵第49連隊第2大隊 | 国民大教授 推理作家協会長 |
| 東京帝大 | 文 | 独文 | 1942.10 | | 東部55部隊 | 進明女高教師 |
| 東京帝大 | 経 | 商業 | 1942.10 | | 咸興43部隊 | |
| 東京帝大 | 法 | 法律 | 1942.10 | | 中支・専1750部隊 | 八路軍 国会議員(10代) |
| 東京帝大 | 法 | 政治 | 1943.10 | | 東部55部隊 | 東亜大助教授 |
| 東京帝大 | 法 | 政治 | 1943.10 | | 東部44部隊 | 서울大総長 文教部長官 |
| 東京帝大 | 法 | 政治 | 1943.10 | | 東部38部隊 | 外務部長官 駐日大使 |
| 東京帝大 | | | 1943.10 | | 東部37部隊 | 서울大法大教授 |
| 東京帝大 | 文 | | 1944.10 | | 西部8075部隊 高射砲中隊(福岡県小倉市陣原) 八幡製鉄所防衛 | 豊文女高教師 |
| 東京帝大 | 法 | 政治 | 1945.04 | | 関東4860部隊 黒河で終戦 | 教師 ※東大・法へ再入学(1994.04) |
| 京都帝大 | 法 | | 1940.04 | 1943.09 | | |
| 京都帝大 | 法 | | 1941.04 | 1943.09 | 中部8部隊 | 高文司法科合格(1943.07) 弁護士 |
| 京都帝大 | 農 | 農学 | 1942.04 | 1944.09 | 中部8部隊 | 安城農専校長 |
| 京都帝大 | 法 | 法律 | 1942.04 | 1944.09 | 中部部隊 | 全南大法大教授 |
| 京都帝大 | 法 | | 1942.10 | | 中部2部隊 | 漢陽大教授 |
| 京都帝大 | 法 | | 1942.10 | | 中部27部隊 | 東国大総長 |
| 京都帝大 | 法 | | 1942.10 | | 中支・開部隊 | 光復軍 |
| 京都帝大 | 法 | | 1942.10 | | 中部41部隊 | 教師 |
| 京都帝大 | 法 | | 1942.10 | | 中部27部隊 | 科学技術処次官 仁荷大総長 |
| 京都帝大 | 文 | 西洋哲学 | 1942.10 | | 中支・矛部隊 | 全南大教授 |
| 京都帝大 | 法 | 政治 | 1943.10 | 北支戦死 | | |
| 京都帝大 | 法 | 政治 | 1943.10 | ビルマ戦死 | | |
| 京都帝大 | 法 | | 1943.10 | | 中支・専部隊 | 延大教授 |
| 京都帝大 | 法 | | 1943.10 | | 中部41部隊 | 忠北大教授 |
| 京都帝大 | 法 | | 1943.10 | | | 在北(咸興) |
| 京都帝大 | 法 | | 1943.10 | | | 駐豪参事官 |
| 東北帝大 | 法文 | 経済 | 1941.04 | 1943.09 | 西部17部隊 | 韓国産業銀行 国民銀行長 |
| 東北帝大 | 法文 | 法 | 1941.04 | 1943.09 | 平壌44部隊 | 檀国大副総長 |
| 東北帝大 | 法文 | | 1943.10 | | 龍山23部隊 | 外交部次官 西独大使 |
| 東北帝大 | 法文 | | 1943.10 | | 平壌50部隊 | 韓光班 |

| | | | | | | | | | |
|---|---|---|---|---|---|---|---|---|---|
| 5 | 張 | 奭熙 | 長谷川榮一 | | | | 愛知中 | 八高 | 文乙 |
| 6 | 柳 | 日熙 | 柳 雄之祐 | 1923.02 | 慶北 | 安東 | 奉天一中 | 四高 | 文 |
| 1 | 成 | 東準 | 成田豊吉 | 1912.08 | 全南 | 順天 | | 京城法専 | |
| 2 | 金 | 周文 | 清金周文 | | 黄海 | | | 中大予科 | |
| 3 | 金 | 寅煥 | 金川寅煥 | 1919.01 | 慶北 | | | 水原高農 | |
| 4 | 尹 | 塘 | 松原茂昌 | 1920.08 | 忠南 | 扶餘 | 公州中 | 京城高農 | |
| 5 | 李 | 奭範 | 青木奭範 | | 忠南 | | | 拓大商学部 | |
| 6 | 康 | 元吉 | 谷山秀雄 | | 平南 | | | 京城法専 | |
| 7 | 金 | 順昌 | 三谷康禎 | | 忠南 | | | 京城法専 | |
| 8 | 金 | 鍾大 | 金田安弘 | 1921.03 | 慶南 | | 釜山二商 | 京城高商 | |
| 9 | 柳 | 基春 | | 1922.04 | 全南 | 和順 | 光州西中 | 佐賀高 | 文甲 |
| 10 | 柳 | 弼宇 | 中原弼宇 | 1922.05 | 慶北 | 安東 | 麻布中 | 四高 | 文甲 |
| 11 | 蘇 | 尚永 | 伊藤邦明 | 1922.03 | 慶北 | 大邱 | 大邱中 | 五高 | 文甲 |
| 12 | 金 | 碩昌 | 金山 優 | | 平北 | | 新義州東中 | 旅順高 | 文甲 |
| 13 | 金 | 汶鎌 | 武宮光隆 | | 全南 | 潭陽 | 報国中 | 一高 | 文丙 |
| 1 | 崔 | 震澤 | 竹圃震澤 | | 慶南 | | | | |

B 高等学校

| | | | | | | | | | |
|---|---|---|---|---|---|---|---|---|---|
| 1 | | | 金城幹郎 | | | | 専検 | 一高 | 文乙 |
| 2 | 具 | 泰会 | | | 慶南 | | 晋州中 | 福岡高 | 文丙 |
| 3 | 金 | 容圭 | 光村豪鷹 | 1922.08 | 慶畿 | 迎日 | 京畿中 | 四高 | 文甲 |
| 4 | 千 | 世基 | 千原世基 | 1921.12 | 京畿 | 楊平 | 景福中 | 七高 | 文乙 |
| 5 | 曺 | 昌鎬 | 夏山昌鎬 | | 平北 | | | 新潟高 | 文乙 |
| 6 | 崔 | 世卿 | | | 慶南 | 泗川 | 龍山中 | 六高 | 文甲 |

C 官立大学

| | | | | | | | | | |
|---|---|---|---|---|---|---|---|---|---|
| 1 | 李 | 廷煥 | 星山正雄 | 1920.03 | 慶南 | 東莱 | | 東京商大予科 | |
| 2 | 許 | 東義 | 許本東義 | | | | | 京城高商 | |

D 高等商業学校

| | | | | | | | | | |
|---|---|---|---|---|---|---|---|---|---|
| 1 | 李 | 昌兆 | 石本昌兆 | | 平南 | 平壌 | 平壌商 | 福島高商 | |
| 2 | | | 康津正吉 | | 平南 | 中和 | 崇仁商 | 福島高商 | |
| 3 | 金 | 燦榮 | 金原燦榮 | | 平南 | 孟山 | 崇仁商 | 福島高商 | |
| 4 | 金 | 亮世 | 金本亮世 | | 慶北 | | 堺中 | 和歌山高商 | |
| 5 | | | 佳山茂光 | | 全北 | 益山 | | 山口高商 | |
| 6 | | | 三井輝正 | | 平南 | 平壌 | | 山口高商 | |
| 7 | 李 | 洪基 | 国本洪基 | | 慶南 | 固城 | | 山口高商 | |
| 8 | 李 | 東柱 | 邦元允彦 | | 全北 | 完州 | 全州北中 | 大分高商 | |
| 9 | 金 | 柔吉 | 金澤英治 | | 平南 | 安州 | 安州中 | 大分高商 | |
| 10 | 趙 | 炳圭 | 佳川炳圭 | | 全北 | 金堤 | 江景商 | 大分高商 | |
| 11 | 丁 | 正燮 | 押海正燮 | 1922.03 | 全南 | 羅州 | 光州高普 | 大分高商 | |
| ⑫ | 金 | 正濂 | 金原正明 | 1924.01 | 京城 | | 江景商 | 大分高商 | |
| 13 | 宋 | 正範 | 国垣正範 | 1924.01 | 慶北 | 奉化 | 大邱商 | 大分高商 | |
| 14 | 宋 | 在榮 | | | 江原 | | | 長崎高商 | 貿易別科 |
| 15 | 郭 | 炯麟 | 東条 章 | | 全南 | | | 長崎高商 | |

E 高等農林学校・高等蚕絲学校

| | | | | | | | | | |
|---|---|---|---|---|---|---|---|---|---|
| 1 | 權 | 寧大 | 三達光男 | | 慶北 | 安東 | | 盛岡高農 | 林 |
| 2 | 金 | 洙炫 | 金田洙炫 | | 全南 | 務安 | | 岐阜高農 | 農 |
| 3 | 金 | 文鎬 | 清金文武 | | 慶南 | 陜川 | | 岐阜高農 | 農 |
| 4 | 李 | 道秀 | 川島道秀 | | 咸南 | 吉州 | | 宮崎高農 | 獣医 |
| 5 | 羅 | 明義 | | | 忠北 | | | 東京高蚕 | 製糸 |

朝鮮人の帝国大学進学と「学徒出陣」(永島)

| | | | | | | |
|---|---|---|---|---|---|---|
| 東北帝大 | 法文 | | 1943.10 | | | |
| 東北帝大 | 法文 | | 1944.10 | | 東部44部隊 | |
| 九州帝大 | 法文 | 法 | 1936.04<br>1943.10再入学 | 1939.03 | 中支・矛2320部隊 | 文教部次官 |
| 九州帝大 | 法文 | 法 | 1940.04 | 1943.09 | 西部21部隊 | |
| 九州帝大 | 農 | 農 | 1941.04 | 1943.09 | 中部13部隊 | 農林部農林生産局長 |
| 九州帝大 | 法文 | 法 | 1942.04 | 1944.09 | 中部8部隊 | 韓国産業銀行 |
| 九州帝大 | 法文 | 法 | 1942.04 | 1944.09 | 中支・開7982部隊 | 中央大教授 |
| 九州帝大 | 法文 | 法 | 1942.04 | 1944.09 | 平壌47部隊 | |
| 九州帝大 | 法文 | 法 | 1942.04 | 1944.09 | 北支・衣部隊 | 韓国銀行 |
| 九州帝大 | 法文 | 法 | 1942.04 | 1944.09 | 中支・矛部隊 | 農林部次官 |
| 九州帝大 | 法文 | 法 | 1943.10 | | 中支・矛2320部隊 | 文教部長官 |
| 九州帝大 | 法文 | 経済 | 1943.10 | | 北支・衣4292部隊 | 経済企画院豫算局　ヨルダン大使 |
| 九州帝大 | 法文 | | 1943.10 | | 北支・衣4292部隊 | 予備役陸軍大領 |
| 九州帝大 | 法文 | 法 | 1944.10 | | 西部54部隊 | |
| 九州帝大 | 法文 | 法 | 1944.10 | | 東部38部隊 | 国会議員(2代)　全南在郷軍人会長 |
| 臺北帝大 | 文政 | 哲学 | 1942.10 | | 中部4168部隊 | |
| | | | 1942.04 | | | 特別志願兵志願朝鮮学生有志代表 |
| ＊서울大 | | | 1942.04 | 1944.09 | 中部2320部隊 | |
| ＊서울大 | | | 1941.04 | 1943.09 | 北支・衣2354部隊 | 慶北大法政大学長 |
| ＊서울大 | 中退 | | 1942.04 | | | 交通部次官　国会議員 |
| | | | 1943.04 | | 西部16部隊 | |
| ＊서울大 | | | 1943.04 | | 中支・矛部隊 | KBS社長　釜山日報社長　国会議員 |
| | 東京商大 | | 1942.04 | | 中部・4168部隊 | 財務部長官 |
| | 東京商大 | | 1942.04 | | 甲種幹部候補生 | 越北 |
| | | | 1942.04 | 1944.09 | | |
| | | | 1942.04 | 1944.09 | | 越北 |
| | | | 1943.04 | 1945.09 | 北支・造3582部隊 | 建設業 |
| | | | 1942.04 | 1944.09 | 中部54部隊 | |
| | | | 1942.04 | 1944.09 | | |
| | | | 1942.04 | 1944.09 | | |
| | | | 1940.04 | 1943.09 | 中部2部隊 | 韓国銀行 |
| | | | 1941.04 | 1943.09 | 北支・専部隊 | 韓光班 |
| | | | 1941.04 | 1943.09 | 中部4部隊　見習士官 | 韓国製鉄 |
| | | | 1941.04 | 1943.09 | 龍山22部隊 | 木浦大学長 |
| | | | 1941.04 | 1944.09 | 甲種幹部候補生　熊本予備士官学校　見習士官 | 財務部次官　駐日大使 |
| | | | 1942.04 | 1944.09 | | 駐米公使 |
| | | | 1940.04 | 1941.03 | 中支・開部隊 | |
| | | | 1941.04 | 1943.09 | 中支・矛2322部隊 | |
| | | | 1942.04 | 1944.09 | 北支・4292部隊 | 東国大農大学長 |
| | | | 1941.04 | 1943.09 | 東部1902部隊 | |
| | | | 1942.04 | 1944.09 | 中部27部隊 | |
| | | | 1941.04 | 1943.09 | 平壌42部隊 | |
| | | | 1942.04 | 1944.09 | 東部44部隊 | 堤川農高 |

【出典】『一・二〇学兵史記』第4巻(1998年4月)所載の名簿、および李佳炯『怒りの河』(連合出版、1995年)、姜徳相『朝鮮人学徒出陣』(岩波書店、1997年)などを基に筆者が情報を大幅に追加した。
注)　○数字は筆者が新たに追加した人物

年10月15日に戦病死を遂げたという[18]。歩兵168連隊は朝鮮半島の留守第20師団と独立第64歩兵団(司令部：奈良)を基幹に臨時に編成された第49師団(狼部隊)麾下の部隊であり、兵員の約2割が朝鮮半島出身者、特に全羅南道出身者が多かったとされる。同連隊はいわゆる「援蒋ルート」中のビルマルート遮断を目指す「断作戦」に従事していた部隊であった[19]。

なお、彼にまつわる故事は東京大学には伝わっていない模様であり、『東京大学の学徒動員学徒出陣』にも朴泰泳の名前は見当たらない。ただし、彼の母校のひとつである松江高等学校を継承する島根大学の附属図書館には松江高等学校生徒の写真アルバムがほぼ全時期にわたって保存されており、その中に若かりし日の朴泰泳の姿を見いだすことができるのは、せめてもの慰めである。

李佳炯(『怒りの河』より)　　朴泰泳(島根大学附属図書館蔵『昭和十二年入學者』アルバムより)

(B) 京都帝国大学

京都大学大学文書館の調査によれば、「内地人」4737名の応召者中、263名の戦没者が確認できるとされる。同調査は朝鮮人・台湾人の入営者数をそれぞれ別途に割り出しており、それに従えば朝鮮人は25名(法17、文6、経1、農1)の入営者中、1名の戦没者の戦死者が確認されるとし、また台湾人は6名(法3、経2、農1)の応召者にて、戦没者は0名であるという[20]。

同じく筆者の試算では1940年4月〜1944年10月の文系学部入学者は、法学部：37名／経済学部：3名／文学部：8名／農学部4名であり、志願

率を7割程度と考えると、おおよそ数字は符合すると思われる。同じく【表4】では法学部13名・文学部1名・農学部1名の名前が確認できるが、おおよそ学徒志願兵の6割程度をカバーしていることになる。

戦没者の1名に関しては『京都大学における「学徒出陣」調査研究報告書』第一巻(2006年)所収の「京大出身戦没者(判明分)」には1943年10月入学者中に「光山昌秀／法・政治学／在学中／一九四四年四月一六日／北支」と民族的出自を伏せたままで掲載されている[21]。まさに「光山昌秀」こそは朝鮮人学徒兵の戦没第1号であった。

光山昌秀の旧姓名は「金昌秀」であり、1922年1月1日に咸鏡北道吉州郡に生まれた。戦没当時で満22歳である。鏡城中学校から1941年4月に佐賀高等学校(文科乙類)へ進学し、1943年9月の繰り上げ卒業後、同年10月に京都帝国大学法学部政治学科に入学している。そして入学して間もなく学徒志願兵として入営し、翌1944年4月頃に北支にて鉄道警備中に中国側の銃撃をうけて絶命した。当時のマスコミもこの惨事をセンセーショナルに取り扱い、1944年6月16日付けの『毎日新報』1面で大きく報じるとともに、詩人・金龍濟が『國民文學』誌に追悼詩を発表するなど、新聞・雑誌を通じての報道が相次いだ[22]。

ともあれ、『毎日新報』にて紹介された略歴に関する記事によれば、金昌秀は1943年11月14日に志願し、第二乙種合格の補充兵として1944年1月20日に入営したという。彼もまた「一・二〇」のひとりであった。なお、軍事機密扱いであった関係で新聞記事では彼が所属した部隊や戦没した具体的な地点・日時は伏せられている。

金昌秀
(佐賀高等学校『昭和十六年入學 文科乙類學籍簿』より)

『毎日新報』1944年6月16日付

ところで、前出の李佳炯によれば、京都帝大における朝鮮人学徒兵の戦死者は少なくとももうひとり存在するようである。彼の著書には安鍾旭（安本旭）の消息に関して「全南咸平出身で日本の旧制福岡高校を経て京都帝大の法学部在学中であった[23]」との記述があり、李佳炯同様にビルマ戦線に従軍していた。ここに筆者の調査内容を付け加えれば、安鍾旭は普成中学校から福岡高等学校（文科丙類）に進み、京都帝国大学法学部の政治学科に進学後に学徒兵となっている。京都大学の調査でなぜこの人物が漏れたのかその理由は判然としないが、ともかく京都帝大の朝鮮人学徒兵の戦没者は現段階では少なくとも2名である可能性が高い。

　ちなみに本節冒頭にある台湾人の「農1」とは、台湾（中華民国）の元総統である李登輝氏（1923年1月生、台北高等学校：1943年9月卒業／農業経済学科：1943年10月入学）のことである。李氏は大阪の師団に入営し、甲種幹部候補生として習志野陸軍予備士官学校に入校したのち見習士官をへて少尉任官し、敗戦時には名古屋の高射砲部隊に配属されていた。

　なお京都帝大の朝鮮人学生に関しては別途に集計された鄭鍾賢・水野直樹両氏作成のデータ[24]も存在する。同データは京都大学の各学部が保管する学籍記録をはじめ、各種の同窓会名簿・人名録までを博捜して作られた労作であり貴重な情報を多く含んでいる。ただし、惜しむらくは卒業者ベースの情報ゆえ、学徒出陣世代をほとんど収録していない。

(C)東北帝国大学

　東北大学史料館の調査によれば、1944年8月現在の応召者総数は954名であり、戦没者は80名であるとされる。その中で朝鮮人に関しては、「東北帝国大学の場合、昭和18年12月の時点で12名の学生について特別志願兵としての入隊が確認されている[25]」という。1940年4月〜1944年10月の入学者には法文学部の25名が確認できるが、これが正しいとすれば志願率は5割をやや切っていることになる。【表4】では6名の学徒志願兵が確認できるが、後述の通り学部構成と規模が似通っている東北帝大と九州帝大は朝鮮人学徒兵の数や志願率においても近似の数値を示している模様である。

## (D) 九州帝国大学

　九州大学大学文書館の調査によれば、全応召者1106名中、79名の戦没者が確認されるという[26]。なお、『九州大学五十年史』通史編(492頁)によれば朝鮮半島出身者の陸軍特別志願兵への応募者は13名とされている。筆者の集計では1940年4月〜1944年10月入学の法文学部：44名／農学部4名が対象となり、上記の「13名」とはおそらく「1942年4月」「1942年10月」「1943年10月」入学者からの志願数を示していると考えると、該当者は24名である。とすれば、やはり志願率は5割程度と考えられる。【表4】は1944年度の徴兵分を含んでいるものの法文学部：12／農学部1名となっており、九州帝大分に関しては、大部分の出征者をカバーしていると推測される。さらに九州大学は「朝鮮人(韓国人)留学生」に関するデータ蓄積に関しては他大学に先行しており、すでに2種類の名簿[27]を作成していることもあり、志願兵対象者の割り出しは他大学に比べると容易である。とりわけ九州帝国大学は北海道帝大・東北帝大とともに「傍系」入学者、すなわち高等学校を経由しない学生を大量に入学させており、東京帝大・京都帝大とは際だって異なる特徴を形成することになっている。特にそれは志願率の低調にも現れている。おそらく「傍系」入学者は高等学校出身者に比べると入学年齢が高いゆえに軍隊に対する忌避感情も強かったことが予想される。

### (1) 朝鮮人学徒兵の兵営生活と「幹部候補生」

　ここで再び李佳炯の著作を通じて、今度は出陣後における朝鮮人学徒兵の動向を可能な限り再現してみたい。『怒りの河』(1995年3月刊)によれば李佳炯(岩本佳夫)は 1921年3月の出生であり、全羅南道の木浦府出身であるという。光州西中学校(元の光州高等普通学校)を卒業後に熊本の第五高等学校(文科乙類)に進学し、同校を1942年9月に卒業後、すぐさま同年10月に東京帝国大学文学部仏文科に進学している。つまり高等学校は短縮措置にともなう2年半の在学であり、大学入学後1年にして学徒動員された世代ということになる。よって彼らの入学世代は卒業期を迎えていない。

　入営後は5ヶ月間の新兵訓練を経て第一補充役の陸軍二等兵として「龍山野砲兵第26連隊」に配属された。同連隊には全羅南道出身の志願兵が21名所属しており、病気の2名と幹部候補生3名を除く16名がビルマに出征

したという。彼が編入された第49師団山砲第49連隊第2大隊の出発日は1944年6月18日であった。なお、李佳炯の著作は人名や部隊名、あるいは日時に関する記述がきわめて正確であり、おそらくは軍隊手帳などに詳細な日記をつけていたことが予想されるが詳細は不明である。ちなみに李佳炯は復員後の1946年から木浦高の教師を皮切りに、木浦初級商大副教授(1951年)・全南大副教授(1952年)・中央大副教授(1960年)を経て国民大教授を歴任し、また韓国推理作家協会の会長も務めた。

さて、彼の著書には自身の「幹部候補生」受験についての言及はない。一兵卒としてビルマ戦線に従軍していることから、未受験か不合格のいずれかではあろう。その「幹部候補生」は戦闘での損耗の激しい下級将校を速成して補充するために設けられた制度であり、「甲種」と「乙種」とに区分された上で、甲種幹部候補生は予備士官教育の後に見習士官となるコースであり、乙種幹部候補生は部隊付きのままで下士官に昇進することになっていた。学徒志願兵にとっては学科試験においてはきわめて有利な制度であったとも言え、多くが採用試験に臨み、そして幹部候補生に採用されていたが、その実数は定かではない。

李佳炯の著作では彼の所属部隊では21名の朝鮮人学徒兵中、3名のみが幹部候補生に採用されたとされ、通説的には朝鮮人学徒兵の幹部候補生採用の割合が低率であったとみるむき[28]もあるが、筆者が確認しえた資料の限りでは、それほど低かったわけでもなさそうである。それでも頻繁に登場する割にはその実態には不明部分が多く、朝鮮人幹部候補生の実数に関する解明は今後の大きな課題のひとつである。

例えば「一・二〇同志会」の中心人物のひとりである鄭琪永は慶尚南道の晋州出身であり、富山高等学校(文科甲類)を経て東京帝国大学文学部東洋史学科に入学後、甲種幹部候補生として「南京幹部候補生隊(中支那下士官候補者隊)」での見習士官を経て終戦直前に予備役少尉に任官している。彼の他にも「一・二〇同志」には多くの幹部候補生採用者が存在する模様であるが、そうした軍歴に関しては一様に無言を貫く者が少なくない。やはり「親日派」としての批判を恐れてのことであろうか。

なお、幹部候補生には「特別甲種幹部候補生」なるコースも存在した。「特甲幹」と略称される同制度は1944年5月に導入された新しい幹部候補生養成課程であり、経理部の下級将校を大量養成することが主眼であった。

「特甲幹」の特徴は海軍予備学生と同様に二等兵としての新兵訓練を経ることなしにすぐさま下士官(伍長)となるところにあり、専門学校以上の学校卒業者に受験資格が付与された。よって法・経済系の大学生や高等商業学校出身者が多く採用された模様である。

そうした軍歴を経ることになる朝鮮人学徒の中にはのちに朴正熙政権の大統領秘書室長を務める金正濂(1924年生)が含まれている。京城府出身の彼は忠清南道・論山の江景商業学校から大分高等商業学校に無試験枠で入学し、1944年9月の卒業とともに朝鮮銀行に入行し、間もなく徴兵されている。入営後にはすぐさま特別甲種幹部候補生として「熊本予備士官学校」に入校し、1945年6月に卒業後は岡山連隊に配属され、広島軍管区教育隊での教育中の8月6日に「被爆」している。なお、8月15日付けで予備役陸軍少尉に任官するとともに、火傷の治療を続け、同年末には帰郷したという[29]。同じく大分高商出身の趙炳圭(韓国製鉄勤務)も全羅北道・金堤出身であり、同じく江景商業学校を経て大分高等商業学校を1943年9月に卒業後、特別志願兵として入営後に甲種幹部候補生に採用され、敗戦時には見習士官として広島に勤務中であったという[30]。

ともかく、本稿で検証してきたことの俎上に「幹部候補生」を載せる時、筆者としては高等学校・高等商業学校などの難関を突破してきた朝鮮人学徒にとって試験への及第自体はそれほど高いハードルであったとは思えない。

実際の軍隊生活の中で、とりわけ幹部候補生から下級将校・下士官への道が朝鮮人学徒兵にも開かれていたことの効果は、おそらく陸軍当局も当初はあまり想定していなかったのかも知れない。しかし、一般的な徴兵が開始されると、いわゆる「国語未習者」の指導者・牽引役として軍側も期待せざるを得なくなったという。押し迫る戦局において、現実が軽々と制度を追い越していく事例を、朝鮮人幹部候補生が下級将校へと養成されていく過程に見いだすことは容易い。ともかく、後年の韓国軍創設時にはこうした学徒兵出身の軍人が多く参画しており、その中でもすでに尉官に任官していた幹部候補生出身者は、まさに即戦力の人材であったであろう。

(2) 中退者・除籍者の学籍処理

『一・二〇學兵史記』にもその名が登場する金秉瑞は、長野県の松本高等

学校文科甲類2年次在学中である1943年末の志願を経て1944年1月20日に入営したが、1944年9月の卒業が認定され、さらに入学試験を受けることなく、高等学校長の推薦による願書のやりとりだけで東京帝国大学文学部に入学することになっている。つまり1944年10月入学ということになるが、一度も大学の門をくぐることはなく、終戦後も復学することなく配属先であった福岡県小倉市(現：北九州市八幡西区)陣原の高射砲部隊から現地除隊の上で帰国している。後年、金秉瑞が東京大学に在籍証明書の発行を依頼すると「再渡来の際は再考慮することにして、学籍簿整理上一旦除籍したことを証明する」との証明書が交付されたという[31]。

なお、この「再考慮」とは書類上の単なる修飾語ではなかった。同じく『一・二〇學兵史記』に姓名が収録されている殷仁基の場合は実際に「復学」を果たしているきわめて希なケースである。熊本県の第五高等学校文科甲類(1943年4月入学／1945年3月卒業)の彼は、東京帝国大学法学部政治学科に進学するものの、徴兵によって北満・黒河に駐屯する部隊に配属されたという。敗戦後はソ連による抑留を避けて朝鮮に脱出したということから、当然学籍上は除籍扱いとなっていたと思われるが、おそらく上記の金秉瑞と同様の処置であったと考えられる。そして殷仁基は1992年4月に68才にして東京大学法学部第三類(政治コース)に再入学を果たしている[32]。彼は厳密に言えば「一・二〇同志」には該当しないものの、「臨時採用陸軍特別志願兵」施行にともなって導入された東京帝大の学籍処理方法が徴兵期に入っても朝鮮人応召者にそのまま適用されたことを窺える事例と言えよう。

(3) 志願忌避と「逃亡／脱出」

以上は実際に日本陸軍での実戦部隊勤務経験を有する者たちの回想を元にした検証であったが、兵役・徴兵制度には付き物であるとも言える「忌避」と「逃亡」に関しても若干の言及を行っておきたい。

学徒出陣に伴い文部省は文部次官(菊池豊三郎)から各学校長に向けた「發專二五四號」として1943年10月30日付けで「朝鮮人臺灣人學生生徒ニ關スル件」と題した通牒を発し、「朝鮮人臺灣人學生生徒ニ對シテハ自ラ進ンデ洩レナク志願スル樣御慫慂相成度」と学校側に依頼を行うとともに、続いて「發專二七九號」として文部省専門教育局長名義にて1943年12月3日付けの「朝鮮人、臺灣人特別志願兵制度ニヨリ志願セザリシ學生生徒ノ取扱

ニ關スル件」なる通牒を出し、「志願セザリシ者ニ對シ本人ヲシテ自發的ニ休學又ハ退學スル樣慫慂スルコト」と学校側に要求し、さらに自発的に休学・退学を行わない学生・生徒に対しては「學則ノ如何ニ拘ラズ積極的ニ休學ヲ命ズルコト」と強硬な態度を表明していた。こうした文部省の強い姿勢に対する各大学・高等学校などの個々の対応は不明な部分が多い。それでも九州帝国大学において、ある朝鮮人学生の休学期間が通常の「～迄」ではなく「昭和十八年十二月十五日以降」となっている例[33]もあり、実際に休学処分となった朝鮮人学生が存在したようである。

　とは言え、先行研究では「官憲の強要」「学校の志願強制」がクローズアップされることがしばしばであるが、朝鮮人学歴エリートたちの思いはまた複雑であったとも推測される。すなわち程度の差はあれども、最終的には自らの決断であった部分を捨象しすぎるのも学徒出陣の実像にそぐわないと考えられ、究極的にはこれこそが朝鮮人学徒志願兵たちの名誉を守ることに繋がると言えよう。

　一方、朝鮮人の学徒出陣において大きな話題となるのが日本軍からの「逃亡」ないしは「脱出」である。連合軍への投降者も存在したが、広大な中国戦線においては蔣介石の国民党軍や毛沢東の八路軍への帰順者も多数存在していた。彼らの中には逃亡後に逮捕され、軍法会議で有罪判決を受けた者もおり、また重慶政府の下で「韓国光復軍」を結成して日本軍への反攻を試みる者もいた。そしてこうした者たちが中心となって結成されるのが、まさに「一・二〇同志会」である。既出の『一・二〇學兵史記』には登場する韓国光復軍の中心人物として金俊燁と金柔吉の2人が登場している。金俊燁（元・高麗大総長）は1920年に平安北道・江界に生まれ、新義州高等普通学校から慶應義塾大学予科を経て慶大の文学部へ進学している[34]。また金柔吉は平安南道・安州の出身であり、安州公立中学校から大分高等商業学校に進み1943年9月に卒業している。戦後は「韓国光復軍同志会」の会長を務めた[35]。前出の金正濂と金柔吉というきわめて対称的な経歴を有する学徒兵出身者が、共に大分高等商業学校で学んだということは興味深い事実である。

　なお、韓国光復軍には「金容旻」なる平壌府出身で平壌第二中学校⇒第七高等学校造士館（文科甲類：1943年9月卒）⇒東北帝国大学法文学部（1943年10月入学）なる出自・学歴を有する人物が含まれているが[36]、韓国光復軍の前

提に本稿でも検証してきたように「西北人の日本留学」というファクターを加えてみると、また別の角度からの評価も可能であろう。すなわち、南北分断後に越南して行った西北出身者を糾合して強力な反共勢力となった「西北青年会」とも出自・経歴において重なりを持つのであり、彼らの思想的行動の背景には、やはり西北人が京城を避けて日本内地へと向かっていた現象と歩調を合わせるものが存在する可能性がきわめて高いのである。

## おわりに

　そもそも「大日本帝国」は朝鮮人学徒に何を求め、そして何を奪い、何を与えたか？　一方で、朝鮮人学徒は「帝国」に何の見返りを求めたのか？　仮にこのような問いを設定するとき、その解答はきわめて多岐に亘るとはいえ、有力な答えのひとつが「学歴」であったことは確かである。韓国のみならず北朝鮮に渡ったものまでを含めたトータルな「朝鮮人学徒出陣」を描く場合、まずは学徒兵たちの詳細な学校歴から検証すべきことを筆者は強調して已まない。そして、それは決して「親日派」の探索や断罪ではなく、また「愛国者」の認定作業でもない。開化期以降、日本統治期に至る時期の朝鮮における「近代教育」「学歴競争」の最終段階、そして新たな出発をそれぞれ検証することに他ならない。例えば、韓国(北朝鮮)の高等教育との接続などは筆者の関心を強く惹いて已まない。特に1945年9月以降の「京城大学／京城大学予科」において、そして1946年9月以降のソウル大学校(文理科大学付設の予科)・への進学・編入において日本の「帝国大学」・「高等学校(帝国大学予科)」への入学という学歴はかなりの程度で認定された模様[37]である。

　ともあれ、わずか5年後の朝鮮戦争で彼ら学徒兵出身者たちはどのように考え、どのように行動したのだろうか？　「大日本帝国」は朝鮮人学徒に何を求めたか、という先の問いはこの括弧の中を「韓国」「北朝鮮」に置き換えたとしても十分に成立する問いかけであろう。

注
1)　『新編 検証 陸軍学徒兵の資料』(学徒兵懇話会、2000年)。

2) 朝鮮総督府『第八十四回帝國議會説明資料』(1944年)によれば4385名の入営者があったとされる。
3) 福間敏矩『増補 学徒動員・学徒出陣』(第一法規、1992年)、東大十八史会編『学徒出陣の記録』(中央公論社、1968年)、蜷川壽惠『学徒出陣』(吉川弘文館、1998年)などが代表的である。
4) 鄭琪永編著『虐げられた青春 日本軍に徴集された韓國人學徒兵手記』(青丘出版社、1991年)、孫鐘英『日本軍の朝鮮学兵』(제이엔씨、2011年)など。
5) 裵淵弘『朝鮮人特攻隊』(新潮社、2009年)、山口隆『他者の特攻』(社会評論社、2010年)。
6) 阿部洋「『解放』前 韓国における日本留学」(『韓』5-12、1976年)。
7) この点に関しては、拙稿「帝国大学『法文学部』の比較史的検討——内外地・正系と傍系・朝鮮人学生」(『九州史学』167、2014年)を参照されたい。
8) 「各學校志願者數(十七日午後二時現在)」(『毎日新報』1943年11月18日付3面)。
9) 1943年12月24日公布・施行の「勅令第939号」により同日以降は徴兵年齢が満19才に引き下げられたが、朝鮮ではすぐに適用されなかった。
10) 弘前高等学校長発・文部省教学局企画部長宛・1939年9月14日付起案文書(50号)(厚生補導係『自大正十年七月至昭和二十三年六月 外國人學生關係書類』)。
11) 大韓帝国期の「学部」によって制定された留学生規程に基づき、東京の韓国公使館内に「留学生監督」が配置されたことにその淵源を有する。韓国併合後も朝鮮総督府は公使館跡地に学生監督部を置き、さらに寄宿舎を設置した。1919年4月からは東洋協会に業務が委託されるが、1925年4月からは朝鮮総督府の監督下に戻り、同年9月からは改めて学務局の外郭団体である朝鮮教育会の奨学部に改変された。さらに、1941年2月からは「財団法人朝鮮奨学会」として新たに発足している(『朝鮮教育會奨學部一覽』、朝鮮奨学会『昭和十七年度事業概要』などを参照)。
12) 渡辺友次郎・佐々木仁一『あゝ乾坤』(「あゝ乾坤」刊行会、1972年)141頁。
13) 金東一『나의 걸어온 길』(ソウル、寶隆齋、1998年)3-4頁。
14) 「伊坂鍾路署長の令弟も志願」(『京城日報』1943年11月5日付朝刊3面)。
15) 東京大学史史料室編『東京大学の学徒動員学徒出陣』(東京大学出版会、1998年)80頁。
16) 前掲注17東京大学史史料室編書、207頁。

17）「高等試驗司法科合格者公告」(『官報』第4952号、1943年7月16日付)。
18）李佳炯『怒りの河——ビルマ戦線狼山砲第二大隊朝鮮人学徒志願兵の記録』(連合出版、1995年) 17-18頁。
19）福谷正典『破れ狼』(叢文社、1981年)。福谷は李佳炯が属する大隊の指揮班長(中尉)であった。
20）西山伸「京都大学における『学徒出陣』」(『京都大学における「学徒出陣」調査研究報告書』第一巻、京都大学大学文書館、2006年) 20頁。
21）前掲注20『京都大学における「学徒出陣」調査研究報告書』第一巻、137頁。
22）金村龍濟「學兵の華 わが朝鮮出身の光山昌秀上等兵の英靈に捧ぐる詩」(『國民文學』4巻7号、1944年)、「朝鮮學兵初の散華 光山上等兵二階級特進」(『朝鮮畫報』6巻6号、1944年) 21頁。
23）前掲注18李書、16頁。
24）鄭鍾賢・水野直樹「日本帝國大學의 朝鮮留學生 研究(1)——京都帝國大學 조선유학생의 현황, 사회경제적 출신 배경, 졸업 후 경력을 중심으로」(『大東文化研究』80、成均館大学校東アジア学術院、2012年)。
25）永田英明「東北帝国大学における『学徒出陣』」(『東北大学史料館紀要』2、2007年)の註(34)による。
26）折田悦郎「九州帝国大学における『学徒出陣』について」(『九州大学における学徒出陣・学徒動員』(平成18年度～平成19年度科学研究費補助金・基盤研究(C)研究成果報告書、研究代表者：折田悦郎、2008年3月)。
27）『朝鮮半島から九州大学に学ぶ 留学生調査(第一次)報告書1911～1965』(九州大学韓国研究センター、2002年)、および『九州帝国大学における留学生に関する基礎的研究』(平成14・15年度科学研究費補助金基盤(C-2)研究成果報告書、研究代表者：折田悦郎、2004年3月)。
28）蜷川壽惠『学徒出陣』(吉川弘文館、1998年) 105頁。
29）金正濂『韓国経済の発展』(サイマル出版会、1991年)。
30）小倉博「韓国の趙炳圭君を迎えて」(『四極』42、1982年)。なお『四極』は大分高商(経専)・大分大学経済学部の同窓(四極会)の会誌である。
31）石本利彦「学徒出陣五十周年に想う、韓国の友(金秉瑞)からの手紙公開」(『縣』6、1994年)。
32）殷仁基「東京大学再入学の記」(『全国五高会会報』68、1992年)および、殷仁基「五高、東京大学在学の追想」(第五高等学校昭和二〇年三月卒業生『誇りを永遠に忘れじな』2006年)。
33）『九州帝國大學時報』676号(1944年2月25日)の「彙報」。
34）金俊燁(黄民基・臼杵敬子訳)『長征』(光文社、1991年)。
35）「元韓国留学生からの手紙⑦」(『四極』99、2010年)。

36) 『長征六千里――韓光班 學兵 三十三人의 抗日鬪爭記』(韓光班學兵同士會、1979年)。
37) 『白波金熏洙教授停年退任記念文集』(1988年)。金熏洙(1923年4月生、咸南甲山出身)は、京畿中を経て1943年4月に山形高(理乙)に入学も、卒業直前の段階で中退し、1945年秋に「京城大學豫科・理科乙類」2年次に編入している。さらに、翌年9月には「國立서울大學校文理科大學」の生物学科に進学し、1949年7月に卒業している。なお、同記念文集に掲載(142頁)された金熏洙の卒業証書の画影には「舊三年制學部」の文字が見える。つまり、韓国においても当初の大学(本科)は3年制であった。日本式の旧制6・5・3・3年制から、1946年秋からの新学制に合わせ、米国式である6・3・3・4の「新制」への切り替えにともなう4年制大学への移行措置期が韓国にも存在し、しかも、時期的にはむしろ日本よりも先行して実施されたことは、別途に考察すべき課題である。

# 土地調査事業をめぐる言説空間の構築と変容

須 川 英 徳

## はじめに

　20世紀の前半において、日本語で刊行された朝鮮研究は、大きく見て次の2種類がある。ひとつは朝鮮総督府ないしは総督府の委嘱による調査、研究であり、それらは総督府が行う朝鮮統治の参考資料としての性格を帯び、そのための現状把握を主たる目的として纏められたものである。それゆえ、その時点における事象の収集と整理や統計的把握に重点が置かれたものであり、そのような事象が出現するにいたった歴史的、社会的な背景への理解と解明については多くを求められてはおらず、現状把握に必要な限りで言及する程度である。また、必ずしも朝鮮研究を専門とする人物の手によるものでもなかった。そうであるとはいえ、統治政策立案のための資料でもあるという性格上、その調査報告内容には誤解や理解不足というバイアスが避けられないとはいえ、実態調査としてはかなり正確に事実を伝えていると見てよいだろう。

　それとは別に、朝鮮社会の現状やその歴史的、社会的背景について解明しようとするとともに、日本語読者を念頭においてその学術的知見や見解を伝えることを目的とする論考がある。それらは、元統監府あるいは元総督府官吏だけでなく、朝鮮研究に関わるアカデミズムあるいは在野の研究者や文筆家などであり、日本人だけでなく朝鮮人もまた参加していた。民俗研究、説話研究、歴史研究、植民政策研究などの広い分野にわたるとともに、他地域との比較、歴史的由来の探求、さらには現状への批判、あるべき将来への展望など、さまざまな視角から行われたものである。また、専門的な学術雑誌などに発表されたものから、朝鮮に関心を有すると同時

にある程度の人文社会系の知識を有する読者層、たとえば総督府官吏や学校教員などを念頭においたものまで、多様である。そして、歴史研究とその関連分野においては1930年代に差し掛かるころから、朝鮮王朝の時代にたいしてマルクス主義的ないしは社会経済史的な発展段階を意識した叙述が目につくようになる。

　ところで、これら2種類の調査、研究にたいし、1945年の敗戦が大きな変化をもたらした。前者は日本人の手あるいは日本語によるものとしては完全に断絶し、後者は敗戦の混乱と朝鮮在住の日本人研究者の引揚げを経て、旧京城帝大関係者、総督府関係者らを結集した1950年の朝鮮学会結成を画期として再建がすすむ。しかし、戦後日本における朝鮮研究は日本に在留することを選択した在日朝鮮人、しかも民族教育や自己理解を痛切に求める人々、という新たな研究主体と朝鮮学への需要者が出現したことで、朝鮮民族史の構築、民族的結集、さらに政治的、経済的権利の主張という政治的、運動論的要請が加わってくる。そして、そのような動きとともに、戦後世代の日本人朝鮮研究者もまた育っていく。しかし、そこから生まれた言説は、同じく痛切に自国史、民族史を構築しようとしていた韓国における歴史研究と歴史教育に、政治的事情ゆえに直接には言明されえないものではあるが、影響を及ぼしていく。

　本稿では、1910年から1918年に実施された朝鮮土地調査事業が、事業終了後から1970年代にいたる時期に、どのように評価されたのか、を論じてみようと思う。その理由として、まず、土地調査事業は実務的な事業ではあったが、そこから明らかになった朝鮮王朝の土地制度についての総括的な報告書が刊行されただけでなく、それから間もなく後者の範疇に含まれる研究や著作が続き、それが戦後にまでつづいたということが挙げられる。次に、朝鮮総督府が実施し、かつその結果が形を変えながらも今日まで継承されている諸施策のなかで、植民地収奪論と植民地近代化論ないし施恵論にまで極端に評価が分かれ、あるいは評価が変化した施策はないと考えるからである。また、それに関わって、事業以前の朝鮮における土地にたいする権利や土地把握の在り方についても、土地国有論、土地公有論から土地私有論まで、これまた極端に異なる理解もまた提示されている。このような事情は、土地調査事業をめぐって、研究の領域と政治的利害関係、さらに同時代的価値観ならびに思想潮流などが分かちがたく結びあっ

ているからである。

　以下の行論では、土地調査事業が土地収奪であったとする韓国の歴史教育における言説を紹介し、次にそのような言説を構成要素に分解し、それぞれの構成要素が戦前期における日本語、日本人による朝鮮研究に由来するものであることを明らかにする。それらのばらばらに発生した構成要素が1940年代に結合しはじめ、さらに戦後日本社会のなかで一連の言説空間として組み上げられたこと、そしてその結論的言説が韓国に導入されたことで、韓国さらに北朝鮮における土地収奪論が公式化され、近年に至るまで学問的な検証を経ないままに通説化、常識化されていたことを明らかにしようと思う。

## 1　「土地収奪論」とは

### 土地略奪

　植民地支配下において韓民族は日帝の経済的な収奪によって大きな苦しみを味わった。この中でもっとも大きな被害は土地を略奪されたことであった。

　日帝はわれわれの国権を奪った直後から土地略奪を積極的に推進した。総督府は土地所有関係を近代的に整理するという名分を掲げて、いわゆる土地調査事業を推進した。土地調査事業は、土地の所有権を調査して法的に確認すること、土地の価格を調査して公的に土地の価格を確定すること、土地の状態と形態を調査することなど、大きく見て三つの分野で進められた。

　これにより朝鮮後期以来、持続してきた慣習上の耕作権、開墾権など主として農民たちが持っていた各種の権利は徹底して否定された。すなわち、地主の所有権だけが唯一の権利として認められ、耕作農民の土地にたいする権利は完全に否定されたのである。これによって地主の権利だけが大きくなり、耕作農民の権利はなくなり、土地調査事業は少数の地主を除いた大多数の農民には急速な没落をもたらす契機となった。

　また、申告主義を原則としたために、土地申告をきちんとできなかった多くの人々が被害を被ることになった。すなわち、申告手続が複雑

275

で面倒であったとともに、日帝が実施するものであったことで反日感情が先にたって、これに従わない場合もあった。
　さらには、門中の土地や村人の共有地、さらに王室や公共機関に属していた多くの土地は、持ち主のいない土地に分類され、総督府の所有地とされる場合が多かった。
　総督府はこのようにして略奪した土地を東洋拓殖株式会社など日本人が経営する土地会社や韓国に渡ってきた日本人に安い値段で譲り渡し、日本人が多くの土地を所有できる素地を整えてやった。

［258-259頁］

　これは韓国のすべての中学校で用いられていた2002年度版の『中学校国史』教科書の記述である。教科書編纂者は国の機関であり史料収集と保管整理、公開と刊行、歴史研究などを主業務とする国史編纂委員会のなかに設置された国定図書編纂委員会である。いわゆる国定教科書である。
　このような記述は、植民地時期の朝鮮が日本によってどれほど収奪されたのかを説明するためのものであり、歴史教科書をはじめとする韓国史の「常識」とされている。また、義務教育課程での必修科目にたいする一種類しか編纂されない国定教科書の記述であるから、学校教育をうけた韓国人の「常識」と言ってもよいだろう。
　念のため、もう1件見ておこう。こちらは1982年版の高等学校国史教科書の記述である。これも国定教科書である。

　　土地の収奪
　　開港以後、韓国は日本帝国主義的資本主義の侵略を克服するために努力した。しかし、日露戦争以後に推進された日本の、道路、鉄道、通信、交通、港湾、水利、山林などの占有拡大と、貨幣金融の侵食など、経済浸透を完全に排除できないまま、国恥を迎えた。
　　そのため、国権が強奪された後には、農業、工業、商業、漁業、鉱業、林業など、すべての基幹産業が日帝の植民地経済体制へと改編された。そのなかでもわれわれの農民をもっとも苦しめたものが農業部門で断行されたいわゆる土地調査事業という全国土の占奪であった。このために朝鮮総督府は1910年以前、韓国における日本人の土地所

有を認定する法令を制定し、1912年に土地調査令を発表し、1918年まで莫大な資金と人員を動員して土地を調査した。そして、近代的土地所有権が認められる土地制度を確立したと宣言した。

このようにして、土地所有に必要な複雑な書類を具備し、期限付き申告制の煩雑な手続きをふむことで、ようやく所有権が認定された。したがって、これを忌避したり、機会をのがした韓国人の農地や、公共機関に属していた土地は、ほとんど朝鮮総督府の所有になった。

不法に奪取した土地は全国の農地の約40％にもなった。朝鮮総督府はこの土地を東洋拓殖株式会社などに引渡し、韓国に移住してきた日本人に安い値段で払下げた。

いわゆる土地調査事業の実施は、韓国農民の生活を大きく脅かした。従来、農民はすでに土地の所有権とともに耕作権を所有していたが、これによって多くの農民は土地の権利を喪失させられ、地主に有利な期限付き契約による小作農へと転落してしまった。

さらには、大多数の農民が零細化して小作農となった。このようにして、農民たちは高利貸の犠牲となり、生計維持のため、火田民になったり、満洲、沿海州へと移住しなければならなかった。

［下巻123-124頁］

ふたつの教科書は、中学校用、高等学校用という違いがあり、編纂、刊行された時期が20年も離れているのだが、内容的にはほぼ同一と言ってよい。朝鮮近代史を教授するさいの、不可欠な定式もしくは常識になっているのであり、中学・高校で同じ内容を繰り返し学習もしくは刷込みするわけである。付言しておけば、土地収奪を述べた節の次は、中高ともに食料収奪、産業侵奪、民族抹殺政策が並べられている。

このような、朝鮮総督府が実施した土地調査事業で多くの土地が奪われ、朝鮮農民が没落し、東洋拓殖株式会社をはじめとする日本人大地主が誕生したという言説を、とりあえず「土地収奪論」と名づけておく。

「土地収奪論」によれば、土地収奪の過程は次のように説明される。

1. 土地収奪が可能になった原因として、土地調査事業当時の朝鮮農民は複雑な申告手続きなどに慣れていなかった、総督府は多くの未

届け地が発生するだろうことを見越して、朝鮮の農民たちにあえて複雑な期限付き申告を強要し、申告した者だけに土地所有権を認定するという手続きをとった、また、総督府への協力を拒んであえて申告をしない農民も多く存在した。
2. その結果として総督府の思惑どおりに大量の未申告地が発生し、村の共有地や公共機関の土地などとともに、それらはすべて国有地として総督府に没収された。
3. このようにして作り出された膨大な国有地は東洋拓殖株式会社をはじめとする日本企業や日本人たちに安価で払い下げられ彼らの手に渡った。
4. そのため多くの朝鮮人農民はそれまで耕していた土地にたいする権利を否定され[1]、土地を逐われた。耕作していた土地を奪われた農民たちは、より不利な条件で小作人となって高率小作料を負担するか、火田民(焼畑農業を行う農民)となって貧しい生活に追いやられるか、さもなければ日本内地や中国東北部などに流亡するしかなかった。

これを整理するとポイントは次のようになろう。

Ⅰ 悪意のある申告主義
Ⅱ 膨大な未申告地などの国有地化
Ⅲ 国有地の日本人への払下げ
Ⅳ 朝鮮農民の没落と流亡

このような内容で定式化され常識と化した土地収奪論にたいし、経済史研究者たちから実証的な研究に基づいて、土地調査事業による土地収奪という「常識」を否定する見解が1990年前後から相次いで提起されている[2]。個別の研究にたいするコメントはしないが、それらの研究成果が蓄積された今日においては、日帝による暴力的、計画的な土地収奪を主張することは実証的、学問的な裏づけを失ったと言ってよい。それでもなお、土地収奪論は国史の常識として存在しつづけている。

そのような現状にたいし経済史研究者のひとりである李栄薫は、土地収

奪論は「国史の神話」である、すなわち事実に基づいていない誤った民族主義的自国史理解であると批判する[3]。彼によれば、土地収奪論は学術論文としては日本で発表された1955年の李在茂論文[4]にはじめて登場したものとされる。その後、韓国国内で土地収奪論が定着していく過程として、歴史教科書がまだ検定によって採択されていた1962年に歴史教育研究会という団体が作った中学校用国史教科書に土地収奪論がはじめて登場し、67年の別の教科書にもそのような記述が引き継がれたが、検定教科書であったため、すべての教科書が40%土地収奪論だったわけではなかった。しかし、国史教科書が国定となり一種類しか存在しなくなった74年からは耕作地の40%に相当する面積が収奪されたという40%収奪論が定説として記載されるようになった。この時期は朴正煕政権の「維新」の時期であり、民族主義が「この上なく吹き荒れた時期」であったため、「歴史家たちはこのような時代の趨勢に批判を行うことなく順応し」[5]た、と述べる。

　李栄薫は「その時から今日まで三十年以上にわたり、関泳珪が［1967年に］作り出した四〇％収奪説が定説として教科書に掲載されてきました」[6]と簡単に触れるに留めているが、40%収奪論は全斗煥政権期である1982年の高等学校用の第1種教科書[7]『国史　下』においても引き継がれた。それについては引用文のとおりである。

　しかし、87年の民主化闘争の成果として大統領直接選挙制と任期5年再選不可を骨子とする憲法改正が実施され、その新憲法に従って選出された盧泰愚政権を経て1993年からは金泳三文民政権が発足し、教育課程も大きく変化する。1996年から実施された新教育課程では、それまで社会科と別に国史科を教科として立てていたのを改め、国史もまた地理などと並んで社会科のなかの1科目とされた。それでも中学校と高等学校での必修科目としての扱いは残った。その1996年版においても高等学校用第1種教科書である『国史　下』でも「土地収奪論」の叙述に変化はなく、40%収奪論の記述もまたそのまま継承された。朴正煕政権が過去のものとなった時期においても土地収奪論の記述には変化がなかった。

　2002年版では、高等学校における社会科の1科目としての国史の扱いが大きく変化した。社会科の必修科目である「国史」のほかに、選択科目であり教科書も複数の検定済み教科書から選択できる「近現代史」が新設された。また、国史教科書の叙述方式が日本の多くの歴史教科書と同様な、原始―

古代一中世一近世、というような時代順ではなく、政治史、経済史、社会史というような分野別に記述し、近現代史は末尾に一章を設けて主要な事柄について記述する、という大きな変更があった。また、その記述内容においても社会史的な部分では、最新の研究成果も多く取り入れられている。ただし、中学校の教育課程では内容上の大きな変化はなく、単元ごとの整理や学習上のポイントなど、学び易さに配慮するとともに図表や挿絵などがカラーになったことが大きな相違点である。

　すでに、その近年において経済史研究者たちが、実証的に土地収奪論が根拠のないものであったことを明らかにしていたために、2002年版では40%収奪という表現は消えた。しかし土地収奪論の根幹部分には変化がなかった。高等学校用の「国史」で、該当部分の記述は次のようである。

　　土地調査事業では農民は土地所有に必要な書類を準備して指定された期間内に申告してはじめて所有権が認められることとなった。しかし、当時、土地申告制が農民に知られてはおらず、申告期間も短くて手続きが複雑であり、申告の機会を逃がした人が多かった。日帝がこのような煩雑な申告手続きを選択したのは、韓国人の土地を奪うためのものであった。その結果、日帝は、未申告土地はもちろん、公共機関に所属していた土地、村や一族が所有する土地と山林、草原、荒地などもすべて総督府所有としてしまった。そして、このように奪取された土地を東洋拓殖株式会社をはじめとする日本人の土地会社や個人に安価で払い下げた。

　　日帝の土地調査事業によって農民は多くの土地を奪われて期限付き契約による小作農に転落した。土地調査事業が終わった1918年には、わずか3%の地主が耕作地の50%以上を所有し、小作をしなければ生きていけない農家が77%にも達した。この過程で以前の小作権は認定されず、地主の所有権だけが認定され、地主制が強化された。そのため、小作農は50～70%にも達する高率の小作料を出さねばならない状況に立ち至った。

　表現は若干変わっているが、先述の4つの柱は変化していない。また、前後の文脈からは、3%の地主というのは東拓ないし日本人地主を意味す

るものと誤読しやすい記述になっている。小作地の比率も50%以上とされ、40%収奪論を否定したものとは認めがたい。

　再言するが、今日の研究水準では、申告制のために多くの未申告地が発生したという議論は1990年代の研究成果によって実証的に否定されている[8)]。また、村や一族が所有した土地は所有主体が法人格を備えていない場合は、共同名義などで申告されたことが明らかになっている。新しい研究成果は無視されているのである。

　要するに、これらの記述で主張したいことは、農民の土地を奪って日本人と親日朝鮮人地主に分け与えたということなのである。土地の払い下げを受けて新たに誕生した日本人地主たちと総督府の施策に協力して土地所有権を認定された一握りの親日的朝鮮人地主たちが、利益を貪ったという歴史理解であり、日帝による土地収奪論に加え、「3%の地主が耕作地の50%以上を所有」することになった社会的、階級的矛盾が発生したことを述べている。つまり、総督府に協力した親日派、既得権益層への批判が付け加えられており、当時、遡及法まで作って旧親日派財産の没収を進めていた政治的運動を学校教育において正当化するという政治的文言が書き加えられたことに他ならない。学術的研究の結果として土地収奪論がいまだに教科書に書き継がれているというよりも、その時々の政治的要請に絡みつつ、日帝と「親日派」の悪行を若い世代に注入することに政治的および教育的意義を感じる人々が、いまだに韓国の歴史教育における多数派として存在していることを意味するものである。学術的研究成果と、教科書記述や国民的「歴史認識」は無関係なのだ。

　ところで、土地収奪論は、韓国だけでなく北朝鮮においても公式見解になっている。平壌で発行された日本語による朝鮮歴史概説書においては、申告主義の土地調査事業によって日本は100余万haの土地を奪った、と記述されている[9)]。100万haは、1910年当時に推計されていた全国農地面積240万町歩の40%に相当する数字である。

　李栄薫は、史実とは大きく反する土地収奪論の発生と定着を、戦後に発生したものであり、それを歴史教科書に記述することで社会に流布させ定着させてしまったことは、あくまでも民族主義に突き動かされた韓国人歴史家の責任であると受け止めている。

　しかし事態はもう少し複雑である。4つの柱から構成される土地収奪論

の系譜をたどるならば、実は1930年前後にまで遡ることができる。さらに、発展段階論を前提とした朝鮮社会経済史における封建制有無をめぐる議論と重なり、近代的土地所有権確立以前、すなわち土地調査事業以前における朝鮮王朝における土地国有論ないしは公有論と、土地私有論をめぐる議論にもつながっている。

今日、朝鮮近代史研究において、収奪論と近代化論は、研究者の間では学説史的な議論として片づけられ、植民地近代論などへと議論は進展している。しかし、収奪論のもっとも重要なポイントのひとつであるとともに歴史教科書にも大書特筆されてきた土地収奪論がどのようにして発生したのかについては、李栄薫の指摘した時期よりも前に遡って論じたものがないのである。

ここで、結論を先取りして述べておこう。土地収奪論は朴政権期の高揚した民族主義だけが生んだものではない。総督府統治下の朝鮮において、眼の前に展開されている農民の貧困、農地も仕事もなく流民へと転落した人々の悲惨な有様にたいする怒りと告発、そして、あるべき将来の社会を構想しつつ社会的使命感に突き動かされた朝鮮研究者、日本帝国主義の罪悪を告発せんとした善意の良心的研究者など、同時代の社会矛盾への使命感と自らの過去への贖罪と責任の意識、すなわち善意と良心によって構築された歴史の虚像なのである。

## 2　紛争地発生の論理——総督府の認識

土地調査事業に関連して、旧来の朝鮮における土地・地税制度にかんする和田一郎の『朝鮮土地地税制度調査報告書』が刊行されたのは1920年である。和田は、「今是等ノ大典ニ拠リ土地ノ制度ヲ見ルニ、大体ニ於テ高麗朝ノ制度ヲ踏襲シテ公田制度ヲ採リ、籍田、禄田、職田、功臣田、廩田、屯田、祭田、学田、宮房田等ヲ設ケ、尚時代ノ推移ニ伴ヒテ私有制度ヲ認メ其ノ権利ヲ公認シタルモノナリ」[10]と述べ、朝鮮時代には当初は公田制、すなわち土地にたいする受益権者設定が国家によって行われていたが、時代の推移とともに土地私有権が公認されるようになっていたことを明言している。言い換えれば、朝鮮末期、土地調査事業以前において土地はすでに私有制度が公認されていたということになる。

さらに、土地調査事業に伴って発生した所有権紛争について、総数1910万7520筆にたいし、紛争地として調査されたのは3万3937件、9万9445筆であり、0.5％であったと述べている。そのうち、所有権紛争、ことに国有か民有かが争われたのは、6万4449筆と、ほぼその3分の2を占めた。その国有地紛争がなぜ発生したのかを説明するために、和田は、同書のかなりの部分を割いて、さまざまな国有地紛争の種類とその原因について説明している。そして、そのような国有か民有かをめぐる紛争が発生したのは、朝鮮王朝の官衙や宮房(王族の生活や祭祀を担当する機関)、王室の財政機関が収税していた田土の存在、さらに帝室財産と国有財産の区分が明らかではなかったことなど、朝鮮時代の土地制度と地税制度に原因を求めている。土地収奪論では、総督府が土地調査事業によって農民の土地を奪おうとしたために、国有か民有かをめぐる紛争が発生したと説明される部分である。ところが、それらの多くは帝室財政を支える宮内府内蔵院の所属であり、それを「公共機関に属していた土地」と言い換えるのには、いささか問題がある。
　朝鮮王朝当初の財政制度では、王室、宮房、官衙、学校、駅など、およそありとあらゆる国家機関に、その運営費用などを賄う目的で、さまざまな名目の田土が付属されていた。また、地方在住の両班士族階層には、騎兵、甲兵として軍事力の中核となることが期待されていたため、軍田の名目で5-10結の免税地が認定された。さらに、官吏にはその位階に応じて田土からの収租権を分与する科田法が高麗末期に実施されていた。しかし、まもなく支給すべき科田が不足してしまい、現職官吏だけを対象に官収官給で田租相当分を支給する職田法へと変更されるが、これもまた16世紀には実施されなくなっている。
　16世紀前半の明宗代には、権臣や王族への海浜、荒蕪地などの利用権を与える折受が始まる。壬辰倭乱(文禄・慶長の役)以後には、戦乱による田土の荒廃と財政収入減少を補うために折受が拡大した。荒蕪地や耕作放棄地について官衙や宮房が折受を申請してその土地に対する権利を獲得しておき、開墾もしくは再耕地化された後に所有権を主張、「税」を徴収するようになったり、土地台帳ともいうべき量案では荒蕪地、耕作放棄地とされているが実際には開墾されたり再耕作されたりしている土地を折受されて所有者として小作料相当を要求するなどの事案が発生した。

そのような土地では、当然、開墾者もしくは耕作者と官衙・宮房とのあいだで所有権をめぐる紛争が発生した。所有権が耕作者にあるならば田租、大同など種々の租税負担を併せても収穫量の6分の1から10分の1程度であるが、小作であるなら所有者にたいし収穫量の半分を出すことが通例だったからである。

そこで、まず粛宗14年(1688)に国王の子女にたいする田土の支給は、田土を折受によって与えるのではなく、それを買い入れるための代価を支給することとし(給価買得制)、粛宗21年(1695)には乙亥定式が定められた。乙亥定式では、折受地に上限を定めるとともに1688年以後の折受地は革罷するものとし、土地は原則として民有地と認定して収租権相当分(田租、大同などで国家に納入する額に相当する一結あたり米23斗程度と算定)だけの徴収を認めた。しかし、それでも、寿進・明礼・於義・龍洞の四宮房と明善・明恵の二房が1688年以前に折受をうけていた田土と、国王が賜与した田土は例外とされたため、所有権の帰属はすべての田土について明確にされたのではなかった[11]。

1894年から実施された甲午改革にいたって、従来の官衙・宮房に属していた土地の免税特権を廃止した。そのため収租権を分与されながらも田土は特定されず、相当分の租税が納入されていた無土免税地は消滅した。他方、買得によって明確に官衙・宮房などに所有権のある土地は官衙などの敷地と同様に国有地とみなされた。問題は所有権の所在が曖昧な有土免税地であった。それらの田土は、旧所属官衙や宮房が廃止されたために、新たに設置された度支部や軍部、農商工部、宮内府内蔵院などに管理、収税が移管された。次いで大韓帝国期には皇帝権限の強化とともに、国家機関による所有権が明らかな土地はもちろんのこと、それまで有土免税地であっても民田ないしはそれと同等な土地と観念されていた多くの土地も含め、一括して帝室の財政機関である宮内府内蔵院へと集中された。そして帝室の財政強化を目的として強権的に内蔵院の所有地＝国有地として取扱われ、それに相当する小作料が賦課されるようになる[12]。そこでは国有、民有をめぐる紛争が激発した。

併合以前、1907年に起きたハーグ密使事件を問責して締結された第三次日韓協約によって日本人官吏が韓国内政全般をも掌握していく。多くは帝室財源として宮内府経理院(内蔵院が改称)に付属されていたこれらの国有

田土については、今後の重要な国家財源のひとつとして調査が進められた。具体的には、宮中と府中の財政上の区別を原則に立て、帝室財産に分類されるものと国有財産に分類されるものを区分した。その過程において、内蔵院や宮房などに所蔵されていた各種帳簿類などの調査が行われ、その存在と規模がおおよそ確認されていく。その規模は帳簿上の計算によれば隆熙2年末現在で10万3179町歩であった[13]。

これらの田土を駅屯土と総称したが、1909年8月に刊行された『韓国財政概況』では「駅土ハ古来各地ニアリタル駅站経費ヲ支弁スル為メ設ケラレタル国有地ニシテ光武十年[1906、引用者]駅站ノ制度廃止ト同時ニ之ガ管理ヲ農商工部及軍部ニ移シ、光武八年[1904]更ニ宮内府経理院ニ於テ管理スルコトトナリ、又屯土ハ以前ヨリ帝室ノ所有ニ属シ経理院ニ於テ之ヲ管理シ、共ニ之ガ収租ヲ為シ来タリシガ、前記ノ如ク度支部ニ於テ掌理スルコトトナリ」と説明される。駅站廃止の年次が誤りであるが（正しくは1895年）、屯土は本来さまざまな官衙や宮房が経費補塡のために所有もしくは設定していたものである。

しかし、1909年の時点においては、それらの土地が帝室もしくは官衙によって所有されていたのか、それともたんに収租権のみを認定されていたのか、その区分にたいする明確な認識はなかったようである。『韓国財政概況』では先の引用に見られるように、駅土は国有地、屯土は帝室の所有で収租する土地とされているが、その記述の次に掲げられた道別、水田・田の地目別の一覧表は、「国有地面積及小作人員概算表」とされており、駅屯土と一括された土地にたいしては、土地所有権が国家にあるという理解であったことを示している。

たとえば、駅の運営と駅吏の生活、さらに馬の飼養のために各駅には駅位田や馬田が設定され、免税地とされていたが、駅站が廃止されたことに伴って駅位田は農商工部、馬田は軍部の所属とされ、次いで度支部と内蔵院に移管されたものである。これらの田土は隆熙元年（1907）に設置された臨時帝室有及国有財産整理局によって度支部だけが収税などの管理にあたることとされ、翌年からはその小作料収入が国庫の歳入とされた[14]。

『韓国財政概況』が作成されていたであろう1909年8月以前の時期は、一昨年に発生した高宗によるハーグ密使事件のような、皇帝によって秘密裏に進められた主権回復のための抵抗運動を財政的にも封じ込めたいという

日本側の意図が伏在し、皇帝からの秘密資金提供などの動きを事前に抑え込むためにも帝室財産は一括して度支部へと移管されねばならなかったのであろう。また、国有地にすることで保護国経営に必要な財政収入を少しでも多く確保したいという動機も存在したはずである。そのためには、それぞれの土地にたいして国家機関の有している権利が具体的にどうであったのかを、朝鮮における土地制度の歴史的な沿革を解きほぐしつつ、その上で一筆ごとの土地について「近代的所有権」に相当する権利を有する主体がだれであるのかを確認するよりも、とりあえず一括してそのまま国有地とし、小作料を財政収入として確保しておくほうが簡便な方策だったのである。

　併合後である1911年2月に臨時財産整理局[15]から総督に提出された『臨時財産整理局事務要綱』7頁所載の表(「財産ノ種類数量及見積価額」)では、田畓だけでなく火田1271町歩が追加されて、10万4450町歩と見積もられている。なお、備考として、「本表ノ外、山林、原野、陵園、墓位土等アルモ、所在数量詳ナラザルヲ以テ掲記セズ」とある。その後に発見された田畓に加え、王陵の境界内側にある農地、高麗以前の王陵、地方の社稷壇、文廟［郡県の郷校に設置されているものを指すか］などの敷地や付属地などもまた国有地とされ、同書40-41頁所載の表によれば3万2346町歩が追加されている。追加分の内訳では山林が2万8279町歩、87%、ついで原野2381町歩、7%を占めていた。その結果、併合以前の調査によって国有地と認定された土地は、総合計で13万6796町歩となっている。

　しかし、帳簿上での帝室財産確認と国有財産への移管は、所有権なのか収租権なのかが曖昧な土地をそのままにして政治課題として強行されたという点で、大きな問題をはらんでいた。それが土地調査事業で露呈される。

　その点について、和田一郎の『朝鮮土地地税制度調査報告書』によれば、次のようないきさつによってさまざまな性格の田土が宮内府経理院の所有地になったとされる(引用文の改行は引用者)。

> 斯ク各営衙門ノ屯田ノ如キハ其ノ公田［国有地］ナルト民田［民有地］ナルトノ区別ニ拠リ、賦課ノ率ヲモ異ニセルニ拘ハラズ、当該営衙門ノ官吏ハ規定ヲ無視シ、往々民田ニ対シテ公田ト同率ノ屯税ヲ賦課シ、而モ其ノ賦課ノ名称ハ何レモ之ヲ収税ト称セルヲ以テ、遂ニ両者相混同シテ其ノ区別全ク判明セザルニ至レリ。

斯クテ李朝開国五百三年[1894]税制改革ノ結果、屯田ニ対スル免税ノ特典ハ之ヲ廃止シ、従来戸曹以外ノ官庁ニ於テ土地ニ賦課シタルモノ皆之ヲ賭租ト称セルニ因リ、屯田ノ収税モ亦賭租ト改メラルルコトト為レリ。続テ賭租ヲ賦課シタル土地ハ公田ナリトノ理由ノ下ニ、従来徴税権ノ付与ニ止マリタル民田ヲモ総テ公田トシテ之ヲ取扱フガ如キ誤認ヲ生ズルニ至レリ。

而シテ是等ノ各屯田ハ開国五百三年各営門等ノ廃止ニ因リ、度支部、宮内府、軍部等ノ管理ヲ経テ内蔵院ノ管理ニ移リ、内蔵院ニ於テハ全部官有地トシテ之ヲ取扱ヒ従前ニ比シ稍高率ノ賭租ヲ課シタリ。即チ田畓ヲ通シ一負ノ地ニ租二斗又ハ銭一両六銭ト定メ、捧税官及収租官ヲ派シ頗ル強圧ノ手段ヲ以テ賭租ヲ徴収シタル結果、漸ク人民ノ反抗ヲ招キ到ル所官民間ノ衝突ヲ見、騒擾極マル所無クシテ遂ニ内蔵院ハ全ク人民ノ怨府ト為レリ。其ノ後数年ニ亘リ何等ノ落着ヲ見ズ。

隆熙元年[1907]ニ至リ遂ニ国有ニ編入セラレ、引続キ日韓併合ニ渉リ長ク国[と]民[の]間ノ紛争ヲ存スルニ至ラシメ、朝鮮土地調査ノ進行ト共ニ漸次其ノ査定ヲ見所有権ノ帰属ヲ明ニセラルルニ至レリ。16)

　和田の主張は次のように言い換えられる。甲午改革による政府機構と徴税制度の改編にともない、従来から田土が付属されていた国家機関が廃止され、その田土は新設された官衙へと移管され、さらにその多くは韓国皇室財政を担当する内蔵院へと再度移管された。そのような経過を経て多くの田土が内蔵院所属の官有地とされた。しかし、官有地とされた土地のなかには、もともと民有地であって田税だけを特定の官衙・宮房などに納入すると定められていたもの(民田)と、土地所有権そのものが官衙・宮房にあるもの(公田)という違いがあり、租税負担にも違いがあったのだが、その違いが長年にわたる徴税担当官吏の不正によって曖昧にされ、本来は民田であった農地においても公田のような扱いをうけるようになってしまっていた。内蔵院はそのような経緯の違いを無視して、すべて官有地(公田)と扱い課税しており、それが官民の間で紛争を引き起こしていた。そのような所有権にかんして問題を抱えている土地が多く含まれていたにも拘らず、帳簿上の記載だけを鵜呑みにした統監府は、内蔵院の所属地を1907年に国有地としてしまった。それが併合後、土地調査事業の進行によって

所有権の帰属が明らかにされたというのである。

　ただし、事態はたんに官吏の不正だけによるものではなく、朝鮮王朝における国家の土地把握のあり方に起因するという指摘がある。宮嶋博史によれば、「十八、十九世紀を通じて宮庄土、衙門屯土にたいする国家の統制は、次第に強化されていく」のであって、「宮庄土は、宮屯、有土免税、無土免税の三類型に整理されていく」と指摘されている。そして「これら三類型の中では、宮房が所有権まで保持していると考えられた宮屯を一方の極とし、民人の所有地であり、宮房は国家の収租分にあたる収益権のみをもつと考えられた無土免税の土地を他方の極として、有土免税はこれらふたつの極の中間に存在しつつ、多様なあり方を示した。そして基本的には有土免税は、宮屯型と無土免税型とに両極分解していく趨勢にあったと思われる」[17]と述べられている。さらに、無土免税地は、特定の土地に固定されるのではなく、その認められた結負数を郡内などで適宜に割付け、数年ごとにその割付け地も変更し、かつ徴税も宮房などから人を派遣して行うのではなく、郡県の守令の責任によって官収官給するものとされたものであり、甲午改革によって消滅している。

　和田は公田、民田の二類型だけを提示しているが、宮嶋の指摘する有土免税の土地が、所有権確定において紛争地になったわけである。所有権者が曖昧でありながら特定の土地にたいして宮房などが権利を保有している有土免税地は、必ずしも私的所有権の成長が未熟ないし官吏の不正に起因するものではない。すでに見たところであるが、17世紀における折受や賜与によって設定された官衙や宮房の田土は、必ずしも所有権の所在が明確だったわけではない。事実としては官衙や宮房が折受されたことを根拠に耕作者たちから税なのか地代なのか必ずしも明確ではない額のものを徴収していた、という土地だった。このような折受地内部においても、耕作者は事実上の土地所有者として、土地売買を行っていたであろう。粛宗代の規定は、宮房田などの免税地が際限なく拡大し国家の財政収入が減少することへの歯止めと、それ以後の折受地は国家が収税するのと等しい額（1結あたり23斗）を徴収できるという収租権のみの分給であることを定めたものだったのであり、所有権者の明確化を目的としたものではなかった。

　極端な言い方であるが、朝鮮王朝の土地支配体制としては、個別の土地の所有者が誰であるかを明確に確定しなくても、しかるべき税額がしかるべ

き機関にきちんと毎年納入されていればよかったのであり、「異積同税」である結負制(1結＝100負の面積が土地の肥沃度に応じて異なり、一等田では1結≒1ha、六等田では4haであったが、田税額は等しかった)による土地把握はそのためであった。

　加えて、土地売買が行われて当事者間では売買文記を作成していても、官への届出が煩雑であることから必ずしも官に届け出ていない場合も多く(白文記)、官への登記制度が不徹底であったために量田台帳である量案だけでは所有者が分明ではないものがあった。さらに、大韓帝国によって実施された公武量田事業は完成を見るにいたらず、宮房などが所有する田土の管理人(導掌)の権利も売買の対象であり、彼らの取り分もまた土地への権利として重なっていたのであった(この導掌権は有償廃棄された)。

　国有地か私有地かの紛争が発生したのは、それまでの帳簿上では民有地であることが明確に証明しにくい有土免税地である宮房田に集中するのは、そのためである。また、租税相当分だけを納入していた有土免税地であっても、光武期には内蔵院によって屯土や宮庄土などの国有地同様の収税地とされた事例も広く存在した。

　他方、もともとは官衙の屯田として設定されていた田土であっても、不正に売り払われることで民有地と化してしまっていたものもあった。このような事情もまた、今日の研究水準で異論の余地なく確認されているところである。

　さらに、宮房田とされていた田土のなかには、地方官が賦課しようとする雑多な地方税を逃れるため名義上宮房などへ寄進(投托)されていたもの、民有地が宮房などの土地に紛れ込んでいた(混奪)という場合もあり、さらには一筆の土地が宮房田と民田に分割されていたりなど、土地調査事業による現地での一筆ごとの調査に拠らなければ、所有権の実態が解明できなかったのである。

　そのような問題を抱えた土地が各地に存在していたことは事実なのだが、国有地が過大に計算されていた1910年当時においても全耕地の5％に過ぎなかったことに注意したい。95％を占めた一般の民有地においては、両班地主とその小作人、あるいは自作農民や自小作農民たちのあいだでは、それぞれの耕作する土地が誰の土地であるのか、一定の共通認識が存在していたのである。そうであったがゆえに、いちいち官に届出することなく当事者間での売買書類作成とそれまでの売買文書の引き渡しとによって土地

売買が成立していたのであり、在地の村落社会の人々には、一筆ごとの所有者が誰であるか、十分に把握されていたのである。

また、醴泉郡の咸陽朴氏家の文書によれば[18]、長期間小作人として耕作していた者は累代の下人出身の者であり、他は数年間で他所に移動、その後また戻って別の耕地を数年耕作というように、小作人の出入りが激しかったことも明らかになっている。それでも所有地の売買や管理、相続が可能であったのは、一筆ごとの土地にたいする明瞭な所有の観念が存在し、それを裏付ける売買文記などの証明文書が存在していたからに他ならない。また、小作契約にかんする調査[19]によっても、小作契約の成立は口頭による約束が大部分であって、すでに小作地となっている場合、地主、小作人のいずれかがとくに反対の意思表示をしない場合は、ほぼ自動的に翌年にも継続されるというのが一般的な慣習であり、朝鮮人地主の場合、土地調査事業があったからといって突如として契約期限付きの書面による小作契約に変ったわけではない。さらに、とくに契約書を取り交わさずに翌年も同じ土地の小作をしていたからといって、永小作のような権利が保証されていたのではなかった。

また、宮嶋が有土免税地における所有権の問題として指摘しているところであるが、総督府による小作慣行の調査によっても、すでに宮房などが折受されていた荒蕪地や耕作放棄地を別の者が開墾あるいは再耕作地化したような場合、すなわち有土免税地に相当するような耕地の場合、その開墾者に一定の権利が認められてその耕地を転貸したり、永小作のような形態で耕作したりなど、特殊な事例が発生している[20]。しかし、これを一般化してすべての耕地において開墾権ないしは永小作権が存在していたとすることはできない。

そして、和田の同書第三篇では「朝鮮ニ於ケル文記其ノ他ノ証書ニ就キテ」と題して、土地売買、贈与、貸借、小作権など、朝鮮時代に作成されていたさまざまな文記(契約書)を紹介している。そして、耕地面積について、明治43年(1910)時点で水田(畓)84万988町歩、畑(田)132万1369町歩、休閑地・焼畑23万7484町歩、総計239万9842町歩という数字を掲げている[21]。

そのうち国有地として認定されたものは、上述のように本来は民有地に区分されるべきであったものが誤って国有地と認定されてしまっていたものも含めて、13万町歩余りにすぎない。これらの数字は官衙・宮房な

どが所蔵する帳簿類から算出したものであり、実測値ではないが、240万分の13万は約5％でしかなく、しかも、その大部分は以前から王室、宮房、官衙の所有地であったと了解されていた土地だったのであり、一部は光武期に強権的に内蔵院の所有地へと編入された土地であった。紛争地が全筆地の0.5％であったことがそれを示している。

大韓帝国期における皇帝権力の財政基盤拡大のための内蔵院による強引な内蔵院庄土への編入、それらを精査せずに政治的理由からただちに国有地と認定してしまった財産整理局の認識不足など、旧韓末以来の政治的な事情から所有権をめぐる紛争の火種は醸成されていたのである。そのような問題を内包していたとはいえ、それまでに社会的、法的にも承認され成長してきていた土地私有の権利は、収租権的土地支配の最終的廃絶、絶対面積の測量と地券交付による所有者の確定という、形式のみならず内実もまた近代の経済社会に適合したものに代えられて、公的に承認され継承された権利となったわけである。

では、40％収奪という数字はどこから出てきたのか。240万町歩の40％が96万町歩となり、100万haにほぼ近い。すでに述べたところであるが、韓国の歴史教科書記述と北朝鮮の「公式見解」は奇妙に一致する。しかし、土地調査事業が終了した1918年時点で課税地は424万9000町歩余りとなり、前年の課税地286万7000町歩余りと比較するとほぼ1.5倍に増加している。そのうちで一括して駅屯土と称されて国有地になっているのは、1912年末15万2297町歩を頂点として、翌年には係争地2万2千町歩を民有地と認定したり、鉄道・道路用地として提供するなどのために1914年3月末で12万4121町歩と減少し、以後も若干ずつ減少して事業終了後である1919年3月末では、11万5317町歩でしかない[22]。比率にしてわずか0.2％にすぎないのである。

しかし、李栄薫が述べているように、1955年以前には、そのような土地収奪論は無かったのか。実は、土地調査事業が朝鮮農民から土地を奪ったとする論理は、1930年前後にまでさかのぼれる。

## 3 土地調査事業批判の形成——植民地地主制批判の論理

和田一郎をはじめとする総督府の土地調査事業担当者の認識と方法は、

朝鮮末期において土地は私有されていたのであり、地主小作関係もまた、地主の土地所有権のもとに広く展開していた、というものである。そのような理解の下では国有地もまた法人としての国家が私有するものでしかない。それまでの公権力による土地把握には把握目的の理念的相違や方法および技術的不十分さ、さらに量田にさいしての在地社会の諸事情(土地の等級や結負設定において守令・郷吏と在地士族、さらには宮房・官衙などとのそれぞれの力関係によって実際との相違が発生する)などから、ただちに近代的所有権と同質のものが存在したとは言いがたいが、かならずしもそれまでの朝鮮社会における土地私有権の歴史的到達点を否定するものではなかった。
　有土免税地のような曖昧な存在[23]、官衙・学校などに付属されていた各種の位田がいつのまにか売却、消滅していたり、量田台帳が必ずしも実態を反映しておらず、台帳に載っていない耕地も多く存在していたり、結負による把握もまた在地社会における力関係で田品を低く見積もることで、つまり、最良である一等田であれば100負相当の田租を負担すべき田が六等田と評価されることで25負相当の田租負担ですませるということも、可能だった。これを面積でみると、4ha相当の田地が1ha相当と把握されることを意味する。帳簿上の計算で240万町歩と算定されていた全国の田地総量が、実測の結果400万町歩をはるかに越えたという事実は、そのように考えることで説明できるのである。統一的な法制度を形式的平等のもとでくまなく施行するという近代法治国家を運営する側の観点から見るならば、田制の紊乱は甚だしかったと評されても致し方あるまい。それでもなお、99.5%の筆地で所有権紛争が発生しなかったことに注目すべきだろう。国家の定めた法典や国王の命令は尊重されこそすれ、各国家機関や在地社会はそれとは別にそれぞれの論理と利害で動き、慣習と力関係の均衡によって適宜に調整されていくというのが前近代の国家統治の事実なのである。厳格な田品の決定と徹底した量田を実施し、隠余結をすべて摘発して課税してしまったならば、地主層である両班士族の猛反対を引き起こしただろう。あるいは徹底した戸口調査を実施し、課役対象となる成人男子を根こそぎに把握して職役を課してしまったならば、それは民に息をつく隙を与えない苛政に他ならない。いずれも仁徳を掲げた国王の政治ではない。
　それまでは漠然と慣習として行われていたり伏在していた土地制度上の

問題が、土地調査事業によって顕在化したのであるが、その理由は、次のようである。徹底した土地調査を実施したことで、全国土の土地面積と地目を明確な数値と分類をもって把握できるようにし、それに基づいて形式的には平等な課税が実施された。近代的な一物一主の原則を貫徹させ、宮房田などに存在した導掌権のような重層的な権利を有償で廃絶し、一筆ごとの実地調査と測量に基づく絶対面積の把握と地価算定、所有者への地券発行、そして地価に基づいた課税を行うことで、近代的土地所有権へと作り変えたのである。土地調査事業はたしかに朝鮮社会における土地所有権の到達点を無視したわけではなかったし、土地略奪を意図したものでもなかったのだが、近代社会の前提である形式的平等性は、必ずしも実質的な平等をもたらすものではない。

しかし、土地調査事業の結果として経済的強者である地主資産家に有利となった現状、農地の過半が小作地[24]であったばかりか、土地調査事業の進行とともに小作地や小作農民が増加していたという同時代的な農村問題にたいする批判が発生してくる。日本の地租改正においても、金納定額地租であったために、地租改正終了後1880年代前半の松方デフレ期には、地租未納や借金未返済を理由に、多くの土地喪失者が発生し地主制が急速に拡大していた史実を想起されたい。土地調査後の朝鮮で課された地税率は1880年代日本内地の2.5％よりも低く、地価の1.3％ではあったが、80年代の日本と比べても農業の商業化や市場経済への転換が進んでいなかった朝鮮農村社会にとって、豊凶による減免もなく、収穫物を換金する手間までもが必要な定額金納地税は重い負担だったのだ。

加えて、19世紀朝鮮では土地生産性の低下と山林荒廃に起因する洪水のために耕作不能地の増大のために、人口は長期的な減少趨勢にあったが、20世紀に差し掛かるころからふたたび人口増加へと変化していた。しかし、都市の商工業が労働力を十分に吸収できるだけの成長を遂げていない状況下では、人口増加はただちに農村における過剰人口の累積を意味した。

これらの事情は、農地が金融の担保となり（しかも利率は農村社会の慣行では年利50％が一般的であった）、自由な商品化の対象となったときに、自作地・自作農家の減少と小作地・小作農家の増加をもたらしただけでなく、農村過剰人口の累積により小作条件の悪化をも招く。

土地調査事業の歴史的意味付けについて、1929年に出版された京城帝

293

大講師津曲蔵之丞「朝鮮に於ける小作問題の発展過程」(京城帝国大学法文学会『朝鮮経済の研究』所収)では、李朝末まで「封建的土地公有形態」が続いていたとみなし、地主の土地私有は「単に収租権を所持していたに過ぎない」のであって、その「従来収租し来った土地に対し私有権を確認せらるることとなった」[25]が、それまで耕作していた「直接生産者は土地所有者(国家にしろ私的権豪にしろ)との身分的従属並に土地の隷属から自由にせらるると共に彼らは又次第に自分の労働力以外に売るもののない賃労働者に没落せざるを得なくなった」[26]と述べ、1914年には田畓合計で全体の52%、150万町歩が小作地になっていることを示した。

また、1933年の朴文圭「農村社会分化の起点としての土地調査事業について」(京城帝国大学法文学会『朝鮮社会経済史研究』所収)では、「全国的規模において土地の近代的私有権を樹立し、以て農業生産の発達を期するためには、唯、氷炭相容れざるふたつの方法しかなかったといふことである。ひとつには、従来土地の現実的保有者たり耕作者であった農民をば犠牲にして過去の収租権者を土地私有権者とする方法と、他のひとつは、土地の現実的保有者であり耕作者であった農民を土地私有権者とすることによって封建的収租権者を清掃し、以て自由なる農業の発展を期するという方法。だが、土地調査事業を規定した歴史的諸条件は、遂に、朝鮮における近代的土地私有制度の確立をして前者の方法によることを余儀なくせしめた」[27]。そして、「農民の貧窮化が広さ深さにおいて遥かに拡大深化していることいふまでもない。副業農家、兼業農家の増加、離村農民、内地への出稼農民、国外への移住農民の増加は、要するに半封建的な零細農および小作関係の拡張再生産と農民の貧窮化の一結果にすぎない」と結論づけた。

ここに紹介したふたつの論文は、若干の違いはあるが、土地国有ないしは公有制度の下で直接生産者・耕作者であった農民が事実上の土地保有権を有していたにもかかわらず、総督府が実施した土地調査事業においては耕作農民の権利は否定され、ほんらい収税・収租の権利だけをもっていたにすぎない地主たちが近代的土地所有者として認められ、その結果、土地を失った農民たちは小作人・賃労働者へと転落、さらには内地、国外への流亡を余儀なくされた、という主張になろう。ただし、2論文とも、その土地が日本人地主に与えられたなどとは言っていない。収税権ないし収租権だけを保有していた地主とは、朝鮮王朝社会の支配階層であった旧両班

士族たちを主要な構成員とする朝鮮人地主であることは論を俟たないであろう。ここでは、収租権的土地支配が近代的所有権へと転化したという主張に注目しておこう[28]。

ふたつの論文によって描かれたものは1930年を前後する同時代の朝鮮社会問題分析なのだが、これはとりもなおさず資本主義の勃興過程において進行される農民層分解と賃労働者階級の形成が朝鮮において過酷に進行中であるという現状認識を示すものであり、地主のもとに集積された富が産業資本へと転嫁していく資本の原始的蓄積過程そのものが描かれたのである。

つまり、1930年を前後するこの時期、京城をはじめとする諸都市の近代的様相と貧民窟の形成という矛盾、米穀の日本への大量移出とうらはらの農村の貧困という矛盾、日本資本による近代的企業設立、農村過剰人口として国外への出稼ぎや移住を余儀なくされる人々、という近代資本主義の成立過程に生じる諸矛盾を、その本国以上に拡大して経験している植民地朝鮮の現状を前にするとき、封建制から資本主義への移行という世界史的な発展法則に朝鮮社会が植民地半封建制という二重の重荷を架せられて巻き込まれ、多くの人々が苦悩している現状と、その原因である植民地権力による資本主義化の強行、それに伴う朝鮮農民の没落と苦難を告発することが、ふたつの論文のメインテーマなのである。

世界史的な発展法則、すなわち封建制から資本主義への必然的な移行は、朝鮮においても進行しつつあり、それが現今の社会矛盾や諸問題を理解する鍵であるとするならば、朝鮮における発展段階論としての「封建制」の存在が立証されなければならない。封建社会における階級関係である領主的土地所有と農民的土地所有の対立の存在を朝鮮史に検出する必要があるのだ。そのときに、旧両班士族家門が多くを占める朝鮮人地主たちを目の前にしながら、19世紀における彼らをただちに封建領主として把握することの困難さと、はんらいは耕作者である農民に権利があり、彼ら地主たちの土地にたいする権利は植民地権力によって作られた虚構であることを証明することというふたつの問題を解決するために、朝鮮王朝では土地国有制ないしは土地公有制だった、という解答が考案されたのである。

そのうえで、総督府が実施した土地調査事業は、国有ないし公有であった土地所有権に基づいた領主的土地所有すなわち収租権的土地支配を、近

代的土地所有権として認定したために、農民的土地所有が否定されて農民の困窮が始まった、という主張なのである。

　そして、土地調査事業を経た朝鮮社会の現状は、封建的領主農民関係を清算せずに近代的地主小作関係へと書き換えたゆえに半封建的であり、くわえて日本の植民地権力によってそのような措置が強行され地主的権利だけを擁護したために植民地的でもあると理解される。つまり、1930年前後の朝鮮を植民地半封建制社会と規定することになる。したがって、そのような現状把握から必然的に導き出される政治課題は、植民地からの脱却すなわち独立回復であり、半封建制である地主小作関係を解消させる農地解放のふたつということになる。また、それゆえに、朝鮮農村社会に階級矛盾を出現させた施策である土地調査事業は「農村社会分化の起点」と位置づけられるのである。「土地収奪論」を構成する柱のⅣがこのようにして成立した。これは、学問的にも政策論的にも、別々に考察されるべき事柄であったものが、現状批判の性急さに起因して、連続する因果関係と把握されてしまったことを意味する。

　そのような誤った因果関係の把握は、歴史理解をも規定する。まず、土地調査事業以前に存在した封建制的階級矛盾として、国王・国家から収租権を分与された両班階層（＝封建領主）対現実的土地保有者であり耕作者である農民（農奴）、という階級関係を想定するならば、両班階層の地主的な土地への権利と耕作農民の土地への権利は異質なものでなければならない。しかし、現実には、両班士族の土地所有権や土地売買と、一般農民の土地所有権と土地売買は、手続その他を見ても、「民田」としてまったく同質なものであった。土地がすでに地主的私的土地所有あるいは耕作者による私的土地所有の対象であり、土地の私有と売買が法的にも同質に認められていたという事実は、在地社会における事実上の力関係はあったとしても、基本的には同じ所有権であった。それでは困るのだ。「世界史の普遍的な法則」が朝鮮には貫徹していないことになってしまうのだ。一方を収租権とし、他方を耕作権のような異質な権利としないならば、領主的権利と農民的権利がひとつの土地をめぐって階級的に対立し、経済外的強制によって領主的権利に基づく貢租徴収が行われていなければならない封建社会の階級構成の論理と整合しなくなってしまう。

　それゆえ、土地調査事業に先立つ19世紀の朝鮮社会を発展段階論的に

説明しようとするとき、封建制以前の社会発展段階であったとする封建制欠如論＝朝鮮社会停滞論を選択するか、土地国有・公有論に基づいて収租権分与を以って封建制であったとする朝鮮封建社会論を取るか、という二者択一問題になっていたのである[29]。ただし、この二択問題はあくまでもマルクス主義の歴史観に立つ場合なのであって、総督府官僚であった和田一郎のような立場の者には、それが両班士族の所有地で小作に出している土地なのか、耕作農民の所有地なのかという区分は意味のある区別ではなかった。いずれの場合でも売買文記などの記録や旧量案などで民田であったことが確認できれば、等しく私有地として処理するにすぎなかったのである。

ここまで見てくると、当時進行中であった日本資本主義論争、すなわち明治維新以後の日本社会を半封建的絶対王政ととらえる講座派（共産党系）と、不十分ではあったがブルジョア革命であったと把握する労農派（社会民主主義系）とによる、日本社会の現状把握とそこから導き出される政治的課題設定をめぐる論争が想起される。対象は異なるとはいえ、発想と分析ツールにおいて講座派の日本近代社会把握と相似形であったと言えよう。

ところで、マルクス主義の発展段階論を強く意識した議論とは別に、地主的権利をそのまま所有権として認定するのではなく、耕作者に土地を分け与えて農地解放すべきであったという見解もまたすでに存在していた。1923年、朝鮮通ともいうべき日本人である青柳南冥（綱太郎）は『朝鮮統治論』で、

> 併合後、当時寺内総督は、此大いなる問題に向って宜しく武断主義の本領を発揮せざるべからず、庶民も亦大に之を期待したり。故に不幸なる鮮民は総督政治に跪拝して、此不法なる官没吏没の田土の回収を哀訴し、地方民の此問題の為め京城に来去する者、其数実に夥だしく、当時寺内伯が変通自在の武断政策を以て、根本的に是等の社会問題を解決し、横領奪占の莫大なる土地は、之を所有主に還付し、王族両班が一種の権力を以て兼併したる土地は、之を人民に解放して新政の主義を発揮せば、人民は翕然として新政治に帰服したらん、然れども寺内伯は漫然として之を顧みず却て従来悪政を幇助し悪政を実行したる両班を優待し或は一党一派を優遇したのは実に庶民の意外とせし所なり[30]

と論じた。

　青柳は日本による朝鮮統治を前提として、不正な手段によって王族、両班たちが農民から取り上げていた土地を旧所有主や耕作者に解放したならば、総督府の統治が朝鮮の庶民から支持されていたであろう、と論じた。王族、両班たちが不正に農民から土地を奪っていたとの指摘が注意を引くが、素人政談の域を出るものではない。

　床屋談義は別として、実証的な外交史研究者として知られる田保橋潔は、満州大同学院研究所の人々にたいし総督府第三会議室にて1943年10月に行った講演をまとめ加筆した『朝鮮統治史論考』で、併合後の社会矛盾について次のように述べた。「韓国時代より徐々に行われて来た社会的経済的分解作用が併合後急速に表面化し、それが農村に及ぼした影響は深刻なるものがあります。其詳細を説明することを略しますが、朝鮮の穀倉とも云ふべき忠清道・全羅道・慶尚道、所謂三南地方を初め、農業中心地方の土地は続々日本人の大地主の手に移り、之がため朝鮮人の貧農が農村を離れて、大都市に流入して浮浪民となり、或は人口疎薄なる北鮮に移住して、更に満洲・沿海州に流浪するものが増加すると云ふ不幸なる現象が著しくなったことであります。此種の流民が妻子を伴ひ、貧しい財産を背負ひ、当もなく流浪する有様は悲惨の極で、涙なくして見ることが出来ないのであります。東洋拓殖株式会社や朝鮮殖産銀行が不動山金融を命として設立せられたのは、決して大地主の土地兼併を目的としたものではありませんが、之等の無産農民が東拓や殖産銀行に深刻なる怨恨を懐いたことは事実でありまして」(31)と語り、併合後の諸施策によって無産農民、流民を発生させたという認識、また、植民地金融機関からの不動産金融が日本人大地主の成長と無産農民の怨恨を招いたとの認識を示している。

　青柳と田保橋とでは論点と表現は異なり20年以上の時間的隔たりもあるのだが、併合後の寺内総督時代の諸施策(具体的には土地調査事業)が農民の利害を配慮しなかったために、朝鮮農民の没落が急速に進行したという認識(柱のIVに相当)が、朝鮮に暮らす日本人知識人に存在していたと見てよいのではないか。また、田保橋の講演では、払い下げではなく金融的手段によるのだが、日本人大地主がその時期に成長し朝鮮農民が土地を失ったという指摘は見逃せない。柱のIIIに類似する指摘である。戦時下の総督府庁舎内での講演という事情を勘案するならば、相当に激しい土地調査事業

298

批判と言わざるをえない。

　他方、マルクス主義者であるとともに殖民政策の専門家であった細川嘉六が執筆し、東洋経済新報社の企画した「現代日本文明史」全18巻の第10巻として1941年に刊行された『植民史』では、土地調査事業を次のように評価した。

　　この大規模な土地調査によって全鮮の土地に私有権が確立せられ、土地に商品性が与えられて土地売買が自由、容易になったのであるが、同時に土地調査の過程は(一)半封建的生産関係の編成確立と、(二)農民の土地喪失を伴った。
　　まず半封建関係の編成・確立について述べると、従来李期の擬制的な土地公有制の下に納租権者として事実上の封建的土地所有者であった官僚貴族に対して、大土地私有と封建的高率地代＝小作料の徴収に対する法的確認が与えられると共に、従来官僚貴族の下に現実的、世襲的な土地占有者であった農奴(佃夫)は土地占有の世襲制を奪われて土地から解放され、小作契約という近代的な外被の下に、地主に対して封建的地代に他ならぬ高率小作料を納める義務を持った小作人となった。要するに官僚貴族と佃夫との封建的関係の本質は、土地調査によって法的に確認され再現するに至ったのである[32]。

　ここで朝鮮社会は封建社会であったとしつつも、土地国有あるいは公有とは表現せず「擬制的な土地公有制」という説明に注意したい。つまり、土地の私的所有を認定しうる表現なのである。引用文に続いて細川は「つぎに農民の土地喪失について説明すると、「土地調査令」は第四条に於て[中略]申告主義を定めているので、官僚豪族等は従来一村、一族の共有地であった莫大な森林、原野、草原や農民の実際の私占地までも勝手に自己の所有地として申告し、この過渡期に際して広大な土地を集中した」[33]と申告主義が両班官僚層によって悪用されたと批判し(柱のⅠにほぼ相当する)、つぎには国有地の創出についてつぎのように述べる。

　　また従来の民有地であっても、手続の違反や挙証の不充分の為に「投託地」や「混奪入地」はことごとく宮庄土として国有地となり、その

面積だけでも田畑と蘆田が二万六千八百余町歩、山林原野が一万九千四百町歩、家舎が百九十余戸、宅地が五十余町歩に上り、また駅屯土として国有地に編入された耕地面積は大正元年において約十三万四千町歩に達し、その収入は租税につぐ大きな財源であったという。

またこの変動期に所謂土地会社の大土地占取も行われ、後になると低廉な価格で土地会社に払下げられた国有地も多かった。

かくの如く農民が喪った従来の共有地や私占地は、国有地として集中されたのである(かくして形成された大土地所有については第五章に於てのべる)34)。

細川の言う第五章は「財政及び特殊金融機関」と題され、朝鮮銀行、朝鮮拓殖銀行、そして東洋拓殖株式会社の土地所有や金融について説明されており、ここで言う土地会社とは東拓であることが分かる。

つづく第六章では、「農村状態及び工業労働」と題され、「既述せる如き李朝時代の封建的土地所有体制が、明治四十三年より大正七年に至る前後九ヵ年の年月を要して完成された土地調査の過程において、拡大的に維持強化されたことは小作料の割高と、地主の増加に現われるところである」35)とし、「また五十町歩以上の大土地所有者をみれば内地人の占める割合の相対的に大きいことに驚かざるを得ない」36)と述べる。ここで留意すべきことは、上述の津曲論文、朴論文が指摘した農民の両極分解の起点としての、そして半封建的な土地所有を確立させた土地調査事業という歴史的評価に加え、膨大な国有地が土地調査事業で創出されたとの指摘、そのようにして作り出された国有地が東拓や日本人に払い下げたという、それまでは指摘されなかった批判が付け加えられていることである。

この細川の『植民史』によって、土地調査事業で採られた申告制が土地収奪の原因になったという指摘、さらに朝鮮農民から土地を奪い取って国有地とし(柱のⅡ)、それを東拓のような土地会社や日本人に安価で払下げることで日本人大地主が出現したという指摘(柱のⅢ)が出揃うのである。それらは「土地収奪論」に用いられた個別の「史実」が出揃ったことを意味する。つぎには、申告制が国有地創出のための悪意あるものであったとふたつを繋げれば、土地収奪論の神話が完成する。

土地収奪論は、同時代の日本人にかなり共有されていたようで、京城帝大教授として朝鮮経済を専門とする鈴木武雄が1942年に刊行した『朝鮮の

経済』(経済全書13、日本評論社)では、次のように述べる。

　　この近代的土地私有制度の確立は、土地私有権者の確定に当って、土地の現実的保有者であり耕作者であった農民を土地私有権者とするのではなく、上述した封建的土地所有者即ち収租権者がそのまま近代的土地私有権者とせられた点に、農政改革上の見地からは極めて不徹底なものであったと言わねばならぬ。これは日本内地の明治初年に於ける土地改革と比較しても、十分に首肯され得るのである。かくて、今まで現実的な土地占有者であり耕作者であった数百万の農民が土地の占有権を失い、契約に依って地主と耕作契約を結ぶ単なる小作農民に再編成された。従前収租権者の介在なく直接国家に納租した農民も、従来の「公田」が国有地に編入せられた結果、例へば国有財産となった駅屯土の小作人の如く、多くは矢張り小作農となり、また従来の帝室有財産であった宮庄土の大部分が国有財産に編入せらるるに当り、投託地及び混奪入地にして証明の明らかでないものはすべて本来の宮庄土として国有地に編入せられた関係上、自作農たるべくして小作農となってしまったものもあらうし、更に土地調査事業が所有地の調査に関して一般に申告主義を採用した結果、従来の慣習上土地所有の何たるかを未だ十分に解しなかった農民にして、所有証明の不十分と所定手続きの不履行のために、当然私有し得べき土地を失って小作農となったものも多かったであろう。かくて、従前収租権者の介在しなかった農民でそのまま耕作地の所有権者となり所謂自作農となったものは、本来の占有者から見ると決して多数ではなかったと考えられるのである。[中略]

　　このやうに、土地調査及びそれに基づく近代的土地所有制度の確立は、朝鮮農村問題の権威久間小作官に依れば、「過去に於ける土地の現実的保有者であり、且つ耕作者であった農民をば犠牲にして時の収租権者をして直に、土地所有権者とする方法によって行われたもので、其の結果は、少数の収租権者と富農が土地を取得し、大多数の農民は土地から離脱せしめられた」のであるが、「之等農民の土地よりの離脱は、直に農業生産に於ける資本家的方法をもたらしたのではなかった。土地を失へる大多数の農民は、都市労働者、又は農業労働者とし

て、吸収さるる素地を有しなかった当時の朝鮮に於ては、再び封建社会からそのまま移行されて来た、零細農的生産様式の下に、純然たる小作農として再編成され、今日見るが如き半封建的な小作関係に入り込んだのである」(久間健一『朝鮮農業の近代的様相』昭和十年刊、三頁)。37)

　この鈴木の議論は、上述の津曲や朴文圭の立論と同様に、従来の両班士族らの土地所有は収租権的支配に基づくものだったのであり、それを近代的所有権と認定したことに朝鮮農村の貧困の原因を見出すものであると同時に、総督府官僚でもある久間健一の文をも引用することで、その立論を固めた。また、収奪論の柱Ⅰ(悪意ある申告主義)を認定するのみならず、Ⅱ(未申告地の国有化)も認めていた。
　鈴木は、土地調査事業が零細小作農による地主制を確立させたことについて、日本人ないし日本資本の利害関係が反映されていたとも指摘している。「既に土地調査事業以前より多数の内地日本人が半島に来って土地に投資していたゐた事実を没却することは出来ないのである。［中略］それが更に発展して遂に土地調査事業に依る土地所有制度の確立となったのであって、かく考へて来ると、高い地代を目的として直接土地に投資せられた資本乃至は高い利子を目的として農業に貸出された資本、又はそのような投資若しくは貸出に向はんとする資本にとっては、前近代的な零細小作農の再生産に依る高率小作料の移行存続と云ふことが却って望ましいことであったと見るべきで、ここに朝鮮土地改革の特殊の性格が認められるのである」38)。近代的所有権の確立を掲げながら、実は日本資本、日本人地主の利害が絡みついていたという指摘は、1942年時点としては、精一杯の批判であっただろう。これは田保橋の日本系金融機関批判とも通底するものである。

## 4　土地調査事業にたいする評価——戦後日本における朝鮮史研究での扱い

　1967年に出版された『朝鮮土地地税制度調査報告書』影印版に「解説」を執筆した旗田巍は、「本書が提示した見解の基本的部分(土地国有論)はそのまま今日の研究にまで継承されている」と述べ、和田が土地調査事業の業務担当者(臨時土地調査局総務課長、紛争地審査委員長)であったという総督府官

僚としての立場から土地国有論を採用し、「その公田論が近代的土地国有論に飛躍し、国有地創出の理論になっている」と評した。

しかし、すでに述べたように、和田の報告書を見る限りでは、従来から王室や宮房、国家機関などが権利を有していた土地が国有化の対象となったのであり、郡県からの徴税逃れのために何がしかの上納金とともに名義だけを寄付した宮房への投託地の場合は民有地とされている。その他の民有地にたいしては、地主と小作の関係に立ち入ってどちらに権利を与えるかということ自体が検討されていない。むしろ、「時代ノ推移ニ伴ヒテ私有制度ヲ認メ其ノ権利ヲ公認シタルモノナリ」と私有権が公認されていたことを述べており、紛争地は全筆地の0.5%、国有地とされたのは全田土の5％未満であったことを想起するべきであろう。逆に、「公田論が近代的土地国有論に飛躍し、国有地創出の理論となっ」たという旗田の解説こそが、飛躍した論理であると言わざるをえない。

繰り返すようだが、和田一郎すなわち朝鮮総督府は土地国有論を主張したのではなかった。逆に、土地調査事業によって植民地半封建制が成立したとするマルクス主義的な現状分析、そして朝鮮農村に近代的地主所有権を確立させるとともに膨大な零細小作農民と農村の貧困をもたらしたと批判する現状認識、このふたつの理解を両立させて説明しようとする人々が土地国有ないしは公有、擬制的な公有、という土地国有・公有論を提唱したのである。そのような理解は京城帝大、総督府の中にも存在していた。

さらに、マルキストではない人々のなかにも、青柳、田保橋のように、朝鮮在住の日本人のなかには寺内総督時代の施策すなわち土地調査事業が中心となった諸施策が、朝鮮農民の貧窮を招いたという認識が存在し、言明されていた。

1951年に旗田巍が刊行した岩波全書『朝鮮史』では、土地調査事業について次のように述べる。同書はそれまでの総督府、京城帝大などの研究成果に依拠しつつも、同時代的に進行している朝鮮戦争の最中に、朝鮮半島の歴史を多くの人々に紹介したものである。戦後日本における朝鮮研究において、学説的な標準として受容された朝鮮史入門書と評価できる著作である。

　　元来、朝鮮には土地の近代的所有はなかった。広大な土地が王室・宮院・官庁・書院・両班に属し、全体として官人層が土地に対する支配

力をもっていたが、かれらは土地の管理をせずに収穫だけを取り、管理は舎音という差配にまかせ切りであり、しかも舎音が何段にも重って中間で搾取し、収租の権利の主体すら明白でなかった。一方土地を耕す農民は代々土地を耕してはいても、奴婢あるいは無権利な常民であって、その土地を自己のものとするまでには成長していなかった。土地所有そのものが未熟な状態にあったのである。したがって土地所有を証明するに足る文書・記録は整わず、面積の単位は区々であり、土地の境界もあいまいであった。また同族や村落の共同所有地が多く、その場合には所有者を見出すことも困難であった。[中略]日本資本主義が朝鮮を支配するためには土地の自由な処分と所有権の確立が緊要であり、そのためには細部にわたる徹底的土地調査が必要であった。問題は何によって所有権を認め、誰に土地をもたせるかという点である。この土地調査では、一定期間を限って、所有者に土地の所有を申告させ、その申告に基いて所有権を確定した。そのために期限内に申告しなかったものは土地を失い、宮院・官庁に投托して農民が耕していた土地は国有地となり、一族・一村の共有地が有力者あるいは国家の土地に変り、うまく立ちまわったものは法外の土地を取得した。国有の耕地・山林は驚くほど巨額に上り、一部の両班が大土地所有者となり、多くの農民が土地を喪失した。土地調査は近代的土地所有権を強力的に成立させ、それによって日本人の上地取得は保証されたが、大多数の農民は生活の基盤を奪い去られた。耕地も山林も失った人々は、新たに地主と小作関係を結ぶか、故郷を捨てて放浪せねばならなくなった。農民の手から離れた土地は、何よりもまず国家の手に集中され、その一部は東洋拓殖会社その他の日本人の土地会社や移民に安く払下げられた。国家の強力な保護の下に、日本人の大農場が生まれた。39)

旗田の記述では、土地所有そのものが未熟な社会にたいして、期限付きの申告制を採ったことで、膨大な国有地が生み出されたという論旨であり、国有地拡大のための悪意ある申告主義とそのようにして生み出された国有地の払下げ（柱のⅡとⅢ）、それによる朝鮮農民の困窮と流浪（柱のⅣ）という評価が示されている。収租権的所有という言葉は用いられていないが、それと同様の土地支配、もしくは、個人による所有権が未熟で共同所有の

「アジア的共同体」段階にとどまっているという歴史理解を念頭においていると見てよいだろう。これで1955年の李在茂論文を待たずして、「土地収奪論の神話」はすべてのパーツが揃ったのである。しかも、そのパーツはすべて日本語で書かれ、多くは日本人によってアカデミズムの権威とともに作られたものであった。

　また、1968年に刊行された渡部学編『朝鮮近代史』では、「多くの農民は、代々その土地を耕作していても土地所有者とはみなされず、その土地を失うことになった」とし、「土地調査事業による「近代的土地所有権」の確立は、植民地的な奇形的階級分化をうながし、大多数の農民は小作農に転落し、一部の農民は小作農にさえなることができず、土幕民や火田民になった。また一部の農民は都市に流入し、賃金労働者の隊列に加わった。在日朝鮮人の増加もこの時からはじまった」[40]と述べている。同書では「李朝末期に、土地の私的所有が広範におこなわれていた」と述べて、土地国有論の立場を採るのではないが、耕作者たる農民ではなく両班士族たちに土地所有権を認めたことが多くの農民の没落、土地からの遊離、さらには日本などへの移住原因になったと見る点では、上で紹介した津曲、朴論文、そして細川の『植民史』、鈴木の『朝鮮の経済』、そして旗田の『朝鮮史』と同じ論理なのである。しかし、理論的整合性から封建制論立論のために土地国有、公有論を唱えた津曲、朴に比べると、土地国有論、公有論では奴隷制以前の「アジア的専制国家論」になってしまい停滞論を受け継ぐことになってしまうと考えたからなのか、「土地の私的所有が広範に認められていた」と言う。そうであるならば、なぜ土地所有権があったはずの朝鮮農民が小作農に転落するのか、「植民地的な奇形的階級分化」という何も説明したことにはならない説明でお茶を濁している。むしろ、田保橋のように、不動産金融の問題を指摘するほうが、筋道として明快である。渡辺本人もよく分かっていなかったからなのであろう。理論的には津曲、朴よりも後退もしくは退化してしまった。さらにつけ加えるなら、1960年に日本語訳がでていた金錫亨の論文（注26を参照されたい）が理解されていた形跡は見られない。

　さらに、1971年の山辺健太郎『日本統治下の朝鮮』では、「土地調査では、耕作者の所有権は認められず、執租権者に土地所有権をみとめたのであった。そのため耕作者が世襲的な土地の占有権を失い小作人になってしまった。［中略］こうして耕作者が土地を失い、旧官僚の土地収奪が法的に公認

されたのである。朝鮮農民の没落はここにはじまったといっていい」[41]と、収租権者に所有権が認定されたと述べることで、渡辺以前の津曲、朴の段階に戻っている。なお、旧官僚の土地収奪が法的に公認された、という理解は、青柳の論じたところとも同じである。理論的に無自覚なのか無頓着なのか、事実認識において後退ないし退化したことにさえ気づいていない。

つまり、土地の私有論、国有論、いずれの立場にせよ、朝鮮総督府すなわち日本人が実施した土地調査事業によって、両班階層に偏って土地所有権が認められ、実際の耕作者であった農民から土地が奪われた、そして土地を失った彼らの一部は流民と化し、満洲、沿海州、そして日本内地へと流れて行った、という論理は、1930年前後から1970年代まで、日本語で執筆された朝鮮研究の著作物に共通して繰り返される朝鮮史理解であった[42]。

## 5　歴史認識の枠組みの問題——むすびにかえて

ここで、少し議論を変えて、なぜ旗田は、和田一郎が国有地創出のために土地国有論を唱えたという、誤読あるいは曲読をした解説を書いたのかを考えてみたい。すでに土地国有論ないし公有論、すなわち両班地主たちの土地への権利は収租権（山辺は執租権）にすぎないという議論は、朝鮮史における封建制存在論のために構築されたものであったことを述べた。

北朝鮮の学界で資本主義萌芽論が提唱され公式化される1970年代以前は、日本人研究者のみならず、韓国・朝鮮人研究者のあいだにもまた、朝鮮社会は日本と比較して歴史発展が遅れていたのではないかとする停滞論が残存していた。併合以前の朝鮮社会について、土地私有の観念すら薄弱で封建制以前の藤原時代に相当するという福田徳三の断言だけでなく、封建制が存在したと主張する人々であっても、封建制は十分に成長しないままに終わった、とする議論が主流であった。白南雲のように高麗が封建社会、李朝は絶対王政と論ずるのは、むしろ異端的であった。

このような朝鮮史イメージのなかで、朝鮮社会の歴史的発展段階を分かりやすく日本史のなかに当てはめて考えるならば、荘園制を廃絶した太閤検地以前の社会、すなわち荘園制が全国的に展開していた古代末から中世末に相当するというイメージ、すなわち、作人を検地帳に登録して耕作者に所有権と年貢納入義務を認定するとともに、ひとつの土地にたいし貢租

を取り立てる権利を持つ領主をひとりだけに限定した太閤検地以前の社会、というイメージになるであろう。

　旗田が述べたような「管理は舎音という差配にまかせ切りであり、しかも舎音が何段にも重って中間で搾取し、収租の権利の主体すら明白でなかった。一方土地を耕す農民は代々土地を耕してはいても、奴婢あるいは無権利な常民であって、その土地を自己のものとするまでには成長していなかった」という重層的な土地への権利と重層的な中間収奪というイメージは、日本中世の荘園における、荘官・預所・本家・領家というような幾層もの寄進による官人ないし貴族による土地支配のイメージと相似形なのである。

　後年、旗田は自著である『朝鮮史』について、「戦後の日本では最初の通史であったためか、かなりの反響を呼んだ。[中略]韓国の学者は大体好意的にうけとめてくれたが、北側の宣伝に乗せられている面があるという批判もあった。私として気がかりだったのは、姿勢や評価を改めながらも、事実認識において主として戦前の研究におぶさっていた点である。伝統的朝鮮史像を改めるのに努力したつもりであったが、従来の研究に頼ったところが多いために、古い歴史像から抜けられなかった点が少なくない。とくに停滞論を脱していない点[中略]など、大きい欠陥があった。数年前に、全面的にかき改めることにして、これを絶版にした。気に入らない点がつぎつぎにみつかり、自分でもよむのが苦しくなり、また社会のためにもならないと思ったからである」[43]と評しており、先に引用した部分における「土地所有そのものが未熟な状態だった」という部分などが、それに相当するであろう。

　旗田の中にあった停滞的朝鮮史像を脱しようとする力みと、朝鮮総督府の施策を告発しようとする政治的主張が先行し、そして土地所有そのものが未熟だったという誤った理解と、土地調査事業の時期に急速に地主制が拡大したという事実と併せられたとき、未熟な土地所有権であったために土地収奪が可能になった、という論理が導き出される。

　それに続いて、国有地創出と大土地兼併を可能にさせた悪意の論理として、総督府側の担当者であった和田から土地国有論が主張されて、その結果として耕作する農民の権利は無視された、という土地収奪論の論理が構築されたものと推測される。1950～60年代当時における実証研究の不足に加え、政治的立場と歴史認識、さらに社会運動までもが混然一体であっ

307

た、当時としては当然の、今日的にはより慎重であるべきであった学問と政治主張の距離の近さが招いたものであろう。

　旗田巍は学問の人であったが、それ以上に政治的熱情を持った人だったのだろう。広く受け入れられ、版を重ねていたにもかかわらず、「社会のためにもならないと思ったから」絶版にした、というのは、彼がきわめて誠実な人柄であったことを偲ばせるが、逆に、「社会のためになる」のであれば、史実と異なっていてもよかったのだろうか。そこには、「国史の神話」を生んだ土壌と相似した学問と政治の距離感の無さ、あるいは、歴史学、社会科学における客観性、記述する自分の価値意識にたいする無自覚さが指摘できる。このような問題は旗田個人の責任というよりも、「客観的かつ普遍的な世界史の発展法則」に寄りかかって進められた日本近代の歴史学が抱えた問題であったとするべきだろう。

　李栄薫が「国史の神話」と呼ぶ土地調査事業による土地収奪論は、韓国の民族主義的歴史学だけが生んだものではない。朝鮮社会停滞論に反発しつつ、朝鮮における封建制の存在を、マルクス主義的発展段階論を下敷きにして主張する研究者のなかから、すでに1930年前後に発生していた。それとは別途に土地調査事業のあり方とその結果を批判する人々がいた。そのような土地収奪論の原像を、実証的な研究が不充分なまま、戦後の日本における朝鮮史研究が継承し、日本で組み立てていたのである。40%収奪を主張した李在茂論文が1955年に日本で公刊されたのは、故なきことではない。そのパーツとなる4つの柱は、すでに日本語で書かれていたものなのであり、日本語で発表された、そして、多くは日本人研究者の手になる朝鮮研究の延長線上のものだったのだ。

　それが、日本において権威ある大学の学術雑誌に掲載された論文であったことから、韓国と北朝鮮にも輸入されて公式化された。土地収奪論は、日本帝国主義を告発するとともに[44]、日本帝国主義の被害者である韓国・朝鮮人の立場を鮮明にする歴史記述、そして、朝鮮人である自分がなぜ日本で差別を受けて暮らしているのかを説明する在日の自己理解のための歴史論理として、良心と善意によって構築されながらも政争の具にまで成り果てた歴史の虚像であった。

　今日的な研究水準では次のようである。

　　日帝の支配とは、申告がなされなかった隙を狙って土地を略奪し、地

税を可能な限り搾り取るという低次元的な水準の植民地統治に依拠していたのではなかったということである［中略］。日帝の支配は、一定の近代法的装置と行政的合理性を前提とする巧みな植民地統治の網を張り巡らせ、単純な略奪ではなく市場と行政制度を通して剰余を吸収し、長期的には民族同化政策を画策するというものであった［中略］。日帝は土地調査事業を通じて収奪を断行しようとするよりは、植民地支配のための基礎を整備しようとしたのである［中略］。土地調査事業も地主制の成長のための有利な足場を作った。私的所有権に対する制限条件の消滅、登記制度による土地を担保とする貸付の増加、地税の均等な賦課は、地主制の成長に有利な環境を提供した［中略］。日帝下の地主制は、近代法的な土地所有と発展した商品市場を前提とするが、同時に都市工業部門の雇用創出力が制限され、膨張した農村過剰人口が借地競争を熾烈に展開する段階に存立基盤を求めており、植民地母国との農工分業の中で展開し得たのである。このような点で、資本主義へと発展する過渡的な局面で展開し、植民地的な規定性を受けた農村の生産関係だと考えられるのである。[45]

　つまり、近代社会の基本要素である形式的平等と合理性、競争的市場経済が植民地支配の基礎として導入されたとき、朝鮮の農村社会における零細な自作、自小作農民は、そのような競争的経済環境の中では持ちこたえることが難しかった。そして都市工業部門の未成長という状況で、かつ本国との農工分業へと傾斜していく過程で、資本と技術に不足する朝鮮においては、過渡的な局面として地主制に適合的な状況が創出され、地主制が成長しえたと説明されている。また、高度な経済発展を遂げた現代の韓国の視点からは、地主制は植民地的規定性の下でのより高度な資本主義への過渡的段階だったとされるのだ。ここからは「植民地近代(性)論」の議論になる。しかし、それは本稿の課題を超えるので、ここまでとしよう。


注
1) これは朝鮮農民は所有権を持たないが、耕作権を持っていたという重大な事実誤認を前提としている。広範な自作、自小作農民の所有した

自作地の存在は無視されていると言わざるを得ない。私奴婢ですら耕地を所有できたのが朝鮮社会である。
2) 裵英淳「韓末日帝初期の土地調査と地税改定に関する研究」(ソウル大文学博士学位論文、1987年、韓国語)。
宮嶋博史『朝鮮土地調査事業史の研究』(汲古書院、1991年)。
趙錫坤「土地調査事業における近代的土地所有制度と地税制度の確立」(ソウル大経済学博士学位論文、1995年、韓国語)。
金鴻植他『朝鮮土地調査事業の研究』(民音社、1997年)。
趙錫坤『韓国近代土地制度の形成』(図書出版ヘナム、2003年、韓国語)。
李憲昶『韓国経済通史』(須川他訳、法政大学出版局、2004年)。原著は同名書、法文社、1999年、韓国語、であるが、訳書は2003年の改訂版の内容による。
以下、韓国語による出版物については、書名などは日本語に訳し、末尾に韓国語と表示する。
3) 李栄薫「民族史から文明史への転換のために」(イムジヒョン、イソンシ編『国史の神話を超えて』ヒュマニスト、2004年、韓国語)93-94頁。
4) 李在茂「朝鮮における土地調査事業の実体」東京大学社会科学研究所『社会科学研究』7-2、1955年。
5) 李栄薫『大韓民国の物語』(永島広紀訳、文芸春秋、2009年)81-83頁。原著は2007年に刊行。
6) 前掲注5李書、82頁。
7) 第1種教科書とは政府機関である文教部などが著作権を持ち、同じく国家機関である国史編纂委員会に委託して1種類のみを編纂させた教科書であり、いわゆる「国定」教科書である。現在、同様の第1種教科書は「国民道徳」だけである。
8) 前掲注5李書、341頁、によれば、実際に発生した未申告地は全筆地数の0.05%にすぎず、また、地主たちか不正に自己の土地と偽って申告することも難しかったようだとする。
9) 『20世紀の朝鮮』(外国文出版社、2002年、平壌)30-31頁。あるいは、『朝鮮通史(中)』(外国文出版社、1995年、平壌)43頁、223頁の註2。これらはともに、北朝鮮の研究者によって執筆され、日本人と在日同胞のために日本語で出版されたものである。
10) 和田一郎『朝鮮土地税制度調査報告書』(朝鮮総督府、1920年)76頁。
11) 前掲注2宮嶋書、145-150頁。
12) 光武期に行われた内蔵院による国有地把握とそのための調査である光武査検、およびその土地制度史上における意義については、前掲注2宮

嶋書、227-231頁。
13）度支部『韓国財政概況』隆熙3年（1909）8月、21-23頁。
14）前掲注13度支部書、17頁。
15）臨時財産整理局そのものは前年9月の総督府官制の発布とともに廃止されている。
16）前掲注10和田書、300-301頁。
17）前掲注2宮嶋書、165頁。
18）『맛질의 農民들』（一潮閣、2001年）。
19）朝鮮総督府『朝鮮の小作慣習』（1929年）93-98頁。なお、本書は総督府嘱託善生永助の執筆になる。
20）前掲注19朝鮮総督府書、83-91頁、「特殊の小作方法」において、義州郡の原賭地、黄海道の数郡において行われる中賭地が事例として紹介されている。
21）前掲注10和田書、756頁。この数字もまた、結負で表示されている帳簿上の数字を、一定の比率を掛けることによって算出した数値である。
22）前掲注2宮嶋書、483頁。
23）たとえば、18世紀末に国王正祖が父親の墓がある水原に行くにあたり、冠岳山を越えていくのが最短であるが、道が険しいためにたいへんな困難を伴った。そこで回り道ではあるが平地が連続する始興経由の行程が採用された。途中で1泊するために始興には行宮が建築された。しかし、正祖の後には行宮として用いられなくなったようで、20世紀になるころには行宮のあったことを示す建築物や道路さえもが姿を消しており、地籍図からはその存在を窺うことはできなくなっていた。すべて、耕地と宅地に化していた。行宮のあったところであるから、その後も公的な管理が継続していたならば国有地になっていたはずの土地である。今日では市街地化してしまい、かつての行宮跡などまったく見出せない。始興市『始興行宮』（2009年）。
24）土地調査事業とともに、小作地比率が上昇しているが、従来の研究では、その理由について十分に検討されていない。さらには土地調査事業が有したとされる収奪性の根拠としても用いられている。しかし、それまでの結負による土地把握は、あくまでも収税のための面積設定であって、必ずしも厳密に実面積や肥沃度を反映したものではなかった。それゆえ、量田に際して在地の勢力関係によって操作可能なものであった。設定された結負はただちに納税額を意味するものであったから、同面積であっても低い結負の土地のほうが少ない納税額で済むのであり、経済的には有利な土地である。前掲注2宮嶋書では、1909年の公州財務監督局から

の報告として、次のような一文を紹介している（331-332頁）。

> 「両班又는勢力家는, 此를軽減한者有하며, 其甚者는既定한結数를擅히軽減한者, 其대로今日에至함이有하는故로, 同字同面積同位置에有하며, 然而同地目으로서, 甲은十負, 乙은三負라云함과如히不權衡은, 到処此아닌者無함이라. 此에依하야, 結数의減하는者, 民隠의比가아니냐」.

このような状態では、両班や勢力家などの有する農地すなわち小作地は、結負制の下では実際よりも相当に少なく見積もられていたであろう。ここからは推論であるが、土地調査事業期における統計上の急激な小作地比率の増加は、必ずしも自作農の没落ないし小作地の拡大に起因するものばかりではなく、それまでの結負制の不正操作による過少な地主所有地＝小作地把握が、実面積で把握されていくことで、小作地の面積が数字のうえで増加することで生じた部分も無視しえないであろう。今後の検討課題である。

25) 津曲蔵之丞「朝鮮に於ける小作問題の発展過程」（京城帝国大学法文学会『朝鮮経済の研究』東京刀江書院、1929年）328頁。
26) 前掲注25京城帝国大学法文学会書、330頁。
27) 朴文圭「農村社会分化の起点としての土地調査事業について」（京城帝国大学法文学会『朝鮮社会経済史研究』東京刀江書院、1933年）547-548頁。
28) 津曲と朴は、両班士族らの土地支配は、収租権支配に基づくものとする共通理解を示しているが、収租権分給の歴史的根源として、高麗最末期から15世紀中頃の世祖代まで実施されていた科田法を念頭においているものと思われる。しかし、科田法を改正して分給対象者を現職官僚に限定した職田法でも、16世紀には実施されなくなっていたという史実は触れられていない。たしかに17世紀以後には宮房などへの田土折受や有土免税の形式による収租権分給が発生したことは事実なのだが、それとても全国の田土の数％にも満たない微々たる量であった。したがって、両班官僚地主たちの土地所有を収租権分給から説明しようとするのは、まったくの事実誤認であることは論を俟たない。しかし、日本において高校生が学習の参考としている山川出版社『世界史B用語集』によれば、1995年時点で、世界史Bの教科書18種中、科田法を記載する教科書が3種存在している。また、科田法について、「官僚には官階に応じて科田を給し、小作人から小作料と税を徴収した」と説明している。現代日本においても歴史研究と歴史教育は、すくなくとも朝鮮史にかんしては大きく乖離したままであると言わざるをえない。
29) この二択問題のその後にかんして付言しよう。北朝鮮の学界において

は、すでに見たような土地国有論による封建社会論の立場を継承したのが朴時亨であり、地主の地位についても占有者であるとした。これにたいし土地私有論による封建社会論を提唱したのが金錫亨であった。金錫亨は、1955年に科学院『学報』社会科学編3号に掲載したものに加筆補充して、1957年の『朝鮮封建時代農民の階級構成』科学院出版社、付録「朝鮮中世の封建的土地所有関係について」との題名で公刊している（同書は、学習院東洋文化研究所から、末松保和、李達憲共訳により、1960年に日本語版が刊行された）。それによれば、封土制的な封建国家とは異なり、両班地主の支配権は完全なものではなく、［封建国家＋両班地主］の統一体が土地所有者であり、占有者である奴婢（他人の土地を耕作する良人を包含）を他の一方とする敵対的対立が一片の土地の上に系列的に立っているのが、わがくに封建社会の土地所有関係における典型的なものであり、それと同時に［封建国家↔良人農民］というもうひとつの所有関係も存在した。しかし、この2種類の土地所有関係において封建国家はその所有者の上に座し、その支配権行使の程度に差異はあるが、地主的存在であった。これはマルクスの言う「アジアでは国家が最高地主であった」という命題にも合致する。また、「アジアの封建社会においては租税と地代が一致する」というマルクスの命題も、地主に支払う小作料（地代）が地税を意味する租と呼ばれ、良人農民の所有地では剰余価値の大部分が税の名目で事実上は地代に相当する規模で収奪されたということで説明できる、とする。その後、封建地主階級は国がほろびた後にも日帝の庇護のもとで封建的土地所有関係を維持しながら、農民を封建農民に固着させるところに、自己の生活方途を求めた、とされる。その後の北朝鮮の学界では、金錫亨の学説が採用され、さらに1960年代からは封建時代末期における自生的な資本主義萌芽論が付け加わっていく。

30）青柳南冥『朝鮮統治論』（朝鮮研究会（京城）、1923年）191-192頁。
31）田保橋潔『朝鮮統治史論考』（1944年）164-165頁。なお、参照したのは龍溪書舎からの影印版である韓国併合史研究資料35、だが、それには残念ながら発行元を示す部分が欠落している。
32）細川嘉六『植民史』。ただし、参照できたのは1972年に細川嘉六著作集第2巻として理論社から刊行されたものであり、それの224-225頁。
33）前掲注32細川書、225頁。
34）前掲注33に同じ。
35）前掲注32細川書、297頁。
36）前掲注32細川書、299頁。

37) 鈴木武雄『朝鮮の経済』(経済全書13、日本評論社、1942年) 72-74頁。
38) 前掲注37鈴木書、74-76頁。
39) 旗田巍『朝鮮史』(岩波全書、1951年) 204-206頁。
40) 渡部学編『朝鮮近代史』(勁草書房、1968年) 166-168頁。
41) 山辺健太郎『日本統治下の朝鮮』(岩波新書、1971年) 36-37頁。
42) このような土地収奪によって農地を失い日本内地をはじめとする各地に流亡したという言説は、在日韓国・朝鮮人の自己認識、すなわちなぜ自分たちが日本にいるのかという理由付けになっている。金達寿『朝鮮』(岩波新書、1958年)では、「国の外に流れ出たその数は第二次世界大戦の終了までにソ連、アメリカ等の各国をも加えると約七、八〇〇万をかぞえ、早いはなしが日本にはいまもなお六〇万といわれる在日朝鮮人がのこっている。これらはもとをただせば、ほとんどすべてがあのいわゆる土地調査によって土地を奪われた農民であり、その子たちなのである」(123頁)。あとがきによれば、旗田巍『朝鮮史』を参照したと述べているが、旗田が自著を絶版にした後も、金達寿『朝鮮』は毎年増刷され続け、1980年には第25刷が出ている。
43) 旗田巍「朝鮮史研究をかえりみて」(『朝鮮と日本人』勁草書房、1983年) 310頁。初出は『朝鮮史研究会論文集』15 (1978年3月) 149頁。なお、「数年前に、全面的にかき改める」作業とは、1974年に刊行された朝鮮史研究会編『朝鮮の歴史』を指すようだ。
44) 李栄薫は、韓国で出版された慎鏞廈『朝鮮土地調査事業研究』(知識産業社、1982年)の記述を引いて、「日本が民有地を国有地として奪おうとして狂奔した姿を、慎教授は「片手にピストルを、もう片手には測量器を抱えて」と、あまりにエキセントリックに描写しました」と『大韓民国の物語』83頁で紹介するが、これとよく似た記述は、山辺『日本統治下の朝鮮』に、「買収による土地にしても、それは普通の買入れではなく、腰にピストルと双眼鏡をもって土地の買入れに出かけるのである。この方法は日本の官吏がやった方法で、……これらのうそのような話は、みな当時の経験者の話としていまも記録にのこっている」(38頁)という部分があり、山辺は加藤末郎『韓国農業論』、『朝鮮農会報』の「二十五周年記念号」の座談会記事を典拠として挙げる。しかし、これは義兵闘争が激しかったときの話であって、遠くの人影が何者かを察知するための双眼鏡、万一遭遇してしまったときの自衛用にピストルを所持していたわけである。朝鮮農民をピストルで脅迫して土地を無理やりに取り上げたというのではない。
45) 前掲注2李書、344-346頁。

# 中期朝鮮語形態素解析用辞書の開発

須賀井義教

はじめに

　本研究の目的は、中期朝鮮語[1]、特に15世紀朝鮮語文献の形態素解析を行い、そのタグ付きコーパスを構築することにある。
　コーパスとは一定の原則を持って集めた自然のテキストの大きな収集[2]であり、一般的にコンピュータによる処理を前提とした機械可読のテキスト、電子テキストの大規模な集合[3]を指す。一定の目的・基準に基づいて言語データを大量に収集し、コンピュータで検索や集計などの処理を行うことで、紙媒体の目視や手作業での集計よりも高速に、多くの用例を分析することが可能になった。こうした大規模コーパスは1960年代にそのはしりが見られ、以降、様々な言語や目的、時代を対象としたコーパスが構築されている。朝鮮語研究においても、大韓民国の国立国語院（旧・国立国語研究院）などによって構築された、1000万文節規模のコーパスが広く利用されている。
　研究の目的によっては、単にテキストだけを集めてコーパスを構成するのではなく、テキストの著者や出版年などのメタ情報や、品詞、意味などの言語情報を付与してコーパスを構築することがある[4]。特に品詞などの言語情報を表すのに用いるコードをタグと言い、タグの付けられたコーパスのことをタグ付きコーパス(tagged corpus)と呼ぶ。文やパラグラフなど最低限の情報からなるテキストを集めた平文コーパス(plain text corpus)に対し、言語情報が付与されたタグ付きコーパスを用いることで、より多様な検索や情報の抽出が可能になる。朝鮮語で言うならば、用言に基本形などのタグが付与されていれば、基本形を元に様々な活用形まで一括して検索する、

などといったことができる。

　こうした品詞タグ付けを行うには、形態素解析[5]と呼ばれる技術が重要な役割を果たす。形態素解析とは、入力された自然言語のテキストデータを形態素あるいは単語に分割し、品詞などの情報を付与する作業であり、自然言語処理における主要な技術のひとつである。形態素解析は言語研究、言語教育だけでなく、機械翻訳や構文解析などの前処理においても必須の技術である。インターネットやコンピュータ技術の進展とともに、自然言語を処理するための技術が果たす役割も、さらに重要度を増していると考えられる。

　さて、本研究で対象とするのは中期朝鮮語である。15世紀半ばのハングル創製によって、それまで固有の文字を持たず、漢字を用いて表記していた朝鮮語の姿を完全な形で表すことができるようになった。この点で、ハングル創製以後の中期朝鮮語文献が朝鮮語史の研究において持つ意義は大きい。15世紀以降、現在までの朝鮮語の変遷を知る上では出発点であり、漢字の音訓を借りて表記された、それ以前の朝鮮語の姿を類推する際の起点ともなるためである。

　中期朝鮮語文献については、後述する通り平文コーパスの蓄積はある程度見られ、テキストファイルと検索ソフトウェアを活用したデータの利用が行われてきた。しかし品詞タグが付与されたタグ付きコーパスは未だ整備が不十分であり、語の検索や計量的な研究において不便が伴っている。日本語学においては近年歴史的文献のコーパスが整備されてきており[6]、コーパスを用いた日本語史の研究が一層進められている。朝鮮語の歴史的文献についても、タグ付きコーパスを整備することで、様々な計量的分析を行うことが可能になると考える。現段階では、開化期や現代語の初期段階以降を研究対象としたタグ付きコーパスの構築や計量的研究が見られるが[7]、中期朝鮮語についてもこうした研究が行われることが望ましい。

　本稿ではその準備段階として、15世紀朝鮮語文献の自動形態素解析を行うための、解析用辞書構築について紹介する。なお、本稿では形態素解析にオープンソース形態素解析エンジンMeCab[8]（めかぶ）を用いる。

## 1 先行研究

### (1) 朝鮮語の歴史コーパス整備

朝鮮語の歴史的文献については、プレーンテキストとして入力された電子データはある程度の分量があるものの、形態素解析を行い、タグ付けを施したコーパスは未だ構築が途上にあるといえる。例えば洪允杓によれば、15世紀の文献資料を中心に20万文節程度のタグ付きコーパスがあるものの、93万文節程度が作成されている平文コーパスに比べ、その半分にも満たないとしている[9]。また김현주・김흥규は、タグ付きコーパスで約63万文節程度があり、そのうち15世紀資料は仏教諺解を中心に約11万文節があると述べている。開港期の新聞資料が26万文節で、比率としては最も多いという[10]。今後はUnicodeでエンコーディングするなど、インターネット標準に合わせていくべきであると提案している。

김현주・김흥규が言及しているのは国立国語院などが推進した「21世紀世宗計画」の成果物のうち「역사 자료 말뭉치」であるが、11万文節の内訳を見てみると、文献の種類は6種類[11]にとどまっており、十分であるとは言い難い。分量に関しても同様で、やはり不十分であるといえる。なお、実例として『金剛經諺解』のファイル(8PT_0001.txt)から一部[12]を示せば以下の通りである。

```
(1) 1064   如셩·는(01)        셩      如/NNP+는/JX
    1065   ᄀᆞᆯ·치·는(0011)      ᄀᆞᆯ치   ᄀᆞᆯ치/VV+는/ETM
    1066   ·쁘디·오(101)       쁜/NNG+ㅣ/EP+오/EF
    1067   是:씽·는(21)        씽      是/NP+는/JX
    1068   一·힗定·뎡·혼(111)   힗뎡    一定   ᄒᆞ/VA+ㅗ/
           EP+ㄴ/ETM
    1069   :마리·니(201)   말/NNG+ㅣ/VCP+니/EC
```

データの内容は、行頭の一連番号に続けて傍点付きの文節、漢字音、品詞タグなどがタブ文字で区切って入力されている。文節末尾の( )内には声調に関する情報がアラビア数字で記述されている。タブ区切りテキストとして処理することが可能であるように思われるが、入力の形式を見ると、

処理にやや難があるように見受けられる。例えば、漢字を含む文節とハングルのみの文節で列の数が合わないうえ、漢字を含む文節でも、1067と1068のように列の数が異なるためである。もちろん、何らかの前処理を行うことでこのような問題は解決できるが、手間がかかることは否めない。また、タグ付けに誤りも散見される。

これとは別に、金鎭海らによる開化期の活字本古小説のコーパス整備が進んでおり、200万文節を超える規模のタグ付きコーパスが構築されているという。後述するように、形態素解析に独自のプログラムを用いているとのことである[13]。

## (2) 朝鮮語の歴史的資料についての形態素解析

開化期の活字本古小説については、前述の通り金鎭海によって形態素解析のプログラムが開発されている。「用例基盤」の形態素解析プログラム[14]とのことで、作業の具体的な手順については述べられているが、どのようなプログラムであるのかは不明である。性能については、活字本古小説1作品の分析では再現率99.74%、精度88.79%であるという[15]。また、同プログラムを異なる時期とジャンルの文献にも適用しており、その性能を検討している。

また、本稿と関連して、MeCabを用いた朝鮮語の解析について簡単に紹介しておく。村田寛が初めて15世紀朝鮮語の形態素解析にMeCabを利用し[16]、その後筆者も加わってデータを増やすなど、様々な考察が行われた[17]。これらに着想を得て、筆者は現代語に関する作業を進め[18]、現在11万項目の解析項目からなる辞書を「HanDic」の名称で公開している[19]。この辞書は計量テキスト分析のためのフリーウェアである「KH Coder」[20]次期バージョンのアルファ版にも取り込まれ、現代語の解析に用いられている。本研究は、村田および筆者の試みにHanDicの成果を加え、再び中期朝鮮語の解析に取り組むものである。先の取り組みと本研究とでどのような異同があるかについては、解析用辞書の説明において触れる。

## 2　MeCabとは

本研究で形態素解析エンジンとして用いるMeCabのバージョンは0.996

で、WindowsやUnix(MacOS Xを含む)などのOSで動作する。以下に、本研究と関連する特徴を列挙する。

(2) 本研究と関連するMeCabの特徴
　①解析エンジンと解析用辞書が分離されている：解析用辞書を作成すれば日本語以外の言語も解析可能。テキスト変換などにも応用可[21]
　②少量の学習データでも効率的に学習し、高い解析精度が得られる：他の形態素解析エンジンと異なる学習モデルを採用しているため
　③Unicodeをサポートしている：ハングルも解析可能

　①と関連して、解析用辞書を作成する際に、それぞれの項目に記述する情報を設計できる点も重要である。必要に応じて情報を盛り込むことができ、品詞タグだけでなく、その他の情報を記述することが可能である。例えば筆者が作成した現代語の読解補助ツール[22]では、漢字表記情報を盛り込んだ解析用辞書を利用しており、ハングルの文章に現れた漢字語を、漢字表記に変換することができる。

　上記の特徴のほか、近年日本語の形態素解析エンジンとしてはMeCabがスタンダードになりつつあり、解析結果の利用事例やツールが多いことも、本研究でMeCabを採用する大きな理由である。統計解析用ソフトウェアである「R」[23]や、自然言語コーパスの構築、検索、および言語要素へのタグ付けをサポートするツール群である「ChaKi(茶器)」[24]、また前節で触れた「KH Coder」など、MeCabとその解析結果を利用可能なツールを用いれば、様々な計量が可能となる。

## 3　解析用辞書の概要

(1) 前提

　さて、本稿で構築した解析用辞書について述べるに先立ち、どのような解析結果が出力されるのか、例を示しておく。本稿で構築した解析用辞書は、村田及び筆者の中期朝鮮語に関する取り組みと同様に、ローマ字転写[25]し

たUnicodeテキストを入力として用いる。(1)で挙げた『金剛經諺解』の例と同じ部分(注12参照)を例に見てみよう。

(3)入力：如 n@n g@r@cin@n bdydi'o 是 n@n 一定 hon marini
(4)解析結果：

| | |
|---|---|
| 如 | Noun,普通,\*,\*,\*,如,如,如,\*,NNG |
| n@n | Ending,助詞,題目,\*,\*,논,논,\*,\*,JX |
| g@r@ci | Verb,自立,\*,語基1,\*,ᄀᄅ치,ᄀᄅ치,\*,\*,VV |
| n@n | Ending,語尾,連体形,\*,1接続,논,논,\*,\*,ETM |
| bdyd | Noun,普通,\*,\*,\*,뜯,뜯,\*,\*,NNG |
| i | Siteisi,非自立,\*,語基1,\*,이,ㅣ,\*,\*,VCP |
| 'o | Ending,語尾,接続形,\*,1接続,고,오,\*,\*,EC |
| 是 | Noun,普通,\*,\*,\*,是,是,是,\*,NNG |
| n@n | Ending,助詞,題目,\*,\*,논,논,\*,\*,JX |
| 一定 | Noun,普通,状態,\*,\*,一定,一定,一定,\*,NNG |
| ho | Suffix,形容詞派生,\*,語基4,\*,ᄒ,호,\*,\*,XSA |
| n | Ending,語尾,連体形,\*,4接続,ㄴ,ㄴ,\*,\*,ETM |
| mar | Noun,普通,動作,\*,\*,말,마ᄅ,\*,\*,NNG |
| i | Siteisi,非自立,\*,語基2,\*,이,ㅣ,\*,\*,VCP |
| ni | Ending,語尾,接続形,\*,2接続,니,니,\*,\*,EC |

1行に1項目ずつ解析結果が出力されるが、行頭に解析された項目が出力され、次にタブ文字に続けて、「素性」と呼ばれる、その項目の特徴を表す要素がコンマ区切りで出力されている。この「素性」は、本研究で枠組みを設計し、各項目について記述している。

なお、上記の解析結果を見れば分かるように、15世紀朝鮮語における高低アクセント＝声調は、ここでは考慮していない。声調は当時の文献において傍点で示されており、同音異義語や用言の活用形の判定などに重要な情報である。以前の取り組みでは声調情報をアラビア数字で記述(平声＝0、去声＝1、上声＝2)していたが、本稿ではこれを全て除外した。文字の単位に続けてアラビア数字を記述していたため、連綴などによって傍点の位置が変動し、項目の記述が複雑になってしまうためである。例えば・뜯＝

bdyd1「意、意味」という語は、声調情報を記述すると少なくとも以下のような3つの項目として出現しうる。

(5) a. ・ᄠᅳᆮ(釋譜06:08b) = bdyd1
b. ᄠᅳ・뎻(釋譜09:26b) = bdy0d eis1
c. ・ᄠᅳ・들(釋譜06:2a) = bdy1d yl1

声調情報を削除すれば、「bdyd」という項目ひとつで済む。ただ、やはり声調は15世紀朝鮮語を構成する重要な情報であり、これを全て除くというのは問題があるとも思われる。何らかの形で情報を盛り込むことができないか、今後も引き続き検討していく。

また、用言の活用を記述する際に、「語基」[26]の概念を用いている。MeCabで文字列を処理する際の便宜を考慮してのことである。

さて、MeCabで解析用辞書を構築するには、解析すべき項目が登録された「Seed辞書」と、「生起コスト」や「連接コスト」[27]といったパラメータの学習に用いる「学習用コーパス」、および各種設定ファイルが必要である[28]。以下、設定ファイルの詳細については省略し、Seed辞書と学習用コーパスについて概要を述べる。

### (2) Seed辞書の概要
#### 1 「素性」の構成

前節で解析項目の素性について触れたが、本研究では以前の取り組みにおける素性の枠組みを見直し、以下のような情報を記述した。

(6) 品詞1,品詞2,品詞3,活用語基,接続情報,基本形,表層形,漢字表記,備考,世宗タグ

この枠組みは、現代語の解析用辞書であるHanDicとほぼ同じである。上記の素性列のうち、□で囲まれた素性は全ての項目に必ず記述されるものを示す。素性のうち、記述内容がない場合には「＊」(アスタリスク)を記述し、空白であることを示す。

(6)で、「品詞1」〜「品詞3」は品詞の大分類・中分類・小分類を示す。「活

用語基」は用言の場合に記述され、その項目が第何語基であるかを記述する。「接続情報」も用言活用と関連する内容で、用言語尾が何番目の語基に接続するかを示すものである。「基本形」・「表層形」はハングルや漢字で表記され、「表層形」は実際の活用形や異形態などが表記される。「基本形」と「表層形」の形が同じ場合は、どちらも同じ内容となる。「漢字表記」は現在便宜上残してある素性で、現代語の場合には漢字語の漢字表記を記述していた。現在は(4)の「如」のように、漢字表記の項目についてそのまま漢字を記述している。「備考」は同音異義語に関する補足情報などを入れている。最後の「世宗タグ」は21世紀世宗計画のコーパスとの互換性を持たせるために、その品詞タグを入力している。

## 2　品詞体系

品詞については概ね21世紀世宗計画の「역사 자료 말뭉치 개발 말뭉치 관련 지침」29)の「2절. 형태소 분석 말뭉치 구축 지침」(以下「指針」と呼ぶ)に従ったが、本研究では「存在詞」を追加している。時相接尾辞などとの接続を考慮した措置である。存在詞の「世宗タグ」素性は、「指針」にならい잇-(ある、いる)、겨시-(いらっしゃる)は「VV」(動詞)、없-(ない、いない)は「VA」(形容詞)を記述した。また、「指針」では「SH」(漢字)が設定されているが、実際のコーパスファイルを見てみると、以下のように漢文部分でのみタグ付けがされており、諺解部分では用いられていない。

(7) 21世紀世宗計画コーパスでの漢字タグ付け例30)
　　1104　　一時예　　一時/SH+예/JKB
　　1105　　佛이　　佛/SH+이/JKS
　　[中略]
　　1108　　一・ᄒᆡ時씽・예(111)　　　ᄒᆡ씽　　一時/NNG+예/JKB
　　1109　　부:톄(02)부텨/NNP+ㅣ/JKS

(7)の例で、1104行・1105行の漢文句節ではSHタグが用いられているが、対応する諺解部分の1108行では、NNG(名詞)でマークされている。本研究でもこの方式に従うが、漢文句節は分析の対象としていないため、SHタグは出現しないことになる。

## 3 解析項目の登録

　解析項目は、『釋譜詳節』巻6と、『金剛經諺解』の六祖大師慧能による解義部分のうち、それぞれ冒頭60文程度に現れた項目に加え、辞書等から任意に選んだ項目を登録した。用言の場合は、辞書の例文に見られる活用形も登録している。現在の辞書には5585項目が登録されている。例を挙げれば以下の通り31)。

| | |
|---|---|
| 普通名詞 | gil,0,0,0,Noun,普通,\*,\*,\*,길ㅎ,길,\*,\*,NNG<br>恩惠,0,0,0,Noun,普通,\*,\*,\*,恩惠,恩惠,恩惠,\*,NNG<br>s@raq,0,0,0,Noun,普通,動作,\*,\*,ᄉᆞ랑,ᄉᆞ랑,\*,\*,NNG<br>一定,0,0,0,Noun,普通,狀態,\*,\*,一定,一定,一定,\*,NNG |
| 人名 | 耶輸,0,0,0,Noun,固有名詞,人名,\*,\*,耶輸,耶輸,耶輸,\*,NNP |
| 地名 | 迦毗羅國,0,0,0,Noun,固有名詞,地名,\*,\*,迦毗羅國,迦毗羅國,迦毗羅國,\*,NNP |
| 數詞 | sielhyn,0,0,0,Noun,數詞,固有數詞,\*,\*,셜흔,셜흔,\*,\*,NR<br>阿僧祇,0,0,0,Noun,數詞,\*,\*,\*,阿僧祇,阿僧祇,阿僧祇,\*,NR |
| 代名詞 | nu,0,0,0,Noun,代名詞,\*,\*,\*,\*,누,누,\*,\*,NP<br>nui,0,0,0,Noun,代名詞,主格形,\*,\*,\*,누,뉘,\*,\*,NP |
| 依存名詞 | mal,0,0,0,Noun,依存名詞,助數詞,\*,\*,\*,말,말,\*,斗,NNB<br>d@i,0,0,0,Noun,依存名詞,\*,\*,\*,ᄃᆞ,ᄃᆞ,\*,\*,NNB |
| 動詞 | 'a,0,0,0,Verb,自立,ㄹ빠짐,語基1,\*,알,아,\*,\*,VV<br>'al,0,0,0,Verb,自立,\*,語基1,\*,알,알,\*,\*,VV<br>'a,0,0,0,Verb,自立,ㄹ빠짐,語基2,\*,알,아,\*,\*,VV<br>'ar@,0,0,0,Verb,自立,\*,語基2,\*,알,아ᄅᆞ,\*,\*,VV<br>'al,0,0,0,Verb,自立,\*,語基2,\*,알,알,\*,\*,VV<br>'ara,0,0,0,Verb,自立,\*,語基3,\*,알,아라,\*,\*,VV<br>'aro,0,0,0,Verb,自立,\*,語基4,\*,알,아로,\*,\*,VV<br>'aru,0,0,0,Verb,自立,\*,語基4,\*,알,아루,\*,\*,VV |
| 形容詞 | sielb,0,0,0,Adjective,自立,\*,語基1,\*,셟,셟,\*,\*,VA<br>sielvy,0,0,0,Adjective,自立,\*,語基2,\*,셟,셜ᄫᅳ,\*,\*,VA |
| 副詞 | 'e'iesbi,0,0,0,Adverb,一般,\*,\*,\*,어엿비,어엿비,\*,\*,MAG |
| 冠形詞 | 'io,0,0,0,Modifier,\*,\*,\*,\*,요,요,\*,\*,MM<br>h@n,0,0,0,Modifier,數詞,固有數詞,\*,\*,ᄒᆞᆫ,ᄒᆞᆫ,\*,\*,MM |
| 先語末語尾 | de,0,0,0,Prefinal,回想,\*,語基2,\*,더,더,\*,\*,EP<br>da,0,0,0,Prefinal,回想,\*,語基4,\*,더,다,\*,\*,EP |
| 語根 | 'ad@g,0,0,0,Root,狀態,\*,\*,\*,\*,아득,아득,\*,\*,XR |
| 語尾 | qisgo,0,0,0,Ending,語尾,終止形,\*,2接続,잇고,잇고,\*,\*,EF<br>genyl,0,0,0,Ending,語尾,接続形,\*,1接続,거늘,거늘,\*,\*,EC<br>n,0,0,0,Ending,語尾,連体形,\*,2接続,ㄴ,ㄴ,\*,\*,ETM<br>m,0,0,0,Ending,語尾,名詞形成,\*,4接続,ㅁ,ㅁ,\*,\*,ETN |
| 助詞 | 'i,0,0,0,Ending,助詞,主格,\*,\*,\*,이,이,\*,\*,JKS<br>@l,0,0,0,Ending,助詞,対格,\*,\*,\*,ᄋᆞᆯ,ᄋᆞᆯ,\*,\*,JKO<br>s,0,0,0,Ending,助詞,属格,\*,\*,\*,ㅅ,ㅅ,\*,\*,JKG |
| 接尾辞 | h@'ia,0,0,0,Suffix,形容詞派生,\*,語基3,\*,ᄒᆞ,ᄒᆞ야,\*,\*,XSA<br>h@'ia,0,0,0,Suffix,動詞派生,\*,語基3,\*,ᄒᆞ,ᄒᆞ야,\*,\*,XSV<br>cahi,0,0,0,Suffix,名詞派生,\*,\*,\*,차히,차히,\*,\*,XSN |
| 補助用言 | b@ri,0,0,0,Verb,非自立,\*,語基2,3接続,ᄇᆞ리,ᄇᆞ리,\*,\*,VX<br>is,0,0,0,Verb,非自立,\*,語基1,3接続,잇,ㅅ,\*,\*,VX |

| 指定詞 | 'i,0,0,0,Siteisi,非自立,\*,語基1,\*,이,이,\*,\*,VCP<br>i,0,0,0,Siteisi,非自立,\*,語基1,\*,이,ㅣ,\*,\*,VCP |
|---|---|
| 存在詞 | giesi,0,0,0,Sonzaisi,自立,\*,語基1,\*,겨시,겨시,\*,\*,VV<br>'isie,0,0,0,Sonzaisi,自立,\*,語基3,\*,이시,이셔,\*,\*,VV |

　6000に満たない解析項目は、解析用辞書としてはかなり少ないと思われるが、それでも以前の取り組み[32]で構築した辞書が3000以下の項目で構成されていたことを考えれば、改善されたと言えよう。解析率を上げるためには、とにかく解析項目を増やすことが重要である[33]ので、今後の作業で項目を追加していく予定である。

### （3）　学習用コーパスの概要
　次に、パラメータの学習に用いる学習用コーパスについて概要を見てみる。
　学習用コーパスは、MeCabの出力と同じ形式で記述された「正しい」解析結果を用いる。ここでは、『釋譜詳節』巻6の冒頭60文(割注を除く)、延べ2930項目と、『金剛經諺解』解義部分の冒頭60文、延べ2344項目の、合わせて120文、5274項目からなる学習用コーパスを作成した。作成にあたっては、小規模の解析用辞書を作成し、その解析結果を手作業で修正した。なお、3章(2)3でSeed辞書の登録項目について述べたが、その収集データと学習用コーパスのデータは重複している。そのため、学習用コーパスに含まれる項目は、全てSeed辞書に含まれていることを断っておく。
　学習用コーパスは、文ごとに解析結果が列挙されている。以前の取り組みでは、学習用コーパスを文献の原文通りに入力した内容で構成していた。例えば文の途中に現れる割注なども、原文通りの位置に残していた。しかしMeCabでは「文頭(BOS)」「文末(EOS)」もひとつの項目として扱われ、カッコやピリオドなどの記号類もBOS/EOSの目印となるため、文中に割注を示すカッコが現れると、学習に影響をおよぼすおそれがある。そのため、本稿ではこれらの割注を一旦取り出し、ひと続きの文を単位として学習用コーパスを構成した。現在のところ、割注を除いたデータと割注だけのデータを別途用意して、学習用コーパスを作成している。『金剛經諺解』のような場合には、経典の本文とその割注、解義の部分とに分けたデータを準備することになる。

こうした措置を取ることで、文の単位で学習を行うことが可能であるが、いくつかの問題が生じる可能性がある。第1に、文が極端に長くなる場合がある。第2に、コーパスとして利用する際、検索などで該当する項目の位置が分かりにくくなるおそれがある。現在は解決の方法を検討しているところであるが、文献内での各文の位置を記したデータを別途用意し、何らかの対応づけを行うなどといった方法が考えられる。

## 4 性能の評価

次に、3節で構築した解析用辞書の性能について見てみる。評価用データには『金剛經諺解』の解義部分、冒頭の61文目以降100文目までを用いた。学習用コーパスとして用いた部分の続きに当たる40文である。この40文についても学習用コーパスと同様、手作業で修正を行って「正しい」結果を作成した。評価用データには、解析用辞書に登録されていない項目(未知語)も含まれている。

評価にはMeCabに同梱のスクリプトmecab-system-evalを用いた。評価用データの項目数は2709、解析用辞書による解析結果の出力項目数は2859で、うち正解数は2502項目である。

評価結果は、素性のうちどこまで正解したか、レベルに分けて示すこととする。レベル0は形態素境界の切り出しが合っているかを示している。以下、レベル0に加えてレベル1(品詞1)まで合っているか、さらにレベル2(品詞2)まで合っているか、……というように評価していき、レベル6(基本形)までを評価対象とする。レベル4(活用語基)、レベル5(接続情報)は全ての項目に記述があるわけではないため、以下では省略した。まず、解析用辞書の評価結果を示せば、次の通りである。

【表1】 解析用辞書の性能評価(単位は%)

| レベル | precision(精度) | recall(再現率) | F値(調和平均) |
| --- | --- | --- | --- |
| 0(形態素境界) | 87.5131 | 92.3588 | 89.8707 |
| 1(品詞1) | 84.7849 | 89.4795 | 87.0690 |
| 2(品詞2) | 84.1553 | 88.8151 | 86.4224 |
| 3(品詞3) | 83.0710 | 87.6707 | 85.3089 |
| 6(基本形) | 78.3491 | 82.6873 | 80.4598 |

精度と再現率の調和平均であるF値で見ると、形態素境界の切り出しで90%に近い数値となっており、名詞や動詞などといった大分類の「品詞1」でも、87%程度となっている。漢字語だけでも100項目以上の未知語を含んでいることを考えれば、悪くない数値と思われる。ただ、「基本形」のレベルでは80%にとどまっており、実用的とは言いがたい結果となっている。1章(2)で言及した김진해(2008年)の解析プログラムがどのレベルまでで評価を行ったか明らかでないが、仮に比較をするとすれば、「品詞1」のタグ付けなら同程度の性能だが、「基本形」の判定では大きく及ばない、ということになろう。

　なお、参考のため、上記解析用辞書に、評価用データに含まれる項目を加えた辞書(仮に「辞書A」とする)と、さらに辞書Aの学習用コーパスに評価用データも追加した辞書(仮に「辞書B」とする)を構築し、同じ評価用データで評価を行った。元の解析用辞書と合わせて、F値のみ結果を示せば【表2】の通りである。

【表2】　データを追加した辞書の性能比較(F値のみ、単位は%)

| レベル | 元の辞書 | 辞書A | 辞書B |
| --- | --- | --- | --- |
| 0(形態素境界) | 89.8707 | 98.1939 | 99.6679 |
| 1(品詞1) | 87.0690 | 95.4294 | 99.1144 |
| 2(品詞2) | 86.4224 | 95.0608 | 98.9299 |
| 3(品詞3) | 85.3089 | 94.9134 | 98.8192 |
| 6(基本形) | 80.4598 | 91.6697 | 96.5314 |
| 辞書の項目数 | 5,585項目 | 5,813項目 | |
| 学習用コーパス | 120文 | | 160文 |

　解析対象とするデータ内の項目が含まれているだけでなく、学習用コーパスにも解析対象の「正しい」解析結果が含まれている辞書Bが最も性能が良いが、これは当然の結果であると言えよう。注目すべきは辞書Aの数値で、学習用コーパスに解析対象の「正しい」解析結果が含まれていないにもかかわらず、「品詞3」までの判定で95%近い結果となっている。タグ付きコーパス構築の補助ということを考えれば、十分実用に耐えうる性能であると考える。

　【表2】からはさらに、解析用辞書の項目数が重要であるということも分かる。辞書Aでも「基本形」の結果がやや低いが、これは学習用コーパスの

分量を増やすことでより精度を上げることができると考えられる。

## 5 誤りの傾向

評価に用いたデータを中心に、どのような部分で解析の誤りが見られるか、その傾向を検討してみる。

### (1) 未知語の処理

解析用辞書に登録されていない項目、すなわち未知語の処理において誤りが多く見られた。通常日本語の解析では、漢字や仮名などといった字種に基づいて未知語処理が行われる。MeCabでも字種のカテゴリやグルーピングを詳細に設定することができ、適宜解析を行うことが可能であるが、本稿で構築した辞書ではアルファベットと漢字しかないため、あまりうまく処理が行われなかったようである。アルファベットの連続や漢字の連続は優先的に名詞として処理するよう設定してあり、漢字の連続についてはうまく判定される場合が多かったが、ローマ字転写されたハングルの場合、以下のような誤りが見られた。

(8)「福業을 브즈러니 닷가」の解析

| | |
|---|---|
| 福 | Noun,普通,*,*,*,福,福,福,*,NNG |
| 業 | Noun,普通,*,*,*,業,業,業,*,NNG |
| 'yl | Ending,助詞,対格,*,*,을,을,*,*,JKO |
| by | Verb,自立,ㄹ빠짐,語基1,*,블,브,*,*,VV |
| jyre | Adjective,自立,*,語基3,*,즐,즈러,*,*,VA |
| ni | Ending,語尾,接続形,*,2接続,니,니,*,*,EC |
| dasga | Verb,自立,*,語基3,*,닭,닷가,*,*,VV |

(9)「싁싁홈과」の解析

| | |
|---|---|
| s | Noun,依存名詞,*,*,*,ㅅ,ㅅ,*,*,NNB |
| yi | Ending,助詞,処格,*,*,의,ㅢ,*,*,JKB |
| gsyighomgoa | Noun,普通,*,*,*,*,*,*,*,NNG |

(8)の例では브즈러니「勤勉に」という副詞が辞書に登録されておらず、代わりに他の項目で形の当てはまるものを出力している。この例では、実際には未知語の処理は行われておらず、辞書にある項目で可能な組み合わせを出力したものと見られる。(9)の場合は、「s」と「yi」という項目までは処理できたものの、「gsy……」以下の項目が辞書にも存在せず、未知語として処理した結果、アルファベットの連続全体を、普通名詞として出力している。

もちろん、漢字語でも(8)の「福業」や、ほかに「四相」を「四」と「相」に分けてしまうなど、形態素境界を判定する際に誤りがあった。例(8)のケースと同様に、辞書にある項目を出力した結果である。

(2) 語基の判定

母音語幹の用言の活用形で、第Ⅰ語基と第Ⅱ語基を逆に判定しているケースが多く見られた。場合によっては第Ⅳ語基も誤りの対象となっているケースがあった。

(10)「ᄒ다가 이 病을 여희면」の解析
  h@daga  Adverb,一般,\*,\*,\*,ᄒ다가,ᄒ다가,\*,\*,MAG
  'i  Modifier,\*,\*,\*,\*,이,이,\*,\*,MM
  病  Noun,普通,\*,\*,\*,病,病,病,\*,NNG
  'yl  Ending,助詞,対格,\*,\*,을,을,\*,\*,JKO
  'iehyi  <u>Verb,自立,\*,語基1,\*,여희,여희,\*,\*,VV</u>
  mien  Ending,語尾,接続形,\*,2接続,면,면,\*,\*,EC

(11)「五欲 快樂을 求ᄒ는 젼ᄎ로」の解析
  五欲  Noun,普通,\*,\*,\*,五欲,五欲,五欲,\*,NNG
  快樂  Noun,普通,\*,\*,\*,\*,\*,\*,\*,NNG
  '@l  Ending,助詞,対格,\*,\*,을,을,\*,\*,JKO
  求  Noun,普通,動作,\*,\*,求,求,求,\*,NNG
  h@  <u>Suffix,動詞派生,\*,語基2,\*,ᄒ,ᄒ,\*,\*,XSV</u>
  n@n  Ending,語尾,連体形,\*,1接続,는,는,\*,\*,ETM
  jienc@  Noun,依存名詞,\*,\*,\*,젼ᄎ,젼ᄎ,\*,\*,NNB

| ro | Ending,助詞,具格,\*,\*,로,로,\*,\*,JKB |

　解決の方法としては、やはり学習用コーパスの量を増やすことが考えられる。現状では学習用コーパスの分量が少なく、その中で比較的多く出てきた語基が出現しやすいと取られてしまい、上記のような誤りが起きている可能性がある。今後検討が必要な部分である。

## おわりに

　ここまで、本稿では中期朝鮮語、特に15世紀の朝鮮語文献を形態素解析するための、解析用辞書構築について述べてきた。現状の辞書では解析項目の数や学習用コーパスの分量が少なく、未だ実用的とは言いがたいが、これらを増やしていくことで、解析率を高めることが可能である。タグ付きコーパス構築のための補助手段という位置づけならば、もちろん解析率が高いことに越したことはないが、実際にはある程度の性能があればよい。しかしRやKH Coderなどのツール内部で形態素解析を行いつつ、その解析結果を利用する場合、解析率が重要になってくる。解析結果の如何によって計量に影響をおよぼす可能性があるためである。15世紀の朝鮮語テキストを用いた計量的な研究へ展開するためにも、今後の作業を通じて解析率を上げていく予定である。

　また、項目の単位についても未確定の部分があり[34]、どこまでを切り出すか、コーパス利用の方法とも合わせて検討していきたい。

【参考1】　15世紀朝鮮語のローマ字転写表

〈子音〉

| ハングル | ㄱ | ㄴ | ㄷ | ㄹ | ㅁ | ㅱ | ㅂ | ㅸ | ㅅ |
|---|---|---|---|---|---|---|---|---|---|
| 転写 | g | n | d | r/l | m | w | b | v | s |

| ハングル | ㅿ | ㅇ | ㆁ | ㆆ | ㅈ | ㅊ | ㅋ | ㅌ | ㅍ | ㅎ |
|---|---|---|---|---|---|---|---|---|---|---|
| 転写 | z | ' | q | x | j | c | k | t | p | h |

〈母音〉

| ハングル | ㅏ | ㅓ | ㅗ | ㅜ | ㅡ | ㅣ | ㆍ |
|---|---|---|---|---|---|---|---|
| 転写 | a | e | o | u | y | i | @ |

〈重母音〉(一部)

| ハングル | ㅑ | ㅐ | ㅘ | ㅝ | ㅖ |
|---|---|---|---|---|---|
| 転写 | ia | ai | oa | ue | iuiei |

〈複子音〉(一部)

| ハングル | ㅺ | ㅽ | ㅳ | ㆅ | ㅴ | ㅶ |
|---|---|---|---|---|---|---|
| 転写 | sg | sb | bd | hh | bsg | bsd |

【参考2】　ローマ字転写の例(『釋譜詳節』巻24の冒頭1文)

世尊'i 涅槃h@gesin@l 外道d@lhi gisge nil'od@i 瞿曇'i 'isilx jegyin 教法'i byl g@dh@deni 'ijeiza 'ani 'ora'a bsgyrira h@genyl 梵王goa 帝釋goa 天王d@lhi da 'oa 大迦葉sgyi 請hod@i 如來 正法眼'@ro 尊者sgyi 付屬h@sini 'esie 結集h@siosie.
(世尊이 涅槃ᄒ거시ᄂᆞᆯ 外道ᄃᆞᆯ히 깃거 닐오ᄃᆡ 瞿曇이 이싈 저긘 教法이 블 곧ᄒ더니 이제ᅀᅡ 아니 오라아 ᄲ리라 ᄒ거늘 梵王과 帝釋과 天王ᄃᆞᆯ히 다 와 大迦葉ᄭᅴ 請ᄒ디 如來 正法眼ᄋᆞ로 尊者ᄭᅴ 付屬ᄒ시니 어셔 結集ᄒ쇼셔.)

注

1) 本稿では河野六郎「朝鮮語」『世界言語概説』下巻(研究社、1955年)428頁にならい、15世紀半ばのハングル創製から16世紀末までの朝鮮語を中期朝鮮語と呼ぶことにする。
2) バイバーほか『コーパス言語学——言語構造と用法の研究』(齋藤俊雄ほか訳、南雲堂、2003年)19頁を参照。
3) 後藤斉『言語理論と言語資料——コーパスとコーパス以外のデータ』(『コーパス言語学』日本語学4月臨時増刊号、明治書院、2003年)7頁を参照。
4) コーパスへの情報付与などについては、齋藤俊雄ほか編『英語コーパス言語学——基礎と実践——改訂新版』(研究社、2005年)の2.4節などを参照。
5) 形態素解析の技術については、松本裕治ほか『単語と辞書』岩波講座言語の科学3(岩波書店、1997年)の2章や、奥村学『自然言語処理の基礎』(コロナ社、2010年)などを参照。
6) 近藤泰弘・田中牧郎・小木曾智信編『コーパスと日本語史研究』(ひつじ

書房、2015年)、小木曾智信・小町守・松本裕治「歴史的日本語資料を対象とした形態素解析」(『自然言語処理』20巻5号、2013年)など。

7) 김진해「활자본 고소설 말뭉치 구축의 국어정보학적 의의──형태 분석 및 통합 검색 시스템 구축을 중심으로」(『국어국문학』149、2008年)、金鎮海・車載銀・金建希・李義澈「歷史資料 形態分析 프로그램 開發의 國語學的 意義와 活用 研究 ── 活字本 古小說을 중심으로」(『語文研究』第37卷 第4号、2009年)、강남준・이종영・최윤호「『독립신문』논설의 형태 주석 말뭉치를 활용한 논설 저자 판별 연구──어미 사용빈도 분석을 중심으로」(『한국사전학』제15호、2010年)など。

8) MeCabとは、言語、辞書、コーパスに依存しない汎用的な設計を基本方針とするオープンソース形態素解析エンジンで、京都大学情報学研究科─日本電信電話株式会社コミュニケーション科学基礎研究所共同研究ユニットプロジェクトにより開発されたものである。現在は工藤拓氏(Google)によって開発が続けられている。http://taku910.github.io/mecab/

9) 홍윤표「국어사 연구를 위한 전자자료 구축의 현황과 과제」(『국어사 연구 어디까지 와 있는가』태학사、2006年)による。

10) 김현주・김흥규「'세종역사말뭉치'의 몇 가지 현안과 그 개선 방안」(『우리어문연구』46집、2013年)89頁。

11) 2011年修正版の成果物DVDに収録された「말뭉치목록_역사.xls」ファイルによれば、形態素解析タグが付与された15世紀の朝鮮語文献資料は以下の通りである:『釋譜詳節』(1447年刊)、『月印釋譜』(1459年刊)、『楞嚴經諺解』(1462年刊)、『金剛經諺解』(1464年刊)、『金剛經三家解諺解』(1482年刊)、『救急簡易方諺解』(1489年刊)

12) 如ᄋᆼ·ᄂᆫ ᄀᆞᄅ·치·ᄂᆫ ᄠᅳ디·오 是:씽·ᄂᆫ 一·ᇗ定·뗭·혼:마리·니(金剛 1b、如者ᄂᆫ 指義오 是ᄂᆫ 定詞ㅣ니「『如』は指し示すという意味であり、『是』は一定のことばであるが」)

13) 前掲注7 김진해論文、前掲注6 金鎮海・車載銀・金建希・李義澈論文。

14) 前掲注7 김진해論文、86-87頁。

15) 「再現率」(Recall ratio)とは正解全体に占める出力中の正解の割合であり、「精度」(Precision ratio、適合率とも)とは出力全体に占める正解の割合を指し、いずれも検索システムの評価に用いられる指標である。再現率は検索要求に合うテキスト(正解テキスト)をどれくらい多く検索できるかを示し、精度は検索結果の誤りの多さ／少なさを示している。総合的な性能を示す単一の指標としては、再現率と精度の調和平均であるF値がよく用いられるという。前掲注5奥村書、119-120頁を参照。

16）村田寛「15世紀朝鮮語の形態素解析の試み――MeCabを利用して」(『福岡大学研究部論集A：人文科学編』Vol. 10 No. 3、2010年)を参照。
17）須賀井義教・村田寛「15世紀朝鮮語の形態素解析について」(『近畿大学教養・外国語教育センター紀要[外国語編]』1巻2号、2011年)を参照。
18）須賀井義教「MeCab（めかぶ）を用いた現代韓国語の形態素解析」(朝鮮語研究会編『朝鮮語研究』5、ひつじ書房、2013年)では約6万項目からなる解析用辞書の開発について述べ、スガイ ヨシノリ「자동 형태소 분석 기술을 이용한 한국어 읽기 보조 도구의 개발: 일본어 모어화자를 위한 기능을 중심으로」(『한국어교육』제24권 3호、2013年)では上記の解析用辞書を用いた韓国語読解用の補助ツールについて述べた。
19）https://osdn.jp/projects/handic/で公開している。また、HanDicに先立って2013年に「은정한닢 프로젝트」からMeCab用の現代語解析辞書が公開された。辞書項目と学習用コーパスに21世紀世宗計画の成果物を使用しており、収録項目数が非常に多い。以下のサイトを参照のこと：http://eunjeon.blogspot.jp/
20）樋口耕一氏（立命館大学）が開発、公開している（http://khc.sourceforge.net/）。樋口耕一『社会調査のための計量テキスト分析――内容分析の継承と発展を目指して』(ナカニシヤ出版、2014年)も参照のこと。
21）テキスト変換の例として、ひらがなをハングル表記に転写したり、ハングルをローマ字に転写したりといった例が挙げられる。ひらがなのハングル転写については「変換用辞書の構築について」(http://porocise.sakura.ne.jp/wiki/korean/mecab/hira2han)を参照。MeCab用のひらがな→ハングル変換辞書は、https://osdn.jp/rel/handic/mecab-hira2hanで公開している。
22）前掲注18 스가이 요시노리論文を参照。http://porocise.sakura.ne.jp/korean/mecab/main.htmlで利用可能。
23）https://www.r-project.org/を参照。RMeCabパッケージ（石田基広氏、http://rmecab.jp/wiki/index.php?RMeCab）も併せて利用することができる。
24）https://osdn.jp/projects/chaki/を参照。
25）転写は概ね福井玲「中期朝鮮語文献の電子計算機による処理」(『明海大学外国語学部論集』2、1989年)に従ったが、パッチムのㄹなど、いくつかは独自に設定した。
26）語基については菅野裕臣「朝鮮語の語基について」(国立国語研究所『日本語と外国語との対照研究Ⅳ　日本語と朝鮮語　下巻　研究論文編』くろしお出版、1997年)などを参照。
27）「生起コスト」はその項目の出現しやすさを表し、「連接コスト」はふた

つの項目のつながりやすさを表す。MeCabはこれらのコストの和が最小となる場合に正解と判定する「接続コスト最小法」を採っている。接続コスト最小法については前掲注5松本ほか書、62-63頁などを参照。
28) 辞書構築の具体的な手順や必要なファイルについては、MeCabホームページの「オリジナル辞書／コーパスからのパラメータ推定」(http://taku910.github.io/mecab/learn.html)を参照のこと。
29) 成果物DVD(2011年修正版)に同梱されているファイルを参照した。
30) 先述の『金剛經諺解』コーパスファイルより一部抜粋。
31) 表中、冒頭の解析項目に続いて0が3つ並んでいるが、それぞれ左文脈ID、右文脈ID、生起コストとなっている。学習前の段階では全て0を設定しておき、学習を通じて適切な値が設定される。
32) 前掲注17須賀井・村田論文を参照。
33) 前掲注32に同じ。
34) 例えば、〈尊敬〉を表すⅡ-시-と接続形語尾I-거늘が結びつく場合、-거늘と-시거늘の二通りが存在するが、前者を거+시+늘、後者を시+거늘と設定すると、前者からは거늘が取り出せなくなる。前者をひとまとまりの項目として設定する場合も同様である。

# 清渓川復元事業にたいする批判的考察

崔　誠文

## はじめに

　本稿は韓国の公共開発に現れる問題点を指摘すべく、ソウルにおける都市開発事業であった清渓川(チョンゲチョン)復元事業とそれへの対応策である移転商店街ガーデン・ファイブ(Garden5)を研究対象とする。そして、事業の中で現れた非公共性を指摘するとともに事業をめぐる各主体を交換価値追求者と使用価値追求者に区分[1]して分析し、事業にたいする新たな論点を提示したい。

　清渓川はソウル中心部に位置する景福宮の南から始まり、市内を東西に貫く鍾路に沿って、その南側を流れて漢江へと流れこむ朝鮮時代以来の人工河川である。1970年代に入り、その上に蓋をし、さらに高架道路が建設されたことで、長らく姿を消していた。しかし、覆蓋構造物の老朽化にたいする指摘に加えて、市内の史跡などの整備が論じられるなかで、清渓川を復元することが提案される。2002年のソウル市長選挙では、清渓川復元の可否が政策イシューとなり、復元を主張した李明博候補が当選、2002年7月1日の市長就任の日から復元事業が着手される。復元事業は1年後の2003年7月1日に着工して2005年9月30日に完工、その内容は既存の清渓高架道路とその下の清渓川の覆蓋道路を撤去して河川を復元する大規模な都市再開発事業でもあった。清渓川復元事業が発表された直後から移転対象となる清渓川小経営主団体とソウル市は激しい対立の中で交渉を行った。小経営主団体は代替敷地をソウル市に要求し、ソウル市はおよそ50万㎡規模の移転団地――ガーデン・ファイブ――の造成に合意した。つまり、復元事業とガーデン・ファイブは表裏一体の事業であったと言え

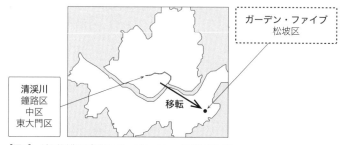

【図1】 清渓川復元事業とガーデン・ファイブの各位置

るだろう。

　都市開発事業とは都市開発を物理的に実現するために行う事業の総称である[2]。2000年代以後、大都会を中心に地域内の開発格差の解消という政策的主張とともに各都市内の地域別開発計画ブームが始まる。このような動きは不動産価格の上昇を引き起こし、地方選挙と国会選挙では候補者たちが先を争って開発事業の誘致を公約するにいたる。ソウル市も2002年ソウル市政運営4ヵ年計画を通じて再開発と商業・業務地区などの多核化を計画した。本稿で扱う清渓川復元事業とガーデン・ファイブ建設事業もまた、ここに由来する。

　ところで、清渓川復元事業にたいする研究は、事業をめぐる主体間の相互関係、景観変化、生態学的観点の環境評価、政策としての清渓川復元事業、そして清渓川地域の歴史的変遷または文化財的価値の分析などから始まっている。まず、主にネットワーク的観点に基づいた研究として宋道永は清渓川復元事業にたいする論議が本格化した2003年に清渓川周辺の工具商店街のネットワークの考察を通じて復元事業以後の変化が小経営主たちにおいて適応可能なものであるのかを論じた。さらに、清渓川復元事業は既存の産業ネットワークを無視して新たな再開発区域を造成することに過ぎず、このような方式は事業の推進主体が主張する環境復元の観点とは異なる、と主張した[3]。趙明來は、清渓川周辺の商圏を不適格産業と評価し再開発のために移転させることを主張する諸論議にたいし、公共の介入を通じて該当地域の容積率の上昇を図るものに過ぎないと指摘した。そして、周辺商店街の小経営主または住民(特に露店商)たちには事業の推進過程への参加が制限されており、対立が生じたと見ている[4]。とはい

336

え、これらの研究は清渓川とその周辺地域をめぐる産業と環境を構造的に変えることと、それを通じての発展については肯定的に見ている。しかし、その方法においては持続可能性を強調すると同時に、景観だけではなく、生態学的観点での環境復元と開発主義からの脱却なども強調している。このように2003年の着工前まではこの事業によって商店街やそのネットワーク、そして環境などに与えると予想される影響を指摘する研究があいついだ。

清渓川復元事業開始1年後の2004年からは、工事をめぐる対立が連日社会的関心対象となり、その情況にたいする調査が活発に行われた。吉鍾伯は、清渓川復元事業の推進要因としてソウル市の組織凝集力と事業の推進に抵触しない範囲内での譲歩といった柔軟な対応、そして反対者である地域小経営主たちと街商組織の凝集力不足と内部の意見の差異を提示した[5]。ソン・ジウンとキム・ジュファンは、事業の主体が象徴機制の活用を通じて住民および清渓川小経営主たちの不安と反対の雰囲気を緩和し、市民と小経営主など政策受容者の参与の保障と積極的な意見収斂などを通じて手続き的正当性を確保し、事業の正当性の確保を図ったと分析した。具体的には民官協力組織の構成で民主性と公平性を図り、また、政策への不満と反発を担当する新たな委員会や諮問機関を構成して当面の課題を後回しにしたり、その中で"味方"を確保することで、政策の大筋に変わりなくその推進が持続できたと判断している[6]。反面、黄祺淵とキム・ジョンハンとパク・ミンジンの研究は、事業の実現自体は合意が形成されたにもかかわらず、事業の方法について対立が生じ、最終的な合意が遅れている状態におかれたと分析した[7]。この時期は施行者と既存の清渓川小経営主たちという構図に焦点をあて、各行為主体とその相互関係を分析した研究が主に行われた。

清渓川復元事業が終わった2005年9月以後からは、主に事業にたいする総括とその影響にたいする研究が行われる。パク・ミョンヒョンは地方政府と住民の間で生じる葛藤の解決法の事例として清渓川復元事業を考察した。パクは清渓川復元事業を行政と民間が積極的に疎通するガバナンスとして社会的正当性の確保に成功したと評価する一方、その根拠として「移転対策」、つまりガーデン・ファイブに言及した[8]。イ・ヨンソン、キム・ユンス、ファン・ギヨンは清渓川復元事業による環境便益の社会集団

別の差異について研究し、社会便益が各集団間の公平性に符合していると主張した[9]。この後、しばらく清渓川復元事業にたいする研究は不活発になる。それは李明博が大統領になったことと、彼が提唱した四代江整備事業[10]に多くの研究者たちの関心が移ったためであると考えられる。

　四代江整備事業にたいする研究の多くは生態学的観点であり、2014年以後は、清渓川を生態学的観点から評価する研究が行われた。キム・ヘジュとシン・ボムギュンは清渓川の水深維持のための構造とその非生態性、そして莫大な維持費にたいして批判的に分析を行うとともに、自浄能力を持つ自然河川にするためには元通り砂河川に戻すことが必要であり、そのための構造物の再検討と水深の低下、そして現在とは異なる生態の造成が必要であると述べた[11]。

　以上のように、先行研究では着工以前から現在に至るまで様々な観点からの分析が行われたが、空間の変容——公共による都市開発——が清渓川地域の住民であった小経営主たちにもたらした変化にかんする研究は行われていない。本稿は、清渓川復元事業による元清渓川小経営主、すなわち、元住民たちのその後を追跡するとともに、清渓川復元事業が生み出したもうひとつの都市開発事業であった移転対策、ガーデン・ファイブも対象に含めたいと思う。このような事業後の元住民にかんする調査研究は清渓川復元事業とガーデン・ファイブにたいする新たな視点からの評価と、現在のソウル市における公共開発事業の限界を考え直す契機になると考えるからである。

　公共開発事業にたいする評価は事業目的の達成可否に基づいて行われるべきであるのは当然であろう。その目的とは、公共福利の増進、つまり、公共施行者が開発と直接・間接的にかかわる主体との間で事業によって発生する価値を可能なかぎり等しく享受できるようにすることである。そのような視点から清渓川復元事業を再検討しよう。

## 1　清渓川復元事業

　清渓川復元事業が公開的に論議されたのは2000年、市民や学者を中心とする'第1回清渓川再生シンポジウム'であった。そして2001年のソウルでは、2002年の地方選挙に向けて、このことがソウル市長選挙の重要

争点となり、その論議が大衆のレベルにまで広がった。当時、ソウル市民の75%が清渓川復元に賛成するなど、世論は友好的であった。以後、ソウル市長選挙の有力な候補であったハンナラ党(現在のセヌリ党)の李明博と新千年民主党(現在のトブロ民主党)の金民錫候補は清渓川の復元にたいして相反する立場を示した。金候補が交通事情などを考慮すると清渓川復元は難しいとする立場であったのにたいし、李明博候補は民間資本の導入などを通じて復元する計画を提示する。市長選挙の結果、李明博が当選して7月1日に市長の任期が始まると同時に清渓川復元事業に着手した。

　まず、2002年7月13日に清渓川復元推進本部を設置し、20日には市長直属の清渓川復元特別補佐官を新設、特別補佐官が清渓川復元推進本部長を兼職することにした。そして12月には小経営主特別対策チームを編成し、着工まで地域小経営主たちの反対世論に対応する。その作業が始まる。その他、2003年6月には着工以後の管理のために清渓川復元総合状況室を設置し、その下に周辺小経営主および街商たちの動向把握を専担する露店対策班をおいた。

　2003年7月1日0時、清渓川路および清渓高架道路に車両統制が始まり、同日の14時に起工式が行われた。これは市長就任からちょうど1年後である。工事の手順は、まず清渓高架道路のランプを撤去し、そして高架の上板を撤去した。そして残った橋脚を撤去し、最後に清渓川路と清渓川路を支える構造物を撤去した。この後からが復元作業で、工事は【図2】と【表1】のように3つの工区に分けて同時に進行された。

　ソウル市は清渓川復元事業の費用をソウル市の一般会計で処理した。工事前の算定費用は3494億だったが設計および施設変更などによって349億8800万ウォンの追加費用が発生して工事費用は最終的に3844億4100万ウォンとなった[12]。

(1)　清渓川小経営主たちとソウル市の交渉

　清渓川復元事業の施行が公式に発表された直後、清渓川周辺の小経営主たちは団体を組織し、行動を行った。まず、2002年8月12日、清渓川商圏守護対策委員会が組織される。この団体は清渓川3〜4街を中心に各自異なる業種の7箇所の団体(世運商街市場協議会、産業用材工具商商街協会、亜細亜商街、廣都商街、大林商街、現代商街、清渓商街商友会)が'清渓川復元反対'を目

【図2】 各工区の位置　　　　　　出典:『清渓川復元事業白書』(ソウル特別市、2006年)。

【表1】 各工区の施工者および施工者の各工区別の施工比率

| 各工区の施工者<br>および<br>施工者の各工区別の施工比率 | 1工区 | 2工区 | 3工区 |
|---|---|---|---|
| 第1施工者 | 大林産業<br>(55%) | GS建設<br>(60%) | 現代建設<br>(85%) |
| 第2施工者 | 三星物産<br>(45%) | 現代産業開発<br>(40%) | コーロン建設<br>(15%) |

出典:『清渓川復元事業白書』(ソウル特別市、2006年)。

標として構成された。このような工具商中心の対策委員会の他にも衣類商街対策委員会も結成される。ソウル市が小経営主たちと清渓川復元事業の問題で協議を始めたのは2003年1月からであって、着工日の7月1日まで行われた。

また、住民小経営主協議会とは別の政策協議会を構成し、より具体的な事案にたいする交渉も同じく行われた。ソウル市の交渉チームは小経営主たちの要求にたいし、清渓川復元事業による損失補償および着工延期にかんしては一切不可という方針であって、その他の間接支援法案は'検討'の水準であった。ただし、代替敷地の指定があった場合は積極支援するといった意思を表明した。

こういった交渉を進めながらソウル市は2003年4月2日、小経営主総合対策を発表した。

この対策は営業不便最小化対策、清渓川周辺商圏活性化対策、その他4箇分野12箇政策で構成され、この中に'移転希望業種にたいする対策'を含めて公式化された。

【表2】 住民小経営主協議会の経過

| 日時 | 概要 | 内容 |
|---|---|---|
| 2003年1月15日 | 住民小経営主協議会の開催 | 会長団構成および委嘱 |
| 2003年3月6日 | 住民小経営主協議会 第1次会議 | 清渓川周辺の小商工人支援の建議など |
| 2003年4月3日 | 住民小経営主協議会 第2次会議 | 復元工事による営業不便事項の最小化方案および交通混雑などによる請願の解決方案の協議 |
| 2003年5月15日 | 住民小経営主協議会 第3次会議 | 伝統市場の活性化のためのリフォーム費用支援の建議など |
| 2003年6月24日 | 清渓川地域住民小経営主協議会会長団懇談会 | |
| 2003年6月25日 | 住民小経営主協議会 第4次会議 | 円滑な交通のための両岸3車路確保および小経営主貸出金、リフォーム費用の支援などにかんする建議 |

出典:『清渓川復元民願管理分野推進日誌』(清渓川復元推進本部、2003年)。

【表3】 主要政策協議会の経過

| 日時 | 清渓川小経営主団体代表団 | ソウル市交渉チーム |
|---|---|---|
| 第2次政策協議会 (2月27日) | 残留・移転希望・営業不可業種を区分して対策を要求。営業損失の補償を要求。代替敷地の要求。 | 損失補償不可。営業不便最小化。商圏活性化の努力。代替敷地が指定された場合、積極的に支援。 |
| 第3次政策協議会 (3月13日) | 清渓川復元工事の7月着工予定を延期。清渓川周辺の再開発にかんする青写真の要求。スカイ商街問題の積極的な解決要求。 | 着工延期不可。間接支援方案を検討。 |
| 第5次政策協議会 (4月8日) | 移転と残留チームに分けて週1回会議することに合意。 | 移転と残留チームに分けて週1回会議することに合意。 |
| 第7次政策協議会 (6月9日) | 商圏活性化の努力を要求。代替敷地の9万坪の他、追加的に6万坪を要求。 | 商圏活性化の努力を持続。代替敷地の規模を検討。 |

出典:『清渓川復元民願管理分野推進日誌』(清渓川復元推進本部、2003年)。

## (2) 交渉過程の問題点

2003年6月16日に実施された清渓川小経営主たちと行政副市長との面談では代替敷地の面積について既存の9万坪を15万坪に拡大する案を提示し、合意した。しかし、この過程で対策委員会委員長の該当移転計画と関わる公文書提示の要求をソウル市は拒否し、'実際に移転できるのか'といった不安感が広がる。

当時、李明博ソウル市長は清渓川復元事業の推進において以下の5つの原則を立てた。

第1、営業損失などの間接補償はない。

第2、移転問題とリフォーム、再開発、再建築関連金融支援などの交
　　　　渉案にたいする文書上の契約はない。ひたすら口頭を通じて説
　　　　得する。
　　第3、移転意志のある小経営主は支援する。
　　第4、間接補償は絶対行わない。しかし、工事中に起こった商品の破
　　　　損および建物の破損など直接的な被害は100％補償する。
　　第5、誰が、何時、何処で、誰に会っても一貫的に話す。13)

　この中で注目すべきことは、全ての交渉は口頭でしか行わないことと、交渉の結果も文書の形態には残さないことである。
　この原則に関して当時李明博ソウル市長は、

　　政府は企業ではない。政策を発表した後、そのまま執行すれば良い。
　　政府は企業とは違って政策をめぐって誰かと交渉するものではない。
　　よって契約書はいらない。14)

と述べている。
　2003年6月21日、ソウル市長との面談結果では

　　6月21日、市長が小経営主代表6人と直接面談した場で、小経営主た
　　ちの要求条件である長旨洞に15万坪規模の移転団地を造成し、小経
　　営主対策を協議する対策機構の設置を欣快に約束し[中略]清渓川移転
　　商街団地の15万坪を含む松坡区の文井地区に37万8千坪にする総合
　　開発計画を設けるために[下略]15)

以上の合議が導出され、6月25日、小経営主たちに公文の形(巻末参考資料1、2を参照)で渡された。この公文は清渓川復元事業と関連し、ソウル市が小経営主たちに保障した内容を文書上に確認することができる、事実上、唯一のものである。移転を決心した小経営主たちとしては、何の契約書も無しに事業以後の自分の生活の展開について公共の決定と執行を信じるしかない状況に置かれることになった。この公文に基づいた合議事項は第1に、小経営主対策を専担する機構の設置、第2に、移転と残留を区分しない商

圏関連小経営主対策の立案、第3に、実質的な小経営主対策の推進となった。

　この3つの中でまず小経営主対策専担機構は、清渓川復元推進団が2005年清渓川復元が完了した後に解体し、2006年まで東南圏移転事業推進団といった名称に転換されるが、担当業務が'都心活性化および地域均衡発展事業'を担当する均衡発展推進本部への移管とともに消える。東南圏移転事業を担当する部署の存続期間は2006年1月1日から2007年1月1日で、たった1年間であった(巻末参考資料3を参照)。

　2006年に当選した呉世勲ソウル市長は引受委員会を通じて移転対策、つまりガーデン・ファイブにたいする立場を示した。

> 東南圏流通団地に本然の特色を考慮せず、顧客の誘致のための付帯施設が無分別に入店すると主客転倒した方向に進む恐れがあるため、商店街入居民の事業の特色と連携した付帯施設を設置するなどのマーケティング戦略は必要である。開発が可視化された東南圏流通団地にたいし、未来の発展潜在力を見て世運・大林商街は勿論、東大門の露店商の中でも移転希望者が多くいると推測されるため、総合的な流通団地の建設を検討して欲しい。[16]

　呉世勲市長の初期はガーデン・ファイブの性格を認識し、適合する推進計画を立てる意志があったと思われるものの、'民選4期市政組織改変方針[17]'によって、先述したとおりに東南圏移転事業推進団は関連業務が限時機構である均衡発展推進本部に移管され、たった1年で消滅した(参考資料4を参照)。

　【表4】に記載されたとおり、清渓川復元事業の目的のひとつは移転・残留を問わず商圏を維持、発展させることであった。しかし、そういった目的の達成可否を確認してみると懐疑的である。こういったことは賃貸料と地価の変化、そして土地利用パターンの変化を通じて確認できる。

　【図3】のように清渓川路周辺商店街の賃貸料は、清渓川の復元を切っ掛けに、復元前の賃貸料の下向傾向とは逆に、復元後の2005年11月から急激に上昇している。

　清渓川復元事業の施行の前(2001年から2002年)と施行直前と施行の後(2002年から2003年)を比較すると、鐘路区の場合は金融業・不動産関連業・

【表4】 清渓川小経営主総合対策

| 小経営主対策 | 主な内容 |
| --- | --- |
| 営業不便最小化対策 | ・工事区間を清渓川の道路の幅以内に限定<br>・清渓路の両側に2車線道路および営業空間を確保<br>・東大門運動場に駐車場を設置<br>・工事期間中に無料シャトルバス運行 |
| 清渓川周辺商圏<br>活性化対策 | ・建物のリフォームなど、在来市場の環境改善事業費用の無償支援<br>・市場の現代化のための再開発事業費用の融資支援<br>・小企業および小商工人のための経営安定資金融資支援<br>・ソウル市の公用物品の清渓川周辺での優先購買<br>・e-清渓川事業 |
| 移転希望業種に<br>対する対策 | ・小経営主たちが希望する地域を対象に敷地選定、行政的・財政的支援<br>・文井地区に15万坪規模の流通団地の造成を推進 |

出典：『清渓川復元事業白書』(ソウル特別市、2006年)。

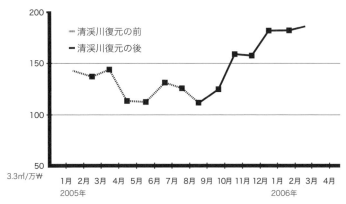

【図3】 清渓川路周辺商店街―鐘路3・4街、乙支路3・4・5街、光熙洞の清渓川復元事業の前・後の
3.3㎡当たり賃貸料平均額の動向18)

事業支援サービス業と一部製造業および卸売業での増大が顕著になっていた。中区は木材・製紙・化学工業・機械製造業を中心に事業体の減少が確認でき、金融・不動産・事業支援サービス業は全般的に増加する様子であった。特に広告業は165％、専門デザイン業は171％、そして金融関連サービス業は171％増加した。また、100箇所以上の事業体をもつ業種の事業体変化率を基準に最も高い増加率を示したのは不動産賃貸供給業で25.8％の増加率を示した19)。

清渓川復元の完工とともに周辺地域の地価、住宅価格、賃貸料が上昇し、鐘路1街の商店街の分譲価格は復元事業の竣工式を前後に2倍、清渓川6街と7街の商店街の賃貸料は平均30％上昇した20)。こういった不動

産の価格上昇は立地魅力度が高くなることに伴って生じた変化と同時に、業種の変化を誘導する条件として作用する。2005年の当時、カフェまたはレストランのような高級業種が工具店のような既存の業種を代替して行き、地価の上昇を反映するように建物の外見や看板は日ごとに変わって行った。

　清渓川復元事業によって周辺の商圏が衰退はしなかったと考えられる。しかし、商圏の特徴が変わった。都市景観のサービス業中心の変化は流入人口またはその消費特性に変化をもたらす。金融関連サービス業と不動産業の間に挟まった工具商店や機械付属品の店は、変化した都市景観が提供するサービスを消費しに来た人たちの関心を引きづらい。元々、清渓川周辺の商圏は各商店と商店の間の集積度とその中で生じる相互作用が非常に活発に行われていた場所であり、誰かが部品を供給し、また他の誰かがその部品を組み立てるというように、稠密かつ膨大な産業ネットワークを形成する空間であった。しかし、地価の上昇と新たに洗練された都市景観は賃貸料の急激な上昇を引き起こし、ネットワークの連結輪(value chain)はひとつずつ消え去った。そしてその場に進出する他業種は流入人口の交代を加速化させた。結局、公文の内容でソウル市が約束として提示した3つの項目で目標が達成されたのは移転団地建設のひとつだけであったと考えられる。

## 2　移転対策'ガーデン・ファイブ'

　ガーデン・ファイブはSH公社が推進し、文井・長旨地区の大規模都市開発事業であった東南圏流通団地を構成する物流団地・活性化団地・移転団地の中で移転団地を示す。移転団地は次の【表5】のように3つのブロックに分かれて衣類・靴・電気電子・生活用品などの販売施設、産業用材を製造するビル形の工場、産業用物品専門販売施設を構成している。

　本来、東南圏流通団地は90年代の末に大規模都市開発事業として予定され、文井・長旨地区都市開発事業の一環で推進したのだが、上述したように李明博ソウル市長の時期に清渓川復元事業の当時に小経営主たちとの交渉の結果で移転団地を含むことになった。2003年の清渓川復元事業推進団の行政事務監査提出資料によると、当時の移転団地推進計画は2004

【表5】 東南圏流通団地造成事業の概要

| 東南圏流通団地 | | |
|---|---|---|
| 位置：ソウル特別市松坡区文井洞280番地<br>面積：15万4603坪（51万1084㎡）<br>施行者：SH公社 | | |
| 物流団地 | 移転団地<br>（ガーデン・ファイブ） | 活性化団地 |
| 敷地の規模：<br>　6万3960坪（21万1438㎡）<br>造成施設：<br>　物流施設／支援施設／公共施設<br>供給方法：賃貸<br>開発方式：<br>　SPC（Special Purpose Company）による民官合同開発 | 敷地の規模：3万6097坪（12万2005㎡）<br>専門商店街建設敷地：8万3852㎡<br>建築方式：<br>　・3つのブロック別建設<br>　・高さ53m以下<br>　・建坪率60％以下<br>　・容積率600％以下<br>ブロック別受容店舗：<br>　（総計6138箇所）<br>　・가ブロック：<br>　　衣類、靴、電気電子、生活用品などの販売（4081箇所）<br>　・나ブロック：<br>　　産業用材製造（760箇所）<br>　・다ブロック：<br>　　産業用物品販売施設（1297箇所） | 敷地の規模：<br>　5万3736坪（17万7641㎡）<br>造成施設：<br>　対規模店舗および複合施設、展示施設宿泊施設など<br>供給方法：分譲<br>開発方式：民間開発<br>推進計画：売却 |

出典：『東南圏移転事業推進団主要業務報告』（東南圏移転事業推進団、2006年）。

【表6】 移転団地計画樹立および商街移転推進計画

| 時期 | 計画 |
|---|---|
| 2004年4月 | 基本計画の確定 |
| 2004年10月 | 流通団地指定告示および土地保障の着手 |
| 2005年4月 | 流通団地実施計画告示 |
| 2006年11月 | 商街団地造成および建築工事の着工 |
| 2008年6月以後 | 商店街入居 |

出典：『行政事務監査提出資料』（清渓川復元推進団、2003年）。

年4月にその基本計画が確定され2006年11月までに諸手続きを完備した後に着工し、2008年6月に初入居が始まる予定であった。

しかし、ガーデン・ファイブで初入居が行われたのは2008年10月であった。その後、分譲は申請者数の低調で3回にわたった清渓川移転小経営主特別優先分譲、そして4回目に移転小経営主と一般小経営主を対象とする開場事前分譲を最後に行い、2010年に入って公式に開場した。初入居以来、1年8ヶ月にわたるまで開場が延ばされたのである。【表7】はガーデン・ファイブの完工および開場日までを整理したものである。

【表7】　ガーデン・ファイブの完工から開場までの時期別一覧

| 時期 | 事項 |
|---|---|
| 2006.09 | 施工社の選定 |
| 2006.10 | 工事の着工 |
| 2006.10-2008.4 | 移転対象者6097人の確定 |
| 2008.07 | 分譲価の確定・発表 |
| 2008.08 | 分譲申請の受付(4757人) |
| 2008.10.20-12.19 | 移転商店街の完工 |
| 2008.10.20-2009.2.6 | 3回にわたる移転専門商店街の分譲 |
| 2009.04 | 第1次公式開場予定 |
| 2009.04.22 | 分譲在庫対策の樹立 |
| 2009.05.19 | 再分譲の公告 |
| 2009.05-08 | 清渓川小経営主特別優先分譲と一般分譲の公告および分譲申請の受付 |
| 2009.07 | 第2次公式開場予定日 |
| 2009.09 | 第3次公式開場予定日 |
| 2010.02 | 第4次公式開場予定日 |
| 2010.06.10 | 公式開場 |

【表8】　移転団地建設の契約条件

| ブロック別施工者 | 期限にかんする条件 | 金額 |
|---|---|---|
| 가ブロック：GS建設など | 2007.03.01 着工 2008.12.19 完工 | 5080億ウォン |
| 나ブロック：現代産業開発など | 2007.03.01 着工 2008.10.20 完工 | 1218億ウォン |
| 다ブロック：大林産業など | 2007.03.01 着工 2008.10.20 完工 | 2973億ウォン |

出典：『工事請負標準契約書』(ソウル市議会行政事務監査、2007年)。

## （1）　ガーデン・ファイブをめぐる諸問題

　2005年行政事務監査資料によると開発面積は15万4603坪、工事期間は2004年11月から2007年12月までであって、事業費は7692億ウォンであった。しかし、2007年の行政事務監査で提出された工事請負標準契約書には事業費が9271億ウォンとあり、1600億ウォン以上増額した。

　建設費用の急上昇はこれに留まらず、ガーデン・ファイブの最終建設費用は1兆3393億ウォンになった。最初の7692億ウォンと比較すると2倍弱程上昇したのである。

　ソウル市とSH公社は当初、清渓川小経営主たちに23㎡当たり建設原価の7000万ウォンで特別分譲すると約束した。しかし、建設費用は当初予想額から2倍以上も急騰し、この上昇分は清渓川小経営主たちに転嫁された。

　　彼にとって30年間服を売った清渓川という場所を放棄することは簡
　　単ではなかった。しかし、市民たちに清渓川を取り戻すといった趣旨

【表9】 ガーデン・ファイブの最終建設費用

| 区分 | 合計 | 生活用品販売棟<br>(가ブロック) | 産業用材製造棟<br>(나ブロック) | 産業用材販売棟<br>(다ブロック) |
|---|---|---|---|---|
| 敷地面積(㎡) | 83598 | 41810 | 13354 | 28434 |
| 延面積(㎡) | 820228 | 426635 | 119537 | 274056 |
| 店舗の数 | 8360 | 5358 | 734 | 2268 |
| 主な用途 | - | 生活用品 | ビル形工場 | 産業用材 |
| 建設費(₩) | 1兆3393億 | 7846億 | 1527億 | 4020億 |

出典:『ソウル特別市議会提出業務報告』(SH公社、2009年)。

には共感した。新しい商店街で商売すると金ももっと儲かると思った。23㎡当たり7000万ウォンで分譲すると言ったソウル市の約束も信じた。しかし今、彼に残ったのは絶望だけだ。ガーデン・ファイブの実在分譲価は2億ウォンに近かった。借金を出して移転したけれど商売はうまく行かず、借金は増えた[21]。

この'特別分譲価7000万ウォン'といった金額はソウル特別市議会も認知しており、担当公務員に質疑した結果、"ソウル市が約束したことはない"、"物的証拠がない"といった答弁が戻ってきた。

  ゴ・ジョンギュン議員：もっとも核心的な問題が、ソウル市が約束した分譲価6～7000万ウォンといった表現です。この約束にはその根拠や法律的な位置付けに議論の余地がありますが、この約束がどんな形態のものか良く分からないのですが。
  ジョン・ハクジョ東南圏流通団地造成担当官：
　　　　　　　　　我々ソウル市が約束したものはありません。
  ゴ・ジョンギュン議員：では、見解が異なっているということですか？ 小経営主の方々は約束をしたと言ってるし、ソウル市は約束したことがないと言ってるし、それならば、両方の主張に根拠と言えるような物的証拠はありますか？
  ジョン・ハクジョ東南圏流通団地造成担当官：
　　　　　　　　　物的証拠はありません。[22]

担当公務員のこういった答弁を理解するためには上述したソウル市の交渉戦略を想起する必要がある。つまり、口頭でのみ契約し、文書は残さないという方式である。

　　李市長は先に言及したとおり、小経営主たちとの約束は文書の形にして残さなかった。李市長は文書で約束をすると葛藤が終わらないと考えた23)。

　実際の分譲価が当初約束した分譲価と大きく違ったことは多数の日刊紙および地上波番組での報道を通じて確認できる24)。ソウル市は清渓川小経営主たちに建設原価で供給するといった方針を決めて2007年5月と6月に開催された"東南圏流通団地移転専門商街가ブロック移転小経営主説明会"で配布された資料では가ブロックの建設費用を5667億ウォンと明示しているが、가ブロックの最終建設費用は7846億ウォンとなった。現在、ソウル市都市計画委員会の委員であるパク・ジンヒョンソウル市議員によると、元々ガーデン・ファイブは全体建設費用を4000億ウォンと予想していたという25)。

　清渓川移転小経営主たちは建設原価で供給される他に、優先分譲の対象者でもあった。2007年、ソウル市は清渓川小経営主たちを相手に移転意思のある小経営主たちを調査し、当時、調査対象の6万人のうち10%が移転意思を示し、計6097人にたいして特別分譲資格を付与した。しかし約束とは違う分譲価と周辺商圏の未形成は分譲申請の低調26)を招き、実契約に至った小経営主は僅か1028人(17%)であった。ソウル市は対象者を清渓川移転対象のうち分譲未申請者にまで拡大して6097人にし、特別供給対象者と移転未申請者(6万6000人あまり)を対象に転売制限期間を2年から1年に縮小し、信用不良者の場合、名義変更を直系尊卑属にまでできるようにし、さらに残金納入日から2年間貸出金利4%の超過分にたいしては貸出利子を補填することにした27)。しかし、以上のような方式はガーデン・ファイブの商圏の形成が不調になった時点で1年から2年ほどの費用負担を少しだけ軽減することに過ぎなかったため、魅力的な提案ではなかった。結論としては、低調な特別分譲率の原因は分譲価の上昇と不十分な支援策にあると考えられる。

2013年12月の時点でガーデン・ファイブの契約率は81.9％であった。全体店舗の数は8360箇所であってその中で1510が空室だった。上述したとおり、4回にわたって行われた特別分譲(優先分譲、建設原価分譲)を最後に残った空間を一般向けに分譲することになった。ソウル市は清渓川小経営主と一般小経営主を区別し、一般小経営主には鑑定時価で提供することにした。しかし、清渓川小経営主たちに特別分譲を行った2008年と2009年の鑑定価は大きい差異を示した。3箇館を総額で調べると2008年の鑑定価の総額は2兆5503億ウォン、2009年の鑑定評価額は1兆9014億ウォンで25％あまりが低下したことになる。

【表10】　供給価変動現況(単位：1000ウォン／㎡)

| 区分 | | ライフ館 | ワークス館 | ツール館 |
|---|---|---|---|---|
| 建設原価 | | 2185 | 1153 | 2089 |
| 鑑定価 | 2008年6月 | 4780<br>(建設原価対比：219％) | 1319<br>(建設原価対比：114％) | 2480<br>(建設原価対比：119％) |
| | 2009年7月 | 3069<br>(建設原価対比：140％) | 1235<br>(建設原価対比：107％) | 2241<br>(建設原価対比：107％) |

出典：『ソウル特別市議会業務報告』(SH公社、2009年)。

　こういった一般分譲価の下落はふたつの問題を起こした。第1に、清渓川移転小経営主において相対的な剥奪感を呼び起こした。特別分譲が行われた時と比べて安くなった鑑定価による一般分譲価は特別分譲の意味を無くし、大幅に上昇した建設原価とともに清渓川移転小経営主たちに不満を感じさせることになった。「特別分譲価は鑑定価の47.8％水準」[28]といった公式発言とは全く異なる結果であった。第2に、一般分譲が円滑に進まなかったことである。例えば、一般分譲価でライフ館の66㎡を買うとしたらおよそ2億ウォンほどの費用が必要とされるが、ライフ館の専有部分面積は30％に過ぎなかった。他の商店街と比較してみても、清渓川移転小経営主だけではなく一般小経営主たちにおいても高分譲価は高い空室率を生んだ。
　現在、ガーデン・ファイブは清渓川移転小経営主と一般小経営主の店舗以外に、大型施設のNC百貨店、イーマートなどを誘致している。NC百貨店の開店は2010年6月3日で、同月10日にガーデン・ファイブが公式開場した。NC百貨店が入店したところはライフ館で、当時、ライフ館の

入店率は、全体5366戸のうち入店が確定した店舗は1573戸であった。NC百貨店の規模は全体のうち1290戸で10年満期の契約であった。この契約によりライフ館の当時の入店規模は全体のうち2863戸で70％を超えることになった。問題は入居の過程である。2013年、ソウル市は報告書[29]の発表を通じてガーデン・ファイブが大型店舗であるNC百貨店を誘致する過程での問題点をこう指摘した。

> このように納得し難いほどのずさんな管理は、何よりも大規模店舗を誘致する目的をもった区分所有者の商店団体であるトータルファッションモールの一部の会員とSH公社の利害が合っていることから生じたと考えられる[中略]調査の結果、利益を得るべきである清渓川小経営主など多数の分譲者が入店未同意による契約解約の圧迫、NC百貨店側の営業妨害、当時の管理法人の専横、SH公社の管理不実などによって相当な苦痛を受けてきたことが確認された。[30]

> ガーデン・ファイブの造成目的は清渓川小経営主の移転であった。しかし、低い補償金と高い分譲価によって清渓川小経営主たちはガーデン・ファイブに背を向けた。移転した清渓川小経営主は53％に過ぎない。低い移転率を挽回し、早期に活性化させるために選んだのが支援対策と大型店舗の誘致であったが、その結果は活性化を阻害する要素として作用した[中略]SH公社はガーデン・ファイブの活性化のため、分譲店舗を賃貸店舗に転換するなどの対策を樹立した。しかし、活性化対策の受益者は清渓川小経営主ではなく、大型テナントであった。[31]

　SH公社はインタビューを通じてアンカー・テナントの入店でガーデン・ファイブへの人口流動率が大幅増加したと発表した。しかし、生活用品などの販売における業種の重複、そして消費者の動線において個人店舗がもつ限界などによって劣勢に置かれた。また、この過程で生じた移転小経営主にたいする被害は移転商店街というアイデンティティの毀損とともに、小経営主たちの経営に否定的な影響を与えた。

## 3 公共政策である清渓川復元事業と移転政策ガーデン・ファイブにたいする評価

### (1) 公共性の喪失

　韓国の都市開発法第1条は「計画的で体系的な都市開発を図り、快適な都市環境の造成と公共福利の増進に寄与することを目的とする」と明示している。つまり、公共が施行者になる事業は、その事業の主体とその施工者などの利益より公共福利の実現を最優先すべきであることを意味する。しかし、公共福利は法的用語でもありながら韓国では憲法とその他下位法が公共福利を定義する条項はない[32]。公共福利はその開放性と多義性のため、定義し難く、全ての場合の憲法的論証に適用できる一義的な概念定義は非常に難しい[33]。こういったことによって、鄭克元[34]は個別法の公共福利がもつ意味を類型化して ①財産の社会的に正当な利用命令、②共同体に反する財産行為の禁止、③第三者考慮の命令、に分類した後、都市開発法第1条が明示する公共福利を'財産の社会的に正当な利用命令'の意味をもつと論じた。

　移転対策の現行法上の根拠は「公益事業のための土地の取得および補償にかんする法律」がある。同法第78条1項と第78条の2は移転対象者を"公益事業の施行によって生活の根拠を失う者"と"公益事業の施行によって工場の敷地が協議譲渡または収容され、該当地域で工場を稼動することができなくなった者が希望する場合"と規定し、事業施行者は移転対策を樹立、実施または移転定着金を支給しなければならないと明示している。また、主に公法にかんする研究を行っている鄭泰容[35]は移転対策について「公益事業の施行によって生活の根拠を失う移転者たちのため、事業施行者が移転定着地に通常水準の生活基本施設を含む宅地を造成または住宅を建設し、移転者たちに投入費用原価だけ負担させて個別供給することである。その趣旨においては移転者たちにたいし、従来の生活状態を原状回復させるとともに人間らしい生活を保障するための生活保障の一環であり、国家の積極的で政策的な配慮によって作られた制度」と説明している。

　公共施行者であるソウル市とSH公社は「生活の場を失った清渓川小経営主たち[36]」のために移転対策を約束し、小経営主たちは清渓川復元事業を受諾した。ガーデン・ファイブは清渓川復元事業によって変化した都市

景観や機能の恵沢に浴する人だけではなく、被害を受ける人もともに考慮する公共の福利のための事業であった。地方公企業であるSH公社を規定する地方公企業法第1条は「地方自治団体が直接企業を設置、運営または法人を設立、経営する企業を対象に企業の運営に必要な事項を定めて地方自治発展および住民の福利増進に寄与することを目的とする」と明示している。しかし、ガーデン・ファイブに移転した清渓川小経営主たちの状況は否定的である。

2014年2月現在で、ガーデン・ファイブの開場以来、賃貸料または管理費の長期滞納によって退去または退去を予定された小経営主は77人である。自ら進んで退去した小経営主は19人で、明け渡し訴訟が行われて2審での敗訴で強制執行された小経営主は30人に合計49人の退去が完了した。また、明け渡し訴訟に負けてまもなく強制執行される予定の小経営主は28人である。2010年から2015年までのガーデン・ファイブをめぐる140件余りの訴訟のうち100件以上が明け渡し訴訟であった。

> 賃貸政策が施行されたのは2009年10月28日でありました。分譲契約をした人が分譲費の納入ができないから分譲から賃貸にガーデン・ファイブが変えてくれました。
> 筆者録取：明け渡し訴訟で退去した商店主Yさん、2014年4月3日。

> これまで追い出された人が多分100人ぐらいで、店舗の数で言うと300戸ぐらいになると思います。多店舗契約をした人もいますし。
> 筆者録取：明け渡し訴訟で退去した商店主Aさん、2014年4月3日。

> 明け渡しした後は乞食になっちゃうし、借金もあるし。管理費の滞納も借金だし。今、商店あたりに2000万ウォンから3000万ウォンほど借金もっていると思う。で、全部追い出されて露天商をやるか、じゃなかったら昔の清渓川に行って他人の商売を手伝ったり。我々だってそうやってるし。
> 筆者録取：明け渡し訴訟で退去した商店主Yさん、2014年4月18日。

賃貸料や管理費を滞納した店舗は退去するのが常識ではある。しかし、

ガーデン・ファイブは一般的な商店街賃貸借問題とはその性格が全く異なる。2015年9月を基準としてガーデン・ファイブに残っている清渓川移転小経営主は100人前後となった[37]。ガーデン・ファイブはソウル市とSH公社、つまり、公共によって成立した移転対策であるにもかかわらず、こういった運営方式と移転小経営主たちの強制退去が高い関連性をもつ。移転政策の実行の結果、移転対象が移転地から強制退去されたことは該当政策が失敗または少なくとも欠点があることを立証すると考えられる。なお、公共による明け渡し訴訟の提起で退去または強制退去が行われたことは、政策にともなう責任を施行者が自ら放棄したことを意味する。

施行者であるSH公社は1989年の設立以来2000年まで金融負債が3183億ウォン、負債比率は65％で安定していた方であった。しかし、2002年の再整備促進事業、所謂ニュータウン事業の推進の影響で負債が急増し始めた。2005年に入って負債は6兆5770億ウォンで3倍ぐらいになり、東南圏流通団地の敷地にたいする補償が始まるとともに8兆5344億ウォンにまで上がった。2006年に就任した呉世勲市長の任期に入っては江西区麻谷洞ウォーターフロント事業および長期傳貰住宅の建設にかんする補償が始まり、2009年のSH公社の負債は13兆5671億ウォンになって負債比率

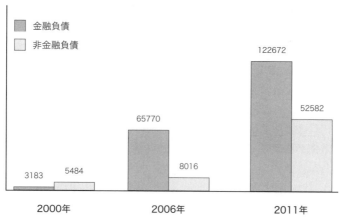

出典：「땅값 보상하다가 빚더미에……임대 확대로 재무 더 악화(地価補償で借金の山に……賃貸の拡大で財務がさらに悪化)」(『ソウル経済新聞』2013年2月19日付)より作成。

【図4】 SH公社の年度別負債(単位：億ウォン)

が500％を超えた。2011年の場合は4307億ウォンの当期純利益を上げたが、金融利子だけにおいて6065億ウォンに達したため、総負債は17兆ウォンとなった。

　ガーデン・ファイブは韓国初100％パブリック・ファイナンシング・プロジェクト(Public Financing Project)で造成された。造成費用1兆3393億ウォンはSH公社が借り入れをした金額であった。2011年に就任したパク・ヲンスンソウル市長は、ソウル市の財政健全化法案としてSH公社の債務を減らすためのSH公社債務減縮方案を発表し、その中でガーデン・ファイブを民間に一括売却する計画[38]を示した。公共開発事業であるガーデン・ファイブは税金を投入した事業であり、事業の結果で生じる債務の減縮は行政的に妥当なことである。しかし、行政は自らの責任を放棄したとしか評価できないであろう。

### (2) 事業実施者たちの「利益」

　まず、事業に参加した企業を中心に分析してみると清渓川で各第1工区、第2工区、第3工区を担当した大林産業、GS建設、現代建設はガーデン・ファイブで가ブロック(ライフ館)をGS建設、나ブロック(ワークス館)を現代産業開発、다ブロック(ツール館)を大林産業が担当した。ふたつの事業の施工者はほぼ同一であり、以上のことを表で整理すると次のようになる。

【表11】 清渓川復元事業と東南圏流通団地事業の建設費用一覧

| | 1工区 | 大林産業 | 2工区 | GS建設 | 3工区 | 現代建設 |
|---|---|---|---|---|---|---|
| 清渓川復元 | 1109億ウォン | | 1308億ウォン | | 1076億ウォン | |
| 東南圏流通団地 | 다ブロック | 大林産業 | 가ブロック | GS建設 | 나ブロック | 現代産業開発[39] |
| | 4020億ウォン | | 7846億ウォン | | 1527億ウォン | |
| 合計 | 1兆6886億ウォン | | | | | |

　本来、韓国の建設企業は計画と施工を兼任しながら不動産開発事業を主導した。しかし、1990年代末の通貨危機で不渡りの危機の直前まで行った建設企業は財務健全性の引き上げとリスク管理などのために自社主導の事業より単純下請け工事に集中し始めた[40]。清渓川復元事業と東南圏流通団地事業の場合、計画・立案はソウル市(SH公社)であって、建設企業は施工者の役割だけ担当し、施工者たちにとっては建設の完了と同時に事業

を通じて利益を確保した。

　清渓川復元事業は事業の費用をソウル市一般会計で充当したが、東南圏流通団地事業の場合、100％借り入れで費用をまかなった。2010年度の当時、国政監査ではガーデン・ファイブに所要した1兆8337億ウォンとニュータウン事業などの無理な投資によるSH公社の財務健全性の悪化が指摘された[41]。次の表はガーデン・ファイブの가、나、다ブロックの施工者契約が行われた2006年以後2010年までにSH公社が支払った利子を整理したものである。

【表12】　SH公社の公社債発行現況および利子支給額(単位:ウォン)

| 区分 | 2006年 | 2007年 | 2008年 | 2009年 | 2010年(6月) |
|---|---|---|---|---|---|
| 公社債発行額 | 15兆 170億 | 9兆 192億 | 2兆4299億 | 10兆8901億 | 3兆2943億 |
| 償還額 | 11兆 328億 | 7兆 618億 | 2兆 177億 | 6兆2697億 | 3兆4952億 |
| 負債残額 | 6兆5770億 | 8兆5344億 | 8兆9466億 | 13兆5670億 | 13兆3661億 |
| 利子支給額 | 1586億 | 3476億 | 4015億 | 4776億 | 2763億 |

出典:『ソウル市財政構造のパラダイム転換のための戦略と推進法案』(ソウル特別市議会政策研究室、2010年)。

　また、国会国土海洋委員会はSH公社が短期公社債を中心に発行することにより、高い利子を支払っていることを言及し、SH公社の一時借入金の限度額は5000億ウォンである反面、この5倍に至る2兆4800億ウォンを150億ウォンの前利子を支給して返済と借入を繰り返す方式でまかなっていることを指摘した。こういったSH公社の過大な債務は金融圏の高い利子収入を意味する。また、減少した市金庫の平均残額は、金融圏の借り入れ利子の受益に対するソウル市の預金利子の収益性を急激に悪化させた。2008年、ソウル市の平均残額は3兆1892億ウォンで利子収入1550億ウォン、平均利子率4.86％だったのが2010年には平均残額が8分の1水準に減少し、利子収入は34分の1、平均利子率は半分に減少した。

　2008年度ソウル市の対市金庫の利子支給額に対する利子収入はマイナス2465億ウォンであった。2009年に入ってはマイナス4592億ウォンに達したのが2010年になって2718億ウォンまでに戻り、2008年の水準を回復した。しかしこの3年間、市金庫に利子として支給した費用だけでも総額1兆ウォンに至り、結果的にSH公社はPF(Public Financing)を通じて民間金融に莫大な利潤を支えることになった。

【表13】 市金庫平均残額の急減による利子収入の変化

| 区分 | 2008年 | 2009年 | 2010年(6月) |
|---|---|---|---|
| 平均残額 | 3兆1892億ウォン | 7179億ウォン | 4248億ウォン |
| 利子収入 | 1550億ウォン | 184億ウォン | 45億ウォン |
| 平均利子率 | 4.86% | 2.58% | 2.15% |

出典:『ソウル市財政構造のパラダイム転換のための戦略と推進法案』(ソウル特別市議会政策研究室、2010年)。

　ソウル市が松坡区文井洞280番地とその周辺を東南圏流通団地事業の敷地に指定、告示したのは2004年11月であり、土地補償作業は2005年の2月から始まった。事業敷地の事業告示の前後に実取引価の変動幅はソウル特別市議会の会議録を通じて確認できる。

　　　イム・ハンジョン議員：今、協議補償が70％終わったと聞きましたが、1坪当たり大体いくらで補償されたんですか？
　　　ジャン・ソクヒョ清渓川復元事業推進本部長：
　　　　　　今、協議が……。今まで支出した補償額で考えると97.3％が終わったので評価はほぼ終わりましたし、大体、平均1坪当たり314万ウォンぐらい……。
　　　イム・ハンジョン議員：314万ウォン？
　　　ジャン・ソクヒョ清渓川復元事業推進本部長：
　　　　　　はい、補償価が相当高くつきまして。
　　　イム・ハンジョン議員：その周辺は今、田んぼなんですが、田んぼを1坪当たり314万ウォンずつ補償したってことですか？
　　　ジャン・ソクヒョ清渓川復元事業推進本部長：
　　　　　　はい、平均的に。だから、評価額が相当高く出ました。だから補償の進捗が良いのでないかと。
　　　イム・ハンジョン議員：沢山上げてるからでしょ。東南圏流通団地造成事業がなかったらそこは今、本来は100万

ウォンもしないよ。30万ウォン、40万ウォン、50万ウォンぐらいだと私は知っております。流通団地造成予定地になったから地価が上がるのは当然でしょうけど、今補償費が一般価を上回ってると感じますが？
ジャン・ソクヒョ清渓川復元事業推進本部長：
今は、あまりにも地価が上がり過ぎて実取引価が相当高くなっています。42)

　事業の告示以後に、事業敷地15万坪余りにたいする補償費用は、告示の前と比べて実取引価を基準に6倍以上の金額で行われた。こういった不動産価格の上昇は事業の敷地だけではなく、周辺地域にも影響を与えた。

この辺り（ガーデン・ファイブ）の地価は、2004年度にこの辺りのビラでは基本800万（1坪あたり）ぐらいだったのがガーデン・ファイブが入って来てから、2008年度ぐらいに2200万から2500万まで上がったんです。そして、ガーデン・ファイブの直ぐ横の大路辺が第3種住居地域なんだけど、ここはもっと上がって2000万ウォンのやつが1番高かった時は5000万ウォンまで上がりました。それが、東南圏法曹タウンの工事が始まった時にSH公社が土地をたいへん安く売って3800万ウォンから4000万ウォンまで今はダウンした。
筆者録取：ガーデン・ファイブの中に入店している公認仲介事務所の代表Lさん、2014年4月17日。

　このようなガーデン・ファイブ周辺の不動産価格の上昇は完工する前の2008年から予見されていた。この時期の言論の報道は多数の不動産専門業者へのインタビューを通じてガーデン・ファイブの完工によって良い投資地になると予測していた。実際、2009年中半から入居が始まった長旨地区のアパート（apartment）112㎡の場合、2009年2月と比べて同年8月は5億ウォンから6億5000万ウォンにまで上がり、1億5000万ウォンも上昇した。事業の敷地だけではなく、周辺地域の不動産所有者たちは事業の成立やその進行に直接的に介入する主体ではないものの、財産価値の増殖は

事業にたいして肯定的に判断する根拠として作用する。このような傾向はガーデン・ファイブの周辺を選挙区とする当選者たちの公約を通じて間接的に確認できる。

　韓国の歴代選挙は大統領選挙、国会議員選挙、地方選挙など選挙の種類を問わず、候補たちは地域開発にかんする公約を示しながら支持を訴え、こういった公約は選挙結果において決定的な影響を与えている。特にガーデン・ファイブが完工する2008年に行われた18代総選挙は、17代総選挙の弾劾イシューによる政策失踪とは異なり、ソウル市の場合は「ニュータウン選挙」という別称が通用するほど、地域の経済的価値を高めて収益追求の性格が非常に強い開発公約が殺到した。

　18代総選挙で地域開発にかんする公約が量的増加を示した理由は2002

**【表14】** 2002年以後東南圏流通団地にかんする公約

| 選挙の種類 | 施行日 | 当選者および関連公約 | | |
|---|---|---|---|---|
| 第3回全国同時地方選挙 | 2002年6月13日 | 文井2洞選挙区 | 無所属 イ・セヨン | 文井ビニールハウス団地の開発でベンチャーおよび物流団地を設置 |
| | | 長旨洞選挙区 | 無所属 イ・ジョンヨル | 長旨洞流通物流団地造成 |
| 第17代国会議員選挙 | 2004年4月15日 | 松坡甲選挙区 | ハンナラ党 メン・ヒョンギュ | 東部法曹タウン松坡移転推進の国会請願 |
| 第4回全国同時地方選挙 | 2006年5月31日 | 松坡区 | 庁長セヌリ党 キム・ヨンスン | 東南圏流通団地造成、文井法曹タウン造成 |
| | | 바選挙区（石村洞、可樂1洞、文井2洞） | ヨルリンウリ党 ソン・インムン | 文井地区先端産業団地造成 |
| | | | ハンナラ党 イ・ジョングァン | 石村洞ニュータウン事業強力推進、可楽市場を文井流通団地に移転 |
| | | 아選挙区（可樂2洞、文井1洞） | ヨルリンウリ党 パク・ゼボム | 文井法条団地完了推進 |
| 第5回全国同時地方選挙 | 2010年6月2日 | 松坡区 | 庁長ハンナラ党 パク・チュンヒ | 東南圏流通団地、第2ロッテワールド、蠶室漢江公園特化事業、可楽市場現代化事業などの周辺地域の経済、文化、観光ベルトの構築 |
| 第19代国会議員選挙 | 2012年5月30日 | 松坡区乙 | セヌリ党 ユ・イルホ | 文井法条団地推進 |
| | | 松坡区丙 | セヌリ党 キム・ウルドン | ガーデン・ファイブ、文井洞、可楽洞に小規模文化芸術施設、先端文化芸術施設、ファッション関連商圏・文井第2大学路通りの造成 |

年李明博元ソウル市長の当選から推測できる。李明博は当選直後、ソウル市の「地域均衡発展推進団」を発足し、同年の10月に清渓川復元事業とニュータウン開発計画を含む「市政運営4ヵ年計画」を発表する。2003年にはソウル市の「地域均衡発展条例」が制定されてニュータウン事業の制度的な枠が成立した。以後、ソウル市は2002年の往十里、恩平、吉音の三つの地区を模範ニュータウンに指定し、2次ニュータウン12箇所、3次ニュータウン11箇所、模範均衡発展促進地区5箇所、均衡発展促進地区3箇所、そして追加的に世運地区に指定した都市再整備促進地区など総35箇所の地域でニュータウン事業を行った。

　韓国世論研究所が2005年12月に実施した世論調査結果によると、次期大統領選挙の候補として名前が挙がる政治家の中で李明博(当時)ソウル市長は、2005年初は10％代の支持率を示していたのが清渓川の復元が完工した2005年9月30日を基点に23.8％まで支持率が上昇し、当時ハンナラ党の代表であったパク・クネを0.6％の差で追い越した。都市開発事業の推進にともなう支持率の上昇の傾向と制度的基盤の完備は以後、総選挙や地方選挙で候補たちが先を争って地域開発公約を発表する起爆剤となった。このような現象は東南圏流通団地が属する松坡区の国会議員、地方議員当選者たちの選挙公約を通じても確認できる。

　都市内開発の程度と地価の変化は密接な相関関係があり、工業地域より居住地域と商業地域での相関関係が高い[43]。こういった研究結果からは、地域開発の決定権者つまり政治家の開発公約の有無またはその開発の水準が、開発によって利益を与えられる地域の投票権者との利害関係と密接にかかわっていることが推測できる。

## おわりに

　清渓川復元事業の目的は、既存の老朽化した清渓川路と清渓高架道路を撤去して清渓川を取り戻し、安全性の問題を解消するとともに、都市景観と都市機能を向上させることで、市民たちの福利を増進するものであった。ところが、生活の基盤を失う危機に直面した清渓川の地域住民たちは事業に反対した。しかし、彼らの抗議行動は事業の推進可否に有意義な影響は与えられず、清渓川復元事業は順調に進められた。ソウル市との交渉

の結果、清渓川の小経営主たちのための移転対策が成立し、書面契約ではなく口頭契約だけに依存してガーデン・ファイブに移転することになった。ガーデン・ファイブも清渓川復元事業の時と同じく施行者はソウル市・SH公社であって施工者である建設企業もほぼ変動はなかった。

　工事の進行とともに建設原価は最初の計画より2倍ほど上昇し、清渓川から移転して来る小経営主たちに約束された特別分譲価は2倍以上上昇した。こういったことにたいし、移転小経営主だけではなく、ソウル特別市議会まで当初の約束について問い質したが、SH公社はその内容を証明する物的証拠が無いということを理由にそういった約束の存在を否定した。結局、特別分譲価は倍以上上昇した建設原価によって決められ、清渓川の小経営主たちにとって受け入れ難い金額となった。

　ガーデン・ファイブは2008年12月に完工し、同時期に分譲が始まった。しかし、実契約まで至った移転小経営主は6097人のうち1028人に過ぎなかった。その結果、高い空室率に繋がり、ガーデン・ファイブは4回にわたって開場が遅延され、2010年6月になってNC百貨店の入店で空室率を挽回した後、公式に開場した。最初の分譲が行われた後から公式開場までの1年6ヶ月の間、小経営主たちは開店休業の状態に置かれ、分譲の残金を滞納する店舗が出てきた。

　大型アンカー・テナント施設の誘致でガーデン・ファイブへの流入人口は増加したのだが、その動線の殆どはアンカー・テナントに集中された。移転小経営主の店舗の中で賃貸料や管理費を滞納する店舗が次から次へと発生し、SH公社はこれらの店舗にたいして明け渡し訴訟を提起した。結局、少なくない数の小経営主たちが判決によって自ら退去または強制執行された。上述したとおり、ガーデン・ファイブは公共開発事業であり、その成立の根拠は移転政策の実行にある。しかし、移転対象者の元の地域からだけではなく、移転地からの2度目の退去は、明らかな政策の失敗もしくはその運用に問題があったことを示唆する。

　公共開発事業にかかわる主体を交換価値追求者と使用価値追求者に分けて分析する観点は、開発の過程または結果にたいする評価において有用なフレームを提供する。李明博は清渓川復元事業を主な公約としてソウル市長選に当選する。公約の実行とともにふたつの事業にかかわった建設会社、金融企業、事業の敷地やその周辺の不動産所有者たちは莫大な利益を上げ

た。都市開発を擁護する勢力の経済的、政治的成功はソウルだけではなく、全国各地で都市開発ブームを引き起こした。このような各価値追求者の対比は、韓国の公共開発においての問題と同時に解決の方向性を明らかに示していると考えられる。それは、開発の影響を受ける主体に事業の過程上での発言権と参加プロセスを民主的に保障することからはじめて、開発の最終決定権者である都市政治家たちを現実的に牽制できるシステムの構築、そして「公共」という概念の歴史性とその性質にたいする諸議論をより深化させていくことを意味するものであろう。

注
1) このような観点に基づく理論として成長マシン論(growth machine theory)が挙げられる。成長マシン論とは、土地と空間という財貨が持つふたつの価値である交換価値(建設費の投入対象、費用の調達にかかわる債権、不動産としての売買の対象)と使用価値(商工業を営んで生計をたてる場、労働力の再生産など)のそれぞれの追求者の間で生じる対立、そして開発の最終決定権者である政治家の3者の相互関係に焦点をあて、都市の成長の動力と紛争をフレーム化した理論である(Logan, John R. and Molotch, Harvey L., *Urban Fortunes: The Political Economy of Place*, University of California Press, 1987.)。
2) 『都市開発事業制度』(大韓民国建設交通部都市管理課、2004年)。
3) 宋道永「청계천 공구상가의 공간과 사회적 성격(清渓川工具商店街の空間と社会的性格)」(『ECO：環境社会学研究』4、2003年)14-32頁。
4) 趙明來「청계천의 재자연화를 둘러싼 갈등과 쟁점(清渓川の再自然化をめぐる葛藤と争点)」(『ECO：環境社会学研究』4、2003年)130-165頁。
5) 吉鍾伯「자치단체의 정책집행 요인에 관한 연구：청계천 복원사업 사례를 중심으로(自治団体の政策執行要因にかんする研究：清渓川復元事業の事例を中心に)」(『政府学研究』10-1、2004年)262-286頁。
6) 성지은・김주환(ソン・ジウン、キム・ジュファン)「청계천 복원사업에 나타난 상징정책 분석(清渓川復元事業における象徴政策の分析)」(『韓国行政学会』39-1、2005年)261-285頁。
7) 黄祺淵他「지속가능성에 대한 가치갈등과 합의형성：청계천복원사업을 중심으로(持続可能性にたいする価値葛藤と合意形成：清渓川復元事業を中心に)」(『서울도시연구』6-2、2005年)57-78頁。
8) 박명현「청계천복원사업과 바람직한 갈등관리(清渓川復元事業と正しい

葛藤管理)」(『紛争解決研究』4、2006年)173-212頁。

9) 이영성他「청계천복원에 따른 환경편익의 사회적 집단별 차이에 관한 연구(清渓川復元による環境便益の社会的集団別差異にかんする研究)」(『서울도시연구』8-3、2007年)105-115頁。

10) 4대강 정비 사업(着工：2008年12月29日、完工：2012年4月22日)は、漢江、洛東江、錦江、榮山江を浚渫し堰を設置して河川の貯水量を高めて河川の生態系を復元することを事業の目的とした。李明博大統領が候補当時に公約した「韓半島大運河」計画を修正したものである。22兆ウォン規模の当初予算が策定された。

11) 김혜주・신범균「청계천의 생태성 개선방안에 대한 연구(清渓川の生態性の改善方案にたいする研究)」(『韓国環境生態学会』1、2014年)47-48頁。

12) 『清渓川復元事業白書』(ソウル特別市、2006年)。

13) 黃祺淵他『프로젝트 청계천(プロジェクト清渓川)』(坡州：ナナム出版、2005年)。

14) 『公共部門の葛藤戦略』(ソウル市政開発研究院清渓川復元支援研究団、2004年)。

15) 『国政監査行政自治委員会質疑答弁書』(大韓民国国会、2003年)。

16) 『第33代ソウル特別市長職務引受委員会活動報告書』(第33代ソウル特別市長職務引受委員会、2006年)。

17) 韓国文化観光研究院観光知識情報システム (http://know.tour.go.kr/ptourknow/law/rule/detail.do?regls_sq=7982) 2007年1月2日。

18) 유오봉(ユ・オボン)「어메니티와 지역개발에 관한 연구：청계천복원사업 지역 및 용인동백택지개발지구 중심으로(アメニティーと地域開発にかんする研究：清渓川復元事業地域および龍仁東栢宅地開発地区を中心に)」(『首都圏研究』5、2008年)145-172頁より作成。

19) 정병순・박래현(ジョン・ビョンスン、パク・レヒョン)「대도시 사업 서비스업클러스터의 공간적 특성에 관한 연구(大都市事業サービス業クラスターの空間的特性にかんする研究)」(『韓国経済地理学会誌』8-2、2005年)195-215頁。

20) 趙明來「청계천의 재자연화를 둘러싼 갈등과 쟁점(清渓川の再自然化をめぐる葛藤と争点)」(『ECO：環境社会学研究』4、2003年)130-165頁。

21) 「청계별곡(清渓別曲)」(『東亞日報』2014年4月12日)。

22) 『第218回ソウル特別市議会臨時会都市管理委員会会議録』(ソウル特別市議会、2009年)。

23) 『公共部門の葛藤戦略』(ソウル市政開発研究院清渓川復元支援研究団、2004年)。

24)「손님 끊기고 경매에 몰리고…개장 4년 가든파이브 문 닫을 판(客足は跡絶え、競売に追い込まれ……開店して 4年目のガーデン・ファイブ、閉店危機)」(『中央日報』2013年 12月 12日)。
「가든파이브의 굴욕…분양참패에 남은 땅 용도 변경(ガーデン・ファイブの屈辱……分譲惨敗に残った戸室は用度変更)」(『韓国経済新聞』2010年 3月 26日)。
「문 연 지 2년 가든파이브 왜 이러지…분양가 높아 청계천 상인조차 외면(開店して 2年目のガーデン・ファイブはなぜ……高い分譲価で清渓川小経営主までも無視)」(『毎日経済新聞』2012年 6月 25日)。
「최대쇼핑몰'가든파이브', 최대적자몰?(最大ショッピング・モール'ガーデン・ファイブ'、最大赤字ショッピング・モール?)」(『世界日報』2009年 10月 8日)。
「'청계천의 눈물' 가든파이브까지('清渓川の涙'ガーデン・ファイブまで)」(『ハンギョレ新聞』2010年 4月 11日)。
「텅 빈 상가 위에 자축? 가든파이브 오픈이라니?(空っぽの商店街で開業祝い? ガーデン・ファイブがオープンだって?)」(『京郷新聞』2010年 6月 9日)。
「PD 수첩: 청계천과 가든파이브(PD手帳: 清渓川とガーデン・ファイブ)」(MBC、2009年 8月 25日)。

25)「시사자키 정관용입니다(時事ジョッキー鄭寬容です)」(CBSラジオ、2010年 8月 3日 3日)。

26) 4757人。全体の 78％である。

27)『移住専門商街分譲率提高のための特別供給対策』(SH公社、2009年)。

28)『ソウル特別市議会の質問にたいするパク・ヒス SH公社事業 2本部長の答弁』(2009年)。

29)『ソウル特別市議会都市計画管理委員会東南圏流通団地特恵疑惑真相究明特別小委員会』(2013年)。

30) ソウル特別市議会都市計画管理委員会東南圏流通団地特恵疑惑真相究明特別小委員会委員長の発言。

31)『ソウル特別市議会報道資料』(ソウル特別市議会、2011年)。

32) 조한상(ジョ・ハンサン)「공익, 인권의 법적 과제: 공공성과 공공복리(公益、人権の法的課題: 公共性と公共福利)」(『嶺南法学』26、2008年)71-97頁を参照。

33) 김명재(キム・ミョンジェ)「헌법상 공공복리의 개념과 실현구조(憲法上の公共福利の概念と実現構造)」(『公法學研究』8-2、2007年)3-35頁を参照。

34) 鄭克元「헌법규범의 근거로서 공공복리(憲法規範としての公共福利)」(『土地公法研究』48、2010年) 525-549頁。
35) 鄭泰容「公益事業을 위한 土地 등의 取得 및 補償에 관한 法律의 主要 内容(公益事業のための土地などの取得および補償にかんする法律の主要内容)」(『土地補償法研究』3、2003年) 195-222頁。
36) 김경민(キム・ギョンミン)『도시개발, 길을 잃다(日訳―都市開発、道に迷う)』(ソウル：시공사、2011年)。
37) 「청계천 복원 10년, 무엇을 남겼나(清渓川復元から10年、何を残したのか)」(ohmynews、2015年11月10日(http://www.ohmynews.com/NWS_Web/View/at_pg.aspx?CNTN_CD=A0002157632))。
38) 『SH公社経営革新実行計画』(SH公社、2014年)。
39) 現代建設の住宅事業部を母体とする。1999年に系列分離された。
40) 이종렬(イ・ジョンリョル)「디벨로퍼의 현재와 미래(ディベロッパーの現在と未来)」(『都市情報』333、2009年) 14-15頁。
41) 『第18代大韓民国国会国土海洋委員会第294回会議録』(大韓民国国会、2010年)。
42) 『第185回ソウル特別市議会東南圏流通団地造成支援特別委員会会議録』(ソウル特別市議会東南圏流通団地造成支援特別委員会、2005年)。
43) 이겸환・김형돈(イ・ギョムファン、キム・ヒョンドン)「지가상승과 토지개발과의 관계에 관한 연구(地価上昇と土地開発との関係にかんする研究)」(『大韓建築学会学術発表大会論文集』12-2、1992年) 255-260頁。

[参考資料1] ソウル特別市の公文

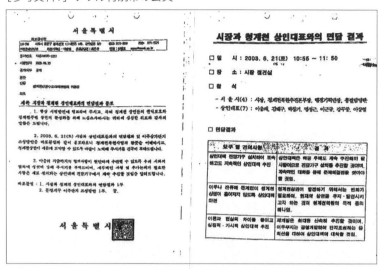

[参考資料2] 面談結果の部分の拡大

[参考資料3]

### 2006.1.1. ソウル特別市行政機構設置条例

第20条の3(東南圏移住事業推進団)(本条新設2006.01.01)

① 東南圏移住事業推進団長は地方副理事官に補する(改定2006.05.11)。
② 東南圏移住事業推進団に移住事業担当官を置き、移住事業担当官は地方書記官に補する。
③ 移住事業担当官は次の事項を分掌する。
  1. 清渓川商人対策の総括
  2. 清渓川商人団体協議にかんする事項
  3. 移住専門商街建築にかんする事項
  4. 東南圏流通団地造成業務などの総括
  5. 物流団地プロジェクトファイナンシング事業の総括

[参考資料4]

### 2007.1.1. ソウル特別市行政機構設置条例

第17条(限時機構)

⑤ 都心活性化および地域均衡発展事業を施行するため、限時的に均衡発展推進本部を設置し、次の各号の事務を分掌する(本項新設2007.01.02)。
  1. 江北都心活性化総合計画樹立および総括
  2. 清渓川の南北4大軸拠点育成計画樹立および施行にかんする事項
  3. 都市環境整備事業に関する事項
  4. 都心商圏活性化計画樹立および施行にかんする事項
  5. <u>東南圏流通団地の造成および移住専門商街建築にかんする事項</u>
  6. ニュータウン地区および地域均衡発展促進地区の整備・管理にかんする事項
  7. 再整備促進地区指定および再整備促進事業の施行に関する事項
  8. 伝統市場整備事業にかんする事項

# あとがき

　須川英徳先生が横浜国立大学の専任教員となられたときの最初の教え子であるということもあり、本書の「あとがき」を書かせていただくこととなった。還暦を迎えられた先生の記念ともなる本書に執筆させていただけただけでも光栄なのだが、「あとがき」まで書かせていただくことになるとは、大変この上なく光栄なことである。とはいえ、同じく朝鮮半島の歴史を専門としながらも、先生は中近世の社会経済史、わたしは近現代の文化社会史と扱っている領域は異なり、わたくしが先生のご業績について正確にまとめられるかどうか甚だ心もとない。この点は平にご容赦いただきたい。

　須川先生は1957年に群馬県高崎でお生まれになり、東京大学経済学部、同大学院経済学研究科で経済史学を学ばれた。先生のご専門を一言でいうと先に書いた通りなのだが、もう少し詳しく言うならば、先生は高麗〜朝鮮時代の国家と商業の関係を、貨幣、流通、郷村社会のありよう、国家による収税などの観点から多角的に研究されている。大学院博士課程を修了されたときの博士論文「李朝商業政策史研究」(1993年2月、博士(経済学)を取得)は近代移行期までを視野に入れた大きな成果の一つである。そして、翌年同論文は第36回東京大学出版会学術奨励基金の助成を受け、同出版会より単行本として公刊された(『李朝商業政策史研究――十八・十九世紀における公権力と商業』)。同書は直接には18〜19世紀を扱っているものの、終章では朝鮮時代初期から近代以降期に至る時期の公権力と商業の関係の推移についてマクロな視点から論じられている。

　その後も、先生の研究はたゆまず進められていて、落星垈経済研究所を中心とする研究プロジェクトなどにも参加され、韓国の研究者との共同研究の成果も生み出されている。そこでは農村社会の変容と経済、朝鮮王朝の財政と国家などの主題について、新たに発掘された史料の分析に基づいた国家像、社会像の提示を試みられている。

歴史研究にとって史料が大事なことは言うまでもなく、須川先生はその意味で実証主義者である。しかし、一方で徹底的な研究史理解と批判に基づいた歴史像の提示をも重要視しておられる。先述の『李朝商業政策史研究』の「あとがき」で先生は、ご執筆当時の朝鮮後期経済史研究の動向について、「個別研究領域に関する実証的解明は過去の比ではないのだが、資本主義萌芽論や自生的近代化論に対する理論的決着が必ずしも明確につけられたとは言い難く、むしろ全体像自体が見えにくいものに化していると思われる」と批判的に整理されている（同書、329頁）。先生とご盟友の六反田豊先生とが監訳された李憲昶先生の『韓国経済通史』（法文社、1999年）の日本語版の「訳者あとがき」では、同書を学説・史実を羅列するのではなく、論争的、問題提起的に整理し、各時期の記述を一貫した歴史の流れのなかで描こうとしたものと高く評価されている（『韓国経済通史』法政大学出版局、2004年、768頁）。そこには研究者自身の分析視角と展望を欠いた年表的事実の羅列に対する批判の意識が込められていることがわかる。

　上で述べた先生の学問の特徴はどこから生まれたのだろうか。いささか乱暴だが、わたしなりに2点に整理してみたい。一つ目は対象地域に対する愛情と理解で、二つ目は朝鮮史学を超えた視野と方法論に対する幅の広さの存在である。先生は教育の場も含めて、中近世に限らず、古代から現代にいたるまで、政治、社会、経済、文化のあらゆる領域に関心が非常にお高く、精通しておられる。対象地域に対するまっとうな批判は愛情と理解を持たねば成立しない。韓国の研究動向を常に把握し、韓国人研究者とも積極的に交流することで、現代を常に視野において研究、教育を行われているのである。また、日本を含めた東アジア、さらには西洋社会に対する理解が深く、マクロヒストリー、あるいはグローバルヒストリーを意識した歴史叙述を意識しておられる。さらには、経済史を学ぶ過程で西洋起源の社会科学の成果も常に意識されている。

　以上、偉そうに書いてきたが、実のところわたしは最初期の教え子であるにもかかわらず、先生の数多くの業績を網羅的に把握しご紹介する能力を欠いている。文字通りの不肖の弟子である。そのかわりといっては何だが、わたしが須川先生から受けた学恩について最後に少しお話しさせていただきたい。

## あとがき

　先生が横浜国立大学教育学部に着任されたのは1995年4月のことであった。その年わたしは同じ学部の4年生に進級したところで、他学へ転出された指導教授の後任として須川先生に師事することになったのである。当時、近代朝鮮の教育史、言語社会論で卒業論文を書こうとしていたわたしに対して、先生はいろいろとわたしの思いもつかない資料・文献を紹介してくださったり、論文の書き方を実践的に指導してくださったりした。とここまで書くと一見普通のようだが、先生からわたしは濃密に指導を受けていたと思う。それは、偶然先生の下宿とわたしの下宿が近所だったこともあり、毎晩のように先生の下宿にお邪魔し、手料理とお酒に舌鼓を打ちながら、学問に対する話を伺ったり卒論指導を受けたりしていたからである。先に整理した先生の学問についての理解は、もちろん御業績に目を通してのものであるが、このときの経験が土台となっていることだけ告白しておこう。

　とにかく先生のお話を伺うときは、わたしなど到底追いつかないほどの経験と知識とに圧倒されるばかりであったが、聞き手の問題関心を活かしつつ、彼ら／彼女ら自身の力で幅を広げさせようとする先生の話法にも、わたしは大変影響を受けた。

　断片的な事実を基にして、まことしやかに朝鮮半島に対する嫌韓論を構成してしまうような歴史修正主義の恣意的な物語を目にするにつけ、先生の提示している歴史研究の姿勢が、すぐれて現代的意義を持つものであるということが改めて身につまされるのである。

　本書はまさにそのような課題に向き合っている研究者たちの論考を集めたものである。いろいろな議論の起爆剤となれば幸いである。

　最後に須川先生のご研究の益々のご発展を祈念して、つたないあとがきに代えたい。

　　2017年3月3日

　　　　　　　　　　　　　　　　　　　　　　　　　三ツ井　崇

## 執筆者一覧

編　者

須川英徳(すかわ・ひでのり)

1957年生まれ。横浜国立大学都市イノベーション学府教授。専門は朝鮮社会経済史。主な著書・論文に『李朝商業政策史研究』(東京大学出版会、1994年)、『マッチルの農民たち』(韓国語、共著、一潮閣、2001年)、「一九世紀朝鮮の経済状況をめぐる新たな歴史像」(『朝鮮史研究会論文集』54集、2016年)などがある。

執筆者(掲載順)

加藤裕人(かとう・ひろと)

1981年生まれ。横浜国立大学非常勤講師。専門は高麗・朝鮮時代の仏教史。主な論文に「高麗末期から朝鮮建国期における僧徒と建築技術」(『朝鮮学報』211、2009年)、「朝鮮初期　太宗の「崇仏的行為」に対する再検討」(『朝鮮学報』228、2013年)などがある。

六反田　豊(ろくたんだ・ゆたか)

1962年生まれ。東京大学大学院人文社会系研究科教授。専門は朝鮮中世・近世史。主な著書に『朝鮮王朝の国家と財政』(山川出版社、2013年)、『日本と朝鮮比較・交流史入門』(共編著、明石書店、2011年)、『朝鮮王朝社会と儒教』(訳書、李泰鎮著、法政大学出版局、2000年)などがある。

桑野栄治(くわの・えいじ)

1964年生まれ。久留米大学文学部教授。専門は朝鮮中世近世史。主な著書・論

文に『李成桂――天翔る海東の龍』(山川出版社、2015年)、「朝鮮初期昌徳宮後苑小考」(新宮学編『近世東アジア比較都城史の諸相』白帝社、2014年)、「Choson Korea and Ming China after the Imjin Waeran」(James B. Lewis編『The East Asian War, 1592-1598』Routledge、2015年)などがある。


中田　稔(なかだ・みのる)

1960年生まれ。神奈川県立大磯高等学校教諭。専門は朝鮮時代社会史。主な論文に「日本における倭寇研究の学説史的検討」(日韓歴史共同研究委員会『第二期日韓歴史共同研究報告書 第二分科会篇』2010年)、「一七世紀蔚山における鶴城李氏家門の形成」(『年報朝鮮學』16號、2013年)などがある。


大沼　巧(おおぬま・たくみ)

1990年生まれ。東京大学大学院人文社会系研究科博士課程在籍。専門は朝鮮後期～大韓帝国期の社会経済史。


金　廣植(きむ・くぁんしく)

1974年生まれ。日本学術振興会特別研究員PD。専門は韓国文化史・民俗学。主な著書に『植民地期における日本語朝鮮説話集の研究――帝国日本の「学知」と朝鮮民俗学』(勉誠出版、2014年)、『植民地朝鮮と近代説話』(韓国・民俗苑、2015年)などがある。


三ツ井　崇(みつい・たかし)

1974年生まれ。東京大学大学院総合文化研究科准教授。専門は朝鮮近現代文化史、言語社会論。主な著書に『朝鮮植民地支配と言語』(明石書店、2010年)、『植民地朝鮮の言語支配研究――朝鮮語規範化問題を中心に』(韓国・ソミョン出版、2013年)などがある。

原　智弘(はら・ともひろ)

1976年生まれ。帝京大学外国語学部准教授。専門は朝鮮近代史。主な論文に「大韓帝国期宮内府官員整理の実相――宮内府判任官試験を中心に」(『帝京大学外国語外国文学論集』22号、2016年)、「재조일본인 교원의 조선체험――어느 사범학교교원의 사례」(『韓国史研究』153号、2011年)などがある。

永島広紀(ながしま・ひろき)

1969年生まれ。九州大学韓国研究センター教授。専門は朝鮮近現代史・日韓関係史。主な著書に『戦時期の朝鮮における『新体制』と京城帝国大学』(ゆまに書房、2011年)、『寺内正毅と帝国日本――桜圃寺内文庫が語る新たな歴史像』(共編著、勉誠出版、2015年)などがある。

須賀井義教(すがい・よしのり)

1975年生まれ。近畿大学総合社会学部准教授。専門は朝鮮語学、朝鮮語教育。主な著書・論文に『韓国語文法ドリル――初級から中級への1000題』(白水社、2016年)、「MeCab(めかぶ)を用いた現代韓国語の形態素解析」(朝鮮語研究会編『朝鮮語研究』5、ひつじ書房、2013年)、「자동 형태소 분석 기술을 이용한 한국어 읽기 보조 도구의 개발――일본어 모어화자를 위한 기능을 중심으로」(『한국어교육』제24권3호、2013年)などがある。

崔　誠文(ちぇ・そんむん)

1984年生まれ。横浜国立大学都市イノベーション学府博士後期課程在籍。専門は韓国近現代の都市開発。主な著書に『聖水洞――職人は千回叩く』(韓国語、共著、ソウル歴史博物館、2014年)がある。

編者略歴

**須川英徳**（すかわ　ひでのり）

1957年生まれ。横浜国立大学都市イノベーション学府教授。専門は朝鮮社会経済史。

主な著書・論文に『李朝商業政策史研究』（東京大学出版会、1994年）、『マッチルの農民たち』（韓国語、共著、一潮閣、2001年）、「一九世紀朝鮮の経済状況をめぐる新たな歴史像」（『朝鮮史研究会論文集』54集、2016年）などがある。

## 韓国・朝鮮史への新たな視座
――歴史・社会・言説

2017年5月31日　初版発行

編　者　須川英徳
発行者　池嶋洋次
発行所　勉誠出版株式会社
　　　　〒101-0051　東京都千代田区神田神保町3-10-2
　　　　TEL：(03)5215-9021（代）　FAX：(03)5215-9025

印　刷　太平印刷社
製　本　若林製本工場

Ⓒ SUKAWA Hidenori 2017, Printed in Japan
ISBN978-4-585-22171-5　C3022

## 日韓漢文訓読研究

各国の言語文化における言語的・思想的展開について、日韓の最先端の研究者を集め論究、東アジアにおける漢字・漢文理解の方法と思想を探る。

藤本幸夫 編
本体 10,000 円（+税）

## アジア遊学 179
## 朝鮮朝後期の社会と思想

朝鮮史・東アジア史の画期たる朝鮮朝後期を多角的に検証し、政治・経済・対外関係などの動向、それらの変容と展開の底流に流れる思想的背景を探る。

川原秀城 編
本体 2,000 円（+税）

## 朝鮮民譚集

比較文化研究の金字塔。口承文芸の採訪と諸文献の博捜により朝鮮の昔話と説話を集成し、中国・日本・西欧との比較研究の基礎を築いた先駆的名著を復刊！

孫晋泰 著／増尾伸一郎 解題
本体 5,200 円（+税）

## 植民地期における日本語朝鮮説話集の研究
### 帝国日本の「学知」と朝鮮民俗学

従来のナショナリズムに基づいた研究を全面的に見直し、朝鮮民俗学が帝国日本の中で形作られていったことを解明し、植民地期における朝鮮説話研究とその活用の実像に迫る。

金廣植 著
本体 12,000 円（+税）